辛波絲卡

BY ANNA BIKONT
JOANNA SZCZĘSNA

PAMIĄTKOWE RUPIECIE
BIOGRAFIA WISŁAWY
SZYMBORSKIEJ

詩、有紀念性的破銅爛鐵，以及好友和夢

安娜・碧孔特、尤安娜・什切斯納—著
林蔚昀—譯

目錄

目錄

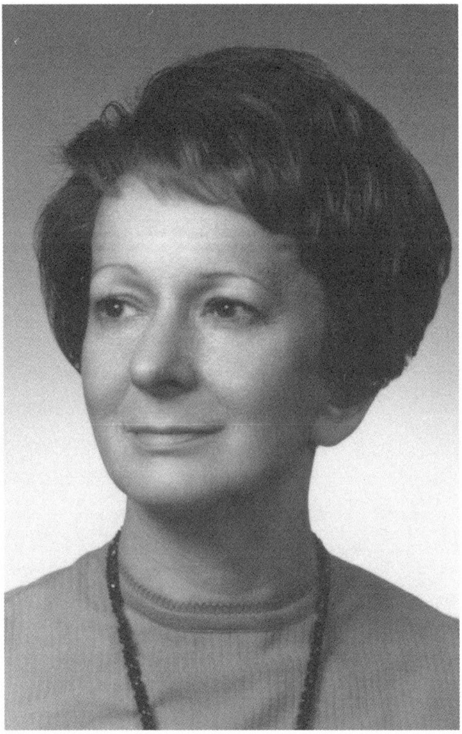

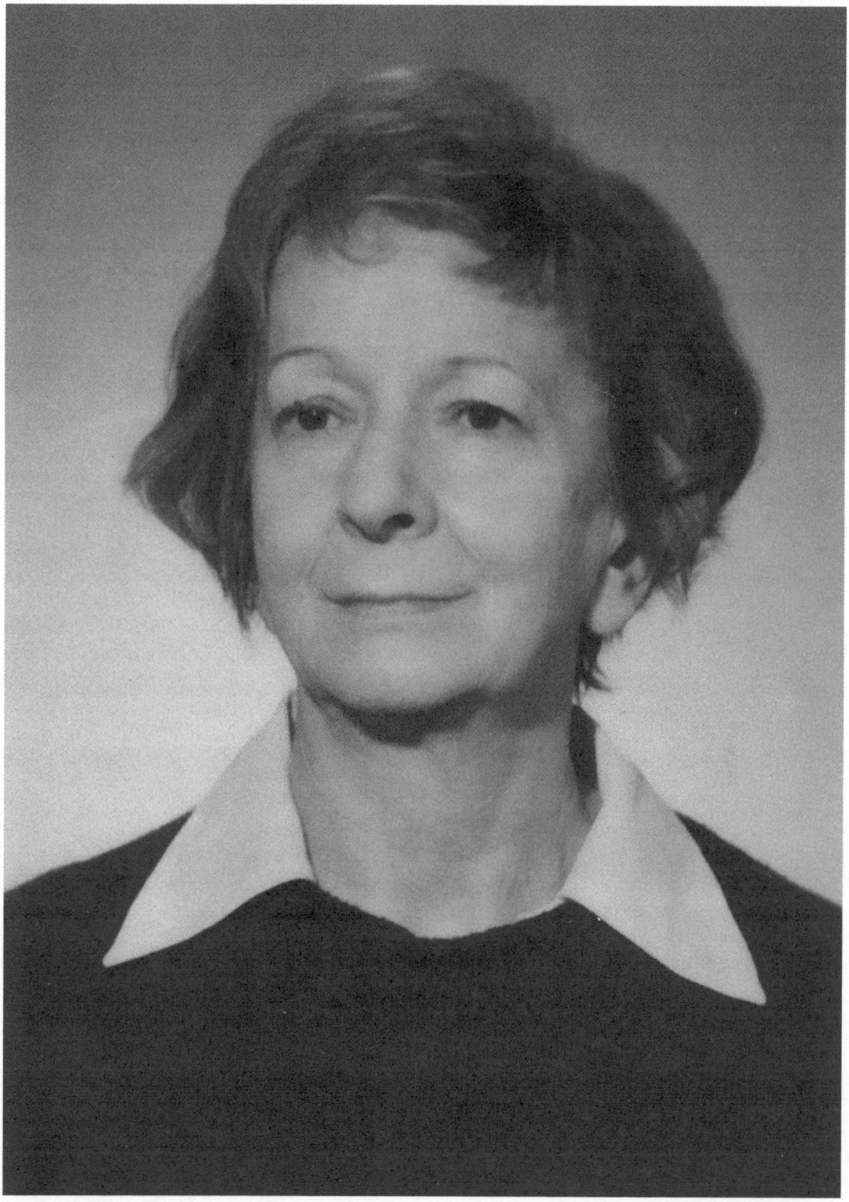

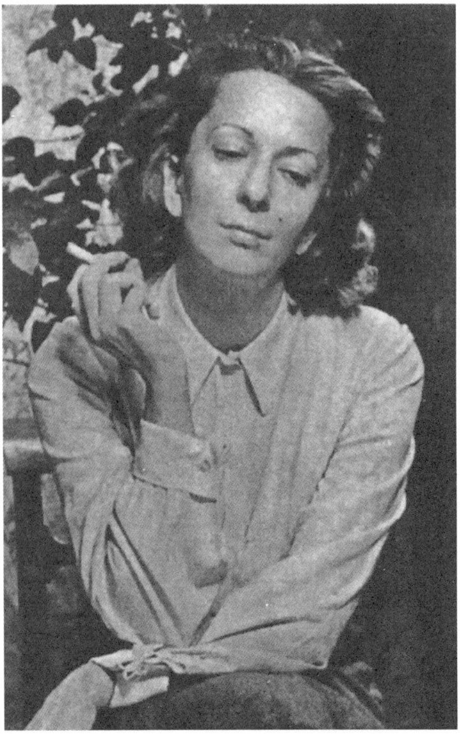

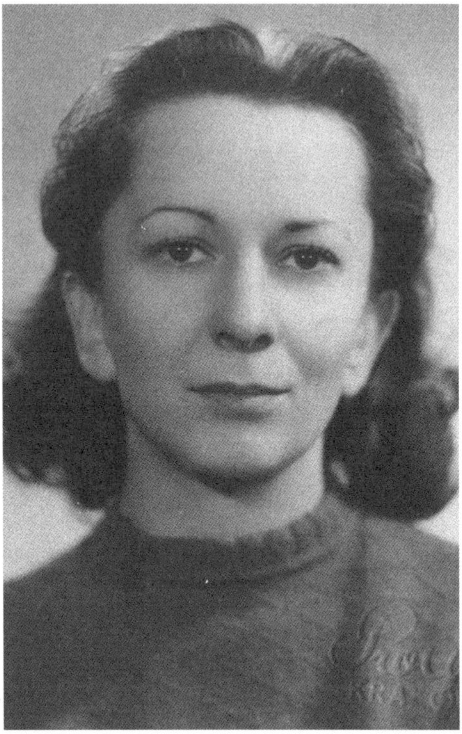

導讀

時代的孩子——

導讀《辛波絲卡：詩、有紀念性的破銅爛鐵，以及好友和夢》

本書譯者◎林蔚昀

我們是時代的孩子，
這個時代是一個政治的時代。

——辛波絲卡，〈時代的孩子〉

《辛波絲卡：詩、有紀念性的破銅爛鐵，以及好友和夢》是辛波絲卡的第一本傳記（一九九七年初版，二〇一二年出了增修版），也應該是最詳實的一本。翻開第一頁，讀者可能會覺得：這本傳記好像不應該存在。因為就像傳記作者安娜．碧孔特、尤安娜．什切斯納自己在本書第一段提到的，辛波絲卡從來都不想要一本「深入內裡的傳記」，她極力避免公開談論自己，因為：「在公開場合告解就像是遺失自己靈魂的一部分。你總得留些東西給你自己，不能把所有的一切都給出去。」她也不談別人的事，原因是：「儘管今日的潮流如此，但我不認為每個和別人共度的時光都可以拿去拍賣。有些時光只有一半屬於我，更重要的是，我不認為我對親友的回憶都已蓋棺論定。」

但另一方面，這本傳記是有獲得辛波絲卡認可的（如果我們可以稱之為認可），辛波絲卡也難得地向兩位作者揭露了許多私事。她一開始不願這麼做，雖然她敬重的人幫兩位作者寫了推薦信，她卻遲遲不肯和她們約時間見面。直到她們在《選舉報》發表了本書第一版的部分內容，畫出辛波絲卡的族譜，刊登了她沒看過的父母照片，這時辛波絲卡才來電說：「這感覺真糟糕——讀到關於自己的事。但既然兩位已經挖出了這麼多，好吧，那我們就來讓它變得更『精確』。而妳們確實把《非指定閱讀》讀得滾瓜爛熟。」

《非指定閱讀》是辛波絲卡和另一位作家沃基米日．馬強哥（Włodzimierz Maciąg，他也是她在《文學生活》的編輯同事）匿名寫的書評專欄。發現傳記主角不願受訪後，兩位作者把側訪的工夫發揮到淋漓盡致，訪問了一百個辛波絲卡在不同人生階段的親朋好友，還仔細研讀／研究她的詩作、專欄、連署的文件（甚至找了政治專家從她公開連署的文件分析她的政治立場），別人寫的關於她的評論、新聞，家人和朋友提供的照片，藉此重建了「不為人知」的辛波絲卡，精采程度，像是在看在看壹週刊／鏡週刊的人物專訪合輯。

關於辛波絲卡可能讓你很意外的point

所以，藉由《辛波絲卡：詩、有紀念性的破銅爛鐵，以及好友和夢》，我們可以發現什麼樣「不為人知」的辛波絲卡？如果用比較流行、比較聳動的寫法，我們可以列出以下「關於辛波絲卡可能讓你很意外的point」：

「醒醒吧她沒有妹妹！〈頌讚我妹妹〉其實應該是〈頌讚我姊姊〉，辛波絲卡的姊姊很會煮飯，還會幫辛波絲卡做便當，讓她帶回家吃。」

「辛波絲卡喜歡看哥德小說，也喜歡看連續劇，小時候曾蹺課和女同學扮成大人去看《藍天使》。」

「許多人說辛波絲卡有貴族氣質，她爸和她爺爺確實曾經當過貴族的財產管理人，爺爺甚至創造了一套『管理人理論』，寫在他的自傳中。」

「宅女小辛，討厭戶外活動，但可以為了愛，和男友一起去釣魚露營！」

「辛波絲卡喜歡用打油詩和人ＰＫ，像是《派對咖孔明》裡面那個Rap擂台賽（原來波蘭人也會吟詩作對）！」

「辛波絲卡喜歡做拼貼明信片，早在迷因出現之前，她就在明信片上做迷因哏圖，她也喜歡蒐集稀奇古怪、俗豔的圖片，和稀奇古怪、俗豔的物品。」

「辛波絲卡的創作風格像張愛玲（精準、節制，冷靜、古典），她當起編輯像林海音（提攜後輩不遺餘力，在言論審查下偷渡一些自由的聲音）。」

「辛波絲卡喜歡喝即食湯包（波蘭也有類似「康寶濃湯」的東西）、吃Pizza和ＫＦＣ（還會把ＫＦＣ凍起來慢慢吃），也喜歡做料理「實驗」，如番茄醬加水餃，或把冰了一夜的燉牛肉澆到蕎麥飯上（像是《深夜食堂》的隔夜咖哩？）。」

對辛波絲卡的粉絲來說，光看這些應該就很精采。但也會讓人懷疑：這樣會不會流於八卦呢？難道我們讀傳記就是為了看八卦嗎？應該不是，但也不可否認八卦確實會給人帶來樂趣。雖然辛波絲卡不喜歡別人窺探她的隱私，也不喜歡探人隱私，但她也不諱言，她讀別人的祕密會讀得津津有味，但另一方面又為自己的津津有味而有罪惡感。在評論一本傳記時，她寫道：「比較敏感的讀者會同情書中那些已逝（也就是毫無防備能力）的主角們，他們的祕密被我們粗野地貫穿了。然而，這同情不會阻止讀者把整本書讀完。完全相反，他會一氣呵成地讀完，就像那些神經比較大條的讀者。」

但是除了挖掘辛波絲卡的「祕辛」，讀這本傳記還有一些別的樂趣和意義。雖然辛波絲卡認為，詩歌只應該從哲學、語言的角度來分析，詩人的生平和詩作一點關係都沒有，但我們還是可以在她的作品中看見她如何與時代對話（或不對話）、如何和時代辯證（或不辯證）。即使她不想為時代所限，她還是時代的孩子。

時代的孩子（們）

和今天「政治歸政治、創作歸創作」的時代氛圍不同，共產時代所有的一切都是政治的，文學創作就是為政治服務（宣揚社會主義、提升人民的階級意識），不能風花雪月（風花雪月會被認為是墮落的中產階級風格），也不能寫得讓普羅大眾看不懂（辛波絲卡就曾經因為一首詩寫得「不知所云」，被文壇群起批鬥）。在這種時代，擁有自己的思想、和別人討論自己的思想是非法的，就像是色情文學一樣淫穢，這就是為什麼後來辛波絲卡會在一九八三年波蘭戒嚴時期寫下〈對色情文學的看法〉，做為對言論審查、思想控制的嘲諷（當時文學雜誌被禁，這首詩是「發表」在口語雜誌上，也就是聚會朗讀）。在這種「所有你的，我們的，你們的／日常和夜間事務，／都是政治的事務」的時代，光是堅持做自己，寫自己想寫的東西，不讓文學服膺於意識形態，就是一種反抗，就是一件不容易的事。

但辛波絲卡也不是一開始就想要遠離政治、遺世獨立。我們別忘了，她曾經加入共產黨（後來退黨了），擔任官方文學雜誌《文學生活》的詩歌版主編十幾年，也寫過哀悼史達林之死的詩，歌頌過列寧，批評過「萬惡的美帝」。關於這段「黑歷史」，辛波絲卡沒有隱瞞或推託「我當時年輕不懂事」，而是說：「我屬於那個信仰共產主義的世代。我曾經相信。而當我不相信了，我就不再寫那樣的詩。」

在《辛波絲卡：詩、有紀念性的破銅爛鐵，以及好友和夢》的第六章〈關於戰後初試啼聲，以及發表詩作〉，我們可以看到許多「那樣的詩」，如果不說作者的名字，辛波絲卡的忠實讀者可能會認不出這些充滿政治狂熱、完全沒有文學之美的句子出自辛波絲卡筆下，比如：「人們的心臟啊，不要因為膽怯而跳動。／要為憤怒而跳！要為憤怒而跳！」（出自〈關於戰爭罪行的歌〉）或是：「孩子們，我的終點快到了，／我不會長篇大論，讓你們無聊，／請讓我入黨吧，／我想要以共產黨員的身分死去。」（出自〈這就是我們為何活著〉）

不難理解，為什麼辛波絲卡沒有把這個時代寫的詩收入她後來的詩選，因為不管在思想內涵或文學技巧上，它們都無法通過時代的考驗。但從一九五七年的《呼喚雪人》開始，辛波絲卡的詩就褪下了史達林主義的外衣，蛻變成我們今天熟悉的樣子：情感上冷靜自制、文字精煉、關注個人經驗和個人的獨特性，充滿哲思、不信任極權體制的虛幻烏托邦，也有尖銳又善解人意的幽默和諷刺。雋永的〈布魯各的兩隻猴子〉、〈尚且〉、〈有玩具氣結的靜物畫〉、〈未進行的喜馬拉雅之旅〉都是出自這本詩集。

值得注意的是，從上一本詩集《自問集》（一九五四）到《呼喚雪人》（一九五七）之間，波蘭發生了很多重要事件，如史達林主義時期結束（一九四七到一九五五，這段時期波蘭充滿政治鬥爭和恐怖清算，有點像我們的白色恐怖）、一九五六年「波茲南六月」（工人上街抗爭「我們要麵包」，結果被政府血腥鎮壓）、一九五六年「十月解凍」（放寬言論自由、發展經濟，但改革失敗，一九七〇年工人再度上街，再次迎來血腥鎮壓）。我們雖然在辛波絲卡的詩中看不到這些事件，但這些事件一定對她思想的轉變產生了影響。波茲南事件兩個月前，她發表了自我清算的〈恢復名譽〉，說：「是時候把頭拿在自己手上了」。多年後，當她談到她的蛻變過程，她說：「我記得，當我們看到政府的宣傳如何評論所謂的波茲南事件，我們都怒火中燒。也就是在這個時候，我們開始去確認之前那些事件中，被塞給我們的論點是否值得信賴。我們開始思考。」

正如傳記作者所指出的，這邊的「我們」不只是辛波絲卡和她的前夫詩人亞當．沃德克（Adam Włodek，他也曾經是個狂熱的共產主義者，但後來也退黨了），也包涵同樣信仰共產主義的其他年輕作家和詩人。這也是這本書可貴之處——它不只呈現了辛波絲卡身為一個創作者的肖像，也呈現了那個時代的作家群像和日常浮世繪，讓讀者看到當時作家的生活，他們的證詞，他們的沉默，他們的妥協，他們的抵抗。

在第七章〈穀物街上，文學之家裡的婚姻〉中（我個人認為這是本書寫得最好的一章），我們看見作家們如何互相監控，朋友們如何彼此背叛——包括亞當．沃德克，他自動自發寫信給國安單位，舉發另一名作家馬切伊．斯沃姆琴斯基（Maciej Słomczyński），說他可能是外國間諜，後者後來在國安單位的威脅下成了線人，而斯沃姆琴斯基是辛波絲卡的好友／文學導師。我們也看見，作家們如何成了政府的工具，在官方主導的作秀公審中指控被誣陷叛國的神父們。我們看見作家們如何在多年後集體遺忘，談起文學之家，只記得有趣、好玩的小故事，避談自己的政治參與。只有一名作家揚・布昂斯基願意談論當年克拉科夫文學協會的全體會員（包括辛波絲卡）是怎麼簽下這份譴責神父的文件……

看起來似曾相識，不是嗎？我們總以為，外國比我們更勇於面對歷史，比我們更積極做轉型正義（波蘭還有除垢法和去共法呢），但其實，每個國家都有自己需要面對的難題。辛波絲卡很反對波蘭的檔案揭祕和除垢法，她從來沒有去看過自己在國家記憶研究院（Instytut Pamięci Narodowej）的監控檔案，認為把檔案從歷史的倉庫中拿出來「會激起一陣煙塵，然後整個社會必須呼吸這些煙塵。」還說「即使是最糟糕的謀殺者、恐怖分子或強暴者，都不會被公開示眾」。

辛波絲卡的立場可受公評、挑戰（她提到加害者的人權，那受害者的呢？），但我們也不能這麼簡單地說她就是反轉型正義。波蘭的社會背景和台灣十分不同，波蘭的右派很討厭左派，看到左派不分青紅皂白就說是共產黨，除垢和去共，很多時候會被政客拿來當作政治鬥爭的手段，或是愛國的證明（只有反共才是愛國，二戰前和二戰時左派愛國者的故事，被右派刻意忽略）。對於曾經加入共產黨、信仰共產主義的作家，右派人士也無法原諒。即使辛波絲卡得了諾貝爾文學獎，還是很多波蘭人覺得她不值得這個獎，說「她會得獎因為她是女的」（前幾屆都頒給男作家）、還有人說「掌管諾貝爾文學獎的左翼知識分子無法克服心理障礙、把諾貝爾文學獎頒給一個在史達林時代毫無污點的人」（譯註：他們指的是作家茲畢格涅夫・赫伯特〔Zbigniew Hebert〕），所以才頒獎給辛波絲卡。但傳記中有提到，一位在共產時代過後批評辛波絲卡的作家，在共產時代也有讚揚她的作品，但這名作家似乎忘了自己寫過什麼。

不過，雖然波蘭的轉型正義有其問題，我們也不能因此否定轉型正義的重要性，不能說「就讓歷史歸歷史」。辛波絲卡過世前立下遺囑，要設立給青年作家／評論家／翻譯的文學獎，而這個獎是以亞當・沃德克命名的（全名「亞當・沃德克文學獎」，Nagroda im. Adama Włodka）。這個獎在波蘭引起很大爭議，反對者認為，怎麼可以用一個抓耙仔（liàu-pê-á）的名字給文學獎命名？支持者認為，既然是辛波絲卡的遺囑，就要予以尊重，而且亞當・沃德克確實提攜後進不遺餘力，不能因為這個污點就全盤否認他的成就（這也是辛波絲卡基金會的官方立場，而在傳記中，我們會看見許多作家說亞當的好話，不段重複「亞當是個好人」）。最後，波蘭官方退出協辦這個獎，這個獎第一年停辦，後來復辦，直到今天還在舉辦。

雖然支持者說的也有道理，但還是不禁令人懷疑，用亞當・沃德克做為這個獎的精神領袖，真的好嗎？這個獎除了提供青年創作者高額獎金（二〇二二年的規定寫總金額最多是三萬塊波蘭幣，約二十萬台幣，可頒給一個人或好幾個人），鼓勵他們繼續創作，究竟要傳遞給他們什麼樣的價值觀？亞當・沃德克的「功」被記得了，那他的「過」呢？是什麼樣的政治體制和社會氛圍，造成了他的「過」？波蘭人能如何改善政治體制和社會，讓這一切不要重現？這些有被討論嗎？還是大家吵完，就被遺忘了？

今天，波蘭左右派鬥爭依舊（就像在辛波絲卡父執輩那個年代），不管對左派還是右派來說，好好地、不帶既定意識形態、實事求是、誠實、抱著理解與同理直視歷史，不迴避其中令人尷尬不安的部分，在今天的波蘭依然是個難題。大家就像〈布魯各的兩隻猴子〉中的那個在考人類史的「我」結結巴巴地掙扎，歷史諷刺地斜睨考生，但卻沒有以輕柔鐵鍊聲提醒答案，或者即使有，大家也沒聽到。

辛波絲卡做為一個記憶的雜物間

不過，除了政治、歷史這些沉重的主題，傳記中也有一些比較輕盈、好玩、可以貼近讀者的篇章。兩位傳記作者寫辛波絲卡的旅行習慣（到哪裡都要帶一個熱水瓶，喜歡去有奇怪地名的地方）、她對朋友堅定不移的愛（她說：「我最珍視的就是友情。這是世上最強烈、最美麗的感情之一。」）、她讀的書（被《文學生活》解雇後，她在總編輯要求下寫了大量書評，很多都是其他人不願評論的書）、她蒐集的小東西（毛茸茸的小豬音樂盒、老鷹形狀的摺疊菸灰缸、手骨形狀的原子筆，還有用透明壓克力做的馬桶蓋，裡面鑲著鐵絲）。書中也有寫到譯者如何翻譯她的作品（這對譯者應該很有參考價值，但很可惜，裡面沒有談到亞洲語言的翻譯，只有歐美的），還有談到她的編輯工作（看到讀者不斷來質問：「為什麼沒有刊登我的詩！」編輯朋友應該很有感）。

閱讀《辛波絲卡：詩、有紀念性的破銅爛鐵，以及好友和夢》，我們也可以更了解辛波絲卡的創作。我們看到她的前輩作家和同代人對她的影響（比如，她多年的伴侶康奈爾・菲力普維奇〔Kornel Filipowicz〕就對她的思考方式及創作影響深遠），也看到時代如何在她身上、在她的創作中留下印記，看到她如何回應她的時代，又如何試圖從中掙脫，超越時代。

雖然辛波絲卡和波蘭人民共和國的居民一樣都要曠日廢時地排隊買東西（這是共產時代的全民運動）和處理小事（約了水電工，要兩個星期才會來，貼個壁紙也要花上好幾個月，因為缺乏物資和人力），但她的詩中很少出現當時的悲慘現實，辛波絲卡如此解釋她的選擇：「我認識一些很聰明、很善良的人，他們把所有的智慧都花在思考哥穆爾卡昨天說了什麼，明天吉瑞克會說什麼上頭（這兩位都是波蘭人民共和國的領導人）。他們把僅只一次的人生都封閉在這擁擠得可憐的視野中了。所以我試著寫可以突破這個視野的詩。」由此我們可看出，辛波絲卡的抽離現實不是不食人間煙火，而是試圖在現實的陰溝中，抬起頭來看星空。

辛波絲卡很早就顯露出自己關注的主題（生命、愛、死亡、人類命運的悲哀與希望），後來也一直回到這些主題。在一首十九歲的少作〈太陽底下沒有新鮮事〉中，她寫道：

這一切並不新鮮，都已發生過。
依舊日升日落。
（……）
而大戰也不特殊，
該隱和亞伯一開始就這麼做了……
所有的人——只要活著，
就會爭戰。現在他們還在這麼做。

（……）

總會有人死亡，有人出生，

人們總是邊抱怨邊去上學。

總會因為作業做得不好，

而在學校或家裡挨打……

〈太陽底下沒有新鮮事〉出自《傳道書》（*Ecclesiastes*）。半世紀後，辛波絲卡在諾貝爾文學獎頒獎典禮的演講中再次回到這個主題：「但之後我會握住他的手說：『傳道者，你說太陽底下沒有新鮮事。但你自己就是在太陽底下出生的新鮮人啊。而你寫下的詩在太陽底下也是新的，因為在你之前沒有人寫過。所有你在太陽底下的讀者也是新的（……）除此之外我想問你，傳道者，你想在太陽底下創作什麼新作？（……）你應該不會說『我想寫的已經寫完了，我沒有什麼想添加的』吧？世界上沒有一個詩人會說這種話。』」後來辛波絲卡告訴兩位作者，其實她本來想寫一首關於傳道者的詩，但沒有寫成，於是把它變成講稿的一部分。

許多年輕創作者會擔心「我想寫的別人已經寫過了、可以說的已經說過了」，於是不敢放手創作。但另一些年輕創作者會覺得自己的經驗和創作是獨一無二的，於是不肯花時間心力淬鍊創作。辛波絲卡的經驗告訴我們：天分不是一切，經驗也不是一切，每個人當然都有其獨特性，但是也要花時間、精神去淬鍊、打磨作品。辛波絲卡傳世的作品只有兩百多首，但她說：「我會把詩作留在抽屜很長一段時間，反覆斟酌。我寫下的詩真的比人們想像的多，只是它們多半的歸宿是垃圾桶。」

所以，其實創作者可以抱著更平實的態度面對創作，不用太自傲，也不用過度自卑。創作者的記憶和人生就像是個堆滿「詩、有紀念性的破銅爛鐵，以及好友和夢」的雜物間，有好事、壞事、恐懼、愉悅、悲傷、創傷、矛盾，也有躲在暗處的怪物。創作者的工作，就是拾荒，整理龐雜的情緒和經驗，從這些雜物間抽出有價值的東西，花一輩子去淬鍊，把花和垃圾分開，在灰燼中看見鑽石，或在垃圾中看見花。

《辛波絲卡：詩、有紀念性的破銅爛鐵，以及好友和夢》也像雜物間，十分豐富，但有些地方太瑣碎（有白頭宮女話當年的特色，連辛波絲卡去參加誰誰誰的喬遷party都要講），有些地方避重就輕（比如關於作家們如何面對共產黑歷史的部分，作者還是對他們太溫柔了，沒有壹週刊或鏡週刊的犀利）。但如果讀者慢下來，就可以欣賞到非常多有趣的小細節，也會發現意外的珍寶（或不小心遇見怪物，或灰塵）。

希望，大家在這雜物間逛得愉快。

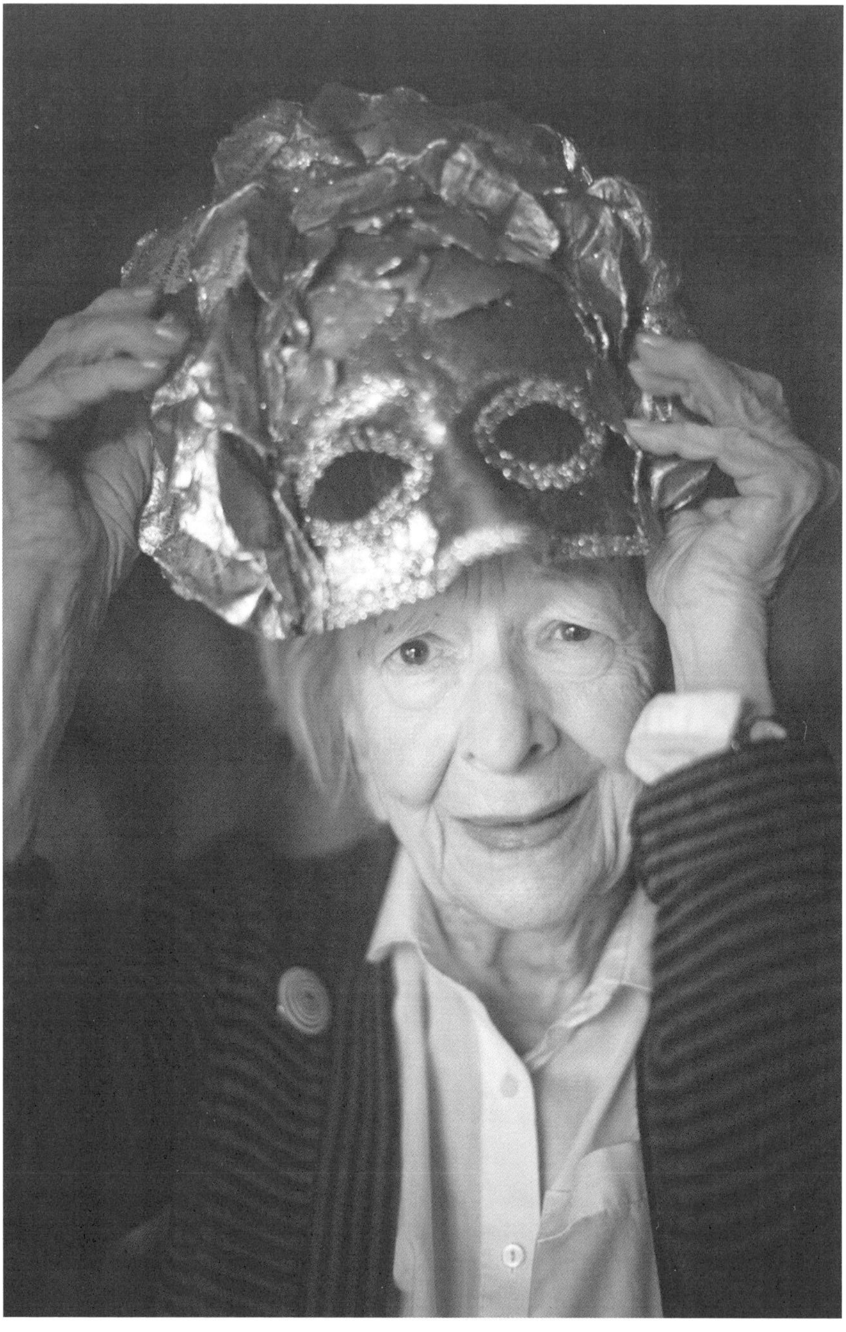

1 內在肖像，對外形象

辛波絲卡不喜歡別人窺探她的隱私，即使是在她到另一個世界以後。她從來都不想要一本「深入內裡的傳記」。她一直認為，所有她想說的、關於自己的一切，都在她的詩中。當她獲得諾貝爾獎，記者將她團團包圍，然而他們卻聽到，這位新科得主不喜歡回答關於她自己的問題，而且無法理解那些把自己的一切公諸於世的人，因為那樣子，人的內在還剩下什麼呢？在許多不同場合，她都說過，公開談論自己會打擾內在的寧靜。

「在公開場合告解就像是遺失自己靈魂的一部分。你總得留些東西給你自己，不能把所有的一切都給出去。」[1]

「儘管今日的潮流如此，但我不認為每個和別人共度的時光都可以拿去拍賣。有些時光只有一半屬於我，更重要的是，我不認為我對親友的回憶都已蓋棺論定。我經常在思緒中和他們對話，而在這些對話中，會出現新的問題和新的答案。」[2]

「有什麼辦法？關於自己，我只能說這麼多，而且是以這麼疏離的方式。但是請理解，其他的事，雖然不多，但都是私事。我的、你的、他的……這是加密的檔案，也就是說，不是拿來給人說嘴的。」[3]

「我當然知道我有黑暗面。我對自己有很多怨懟，我對我和我的人生並不滿意，至少是對某些時期。但這是很私人的事，我不知道怎麼公開去談論它。這會擾亂我的內在平衡。我試圖至少把一部分經驗融入我的詩，有時候它們可以化為詩作，有時候不行。但是直接去談論它們——這並非我的工作。」[4]

辛波絲卡對我們說：「我是個很老派的人。對於談論自己有很多障礙和抗拒，但也許我其實很前衛？也許在下一個世代，在公開場合自我揭露會退流行？」[5]

詩人烏舒拉・柯齊奧（Urszula Kozioł）告訴我們，她和辛波絲卡的談話常以這句話做為開場白：「現在，我要告訴妳關於我的整個人生。」那是她們之間祕密的小玩笑，是她們彼此理解的憑證，表示她們的友情並非建立在掏心掏肺的互相告解之上。

在辛波絲卡得到諾貝爾文學獎之前，也就是七十三年的人生中，她受訪不超過十次，而且大部分都很簡短。在這些訪談之中，可寫成傳記的資訊寥寥無幾。辛波絲卡不陳述事實，不記得日期，這也難怪在字典和詞條之中，她的官方履歷少得可憐。

詩人／波蘭文學教授愛德華・巴策蘭（Edward Balcerzan）在九〇年代初期就開始蒐集資料，打算寫一本關於辛波絲卡的著作。他和她聯繫，請她協助確認某些細節。他強調自己沒有要尋找任何私密、私人的訊息，只想確認類似這樣的資訊：她什麼時候第一次出國，什麼時候開始和某份雜誌合作，何時結束。辛波絲卡在他不斷要求之下，對這整件事變得越來越意興闌珊。最後她說：「既然您讀了我的詩，您應該知道我對這類問題的看法。」[6]

巴策蘭後來沒有完成這本著作，但他成功讓辛波絲卡確認了某些關於她生平及創作的細節，讓詩人的履歷變得更加精確。他試著把這份資料找出來給我們，但沒有成功。再說，他後來也站到了辛波絲卡那一邊。一九九五年，亞當密茲凱大學（Uniwersytet im. Adama Mickiewicza w Poznaniu）頒發了名譽博士給辛波絲卡，在頒獎典禮上，巴策蘭說：「如果有人讀了這首詩，他就再也無法在人資部門工作。」[7]

得寫份申請書，
而申請書要附履歷表。

無論人生多長，
履歷表應該簡短。

必須長話短說，遴選事實。
把風景換成地址，
用固定的日期取代搖擺的回憶。
所有的愛情只寫婚姻就夠。
孩子只寫出生的。

誰認識你比你認識誰重要。
旅行只寫出國。
寫你屬於什麼組織，不寫入會動機。
寫你得了什麼獎，略過原因。

用彷彿從未和自己交談的方式寫
和自己保持距離。

沉默地跳過狗、貓和鳥，
有紀念性的破銅爛鐵，好友和夢。

（〈寫履歷表〉，《橋上的人們》，一九八六）

當我們開始寫這本書（它的第一版在一九九七年出版），我們從辛波絲卡的書評專欄集《非指定閱讀》（*Lektury nadobowiązkowe*）中尋找關於她生平的細節。辛波絲卡撰寫這個專欄超過三十年，一開始是為《文學生活》（*Życie Literackie*）寫，後來是寫給《書寫》（*Pismo*）和《歐德拉河》（*Odra*），最後則是《選舉報》（*Gazeta Wyborcza*）。研究這些專欄，你會意外發現許多關於作者的資訊，包括她的品味、觀點、習慣。

於是，我們得知：辛波絲卡對維梅爾的畫讚譽有加。她討厭玩大富翁，不喜歡噪音，不會輕視恐怖片，喜歡去考古博物館，無法想像怎麼會有人的書櫃上沒有狄更斯的《匹克威克外傳》。她深愛蒙田，而且喜歡讀山繆．皮普斯*的日記。她對拿破崙沒啥好感，欣賞對形式和精確度吹毛求疵，不認為諺語是國家智慧的結晶。她認為最美麗、最離經叛道的生物是葉蟎。她通常半躺著寫作，熱愛索引、註釋、引文、出處和參考書目。有時候會去聽歌劇，溫暖地對待鳥、狗、貓還有整個大自然，認為人類在宇宙中的存在是獨一無二的。除此之外，她曾愛上尤里．博亨†和夏洛克．福爾摩斯。她最愛的導演之一是費里尼，她為艾拉．費茲潔拉（Ella Fitzgerald）狂熱，想為她寫一首詩，但最後寫了專欄（後來她還是為她寫了一首詩，只不過是在二十一世紀）。她喜歡強納森．史威夫特、馬克．吐溫和湯瑪斯．曼——她唯一一首向作家致敬的詩，就是寫給湯瑪斯．曼。她年輕時讀的第一本湯瑪斯．曼是《魔山》，她認為湯瑪斯．曼的存在是個奇蹟，為此，她甚至稱讚了演化：

> 沒錯，雖然它容許多餘的事發生，
> 像是給卵生小獸哺乳的鴨嘴獸。
> 但是它也可以反抗——
> 而我們之中誰又會發現自己被剝奪了機會？

* 譯註：山繆．皮普斯（Samuel Pepys，1633－1703），英國政治家／日記作家，曾任海軍部首席秘書，日記中寫到許多當時的重要歷史事件。

† 譯註：波蘭作家亨利．顯克維奇（Henryk Sienkiewicz）小說《火與劍》（*Ogniem i mieczem*）中的人物，是一名哥薩克上校。

最棒的是，
它忽略了那個手上不是長著羽毛，
而是美妙地長著華特曼鋼筆的哺乳類出現的瞬間。*

（〈湯瑪斯．曼〉，《開心果》，一九六七）

雖然辛波絲卡的《非指定閱讀》和詩作可以告訴我們不少事，但她傳記中依然有許多留白。感謝她不同人生階段的親朋好友（我們訪問了一百個這樣的人），這些空白才慢慢被填補。辛波絲卡的過去也從老照片中浮現。我們發現，辛波絲卡寫五行打油詩（Limerick），勤奮不懈地創作拼貼明信片並把它們寄給親友，藉此代替寫信。在這些明信片上有秀肌肉的大力士、飛翔的天使和幽靈、芭蕾舞女、伸懶腰的貓、快碰到地面的比薩斜塔。有時她詩中的主題也會出現在畫面中，比方說猴子，或一系列尼安德塔人叩問關於存在的問題。有時候也會有收信人才知道的暗語。詩人／譯者史坦尼斯瓦夫．巴蘭恰克（Stanisław Barańczak）在發表了古典詩新譯《神、號角和祖國》後，收到了一張來自辛波絲卡的明信片，上面有一頭大象，大象旁有一行字：「一看就知道是波蘭人。」†德國紀錄片導演安傑．柯西科（Andrzej Koszyk）收到的明信片則是一個在禱告的靈魂，旁邊寫著：「不安的籃子。」‡

從這些碎片、小故事、圖像之中拼湊出的傳記越來越豐富，涵蓋了事實、事件，甚至日期，但我們依然欠缺詩人的說法。老實說，她沒有拒絕我們訪談的請求——這大概是因為，亞采克．庫倫

幫我們寫了推薦信——但她也沒有急著和我們敲定見面的時間。§

一九九七年一月，我們在《選舉報》發表了本書第一版的部分內容[8]，畫出了辛波絲卡的族譜，還刊登了她沒看過的父母照片，這時她來電了。

「這感覺真糟糕——」我們聽到她說：「讀到關於自己的事。但既然兩位已經挖出了這麼多，好吧，那我們就來讓它變得更『精確』。而妳們確實把《非指定閱讀》讀得滾瓜爛熟。」

當她在一九九七年初和我們見面，她十分溫暖，也很同理包容。她回答了許多關於細節的問題，糾正了幾個錯誤，添加了一些事實，編輯了一些東西，主要是為了不要傷害到別人。關於我們寫的這本書，她只有一件事想說：

「我意識到，我的故事缺乏劇情起伏，彷彿我過著蝴蝶一樣的人生，彷彿命運對我特別眷顧，只是輕輕摸摸我的頭。這是我的對外形象。但這形象是怎麼來的？我真的是這樣嗎？我的人生很快樂，

* 譯註：原句為："A najlepsze to, że przeoczyła moment, kiedy pojawił się ssak z cudownie upierzoną watermanem ręką." 在波蘭文中，pioro可以指羽毛，也可以指鋼筆，辛波絲卡在這裡利用了這個雙關語。這首詩是在講演化，說演化排除了許多稀奇古怪的生物，只留下正常卻無趣的生物，但還是讓一些反常、奇妙的生物留下，比如鴨嘴獸，或是手上長著pioro（羽毛／鋼筆）的人（作家）。華特曼（Waterman）是一個鋼筆的牌子。

† 譯註：這來自一個十九世紀的諺語「大象和波蘭的事」（Słoń a sprawa polska），指的是波蘭人什麼事都會扯上波蘭（的獨立）。據說，瑪麗．斯克沃多夫斯卡．居禮曾說過一個笑話，說有一次英國人、法國人和波蘭人參加一個文學比賽，英國人交出的作品是〈我在南非獵大象的經驗〉，法國人則交出〈大象的性愛生活〉，而波蘭人交出的是〈大象和波蘭的獨立〉。

‡ 譯註：安傑．柯西科的姓氏是籃子（koszyk）的意思，這邊可能是用他的姓氏開玩笑。

§ 譯註：亞采克．庫倫（Jacek Kuroń），波蘭政治家／社會運動者，在共產時期是反對派領袖，波蘭民主化後曾出任勞動及社會事務部部長。

但在其中有許多死亡，許多懷疑。當然，我不喜歡談私事，也不喜歡人們對我的事說三道四。但當我死後，那又是另一回事。我在別人面前有另一張臉，這就是為什麼在人們的小故事中，我是個歡樂的人，除了發明遊戲和娛樂活動之外什麼都不做。人們會這樣看我，要怪我自己。這是我長期對外經營出的形象，因為當我非常消沉或擔憂時，我就不出門，這樣人們就不會看見我陰鬱的樣子。」

「你可以說——」她說：「我苦於這雙重的自我形象。我在朋友面前是一張臉，而當我獨處，我又是另一張臉：陰沉、痛苦、自我厭惡。而且我有種悲觀的想法：詩雖然有時可以陪伴痛苦的人，但卻不能預防痛苦。」[9]

「給人一個好印象」這個主題，也可以在她的詩中看到：

我知道如何譜出臉上的線條，
好讓人讀不出憂鬱。

（〈給不幸的戀人〉，《新文化》，一九五四年六月二十日）

或是：

喔不！喔不！在邪惡的時刻，
不要從自己的表情中掉出來！

（〈花腔〉，《鹽》，一九六二）

和辛波絲卡一起在《文學生活》週報從事編輯工作超過四分之一世紀的沃基米日・馬強哥（Włodzimierz Maciąg）教授告訴我們，辛波絲卡從來不會向人吐露私事，總是很自制，躲在良好教養之後。「她身上有某種貴族特質。她認為不能在公開場合表露情感，這是基因加上教養的結果。」

辛波絲卡的好友，波蘭文學教授泰瑞莎・華樂絲（Teresa Walas）亦認為，辛波絲卡會壓抑情緒是來自於家庭的要求。「如果要我把她放在某個時代，我會把她放在十八世紀，在法國文化之中（當然剔除那些墮落的部分）。她有著高乃伊那種古典的靈魂*，沒有任何自我揭露，沒有一滴淚。她的老父親原本想要一個男孩。我猜他也以養育男孩的方式養育她，叫她不要為了一點小事就哭哭啼啼。」

詩人亞當・札蓋耶夫斯基（Adam Zagajewski）也是這樣看她的：「有時我覺得在某一瞬間，走出了一個來自十八世紀巴黎沙龍的人。我們知道，這些沙龍主要是女人在主導。維斯瓦娃看重啟蒙和理智，在我們這浸淫於浪漫主義的文化中，她代表著另一種價值，另一種脾性。在她身上可以看見某種優雅，這優雅也在她的手勢、動作、話語、詩作中。她重視形式。我認為她厭惡混亂。而她那完美的幽默感，也是深具啟蒙時代風格的。」[10]

詩人阿圖・緬濟哲茨基（Artur Międzyrzecki）則說：「維斯瓦娃是個天生注重隱私的人。當我們這些前衛分子大聲疾呼：『不要表露情緒，那樣很丟臉。』她一定覺得這太小兒科了吧，畢竟『以情緒

* 譯註：皮耶・高乃依（Pierre Corneille），法國古典悲劇劇作家，和莫里哀、拉辛齊名。

為恥』」是維斯瓦娃詩作的基本調性。」

雖然辛波絲卡以情緒為恥，但這不表示她心如止水。

我的影子，就像跟著王后的小丑。
當王后從椅子起身，
小丑在牆上瑟瑟發抖，
用愚笨的腦袋狠敲天花板。
（……）
這蠢人把手勢、悲壯和
滿滿的無恥都攬到了身上，
所有我無力面對的一切——
王冠、王袍、權杖。

國王，當我們在火車站
道別，啊，
我會輕盈地聳肩，
我會輕鬆地轉頭。

國王，這裡是小丑報告，
國王，小丑正躺在鐵軌上。

（〈影子〉，《鹽》，一九六二）

從《非指定閱讀》中我們得知，辛波絲卡很欣賞蕭邦，因為他「很少和人訴苦，他的靈魂很堅韌。」她也讚賞卓別林，因為他極為自制，很少描述創作的痛苦。「這位藝術家從來不會太過隨便。（……）他鮮少提到把作品生出來有多辛苦，這點令我極為激賞！」[11]

對辛波絲卡來說，她的標竿是法國大革命的犧牲者，羅蘭夫人（Madame Roland）*。她在監獄中寫日記，一邊等待斷頭台，一邊平靜地描述自己的童年和青春。「這景象展現了日常生活的勝利。作者要克服自己的脆弱、監獄的折磨和對死亡的恐懼，才能寫下這些。重點不是她寫了什麼，而是她沒寫什麼。她嚴格禁止自己表露出某些情感，這樣才能直到最後都昂然而立。」[12]

她也很讚賞湯瑪斯．曼的妻子卡蒂亞．曼（Katia Mann），在她的回憶錄中，她始終忠於死去的丈夫，沒有越過丈夫給她設下的界線，沒有說不該說的話。「她一定知道其他作家妻子的告白，比如托爾斯泰、杜斯妥也夫斯基、康拉德的太太。而她對自己說：『不，我不要像她們一樣。』」[13]

相反地，她對伍迪．艾倫前妻米亞．法蘿（Mia Farrow）的回憶錄就沒什麼好感：「我必須承認，

* 譯註：全名為瑪莉－珍．羅蘭（Marie-Jeanne Roland de la Platiere，1754–1793），法國大革命時期女政治家，吉倫特派領的領袖之一，在政治鬥爭中被送上斷頭台，於獄中寫下回憶錄。

我以為她的格調會更高。」

所以，當辛波絲卡在她詩中提到自己年輕時的愛情，會感覺「我背叛了那個小女孩」，這也沒什麼好奇怪的了。

我說，
她是如何愛上一個學生，
我的意思是她想要
他看她一眼。
（……）
最好是，如果妳能回到
妳來的地方。
我沒有虧欠妳什麼，
我只是個普通女人，
只知道，
在何時
背叛陌生人的祕密。

（〈笑聲〉，《開心果》，一九六七）*

在我們和她談話時，我們發現，關於她那「深入內裡的傳記」，我們或許知道的比她詳細。她從記憶中抽出的只有某個景象，或是某個微小的細節。她沒有告訴我們「關於自己的整個人生」，只給我們看她想要給我們看的。她總是重複：「這種事我很快就忘了。」或：「這個等我死後再說吧。」

有一次，她告訴我們這樣一個故事：「我有一次在路易斯・布紐爾（Luis Buñuel）的電影中看到了這幅不凡的景象：費南多・雷（Fernando Rey），布紐爾最喜歡的演員（他總是留著鬍子，總是有點輕佻）走在街上，而在牆的轉角坐著一個老女人，垂著一頭銀髮。她手裡拿著一個刺繡框，上面有一塊濕抹布，而她正用絲線在上面繡百合花。她靜靜露出無牙的微笑，在那破布上繡百合。這一幕，讓電影的存在有了價值——我總是如此告訴朋友。之後這部片在電視上重播，我又看了一次。雷走在街上，但哪有什麼老女人？畫面上是一個年輕女人，在把婚禮頭紗拉到肩膀上。所以我要事先警告妳們，我可能會說出完全不存在的事，即使我自己全心全意相信。」

＊ 譯註：本詩有收錄在林蔚昀翻譯的《黑色的歌》（聯合文學，二〇一六）中，頁二〇－二三。

辛波絲卡——詩、有紀念性的破銅爛鐵，以及好友和夢

2 關於父母，以及遠近祖先

故事是這樣開始的：在瓦迪斯瓦夫・札摩伊斯基伯爵（Władysław Zamoyski）的領地上，從札科帕內（Zakopane）到庫吉尼朵（Kuźnice），強風吹倒了幾千棵雲杉。他的財產管理人文森・辛波斯基（Wincenty Szymborski）一定為此很頭痛，想著要如何才能解決樹木倒塌造成的災害，還有要如何把倒下的樹木送到鋸木廠。戰爭已持續了三年（之後，人們會稱它為第一次世界大戰），現在實在很缺人手。他在寫給伯爵全權代理人的信中如此抱怨：「我們有六十名戰俘（俄國佬），但他們很麻煩。最主要的問題是，他們吃得很多，現在食物也很難弄到。（……）吃得不夠，他們就不想上工。」另外，由於糧草不足，「馬匹也完全派不上用場。」然後，他出乎意料地給這封信來了個高潮：「因為這所有的麻煩，我喪失了理智，所以……我結婚了。」[1]

八十年後，辛波絲卡寫道：

只差一點點，
我母親就會嫁給那位
來自茲敦斯卡沃拉的澤畢涅夫・B先生。

如果他們有女兒——那個女孩不會是我。
（……）
只差一點點，
我父親就會在同一時間
娶了那位來自札科帕內的雅德維嘉・R小姐。
如果他們有女兒——那個女孩不會是我。
（……）
也許她們甚至會遇見彼此，
在同一所學校，同一個班級。
但是她們一點都合不來，
根本完全不相像，
在團體合照上兩個人站得遠遠的。

（〈缺席〉，《冒號》，二〇〇五）

由於戰爭，卡基米日・盧博米爾斯基（Kazimierz Lubomirski）親王的辦公室遷到了札科帕內附近的庫吉尼朵。就在那裡，在親王辦公室工作的一位「美麗的小姐」安娜・瑪莉亞・羅特蒙多芙娜（Anna Maria Rottermundówna）吸引了辛波斯基的注意。

「這女孩認為，戰後就不會有男人了。因此她決定嫁給一個老男人，只要不要成為老處女就好。」辛波斯基如此在信中解釋安娜・瑪莉亞的決定。「因為這是每個女人想要的，神也如此希望，於是我就在〔一九一七年〕二月十七日結婚了。當然，我沒有要求嫁妝。」[2]

新郎四十七歲，新娘二十八歲。看起來不是什麼偉大的愛情，但就像他們的女兒多年後在詩中寫下的：

不靠它的幫助，美妙的孩子照樣出生。
而它絕對無法讓人類欣欣向榮，
畢竟它發生的機率太低了。

（〈幸福的愛情〉，《萬一》，一九七二）

婚禮和喜宴在沙弗拉利（Szaflary）的神父居所舉行*。新娘的叔叔莫里斯・羅特蒙德（Maurycy Rottermund）在那裡當神父，他因為國家民主運動（Narodowa Demokracja）而認識了辛波斯基†。

* 譯註：波蘭的婚禮在教堂舉行，婚禮結束後，才是喜宴。

† 譯註：國家民主運動是波蘭在十九世紀末的一個國族主義運動，這個運動不支持用武裝革命換取波蘭獨立，主張在現有的體制內打造強盛的、以波蘭人為中心的機構，強化波蘭人的波蘭意識，很受中產階級支持。然而，這個運動也有強烈的右翼傾向及反猶色彩。

詩人未來的父親會來到札科帕內，是因為怕染上肺結核*，他的母親史坦尼絲瓦娃——舊姓皮薩絲卡（Psarska）——就是死於肺結核。他在一八九〇年初期來到這裡，很快就適應了此地，也很快結識了札摩伊斯基伯爵，札科帕內這一帶的領主。伯爵買下這片土地，是為了「把它從外人手上奪回來」。

一八八八年，札科帕內這片土地競標出售，當大家發現得標者是新塔爾格（Nowy Targ）的副市長和紙廠老闆雅各·歌德芬哥（Jakub Goldfinger），波蘭輿論一片群情激憤，喊著：「猶太人會把樹砍光！」今天我們會說，這會造成生態浩劫。交易於是被判無效。一年後，札科帕內再次競標出售，華沙日報《字句》（*Słowo*）刊登了競標廣告[3]，撰寫人是K·多布金斯基（K. Dobrzyński），但筆名背後的藏鏡人其實是時常在札科帕內作客的作家亨利·顯克維奇（Henryk Sienkiewicz）†。

伯爵的代理人得到命令，要砍價一分錢，於是歌德芬哥就把價碼調漲了一分錢。最後的成交價

左｜辛波絲卡未來的母親安娜·瑪莉亞·羅特蒙多芙娜，約1911年。
右｜辛波絲卡未來的父親文森·辛波斯基，約1918年。

是四十六萬零二塊零二分波蘭幣……就這樣，札科帕內及其腹地——也就是今天的塔特拉國家公園（Tatrzański Park Narodowy）——就到了札摩伊斯基伯爵手上。

「如果十年前我沒有來到札科帕內，」伯爵在信中如此回憶這次交易：「這個德國猶太人現在就會坐在波蘭最高的山上，朝波蘭人吐口水。也許札科帕內會變成一個小什恰夫尼察（Szczawnica），像是加利西亞的耶路撒冷。我欠了一屁股債，就是為了把我國唯一的一小塊土地從猶太人的爪子中奪回來。我花了一大筆錢，親戚都認為我瘋了。（……）我把所有的東西都給了猶太人，工廠、森林、縣政府、生意和釀酒／賣酒許可（……）猶太人把整個縣搞得天翻地覆，而縣長還要去親吻猶太老女人的手。」[4]

伯爵新領土的狀況並不是太好。顯克維奇在廣告中如此寫道：「幾百摩爾亨（morga）‡的地就這樣荒廢在那裡，堆滿了朽木。」除此之外，還得做一些建設，好滿足波蘭人的愛國心。必須要聘請一位有能力又有幹勁的管理人。一九〇四年，伯爵把這份工作託付給了文森・辛波斯基。這位三十四歲的公務員自一八九二年就在伯爵手下做行政工作，對他來說，這是大大的升遷。從此，幾乎每個在札科帕內的投資建設，從教堂、學校、塔特拉山博物館（Muzeum Tatrzańskie）、電廠、客棧、供水系統到哈布夫卡鐵路，都是伯爵出錢，辛波斯基出力。

* 譯註：當時的人們認為新鮮空氣可以預防、治療肺結核，這也是為什麼療養院都會設在山上。

† 譯註：亨利・顯克維奇，著名波蘭小說家，著有波蘭歷史小說三部曲（《火與劍》、《洪流》和《星火燎原》）、《你往何處去》等作，於一九〇五年獲得諾貝爾文學獎。

‡ 譯註：面積單位，約半公頃。

目前有保存下來的、辛波斯基給伯爵的第一封信寫於一九〇一年三月二十八日，是關於購買鐵軌、螺絲和鐵釘。這是為了打造蓋電廠要用的鐵路，而這電廠是要給札科帕內供電用的。我們在庫尼克（Kórnik）城堡中找到了這封信，除此之外還有幾百封信，收信人是伯爵本人，或是他的全權代理人齊格蒙・策利赫夫斯基（Zygmunt Celichowski），此人也是庫尼克圖書館（Biblioteka Kórnicka）的館長。

伯爵領地上發生的所有事情，無論大小，辛波斯基會認真向他報告。他向伯爵報告前任地主把森林砍得慘不忍睹、山上的強風吹倒了一萬五千棵雲杉、紙廠和伐木廠的運作和工人的問題，還會報告伯爵媽媽札摩伊絲卡將軍夫人創立的女性家庭工廠之財務狀況——工廠經理尤莉亞・札列絲卡（Julia Zaleska）後來成了辛波絲卡的教母。

在枯燥乏味、實事求是的訊息背後，透露出辛波斯基和他老闆的理念。波蘭人的愛國主義是充滿反猶主義的（這是為何他們會喜歡國家民主運動），辛波斯基和札摩伊斯基伯爵就是如此。

在札摩伊斯基伯爵的指示下，辛波斯基監督、修建了從札科帕內到高山湖海洋之眼（Morskie Oko）以及科西切利斯克（Kościelisko）之間的道路。如此一來，人們從斯皮許（Spisz）和歐拉瓦（Orawa）到這些地方，就會通過波多賀列（Podhale）。這麼做的目的是「讓匈牙利的波蘭人和波蘭的波蘭人多多接觸，這樣他們可以更快意識到自己的波蘭認同。」另一方面，成立蘇打水工廠、獲得釀酒許可、成立貿易公司（這是為了提供波蘭工業家便宜的貸款）或是建造波蘭市集貿易中心（Dom Handlowy Bazar Polski），這一切都是為了和猶太人的生意競爭，而且也真的成了他們的競爭對手。有一次，辛波斯基寫信給伯爵，告訴他札科帕內的猶太人和博博瓦（Bobowa）的拉比告他的狀，請求拉比給予他們建議，因為「伯爵的管理人要把他們趕盡殺絕。」

當札摩伊斯基伯爵領地附近的村子亞沃津那（Jaworzyna）被匈牙利的大貴族霍恩洛厄－厄林根的克里斯汀・克拉夫特（Christian Kraft Fürst zu Hohenlohe-Öhringen）買下，奧地利帝國和匈牙利王國百年來的爭端於是進入白熱化。爭端風暴的中心是：「海洋之眼到底屬於誰？」辛波斯基插手調節這場糾紛，但他真正的目的是劃出對波蘭有利的塔特拉邊界，這樣如果有一天波蘭重新獨立，海洋之眼就會屬於波蘭。

霍恩洛厄親王命人移除加利西亞的國界路牌，並且在許多守林人小屋部署匈牙利的憲兵，辛波斯基透過祕密管道得知親王的每一個動作，然後通知札摩伊斯基伯爵。最後加利西亞議會的波蘭議員成功在一九〇二年於格拉茨（Graz）召開了仲裁法庭，瑞士是仲裁國。曼達爾達・柯茲沃斯基（Medard Kozlowski）去了那裡當觀察員，他是辛波斯基的好友，於是辛波斯基就有了法庭的第一手消息。當法庭派人來視察，當地的高山原住民（Górale）舉行了愛國示威，你很難想像辛波斯基沒有參與其中。而當案子勝訴，他也一定和札科帕內人一起高唱：「波蘭還沒滅亡／波蘭人萬歲／正義勝利／海洋之眼歸我。」

辛波斯基積極參與札科帕內的社交生活。一九〇九年，他簽署聲明，成立塔特拉山志願救援隊。一年後，他加入了加利西亞守林人協會，也參與了有舵雪橇賽道的興建。他亦沒有迴避政治，早在一戰前，他就是國家民主運動的推手之一，他一定認識羅曼・德摩夫斯基*，後者於一九〇〇年定居克拉科夫後，就經常來札科帕內演講。

* 譯註：羅曼・德摩夫斯基（Roman Dnowski），波蘭政治家，國家民主運動的創辦人之一。

在一張照片中，我們可以看到辛波斯基和他黨內朋友的合照。其中一人是後來札科帕內的鎮長及議會議員曼達爾達・柯茲沃斯基，另一人則是法蘭西切克・柯辛斯基（Franciszek Kosiński），札科帕內貿易公司的負責人。我們在庫尼克圖書館找到這張拍攝於一九一一年六月的照片，照片中辛波斯基穿著束膝燈籠褲（但搭配西裝、背心，還打領帶）以及靴子，很適合爬山。他坐在某座山丘上，對著攝影機擺姿勢。

一八九二到一九二二年，當文森・辛波斯基替伯爵打理他的生意，整個波蘭的藝術／知識分子圈都匯集在札科帕內。家族中沒有留下辛波斯基認識誰或和誰來往的紀錄，但他一定認識詩人／劇作家揚・卡斯波維奇（Jan Kasprowicz），他是一次大戰期間札科帕內的麵包專員*。他應該也認識詩人卡基米日・波哲瓦－泰德梅耶（Kazimierz Przerwa-Tetmajer），他那時替皮蘇斯基的軍團做宣傳。來自所有被瓜分地區的波蘭人擠在札科帕內度假，因為突如其來的戰爭而感到驚訝。他們在那裡從事各式各樣軍事和愛國的活動。他們興致高昂地延續了從一八九〇年開始、相對自由政治氛圍下形成的習慣：慶祝各種國家紀念日、起義紀念日、五三憲法、或是國家詩人的生日。伯爵支持這一切和獨立有關的活動，而活動的執行人則是他的財產管理人辛波斯基。在匱乏艱困的戰爭時期打理伯爵的財產，還要解決找工人的問題，是一件麻煩的事。辛波斯基得費盡千辛萬苦，才能避免伯爵的財產被沒收——伯爵來自法國，是法國公民，而法國現在則在和奧匈帝國打仗。

關於父親在札科帕內的種種事蹟，辛波絲卡知之甚少。矛盾的是，關於祖父她反而知道的比較多。安東尼・辛波斯基（Antoni Szymborski）雖然在她出生前四十年就過世了，但在辛波絲卡父母家有留下他在晚年時寫的回憶錄。辛波絲卡的姊姊在母親過世時整理遺物，在一個放在天花板置物櫃的行李箱中找到了它。

安東尼・辛波斯基生於一八三一年，是個遺腹子。他父親（也叫安東尼）在葛羅霍夫戰役（Bitwa pod Grochowem）中戰死†，他是母親拉拔成人的。十六歲時，為了給兒子進行性教育，她帶他去華沙參觀治療性病的醫院。

「雖然他在那裡看到的畫面慘不忍睹，但他並沒有因此厭惡女人。」辛波絲卡說：「他在回憶錄中寫到許多女人，比如說他寫，他在酒館捏某個女服務生的臉。所以他會捏女孩子的臉。他喜歡女人。」

他十七歲的時候，人民之春（Wiosna Ludów）爆發了‡，於是他逃家去參加波茲南起義（Powstanie Poznańskie）。他在匈牙利將軍約瑟夫・貝姆（Józef Bem）手下當上軍官[5]，之後就浪跡全歐洲——德國、義大利、瑞士、法國、西班牙……甚至還在淘金熱期間去了美國加州。回到波蘭後，他想要安定下來，他甚至當上了奧波奇諾（Opoczyno）的縣長。但是一月起義（Powstanie Styczniowe）很快就爆發了§。他於是拋下一切，為了再次站在起義部隊的前鋒。

在起義一百週年紀念日，《文學生活》刊登了安東尼・辛波斯基回憶錄的長篇節錄。他生前一

* 譯註：戰爭期間，在德國及奧地利麵包採配給制，麵包的配給由地方政府指派的公務員負責。

† 譯註：這場戰役發生在一八三一年二月二十五日，是十一月起義的一部分。

‡ 譯註：一八四八年革命，又稱民族之春（Spring of Nations）或人民之春（Springtime of the Peoples），是在該年於歐洲各國爆發的一連串武裝革命，雖然革命多半失敗告終，卻撼動了各國君主和貴族體制。

§ 譯註：一月起義是指從一八六三年到一八六四年的一連串反俄起義運動，這是自波蘭亡國後，第二次大型起義事件（上一次大型起義事件是一八三〇年到一八三一年的十一月起義），這場起義事件遭到慘烈鎮壓，以失敗告終。

定是個說故事能手，因為他的回憶錄很實事求是，充滿了精采的細節。但是他不只描述戰鬥和廝殺，他也花了很多篇幅描寫「波蘭的無政府狀態」：「有太多可怕的、不符規定的委員會，太多陰謀，還有許多欺騙天真之人的行徑。給國庫的錢最常被拿來用在花天酒地上頭。克拉科夫的生活讓我覺得還不如死掉，也好過看到這些犯罪行為、聽到這些虛偽言論。人們三次送錢要給我們買武器，然而當普魯士人找到裝錢的箱子，裡面卻是空的。我甚至不想去談委員會中類似的行為、衝突和爭執，免得弄髒我的筆。可憐的波蘭人啊，他們已經在不自由中活了一百年，無法知道什麼是尊嚴。無政府狀態依然持續。」[6]

詩人那時候並沒有註明，回憶錄的作者就是她爺爺，只說這本回憶錄來自私人收藏。她也沒說她就是謄寫、編修回憶錄，將其付印的人。

「他是阿波里奈爾（Guillaume Apollinaire）的先驅。」她開玩笑地說：「他不用逗點也不用句號，人名他會寫錯，關於風景和城市的描述，他就像個孩子一樣笨拙。『我來到了佛羅倫斯，這城市很大、很乾淨。』關於其他的城市，他也只是寫它們『很大、很乾淨』。」

如果不是因為辛波絲卡得了諾貝爾文學獎，安東尼・辛波斯基的回憶錄大概不會有重見天日的一天。在跡象出版社（Wydawnictwo Znak）老闆耶日・伊格（Jerzy Illg）不斷勸說下，《風暴命運的峰迴路轉——一八三一到一八八一年的回憶錄》（*Burzliwe fortuny obroty. Pamiętnik 1831 – 1881*）終於在二〇〇〇年問世。我們這時發現，詩人對祖父文筆的評論是有點誇張了。他只有用「很大、很乾淨」形容一座城市，而關於其他城市，他寫一座城「充滿綠意，很美麗」，而另一座「很漂亮，很狹長」。

起義失敗後，辛波斯基在華沙奇塔德里城塞第十營（X Pawilon Cytadeli Warszawskiej）坐了超過兩年的牢。他甚至已經被判了絞刑，但他最後奇蹟似地生還。他快四十歲的時候，認識了未來的妻子史坦尼絲瓦娃，她父親埃拉茲姆．皮薩斯基（Erazm Psarski）死於一月革命。他們在一八六八年結婚，兩年後，他們的兒子文森出世。兩人的婚姻以失敗告終，某天，辛波斯基的岳母駕著馬車，帶走了女兒和當時只有六歲的小文森，回到鄉下恰特基（Czartki）的老家。

「她是出了名地活力充沛、愛搞陰謀、愛東家長西家短。」安東尼．辛波斯基在回憶錄中如此描述岳母。「她心目中最偉大的成就就是和人口角，我也成了她的犧牲品。她從來都不會退讓。她跪在聖像前發誓要拆散我們夫妻，她也真的做到了。」

「照片上，安東尼．辛波斯基爺爺是個金髮、留著小麥色鬍子的俊美男子。但也許他不是個好丈夫？也許這是為什麼胖胖的曾祖母早早就把女兒和孫子帶回家？」辛波絲卡試圖理解百年前的家庭糾紛。

她猜想，在多年浪跡天涯的單身日子後，祖父一定受不了每日的家庭義務。除此之外，他也沒有很強的家庭意識，他只有一次在回憶錄中提到母親和姊姊（譯註：或妹妹，波蘭文中姊妹沒有分），他從戰場上回來後甚至沒有去找她們。辛波絲卡繼續遐想：「他天生是個說故事高手，他一定喜歡有新的聽眾。所以與其守著農莊，他一定更常在當地的宮廷消磨時光。」

詩人也很樂意知道另一邊的說法。但是收在同一個行李箱裡的、史坦尼絲瓦娃奶奶的日記，只有寫到她出嫁前的少女時光。「她寫下它時十六歲。」詩人在《非指定閱讀》中承認：「我在她那個年紀沒辦法寫得像她一樣條理清晰、不惺惺作態。」[7]我們不知道，史坦尼絲瓦娃嫁人後有沒有繼續寫日記。無論如何，留下的日記只有十幾頁。「有人把後面的部分撕下了。是誰——我不知道。

左｜辛波絲卡的曾祖母娜塔麗．皮薩斯卡和她的外孫，
也就是辛波絲卡的父親辛波斯基，19世紀末。
右｜卡洛琳娜．羅特蒙德，辛波絲卡的外婆，1930年代。

我只能猜測，那些被撕下的頁面是關於和我祖父訂婚和結婚後的事。」辛波絲卡在她祖父的回憶錄出版後如是說。[8]

辛波絲卡沒有機會認識父親那邊的祖父母（兩者都在十九世紀，她出生前很早就過世了）。「祖父很晚婚，也很晚生子，而我父親結婚生子則更晚。以數據上來看，這足足橫跨了兩個世代。看來，這兩位先生都喜歡盡可能延長單身時光。」她如此對伊格解釋。

但母親那邊的家族羅特蒙德就不一樣了。辛波絲卡整個童年都會去波赫尼亞（Bochnia）的卡洛琳娜（舊姓庫巴斯）外婆家度假，長大後也常去探望她，因為外婆一直活到一九四八年才過世。外公揚在鐵路當車掌，辛波絲卡沒有提過他，所以他可能很早就過世了。不過，辛波絲卡常提到外公的弟弟，也就是她的舅公，莫里斯．羅特蒙德。他是沙弗拉利的神父，她也常去他家度假。家族裡的孩子們會叫他「阿公」(dziadzia)。她記得，莫里斯舅公喜歡和人聊天，教會裡的每個人都超愛他。

莫里斯畢業於克拉科夫神學院，他甚至在羅馬念過書。家族的六個小孩之中，只有他和最年長的化學家約翰有受過高等教育。但因為不聽上級的話，他無法在教會裡繼續升遷，一九〇二年他來到了沙弗拉利當牧師，然後在那邊一直待到死。他的大姊約瑟芬娜幫他打理生活，家族裡所有聚會、出生、受洗、婚禮都在沙弗拉利的教會舉行。

辛波絲卡的外祖父母除了安娜（辛波絲卡的媽媽，在家中被稱為安雅），還有四個兒子。「這些孩子們要不是在童年，就是在很年輕時死於肺結核。但是我媽媽活了下來。」詩人說。外婆從來沒有哀嘆孩子們的早逝，他們之中只有一個泰德烏什活得夠久，久到可以留下後代。「他的後代是我的表親亞許，他是個醫生，我在童年及年輕時去外婆家度假時遇過他。他有兩個兒子，泰德烏什和耶日，他們也都是醫生。」

「當你是個孩子的時候，所有過去發生的事，你都覺得那是古早以前的歷史。」她說：「當父母還在世的時候，我們還沒準備好要提問。當我們長大也準備好了，他們已經不在人世。只留下相簿，但看不出來誰是誰。媽媽以前其實有跟我說過，但我那時不是很感興趣。相簿上的照片應該要署名，我認得爺爺奶奶和外公外婆，但是其他的親戚我都認不出。」

或許這關於家族相簿的隨想催生出了這首詩：

這個家沒有人為愛而死。
是有一些事發生，但沒有一件可用來創造神話。
你能想像羅密歐得肺結核，或茱麗葉得白喉嗎？
有些人可是活到垂垂老矣。
沒有人是因為灑滿淚水的情書
沒收到回信而死！
（……）
沒有人是因為情人的老公快要回家
而躲在優雅的衣櫃中悶死！
沒有人的緊身胸衣、頭巾、摺邊
會凌亂不整，干擾他們拍照。
沒有人的靈魂中有波希的地獄！*
也沒有人拿著手槍衝進花園！
即使是那個紮著狂喜的髮髻，
眼睛因為跳了一夜的舞而有著黑眼圈的人，
也不是因為憂鬱或思念舞伴而吐血身亡。
也許很久以前，在銀版攝影法發明之前——有個人是這樣，
但是據我所知這些相簿中的人並非如此。

日子一天一天，憂喜參半地過去，

而照片上的這些人，則開開心心地死於流感。

（〈相簿〉，《開心果》，一九六七）

我們問辛波絲卡，「吐血身亡」的是不是外婆，詩人說當然，外婆死於肺結核，但她在照片上並沒有紮髮髻。不過，當泰德烏什讀到表姑的這首詩，他認定這一定是關於羅特蒙德家族，因為他們家有很多人死於肺結核。

在辛波絲卡位於赫青斯卡街（ul. Chocimska）的公寓裡，在走廊上，在絨毛猴子上方，掛了一張照片——那是愛德華・羅特蒙德（Edward Rottermund）的肖像。但辛波絲卡本人對羅特蒙德家族所知無幾。「有一次有人幫我複製了羅特蒙德的家譜，他是上克萊切（Klecza Górna）的司膳總管。」辛波絲卡告訴我們：「我甚至不知道這個姓氏是騎士團還是荷蘭的。我們的家譜一共被人查過三次，一次是德國人在占領時期查的，另一次是一九六八年有人鬼鬼祟祟查我媽娘家的舊姓†。第三次，則是我得諾貝爾文學獎時。」

關於這個家族分支的故事，多年擔任華沙皇家城堡博物館（Zamek Królewski w Warszawie）館長的安

* 譯註：這邊指的是荷蘭畫家耶羅尼米斯・波希（Jheronimus Bosch），他的畫作描繪罪惡與墮落，畫面中充斥著赤身裸體的人們和奇怪的生物，著名畫作包括《人間樂園》。

† 譯註：一九六八年波蘭有反猶浪潮，應該是和這有關。德國人查辛波絲卡家族的姓氏，應該也是為了查她是不是猶太人。

羅特蒙德家族。左起是：辛波絲卡的外公揚．羅特蒙德和他的妻子卡洛琳娜。他們身邊站著兩個兒子，而坐在他們腳邊的則是安娜．辛波絲卡未來的母親。右邊數過來第二位則是辛波絲卡的舅公，神父莫里斯．羅特蒙德。克拉科夫，20世紀初。

傑・羅特蒙德（Andrzej Rottermund）提供了最詳盡的資料。他蒐集了很多文件，手上有從十六世紀開始的家譜，也就是在這個時候，費迪南大帝一世（Ferdynand I）賜予這個家族貴族的紋章。安傑・羅特蒙德的奶奶雅妮娜・羅特蒙德（Janina Rottermund）是辛波絲卡母親的表親及好友，她婚後很快就過世了，死於難產。當孩子的父親也過世，他被舅舅收養，這就是為何他跟了母親那邊的姓。

安傑・羅特蒙德也知道家族另一個分支的故事，不是札瓦德卡（Zawadka），而是上克萊切那一邊的。華沙美景宮（Belweder）的起義者之一愛德華・羅特蒙德就來自那個家族。一八三〇年十一月二十九日深夜到隔天清晨之間，他和一群軍校生為了暗殺康斯坦丁・巴甫洛維奇大公（Константин Романов／Konstanty Romanow）來到美景宮*。他的表親（也是個起義者）也有去，後來他移民到比利時，在那裡創立了這個新國家的軍隊。

辛波絲卡的曾曾曾外祖父約瑟夫・羅特蒙德（Józef Rottermund）曾是札瓦德卡的地主。他的兒子安東尼（也就是辛波絲卡的曾曾外祖父）是華沙大公國的軍官，在軍隊的紀錄中，他是克拉科夫的居民，而非地主。他的兒子約瑟夫・安東尼——也就是辛波絲卡的曾外祖父——參加過十一月起義，就像她的曾祖父一樣。

當我們在多年前把我們畫出來的族譜給辛波絲卡看，她饒富興味地（甚至是充滿感情地）觀看。我們沒有預期到她會有這樣的反應，畢竟她在自己的詩中曾經這樣寫過：

* 譯註：當時中尉皮歐・維索斯基（Piotr Wysocki）率領部分軍隊和軍校生去暗殺康斯坦丁・巴甫洛維奇大公，這場行動是十一月起義（Powstanie listopadowe, 1830－1831）的序幕，後來這場起義以失敗告終。

我就是我。
一個無法被理解的意外，
就像所有的意外。

別人的祖先
也可以是我的。
我會從別的巢穴
飛出去。
從別的樹洞
帶著鱗片鑽出來。
（……）
我可以是
獨居的個體。
或是群居在某個魚群、螞蟻洞、蜂窩，
成為某片多風風景的一小部分。
（……）
我也可以是我自己——但是沒有驚奇，
這表示，

我會是個完全不同的人。

（〈繁〉，《瞬間》，二〇〇三）

事實上，她總是對更久遠的祖先感興趣。

我甚至不確定，我把爪子遺留在哪裡。
誰穿著我的皮毛，誰在我的甲殼裡居住。
當我從海裡爬上陸地，我的手足都滅絕了。
只有某塊小骨頭會在我體內慶祝週年。
我從毛皮中跳出來，失去了椎骨和腳。
我一次又一次遠離了感官。
長久以來，我對這一切睜兩隻眼閉第三隻眼，
揮揮鰭，聳聳樹枝，表示不在意。

（〈失物招領處的一段演說〉，《萬一》，一九七二）

辛波絲卡在評論《冰河時期的維納斯》這本書時寫道：「這本書讓我更加確信，在時代與時代、

W.S. w najszczęśliwszym okresie życia. Obok

jej siostra, już nie taka szczęśliwa, bo wkrótce
pójdzie do szkoły.

維斯瓦娃・辛波絲卡（在推車中）和姊姊娜沃亞，庫尼克，1924年。辛波絲卡把這張照片送給許多友人，寫上不同的獻詞。這張是給尤安娜・什切斯納的。

世代與世代、文化與文化、今天的人和一萬幾千或幾萬年前的人類之間，並沒有鴻溝。」她並且表示，雖然有些人認為「尼安德塔人走入了演化的死巷」，但她認為自己和尼安德塔人有血緣關係，並覺得他們是她的祖先。[9]

3

辛波絲卡家三代，對札科帕內的愛，以及繼承天賦

在一九一八年十月十三日於塔特拉山博物館前拍的照片中，只看得到黑壓壓的人群，以及史蒂芬．傑若姆斯基（Stefen Żeromski）壯碩的身影。他站在台上演講，但在他不遠之處，一定站著和國家民主運動的同志一同前來的文森．辛波斯基。在「遊隼」電影院（Kino Sokół）的人民大會有五百人參與，大家選出了傑若姆斯基當人民代表，而副代表之一正是國家民主運動的代表辛波斯基。他們通過了一項決議：「從現在起，我們認為我們是自由、獨立、統一波蘭的人民。」他們還成立了當地的自治政府札科帕內共和國，辛波斯基也是共和國政府的一員。

札科帕內共和國只維持了三十三天，到波蘭宣布獨立就停止運作。傑若姆斯基之後如此評論他人生中的這段時光：「人們幾乎讓我獨裁統治札科帕內及其腹地，當奧地利分崩離析，我領導了這個令人難忘、可笑又高貴的政府整整十一天。我代表軍隊、警察、情報人員、鄉政府、郵局和電信單位宣示效忠新國家，我甚至和捷克宣戰，要從他們手上奪回格武杜夫卡（Glodówka）和乾山（Sucha Góra）。」[1]

辛波斯基會比傑若姆斯基抱著更神聖的使命感，投入他在新政府的工作嗎？可惜，他在戰時輾轉寫給札摩伊斯基伯爵的信（寄到巴黎，透過瑞士轉交），沒有在一九一九年和伯爵一起回到波蘭。

可以肯定的是，身為國家民主運動的一員——他之後很快成了國家民主運動在新塔爾格縣的辦公室的負責人——他對於國家民主運動可以對共和國發揮強大影響力，感到很驕傲。

「父親屬於第一代國家民主運動，他屬於推動民主運動的那群人。後來，三〇年代，當運動開始有了法西斯的傾向，年輕人也開始計畫恐怖行動，父親就和黨疏遠，也不去開會了。」辛波絲卡說。

伯爵常年和辛波斯基合作，和他的關係也很好，但當他回到波蘭，他身邊簇擁了一批新的人，他也很樂意聽信各式各樣的耳語。辛波斯基是元老級人物，決心堅強，又很有自己的意見——這樣的人通常不受老闆喜愛——於是就失了寵。他們的書信有了新的語調，一九二一年，辛波斯基如此寫信給伯爵：「尊貴的閣下想要賣掉便攜式發動機*，讓鄉親失去照明，我無法為此賠上我的名譽，我也不想參與尊貴閣下的這項計畫。我當然可以舉出許多論點反駁，但我不想浪費時間讓自己生氣。長年為尊貴的閣下服務，已經讓我很疲累了。」[2]

雖然多年來，他們的通信只會提到工作，但這時候辛波斯基認為，必須對那些中傷他的流言做出回應：

「人們說，我的財富都來自尊貴閣下的寬宏大量，但這並非事實。我買『瑪莉亞』（Maryja）客棧確實用了尊貴的閣下借我的四萬五千克朗貸款，但我也有用塔布孔先生借我的錢。我刻意不想和尊貴的閣下借太多錢。在戰爭時期我接受了老謝奇卡（Sieczka）的保護，他在信貸協會借了我二十萬克朗。感謝這些投資，我老的時候有房子可以養老，不會窮途潦倒要去住養老院。我認為，我自己也有出一份力，畢竟我生活簡樸，沒有揮霍我父母留下的財產，不只如此，我還讓財產增加了。這整件事，就像所有其他的流言，根本不值一哂，我提起它，只是為了讓工廠的人安心，這樣他們就不會陷入嫉妒，而嫉妒是好基督徒不該有的行為。我誠摯感謝尊貴的閣下一直如此照顧我（……）我深知自己的缺點，我也知道我有很多可挑剔之處，但直到目前為止，我的手氣很好，我可以說，我成功地幫尊貴的閣下賺了錢。我不知道，我是不是個聰明的財產管理人，但我能說，我一直都很誠實。我不只一次忍受您的怒氣，很多時候這些憤怒都沒有道理。我不是那種為了討您歡心就一直唯唯諾諾的馬屁精，我為了讓尊貴的閣下和當地社會達成共識，經歷過許多艱難的時刻，多方奔走，也吞了不少苦水。我不像那些圍繞您的人一樣對您歌功頌德。我想我這是為自己寫下了墓誌銘！也許太早了？」[3]

文森・辛波斯基在五十一歲寫下這封信的時候，是否有想到他爸爸的回憶錄？安東尼・辛波斯基在回憶錄中寫道，他寫這本書是為了他兒子。他在書中對當時不到十歲的兒子說：「統御世界的，永遠都是財富。」「有錢人從來不會正眼看待那些需要幫助的人。」父親要兒子走上一條和自己不同的路，不要遭遇到父親所遭遇到的。「力爭上游吧，不要讓自己淪落到可悲的境地。」父親告訴兒子，他是如何在失去縣長的職務後，租農地也不成功，最後來到社會的底層，當上了一個有錢人家的財產管理人。為了給兒子好好上一課，他特地創造了一套「管理人理論」，說管理人是個「渾身充滿了金屬片、輪子、鉤子、繩子、布塊和破洞的個體」。

「管理人應該站在玄關或客房，彎腰如弓。他應該仔細觀察環境，熟知主人、女主人、女兒、阿姨、女房客、化妝師、女僕、廚娘的心情，因為所有人都有權利對他提出意見，要求他禮貌，

＊ 譯註：便攜式發動機（lokomobila／Portable engine）在十九世紀末到二十世紀初很流行，可用來給農業機械發電，也可供照明發電。

每個人都有權利批評他，說他壞話。」管理人應當「優雅、有品味地行禮，坐著的時候要正面對人而不是側面對人，雙目低垂，聽到笑話要負責笑，聽到沒有邏輯的話也要點頭稱是。千萬別遺漏任何細節，要眼觀八方、耳聽四方，呈報一切。為此，他得到的報酬是，主人會特別開恩，在門邊放一張椅子，讓他坐下。如果生意欠佳，他就知道，該給自己減薪。他行禮行得不好、他直直站著，他什麼都不看，他回話不當——主人可以因為任何一個這樣的理由，叫他捲鋪蓋走路。」[4]

辛波絲卡的爺爺活靈活現，帶著幽默諷刺描寫自己「屈辱的墮落」和他受到的「輕蔑對待」。我們發現，他的文筆其實挺不錯的。

文森・辛波斯基沒有聽父親的勸告。他從卡利什（Kalisz）中學畢業後，去大學學農業，但當他的外婆娜塔麗・皮薩斯卡（Natalia Psarska）——舊姓白沃什古絲卡（Bialoskórska）——過世後（母親過世後，就是外婆一直照顧他），他必須放棄學業找份工作。他是否認為他在伯爵手下工作是一種「墮落」？我們不得而知。辛波絲卡說，父親倒是不覺得怎樣。在家裡，他們一直很崇拜札摩伊斯基伯爵。

辛波絲卡的父母婚後住在庫吉尼朵的一棟小房子裡。一九一七年十二月，他們的大女兒瑪莉亞・娜沃亞（Maria Nawoja）在那裡出生。維斯瓦娃・辛波絲卡的同窗記得，她會開玩笑地說姊姊是「在波蘭最高地出生的女孩。」

文森・辛波斯基在一九二〇年一月三十日寫信給齊格蒙・切利赫斯基：「我本來已經要把自己在札科帕內的房子賣掉了，但我怕它會落入猶太人手中……所以我中止了交易。這裡正發生著可怕的事，因為高地人不只把土地賣給自己人，也會賣給猶太人。」[5]

一九二二年中，辛波斯基的健康開始走下坡。醫生說是心臟的問題（「我胸悶」，「胸悶沒有再出現，但手腳麻木」）。醫生認為，住在高山有損他的健康（「M醫生說，病因出自住在札科帕內，他建議我一定要離開這裡。」）他從在伊沃尼奇（Iwonicz）的療養院寫信說：「最困難、最可怕的是不能抽菸。他們只允許我一天抽五根。」[6]

一九二三年一月，札摩伊斯基伯爵把管理人調到庫尼克，來管理他在那裡的財產。文森的妻子和女兒娜沃亞一直在庫吉尼采待到四月，辛波絲卡的媽媽那時候已經懷了她。文森不想在冬天搬家，因為這樣會讓妻子太勞累。

「我在媽媽的肚子裡，從札科帕內搬到了庫尼克。」辛波絲卡說。

一九二三年七月二日，辛波絲卡在庫尼克出生。父母給她取的名字是瑪莉亞・維斯瓦娃・安娜（Maria Wisława Anna）。

「我有過好幾任保母，因為我很愛哭，沒有人受得了我。」她告訴我們：我一出生就很緊張，也許是因為我在媽媽肚子裡時，爸爸病得很重？也許我繼承了她對爸爸的擔憂？爸爸還沒回家前，我都睡不著覺。」

在辛波絲卡出生五十年後，她拜訪了庫尼克，參觀了那裡的城堡和圖書館[7]。她喜歡這座博物館。「那裡亂糟糟的，瓷器很少，也沒有珠寶，札摩伊斯基家族甚至沒有掛畫像，這出自他們節儉自律的愛國主義。」

但她沒去看收藏在庫尼克博物館的、她父親和伯爵的通信，所以她也沒有讀到父親在一九二三年寫給波茲南森林管理委員會會長的信。她父親去信會長，協調守林人候選人的人選，然後他也順便提到：「我們的女兒出生了，是個很漂亮的女孩。」他還說，希望會長生個兒子，以後可以當他的女婿。[8]

庫尼克文化協會（Kórnickie Towarzystwo Kulturalne）的成員，同時也是布寧孤兒院（Dom Dziecka w Bninie）的院長耶日・諾斯科瓦克（Jerzy Noskowiak），後來寄了這封信的副本給辛波絲卡。諾斯科瓦克說：「辛波絲卡回信了，她很感謝我寄給她父親的信，信中有一項『已經不新鮮的新聞』。」

一九九二年，辛波絲卡訪問波茲南，也去了庫尼克。她之後說：「突然站在我出生的房子前面，這感覺很不可思議。我那個世代，很少有人住在這樣的房子裡，周圍環繞著許多我們出生前就存在的古樹。」[9]

當她在一九九五年去亞當密茲凱維奇大學領取榮譽博士，她說：「我出生在大波蘭地帶，每一次我來到這裡，我都會找到一些我人生初期的風景。這裡以前有著我人生的第一座湖（現在還在，但比較小）、第一片森

辛波絲卡一家在庫尼克的房子。辛波絲卡在此出生，人生中的頭兩年也在此居住。

林、第一塊草地和第一批雲朵。這些東西藏在記憶最深處，被保護著，像是讓人快樂的大祕密。」[10]

辛波斯基夫婦和與女兒們住在公園對面，他們的房子位於庫尼克和布寧（Bnin）的交界上（這就是為什麼後來這兩個地方都宣稱它們是辛波絲卡的出生地）。庫尼克只在辛波絲卡的詩中出現一次，而且是在瑞典文譯本。

世界總是沒有準備好
迎接一個孩子的誕生。
（……）
我們不知道在尼尼微要信任誰，
也不知道教會親王會設下什麼樣的條件，
更不知道還有誰的名字躺在貝利亞的資料夾裡。
（……）
該是把火點起來的時候了。
讓我們給札別哲的奶奶拍個電報。
讓我們把蒙古包皮繩上的繩結解開。

（〈故事開始〉，《橋上的人們》，一九八六）

要怎麼翻譯「讓我們給札別哲的奶奶拍個電報」？瑞典譯者安德斯・波格達（Anders Bodegård）如此疑惑。斯德哥爾摩大學的斯拉夫語學者李歐納・紐格爾（Leonard Neuger）建議他，可以用某個瑞典的地名代替，因為拍電報就是要告訴奶奶孩子平安出生，而札別哲（Zabierzów）在瑞典語中很難發音，大家會因為念不出來而感到很困擾。譯者後來去問辛波絲卡，辛波絲卡說，可以改成庫尼克。[11]

卡基米日・克拉瓦奇（Kazimierz Krawiarz）是庫尼克波蘭科學院樹木學中心（Instytut Dengrologii PAN）的生化學家，他的業餘愛好是蒐集關於文森・辛波斯基的生平事蹟，他想要寫一本關於他的傳記。他說，這個中心的成立要感謝辛波斯基。辛波斯基讀到在美國有這樣的中心，於是建議札摩伊斯基伯爵成立一個研究樹木的機構。

克拉瓦奇認為，辛波絲卡繼承了父親的天賦。當他把這件事告訴辛波絲卡，她只是笑了笑。他對我們解釋：「我的意思不是她父親也寫詩，而是她寫詩的認真嚴謹態度（選用精確的字句），和她父親管理伯爵財產的方式很像。雖然，我也讀過一首他寫的、讚揚札摩伊斯基伯爵的詩，登在《蒼蠅》（*Mucha*）週報上：『終於，死亡的陰影籠罩了你／你給了祖國大片土地／庫尼克和札科帕內／現在你已入土為安／你所愛的國家，是否會記得你？』」

讀了安東尼・辛波斯基的回憶錄，我們認為辛波絲卡家族的文學天分早在一個世代前就已展現。我們就拿他如何描述別蘭尼嘉瑪道理會修道院（Klasztor Ojców Kamedułów na Bielanach）的嘉年華來做例子：「各式各樣的旋轉木馬和鞦韆搖擺、旋轉、迴圈。數不清的魔術師、馬戲表演者、算命占卜師、魔術燈籠*，軍樂隊和私人樂隊演奏音樂，笛子、手風琴、黑管、口琴、風笛、吉他、喇叭……」[12]這些綿密、充滿張力的長句子，我們在辛波絲卡的詩和散文中也可以看到。

辛波絲卡一家在庫尼克並沒有待很久。一九二四年，札摩伊斯基伯爵過世，按照他的遺願，札科帕內成了國家的財產，政府在庫尼克成立了庫尼克基金會，新機構中已經沒有辛波斯基的位置。於是，他在五十六歲就退休了。基金會承諾終身支付他三百塊波蘭幣，這在當時是很不錯的待遇。

我們告訴辛波絲卡，基金會其實沒有實現他們對辛波斯基的承諾，他們常常很晚才付錢，後來甚至把退休金砍了一半。辛波絲卡說，這些事父母不會對孩子說。也許他們會和其他大人說，但當他們邀請客人來家裡，

* 譯註：原文是aparata planetowe，光看字面看不出來是什麼，有可能是魔術燈籠（magic lantern），也就是幻燈機，或是那一類的東西。

辛波斯基夫婦和女兒維斯瓦娃以及她的保母，庫尼克，1923／1924年交界的冬天。「這是我的保母之一。」辛波絲卡如此評論這張照片：「我一出生就很緊張，小時候很愛哭，每一任保母都很受不了我。」

孩子們都歸保母管，點心時間才會被帶出來。

辛波斯基同意退休金減半，自從一九三一年起，他每個月只拿一百五十波蘭幣。他在一九三六年九月九日於克拉科夫過世，就在基金會完全停止支付他退休金不久之後（母親為此控告基金會，官司打了好幾年，最後她勝訴）。辛波絲卡那年十三歲。

雖然父母在她出生前就離開了札科帕內，辛波絲卡卻很喜歡波多賀列地區（譯註：札科帕內位於波多賀列地區）。自從一九五二年辛波絲卡成為波蘭作家聯盟（Związek Literatów Polskich）的成員，她每年秋天都會去札科帕內。她會住在往白沃山谷（Dolina Białego）路上的阿斯托利亞文學之家（Dom Pracy Twórczej Astoria），她也在那裡結識了許多朋友。

每年，辛波絲卡和詩人瑪莉亞・卡洛塔－希曼絲卡（Maria Kalota-Szymańska）、記者米豪・拉德古夫斯基（Michał Radgowski）和工程師（也是華沙電台設備商店的老闆）米豪・林姆夏（Michał Rymsza）會聚在同一張桌子上吃飯。

「我們四人都很喜歡札科帕內的十月。」米豪・林姆夏回憶：「這時候人已經沒這麼多，而夏天的氣息還在山間徘徊。」

他們一起在白沃山谷、赫赫沃夫斯卡山谷（Dolina Chochołowska）、科西切利斯克山谷（Dolina Kościeliska）散步。有時候林姆夏會開車載大家去遠一點的地方玩，如札沃亞（Zawoja）、什恰夫尼察（Szczawnica）、巴比亞山（Babia Góra）或斯洛伐克。

「但是維斯瓦娃也喜歡一個人散步。」瑪莉亞・卡洛塔－希曼絲卡說。「當她想要思考，她寧可一個人。」

如果她從阿斯托利亞往庫吉尼采的方向走，幾百公尺後，她會經過塔特拉國家公園的辦公室，也就是她父親的老闆札摩伊斯基伯爵的宮殿。再走幾百公尺她會來到庫吉尼采的一間餐廳，這間餐廳所在的那棟建築，就蓋在她父母以前住過的地方。她知道，她姊姊娜沃亞就在這裡出生，而她母親也是在這裡懷上她的。

如果她走反方向，走到克魯普夫基（Krupówki），她會經過一棟有著札科帕內建築風格的磚房，那是札科帕內貿易公司在二十世紀初蓋的。公司的負責人是法蘭西切克·柯辛斯基，她父親的好友。

辛波絲卡和瑪莉亞·卡洛塔－希曼絲卡在札科帕內，阿斯托利亞文學之家的階梯上。

她還會看到波蘭市集貿易中心，有著新式的店面，從蜂蜜到珠寶什麼都賣。之後，波蘭藝術展覽辦公室（Biuro Wystaw Artystycznych）也位於這裡。法蘭西切克的兒子揚・柯辛斯基（Jan Kosiński）曾經多次在此展覽他的玻璃版畫[13]。如果她繼續走，她會來到科西切利斯克街，在角落有一間木造的客棧「瑪莉亞」，那原來是屬於她父親的。但她父親在克魯普夫基的房子究竟是哪一棟，她並不知道。

辛波絲卡記得她在童年時看過法蘭西切克・柯辛斯基。她會去札科帕內，去他在赫朗茨夫基（Chramcówki）的史蒂芬妮別墅（willa Sfefania）。

「他是我的教父，會帶我和姊姊去那裡渡假。」她告訴《波多賀列週報》（*Tygodnik Podhalański*）：「我和姊姊睡在客廳，牆上掛滿了亞采克・馬爾切夫斯基（Jacek Malczewski）、尤利安・法瓦特（Julian Falat）、沃伊切赫・科薩克（Wojciech Kossak）的畫。一次大戰時，柯辛斯基幫助了很多藝術家，但不求任何回報，因此藝術家就用畫作來回報他。感謝柯辛斯基，藝術家有飯吃，而柯辛斯基則有了一批好畫。」[14]

直到柯辛斯基在一九五〇年過世，辛波絲卡都還有和他保持聯絡。他也是她母親的朋友，常常會來克拉科夫探望他們。

辛波絲卡告訴我們：「他知道我在《波蘭日報》（*Dziennik Polski*）發表文章，於是問我，我們要不要發表他關於列寧的回憶？為什麼不？我那時候很愛列寧，而柯辛斯基很會寫文章，他寫給我們的信文筆很優美。下一次他來克拉科夫的時候就來找我們，讀了一篇文章，關於列寧如何在他店裡挑一盞燈。文章寫得很好，我於是說，報紙一定會刊登，而他回：『才不會呢。』然後就把文章收進口袋，之後就再也沒提起這件事了。」

辛波絲卡從沒和父親去過札科帕內，但記得他的故事。他說，他在夏天每天都會去海洋之眼游泳，他是個游泳好手，有一次他在水中抽筋，好不容易才游到岸邊。不管她想不想要，辛波絲卡一直跟隨著父親，走在父親的腳步上。父親是她的第一個導師，小時候，辛波絲卡每寫一首詩，他就會付二十分錢。他對她的詩有這樣的要求：要有趣，不要告解，也不要埋怨。

娜沃亞和維斯瓦娃，托倫，1926年9月4日。

4 關於童年、小矮人和哥德小說

伊赫娜（Ichna）、伊赫奴莎（Ichnusia）——整個童年、小學、中學時期，家人、朋友、老師都是這樣叫維斯瓦娃的。她的名字其實是瑪莉亞——維斯瓦娃是她的中間名——這就是為何人們叫她瑪莉赫娜（Marychna）或伊赫娜（Ichna）*。當文森・辛波斯基退休，全家搬到托倫（Toruń），她還不到三歲。現在，父親有很多時間陪她了。他會唸故事給她聽，和她一起散步，回答她的問題。她記得父親總是埋首書堆，研究百科，查看地圖——他熱愛地理，可以背出整首《塔杜施先生》（*Pan Tadeusz*）†。女兒自己也會查閱百科全書的條目，然後詢問父親，他從來沒有回答不出的問題。

文森・辛波斯基給庫尼克基金會的回郵地址是托倫，橋梁路（ul. Mostowa）十八號[1]。但是當辛波絲卡在多年後和住在托倫的瑪莉亞・卡洛塔－希曼絲卡一起探訪這條路，她卻找不到小時候住過的那棟屋子。她告訴我們，她真的想不起來。她只記得和父母一起去望彌撒的那座教堂，還有屋子

* 譯註：在波蘭文中，許多名字會有小名，瑪莉亞的小名包括瑪莉莎（Marysia）、瑪莉莎卡（Maryśka）、瑪莉赫娜（Marychna）、伊赫娜（Ichna）、伊西卡（Iśka）、瑪伊卡（Majka）。

† 譯註：《塔杜施先生》是波蘭國家詩人亞當・米茲凱維奇（Adam Mickiewicz）的史詩，描述波蘭被俄羅斯、普魯士和奧地利瓜分後的生活，充滿愛國情懷，是波蘭人必讀的經典之一。

有天井迴廊，但在橋梁路上並沒有這些天井迴廊。

辛波絲卡一家離開托倫之前，他們在一座公園拍了全家福。在照片最前方是文森・辛波斯基，他是一個高壯的男人，留著銀色的八字鬍。維斯瓦娃和娜沃亞坐在一個船型的巨大鞦韆上，鞦韆的另一邊是孩子們的媽媽安娜・瑪莉亞・辛波絲卡。這張照片太模糊又過度曝光，無法印出來。

關於辛波絲卡一家離開托倫的時間眾說紛紜。有人說是一九三一，有人說是一九三二。但詩人的姊姊查了戶政資料，認定他們家是一九二九年搬到克拉科夫的，這也符合托倫的選舉資料，辛波斯基夫妻在托倫的投票紀錄是一九二六到一九二九年。

在克拉科夫，他們住在市中心的拉齊維烏街（ul. Radziwiłłowska）上一棟優雅的、建於一八九六年的老公寓，靠近鐵路的路堤。

「父親的生意每下愈況。」詩人說：「他缺乏這方面的天分。」最大的損失是在托倫買了糖廠的股票。他是在一九二八年買的，接下來就是大蕭條了，股票跌得一文不值。[2]

「他總是買了什麼東西，然後之後賠錢賣出。」辛波絲卡說：「他賣了托倫的兩間房子，然後買下拉齊維烏街上的這棟公寓。」

辛波斯基一家住在一樓的六房公寓，房間很高，天花板上有灰泥浮雕，房裡擺著古董家具、地毯、鋼琴——這些都是知識分子／地主階層的基本配備。公寓沒有浴室，但在廚房有浴缸，兩個女孩住一間，她們的保母住在傭人房，玄關有不同的樓梯提供出入。

我們問辛波絲卡她童年早期的事，她說：「人們說孩子的想像力是最豐富的，但這並非事實。

想像力是隨著時間增加的，只有當孩子有了某些經驗和痛苦，他才會來到另一個層次。孩子完全不會想到要記得某件事，或對某件事感到驚訝，因為這一切很快就過去了。他不會因為某事某物存在而欣賞這個奇蹟。當我是個孩子，我沒有像今天一樣為世界著迷。」

但是，她還是寫了一首詩向童年的想像力及對世界的興趣致敬。

沒錯，你很難抓住世界的另一面。
（……）
即使是在突然打開的童話故事裡，
公主也總是及時在圖畫中坐好就定位。

「他們感覺得到我是新來的。」大師嘆氣。

「他們不想讓我和他們一起玩。」

難道，為了要讓所有的事物能夠存在，
它們只能以一種方式存在，
以一種可怕、無路可出的方式，
沒有停頓和變化？固執地從A點到B點？
蒼蠅就只能在捕蠅紙上？老鼠在捕鼠籠裡？

狗永遠只能用鐵鍊拴著？
火就不能有更好的用途，
只能再次燙傷大師毫無防備的小指？*
（……）
不——大師大吼——踩著他所有
可用的腳。他是如此生氣，你會覺得，
即使是甲蟲的六隻腳都不夠用。

（〈和孩子的訪談〉，《萬一》，一九七二）

她之後的詩也有回到童年的感受。

我深深記得童年的恐懼。
我總是避開水窪，
尤其是那些，下雨後剛出現的。
其中一個可能沒有底，
雖然它長得和其他的一樣。

（〈水窪〉，《瞬間》，二〇〇二）

「很久以前，我就把這主意寫在筆記本，想著之後要為它寫一首詩。」辛波絲卡告訴我們：「我總是避開水窪。我總是害怕，我會在某一刻掉到水窪中，永遠出不來，這是我童年真實的恐懼。」[3]

她的童年——她重申——很愉快。因為父母會和她說話，唸故事給她聽。她描述自己是個「小恐怖分子」，會強迫周圍的每一個人讀書給她聽[4]。她常常在專欄中寫到她在童年時讀的書。我們從這些專欄中得知，她認為瑪莉亞·科諾普尼茨卡（Maria Konopnicka）的《小矮人和小孤女瑪莉莎》（*O krasnoludkach i sierotce Marysi*）是「傷感和玩笑的傑作」。她很欣賞E·T·A·霍夫曼的《胡桃鉗》，也很佩服安徒生在《安徒生童話》中以嚴肅的態度對待孩子，並有勇氣寫下哀傷的結局。她是如此在意青蛙王子的故事，有一天她「像個英雄般鼓起勇氣」，吻了一隻花園裡的青蛙，不過沒有任何成效。

她總是對小矮人有特別的偏好。「當我們是孩子的時候——」她這麼回信給一名投稿童詩到《文學生活》的作者：「我們對關於雪人和稻草人的詩沒啥好感。鍋蓋對鍋子說了什麼、鍋子又回了什麼，我們也一點都不感興趣。不過，我們倒是很喜歡那些特殊族群（尤其是小矮人）的冒險故事，尤其是那種會讓我們特別害怕，或覺得特別好笑的。今天我們的興趣依然沒有改變。」[5]

她確實在各種場合寫到小矮人。當她在《動物界的巨人和侏儒》中讀到，身材比例和生命消耗的速率成正比（越小的動物，蛻變、新陳代謝的速度就越快，牠們的呼吸和脈搏比大動物快，食量

* 譯註：這邊是指大人緊張兮兮地叫小孩不要玩火，免得燙傷，但就像辛波絲卡說的，火還可以有更好的用途，比如取暖、加熱食物，不是只有大人所擔心的「會燙傷小孩」。

也更大），她如此評論：「我一直認為，《格列佛遊記》中的小人神妙之處就在於，他們根本不存在。他們不存在，就是因為他們不存在。而現在我必須承認，他們不存在，因為他們無法存在。這兩者差很多，是給小矮人的致命一擊。」她也很高興，說這樣一來，科諾普尼茨卡筆下愛吃的『地底人』

上｜維斯瓦娃、娜沃亞和父母，托倫，1926年9月4日。
下｜維斯瓦娃、娜沃亞和媽媽在普蘭提公園，克拉科夫，約1930年。

八成是小矮人沒錯。[6]

卡特琳娜．齊梅樂（Katarzyna Zimmerer）住在克拉科夫的薩爾瓦多區（Salwator），當過幾年《薩爾瓦多和世界》（*Salwator i Świat*）的主編。在她女兒小時候，她曾經寫過專欄，關於小矮人帶來的各種麻煩[7]。「我總是會把我們的雜誌寄給維斯瓦娃小姐，因為我知道她喜歡。她有一次這樣寫信告訴我：『希望這本雜誌可以一直出下去。』也許我不該自吹自擂，但你怎麼可能不為這樣的事而自誇呢？每編完一期雜誌我就很高興，因為我會收到一張來自維斯瓦娃小姐的明信片，上面說她很高興《薩爾瓦多和世界》對小矮人很友善，她自己也和小矮人處得不好。她家就有幾個小矮人，但他們一點用處也沒有。如果我沒記錯，她說一個小矮人老是醉醺醺，另一個加入了天主教國家政黨，其他沒有那麼墮落的小矮人也不幫忙她寫作，只是在寫自己的東西，然後自己拿去發表。」

當辛波絲卡大到不再讀小矮人的故事，她讀朱爾．凡爾納（Jules Verne），她成年後也喜歡他的作品，因為「他的想像力永遠不會過時」。「我看過一張圖，以想像的方式描繪凡爾納筆下的世界，裡面所有的一切都是用排線畫法繪製的，線條狀的地球、線條月亮、線條海洋、線條畫的船在雲朵下航行，線條狀的炭窯，從裡面噴出一團可怕的煙。探險家戴著線條狀的耳罩在北極發現火山。後來我在學校得知北極沒有火山，還為此很不高興。」[8]

這對於線條畫的喜愛，她後來也有在〈許多可能〉中提到：「我偏愛用線條畫的老插圖。」

我們從辛波絲卡口中得知，小學的第一年她和父母在家自修，一九三〇年直接去城堡街（ul. Podwale）上的約瑟法．約泰科（Józef Joteyko）*小學讀二年級。

學校很菁英，做為一所培養女子教師的學校，也很有名。去上這所小學的都是好人家的女兒，在辛波絲卡的班上，有騎兵軍團創辦人／克拉科夫市長瓦迪斯瓦夫．柏林那－帕拉吉莫斯基（Władysław Belina-Prażmowski）的女兒，還有後來在卡廷慘案中被殺的梅切斯瓦夫．斯摩拉文斯基（Mieczysław Smorawiński）將軍的女兒。

從《非指定閱讀》中我們也讀到辛波絲卡對學校的回憶。我們得知，詩人不喜歡幾何。她在提到畢達哥拉斯、泰利斯、歐幾里得、阿基米德、阿波羅尼奧斯時說：「我對這些人已無任何怨懟，學校的創傷已過去。」但她喜歡蒐集各種無用的知識，有時候上課會不專心。與其和大家一起畫令人喜愛的、所有學生都知道的單細胞生物草履蟲，她想的是別的事：「我曾經認為，草履蟲很無聊，我不知道我為什麼要在筆記本中畫它。它生殖的方式更讓我覺得噁心。它會分裂就是會分裂嘛，有什麼好畫的。對我來說更令人感興趣的是，我能不能和好朋友瑪歌莎．S蹺課去開心劇院（Kino Uciecha）看大人不准我們看的『感官和義務的戲劇』。直到後來，草履蟲才在我的想像世界中有了一席之地。自然真是不可思議！它竟然發明了一個這麼神奇的生物，牠既不好好出生，又不像大家一樣義務性地死去。」[9]

老維斯瓦河街（ul. Starowiślna）上的開心劇院一直營運到二〇一一年才關門。瑪歌莎．S是坐在辛波絲卡隔壁的同學，真實身分是瑪歌札塔．史坦尼斯瓦芙絲卡（Małgorzata Stanisławska），婚後改姓舍赫瓦（Szerchowa）。她是揚．史坦尼斯瓦夫斯基的女兒，後者是《波英大辭典》的作者。瑪歌莎和辛波絲卡一樣喜歡看電影，第一部引起她們狂熱的電影是莉莉安．哈維（Lilian Harvey）的音樂喜劇《會議舞》（*Congress Dances*）。她們去看那些她們年齡不允許的電影，包括《摩洛哥》（*Morocco*）、《藍天使》（*Der Blaue Engel*），不過瑪塔．哈里（Mata Hari）的電影她們就沒看到。她們很欣賞葛麗泰．嘉寶（Greta

Garbo）和瑪琳・迪特里希（Marlene Dietrich）。她們穿大人的衣服去，這樣才能混進電影院。她們的偶像是艾羅爾・弗林（Errol Flynn）、賈利・古柏（Gary Cooper）、泰隆・鮑華（Tyrone Power），她們會從《電影》（*Kino*）雜誌上剪下他們的照片。

她和同學們一起玩演電影的遊戲。雖然她們只有十二、三歲，但已經知道要給自己取藝名了。瑪歌莎的藝名是黛安娜・維珍（Diana Valjean），辛波絲卡的藝名是翠里娜・德・彭托（Trina de Ponton），這個名字來自她姊姊在聖誕節收到的禮物娃娃，娜沃亞那時在學法文，而娃娃是在五點差三分（tri na pątą）時收到的，於是就根據諧音取了這樣的法文名字。翠里娜會嫁給一個叫德・瓦倫（de Wallon）的男士，後者由丹奴莎（譯註：Danusia，Danuta的小名）扮演，她總是在遊戲中扮演男角。這些故事都很通俗，很浪漫，充滿三角關係，而且都在上流社會發生。

「我們很喜歡瓦威爾城堡（Wawel），那時候去城堡比今天容易。」丹奴塔・米豪沃芙絲卡（Danuta Michalowska）說。她後來是狂想曲劇院（Teatr Rapsody）的共同創辦人和演員，也是克拉科夫戲劇學院的教授。「我們可以在史蒂芬・巴托里中庭（Dziedziniec Stefana Batorego na Wawelu）†裡玩耍，在花園裡玩，今天那裡是用來陳列考古發現。那時瓦威爾城堡附近的環境和今天完全不一樣。在圍牆附近有很多猶太人的小房子，我們在這些房子之間奔跑，春天，那裡有紫羅蘭、報春花、黃色的款冬。現在，

* 譯註：約瑟法・約泰科，波蘭生理學家／心理學家，她和瑪莉亞・斯克沃多夫斯卡－居禮是最為國際知名的波蘭科學家之一，她對波蘭的教育改革也貢獻良多。

† 譯註：史蒂芬・巴托里中庭是瓦威爾城堡的一個中庭，而史蒂芬・巴托里（Stefan Batory／Stephen Báthory）是匈牙利貴族，也是波蘭國王之一，在位期間為一五七六到一五八六年。

那些房子都拆掉了。」

三十年後，辛波絲卡和一群作家一起出訪丹麥，去了赫爾辛格，然後認為，赫爾辛格（Helsingør）城堡比不上瓦威爾城堡。她告訴亞歷山大·簡內（Aleksander Ziemny），她原本想要好好欣賞赫爾辛格城堡，但它的美被莎士比亞的戲劇誇大了（作家有權利這麼做），讓她有點失望，尤其是「海岸上的赫爾辛格城堡是文藝復興的大師有計畫、有方法、一氣呵成建成的，而我們的小瓦威爾則是經歷過各個不同時期的修建，不斷變大又變小，還失去了羅馬時代留下的側邊結構。」[10]

除了瓦威爾城堡，她們還會在約爾登公園（Park Jordan）、科希丘斯科土墩（Kopiec Kościuszki）、普蘭提公園*玩。天氣不好時，女孩們就會在史坦尼斯瓦芙絲卡家或辛波絲卡家玩演電影。她們用窗簾當衣服，而鋼琴則是通往地牢的入口。

「我本來想當電影明星。」詩人在得了諾貝爾文學獎後承認：「我和女朋友們玩遊戲，假裝我們是邪惡又有魅力的女人，但是後來戰爭爆發了，就沒時間做愚蠢的夢了。」[11]

戰前童年的氣氛，我們在她的詩中可以看到蛛絲馬跡：

瘦弱的
小女孩們
不相信臉上的雀斑會消失。
（……）
在盤子上，

在書上方，
在鏡子前，
她們被綁架到了特洛伊。

在大型衣帽間
她們成了美麗的海倫
（……）
電影上的黑髮男子，
朋友的哥哥，
教畫畫的老師，
啊，大家都會戰死。

（〈特洛伊的一刻〉，《鹽》，一九七二）

辛波絲卡的學校在大卡西那（Kasina Wielkie）這個村子有一塊地，學生每年會在那裡待好幾個星期。今天，我們會稱之為「田園學校」。

* 譯註：Planty，一個環繞老城的林蔭大道，以前是城牆，後來牆拆掉後改成公園。

「有一個星期天，一個女同學的哥哥來看她，大家都愛上了他。」丹奴塔・米豪沃芙絲卡說：「他文質彬彬，又帥又有禮貌。我們逼他和我們玩印地安人的遊戲，將他俘虜，把他綁到樹上，然後就把他留在那裡。晚上我們在聊誰最愛他，瑪歌莎為了證明自己的愛，還用剪刀刺膝蓋。我們對於愛情的冒險有很狂野的想像。維斯瓦娃有一首詩，讀到後我馬上想到我們十二、三歲的時候……」

那個我曾經是的女孩——
我認識她，當然。
我有幾張照片，記錄她短暫的一生。
看到她那幾首小詩
我感到憐憫又好笑。
我記得幾個事件。

但是，為了讓我身邊的那人
大笑，並且擁抱我，
我只會提起一個小故事：那個小醜八怪
孩子氣的愛情。

我說，她是如何愛上一個學生，

我的意思是
她想要
他看她一眼。

我說，
她是如何把繃帶綁在
健康完好的頭上然後跑向他，
就為了，喔，讓他問一聲，
發生了什麼事。

（〈笑聲〉，《開心果》，一九六七）*

在拉斯．海蘭德（Lars Helander）拍的紀錄片中，辛波絲卡說了一個她的仰慕者的故事。「我那時或許十二歲，那男孩也許比我大一兩歲。他常常站在我的窗邊看我，遠遠地陪我上學。有時候他會鼓起勇氣來跟我說幾句話，但這只是他單戀。他有這樣的困擾，我覺得很難過。我試著避開他，因為我為他感到遺憾。直到有一次我接到他的信，他在信中說：『我愛妳勝過一切，我會為妳上山下

* 譯註：本詩有收錄在林蔚昀翻譯的《黑色的歌》（聯合文學，二〇一六）中，頁二一〇—二一三。

海，和老虎戰鬥，明天如果天氣好，我會去妳窗邊。』從那之後，我就不再為他感到遺憾了。」

有一天，辛波絲卡和全班同學去參觀一個治療酗酒的展覽。她後來在評論伊蓮娜・蘭道的《數據中的波蘭人》時，提到這件事，說這是她和統計學的第一次接觸：「現場有一些圖表和數字，當然我不記得它們了。但現場有一個石膏做的彩色肝臟（這是為了告訴大家，你如果喝酒你的肝就會變這樣），我對它印象很深刻。在那個肝臟旁邊圍了一堆人，但最吸引人的是一個圖表，它每兩分鐘就會閃一次，上面的標示說：『每兩分鐘，世界上就有一人死於酗酒。』我們都對此感到目瞪口呆，我們之中已經有人有手錶，她專注地看著手錶，檢查燈號閃爍的間隔。但最泰然自若的是蘇莎・W。她在胸口畫了一個十字，然後開始唸〈安息禱告〉。」[12]

朋友們記得展覽是在庫茲諾維奇神父的收容所舉辦的，在稅務街上。蘇莎・W是蘇菲亞・沃伊切赫芙絲卡（Zofia Wojciechowska），一個纖瘦的馬尾女孩，很虔誠，就像她們班上所有人一樣。

蘇莎和展覽在辛波絲卡的記憶中永久留存了下來，但數據——根據辛波絲卡自己的說法——之後就沒有給她任何直接的衝擊了。但是有一次，一個朋友驚訝地發現她在看《數據年鑑》，辛波絲卡對她的大驚小怪感到驚訝。她說，每件事都值得研究。

在一百人之中
覺得自己比別人聰明的
五十二人；

對自己的每一步都感到懷疑的
幾乎是剩下的所有人；
（……）
個別來說不危險，
在群體之中很瘋狂，
一定超過一半；

在情勢所逼下
十分殘暴，
——這最好不要知道，
即使只是大概的數字；
（……）
百分之百
一定會有一死，
這數據目前沒有改變。
（〈統計數據〉，《瞬間》，二〇〇二）

這時的辛波絲卡已經不是孩子，但還不是個年輕女性。關於這段期間的辛波絲卡，我們可以從《非指定閱讀》中得知什麼？

在評論羅曼．布蘭登史塔德的《我是《喜宴》中的猶太人》這本書時，辛波絲卡提到了一個童年的回憶。在她們位於拉齊維烏街公寓中，有好幾個星期，維斯比揚斯基劇作中的蕾赫拉（Rachela）——也就這個角色的原型佩帕．辛格（Pepa Singer）*——天天都會來。她是布羅諾維采（Bronowice）酒店主人的女兒，是個護士。辛波絲卡記憶中的她「瘦骨嶙峋，不是很高，戴著夾鼻眼鏡，花白的頭髮梳得很整齊」。她來她們家是為了給辛波絲卡生病的媽媽打針，順便和她們家的人聊聊天。辛波絲卡不是很喜歡她來，因為她會問她學校和課業如何。「我那個年紀不喜歡別人問這些問題。所以當她來的時候，我不只一次把自己鎖在房間不出來。今天，我對她感到抱歉。雖然已經太遲了，但我很想回答她所有的問題，甚至是那些最困難的，比如八乘七等於多少，還有霍京戰役†是哪一年發生的。」[13]

辛波絲卡在八、九歲的時候第一次讀到哥德小說。她不記得書名了，也許是因為這書被一代又一代的青少女閱讀，都翻爛了，所以沒有書封也沒有書名頁。但她記得讀書時的興奮感，還有結局到來時，她感到的失落。那時候她就決定要寫自己的小說。她在評論安．拉德克利夫‡的《義大利人》時寫道：「我興致勃勃地開始，削了鉛筆，打開乾淨的筆記本。我不用想主角的名字，名字早就準備好了。我在一本雜誌上看過一張圖片，叫〈花園中的牧歌〉，圖中是玫瑰花叢中的戀人。但我以為Idylla（牧歌）是女孩的名字。小說的開頭是這樣的：『有著栗色眼睛的伊迪拉從清晨就遙望地平線，等著郵差送來未婚夫的信。但有人從伊迪拉身後過來，某個人可怕的手重重地放在伊迪拉的肩膀上……可惜，出於不明原因，後面的頁面被撕掉了，所以我無法得知接下來發生了什麼事。』」[14]

她學校的同學提起了另一本她們一起讀的書，露西．蒙哥馬利（Lucy Maud Montgomery）的《清秀佳人》（*Anne of Green Gables*）。還有伊蓮娜．什切潘絲卡（Irena Szczepańska）的《飛躍的冒險》，這是在描寫女生宿舍的故事。同學們說，那時候大家都寫詩，但只有維斯瓦娃很會畫畫。「她會把我們想像的

* 譯註：《喜宴》（*Wesele*）是波蘭詩人／劇作家史坦尼斯瓦夫．維斯比揚斯基（Stanisław Wyspiański）的經典劇作，以一場在克拉科夫真實發生的喜宴為靈感，藉此隱喻波蘭國族的命運。許多在劇中出現的人物皆有所本，比如文中提到的佩帕．辛格。

† 譯註：霍京戰役（Bitwa pod Chocimiem/Battle of Khotyn）發生在一六二一年，是波蘭和鄂圖曼帝國戰爭的一部分。

‡ 譯註：安．拉德克利夫（Ann Radcliffe，1764－1823），英國作家，哥德小說先驅，著名作品包括《奧多芙的神祕》及《義大利人》等作。

辛波絲卡（左）和學校的朋友們，瑪歌札塔．史坦尼斯瓦芙絲卡和丹奴塔．諾瓦科芙絲卡。斯瓦科芙斯卡街和佛羅倫斯街之間，克拉科夫，1935年。

左｜維斯瓦娃、娜沃亞和父母。

右｜辛波絲卡穿著假日的校服。辛波絲卡告訴我們：「我記得小時候我從沒綁過辮子。」克拉科夫，1935年。

場景畫出來，而她筆下的電影明星都很誘人。」

維斯瓦娃的父母經常送她上學，也常常參加班級的出遊。當瑪歌莎．史坦尼斯瓦芙絲卡第一次看到辛波絲卡的父親，她還以為那是她的爺爺。

「那是三〇年代，是轉變的時代，時尚爆發的時代。」丹奴塔．米豪沃芙絲卡說：「我奶奶還會穿戴皺褶花邊領巾（jabot）和束胸，但很多年輕的女性，像我媽，已經開始穿膝上型洋裝、在腰上綁皮帶了。辛波絲卡的媽媽介於兩者之間，她總是戴著很老派的帽子。」

一九三五年秋天，辛波絲卡到老維斯瓦河街上的聖吳甦樂修會中學唸書*。就像小學一樣，那裡有很多來自上流階級的女孩。克里莎・波多茨卡（Krysia Potocka）是坐馬車上學的，安娜・切奇克維切芙娜（Anna Ciećkiewiczówna）是知名內科醫生馬利安・切奇克維奇（Marian Ciećkiewicz）的女兒——他到了八〇年代，一百歲了都在執業——則是坐歐寶奧林匹亞（Opel Olympia）汽車上學，不過她爸爸會在哥白尼街（ul. Kopernika）把她放下來，最後一段讓她用走的。

辛波絲卡的同學們都清楚記得在聖吳甦樂修會中學唸書的日子。這些同學包括婚後改姓米豪絲卡（Michalska）的伊莎・魏倫斯卡（Iza Wielińska）、婚後改姓皮塔克（Ptak）的伊蓮娜・丁絲卡（Irena Dyńska）、婚後改姓葛吉茨卡（Godzicka）的安娜・切奇克維切芙娜（Anna Ciećkiewiczówna）。最後一個人記得，辛波絲卡的爸爸會送她上學。修女們說，他看起來像一位真正的貴族。

聖吳甦樂修會中學週間的制服是海軍藍水手服，衣服領子上有三條白線，而週末的制服則有著白色的領子，上面三條藍線。袖子上有藍色的校徽，百褶裙是海軍藍，貝雷帽上則有一個U字。冬天大家都要穿海軍藍大衣，放學後也要穿制服，只有放暑假才能脫下。那是一種出於民主的習俗：所有的女孩都要穿得一模一樣，沒有人可以穿得比別人奢華。但是制服的材質就有很大的差別了。

「最糟糕的是運動服。」辛波絲卡說：「那是兩件式的，包括腰部有鬆緊帶、兩邊有開衩的圖尼卡（tunic）上衣，還有灰白色的過膝短褲。這個設計的目的是，不管我們怎麼擺動，都不會露出膝蓋。我們所有人都很受不了這些裝束。」

* 譯註：聖吳甦樂會（Company of St. Ursula）十六世紀於義大利成立，後來也發展出專注教育青少年和兒童的聖吳甦樂修會（Order of St. Ursula），在世界各地都有學校，包括台灣。聖吳甦樂會一九五九年在花蓮創辦海星女中，一九六〇年創辦若瑟小學（現改名海星小學），一九六六年在高雄市創辦文藻女子外國語文專校，也就是現在的文藻外語大學。

按照當時的標準來看，學校的設備是很先進的。走廊很寬敞，工作坊也設備齊全，體育教室很大，還有電梯，而在花園裡則有聖母洞、耶穌像、果樹，還有一棵很大的木蘭。戰後，這所學校成了音樂學院，修女們被趕了出去。一九八九年，音樂學院移到原本是波蘭統一工人黨省黨部的建築中，修女才回到自己原來的地方，木蘭花依舊在花園裡綻放。

上課前，就像在所有的學校一樣，女孩們會禱告。

「學校的宗教氣氛不會很壓迫。」辛波絲卡說：「在我開始懷疑信仰之前，我也有一段時間很虔誠。今天人們常說，喪失信仰會讓你相信共產主義，在我身上，這兩件事毫無關聯。不過，我對宗教失望，並不是因為我得知神父會和女管家*上床。我的懷疑是出於理性的思考。」

請問神父，
以撒到底是做了什麼？
或許他打破了鄰居的窗戶？
還是他在通過柵欄時把新褲子撕破了？
他偷了鉛筆？
驚嚇母雞？
偷偷告訴別人答案？

就讓成人

今晚在愚蠢的夢中
沉睡吧，
我必須守夜到早上。
夜沉默不語，
它的沉默與我為敵，
而且是黑色的，
正如亞伯拉罕的熱情。
（……）
如果神想要，
可以讓古老的歷史復活。
所以我把頭蒙在被子裡，
在冰冷的恐懼中。

（〈夜〉，《呼喚雪人》，一九五七）

「我完全不同意杜斯妥也夫斯基說的：要是沒有神，人們就無法無天了。」辛波絲卡繼續說：「這

＊譯註：在波蘭，神父會雇用一個女人來幫他煮飯，有時候也會打理家務，這個女人被稱為女管家。

是可怕的想法。畢竟我們還有世俗的道德，它在漫長的時間中從痛苦中誕生出來。當然，它從十誡獲得了許多養分。信仰不是只在宗教教義中才有。沒有人是完全無信仰的。」

在中學期間，辛波絲卡讀到了法國作家安納托・佛朗士（Anatole France）*的作品。她多年後寫了一首詩，關於她和他在地獄中的相遇：

我對安納托大師呼喚：
「是你，這是你的書！
請容我坐在你膝上。
你在比較糟糕的地獄層中發出滋滋聲，
但就讓我們一起墮落吧！」

我們對望一眼，
然後縱聲狂笑。
我們的笑聲不斷迴圈，
永恆的袋子被回音充滿，
砰的一聲破裂。

這是在早上八點發生的。

我在沉思中走去學校，
走在長滿楓樹和栗樹的普蘭提公園。
以下署名之人，有著凡人的血肉之軀，
肩上有著藍色的校徽。
（—）†

（〈相遇〉，《呼喚雪人》，一九五七）

「修女們從來沒有告訴我們校規的內容。」辛波絲卡的女同學們說：「但是這些禁止就是存在。」

「中學時，安納托．佛朗士是我最喜歡的作家之一*。」辛波絲卡回憶。「我從外面的借閱室借他的作品，而不是從學校的圖書館。我讀很多書，但都是小說。我以為每一個我讀的作家都已經死了，而且已經死了很久。十四歲時，我已經把杜斯妥也夫斯基的書都讀完了，之後我必須重讀他一次。」

「比起杜斯妥也夫斯基，我比較喜歡狄更斯。」她在〈許多可能〉這首詩中寫道。她很久以前就開始讀狄更斯的作品，從《匹克威克外傳》開始讀，而且一直會回頭去讀它，甚至感冒躺在床上時她的讀物也是這本書。

* 譯註：安納托．佛朗士，本名賈克．安那托爾．法蘭索瓦．蒂博（Jacques Anatole François Thibault），一九二一年諾貝爾文學獎得主，作品充滿人道立場及對社會不公的批判。

† 譯註：此為表簽名為本人手寫的舊式標點符號。

「在我們學校，對神、家庭、祖國的愛是一種義務。」安娜．葛吉茨卡（Anna Godzicka）說：「一九三九年，我們在學校為空軍的飛機募款。」

「少看一次電影，你可以省下錢幫助軍隊造飛機。」「一次不吃甜點，你可以省下錢造飛機。」學校充滿這種標語。學生家長的捐款成果斐然，一九三九年六月十八日，在克拉科夫的大草地（Blonie）上舉辦了一場盛大的、聖吳甦樂修會中學捐贈飛機給空軍的儀式。接收飛機的是愛德華．雷茲－希米格維（Edward Rydz-Śmigły）將軍，而給飛機賜福的則是紅衣主教亞當．薩皮阿（Adam Sapieha）。

聖吳甦樂修會中學是一所很貴族、很菁英的學校。每個月的學費是四十塊錢（比較清寒的家庭有折扣，還會有免費的出遊，甚至獎學金）。辛波絲卡的姊姊娜沃亞也唸過這裡，她們的父母很重視女兒的教育。

「我們的歷史老師是瑪莉亞．特拉切芙絲卡（Maria Traczewska），她後來和人合譯了湯瑪斯．曼的《約瑟夫和他的兄弟》。」辛波絲卡回憶：「波蘭語老師是托爾鐸茲亞（Teodezja）修女，她總是給我的作業打『優』，而拼寫則是『有待加強』。」

她的同學們也記得托爾鐸茲亞修女，說她是青年波蘭運動（Młoda Polska）詩歌的愛好者*。

辛波絲卡後來在《文學生活》中有抱怨中學的課程。她說課堂上的詩只有讀到維斯比揚斯基，塔德烏什．佩波（Tadeusz Peiper）和尤利安．皮日博希（Julian Przyboś）只在課堂上出現過一次，而且只讀到片段，根本沒有讀到背景。

在聖吳甦樂修會中學，女孩們學習藝術史、唱歌、讀譜，也有法文課，還有一周四小時的拉丁文。教這些科目的是康士坦丁娜（Konstantyna）修女和亞莉珊大．米亞諾芙絲卡（Aleksandra

Mianowska）。她們不想和我們談「那位得了諾貝爾文學獎的女士」，因為她們還在為她在史達林時期寫的那首爛詩生氣。她們只是不斷重複，辛波絲卡在學校時沒有表現特別優異之處。

從辛波絲卡在《非指定閱讀》中關於古典文學的評論，我們可以看出她中學時的拉丁文成績應該很好。「我不是拉丁語老師。」她在評論《每日拉丁文》時說：「但就在此刻，我已經想到了許多字典沒提到的拉丁文格言。」[15]

學校的教育、學校的知識、學校的無趣在她詩中以各種方式留下刻痕。愛德華．巴策蘭寫道：「學校的世界在辛波絲卡的詩中常常就是它代表的那個意思。九九乘法表、書法課、課本或練習本裡那些枯燥習題，課堂語言——所有這一切都可以成為詩的素材。有時候一段平凡的對話令人想起被老師叫去黑板前回答問題，有時文法課則滲入了歷史課。」[16]

（誰，什麼）亞歷山大大帝（用誰，用什麼）用劍
斬斷（誰，什麼）戈耳狄俄斯之結

（……）

夠了。大帝頭戴戰冠往下看，
乘馬上路。
在他身後號聲隆隆，戰鼓轟轟。

* 譯註：青年波蘭是十九世紀末、二十世紀初的一個文藝運動，是對波蘭早期的實證主義（Positivism）的反叛。青年波蘭在風格上結合了頹廢主義、新浪漫主義、象徵主義、印象主義和新藝術，而在精神上有強烈的愛國主義。

（誰，什麼）大軍（由誰組成）由繩結組成
（去做什麼）去戰場*

有時在詩中，學生時代的昏沉夢魘會回來。

（〈課堂〉，《鹽》，一九六二）

我夢到高中畢業考。†
兩隻戴著鐵鍊的猴子坐在窗台。
（……）
我在考人類史，
結結巴巴，掙扎著。

（〈布魯各的兩隻猴子〉，《呼喚雪人》，一九五七）

下課後，女孩們會去「燦爛」（Splendide）點心舖吃巧克力。回家時，她們先沿著普蘭提公園走波托茨卡街（ul. Potocka）——也就是今天的西盤半島街（ul. Westerplatte）街——然後走哥白尼路。維斯瓦娃會先轉彎，走到拉齊維烏街上，然後一行人慢慢變少。有些女孩會留在學校的宿舍。

辛波絲卡和女同學們。

「我們這些寄宿生根本不會看到男孩子，也許只有《每日畫報》（*Ilustrowany Kurier Codzienny*）的年輕編輯們。他們的編輯部在我們宿舍對面的那棟樓，他們會到屋頂上和我們揮手。」伊蓮娜・丁絲卡－皮塔克（Irena Dyńska-Peak）說。「學校把我們保護得太好，沒有讓我們對真實人生做好準備。」

維斯瓦娃上女子中學時，家裡的經濟狀況不是很好。詩人記得，家裡有財務上的困難。出租房子的收入不是很多，而爸爸的退休金老是遲到。

「那已經不是庫尼克的時代了。」辛波絲卡說：「那時候家裡的條件和昔日完全不同。」

* 譯註：波蘭文有格位（przypadek/case），名詞、形容詞、代詞等詞類會隨著格位的不同，產生變化，這首詩就是在模仿課堂上的格位變化練習，但中文因為沒有格位，所以看不出來。

† 譯註：在波蘭這個考試叫 matura，學生高中畢業後如果要繼續升學，就必須通過這個考試才能申請大學，許多其他歐洲國家也有這個考試制度。辛波絲卡那個時代唸的聖吳甦樂修會中學雖然不是高中，不過它是六年制的中學（可算是國中加高中），畢業後就可以去上大學，所以這裡還是翻成高中畢業考。

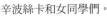

不過，父親的死（一九三六年死於心臟病發）卻和財務危機或家庭生活受威脅無關。

當我們問她，為何在她的童年回憶中父親比母親更頻繁出現，她說：「和我聊天的人是爸爸，而媽媽是照顧我的人，她確保我全身乾乾淨淨，有襪子穿。媽媽並不是個很有趣的人，她很堅強，總是要和生命搏鬥。在戰爭期間生活越來越難過，她有我們兩個年輕女孩要照顧，總是有人來找我們，在我們的窗下徘徊張望。她對那些來找我們的男孩子很兇。但隨著時間過去，她變得溫和，善解人意。」

拉斯．海蘭德告訴我們，他紀錄片中有一個剪掉未用的片段，是關於辛波絲卡談論家庭的。他說，辛波絲卡對母親的愛很一般，但對爸爸，則是愛到發狂。

辛波絲卡的母親安娜．辛波絲卡在當了二十四年的寡婦後，於一九六〇年去世。在她過世的幾年後，辛波絲卡寫了一首詩。尤利安．皮日博希稱之為「關於夢的傑作」[17]。

記憶終於找到它要的。
我尋獲了母親，父親也來看我了。
（……）
現在我終於可以說出，
他們在多少夢中流浪，
而我又於多少場意外中，把他們從巨輪下救出來。
在多少絕望和悲傷的瞬間，我錯失了他們的手。

(……)

終於。

在某個尋常的夜晚，

在普通的週五到週六清晨，

他們以我希望的樣子出現。

(……)

在畫面深處，所有其他的可能都消失了，

意外的輪廓變得模糊。

只有他們美麗地發光，因為和生前很相像。

這讓我快樂了好久，好久。

(〈記憶終於〉，《開心果》，一九六七)

辛波絲卡的同學說，戰爭讓她們所有人各分東西，直到很久以後，在六〇年代末期，大家才再度聚首。「巫婆的安息日」——辛波絲卡如此稱呼她們的聚會。她們的聚會每兩個月舉行一次，在不同的「女孩」家舉行。一個女孩來自希隆斯克地區沃濟斯瓦夫(Wodzisław Śląski)，另一個來自克盧奇堡(Kluczbork)。她們不記得辛波絲卡是何時加入的。在聚會上不能談政治或疾病，不然要罰錢。不過某次有人事先就把罰款放在桌子上，然後開始談她全家的病痛。

在克拉科夫聖昊甦樂修會中學的歷史檔案中，有一本編號262的年鑑。那是一本A4大小的筆記本，用牛皮紙包覆著，裡面有學生們的集體合照、辛波絲卡在學校裡的畫、學生們的作業。裡面有一張一九三八／一九三九年的作業，用綠色墨水寫成。作業的題目是：〈自由選題演講〉。

「理想的人類！」4B班的辛波絲卡如此寫道：「你的頭腦分類清楚，鬍子梳得整整齊齊，指甲還擦得發亮。你用卡洛登（Kalodont）牙膏刷牙，早餐你喝一湯匙阿華田，你不玩彩卷，不支持來路不明的機構。」

「你每天計畫分分秒秒的行程，大概不會有任何事會讓你失衡，每件事都像鐘錶一樣精準。（……）你每年看兩次牙，一年看一次醫生，你聽電台上的指令做體操。你準時收聽波蘭電台播出的經濟談話節目，從來沒有一次錯過。你也從來沒有在華沙交響樂團的音樂會中睡著。」

「理想的人類！願你安息。」

5

關於戰時的克拉科夫和第一批詩作

戰爭爆發的隔天，十六歲的辛波絲卡從她們在拉齊維烏街上的公寓窗戶看到，街上人們拉著農車走過，而車上裝著許多傷兵，身上綁著染血的繃帶。當她回憶這幅景象，她有一種奇怪的感覺，彷彿她身體裡有一個陌生人，已經多次看過這一幕。

「我無法用理性去解釋這現象，或許我可以，但那代表我要進入一個我不熟悉的領域。（……）有個聲音在我體內說：『啊，又來了。』」她在拉斯．海蘭德的紀錄片中如是說。

「裝滿稻草的農車，滲血的繃帶，畢竟這樣的景象在每一次我國的起義事件中都可以看到。」她告訴我們。

戰爭初期，維多．策利赫夫斯基（Witold Cielichowski）躲在她們家。他是辛波絲卡父親的朋友策利赫夫斯基醫師（他也是札摩伊斯基伯爵的全權代理人）的兒子。做為獨立波蘭的第一任波茲南省省長，他的名字在被逮捕的名單上。後來，當拉齊維烏街上的部分公寓被德國人占據，他就不能繼續在這裡躲下去了。

老維斯瓦河街上的聖吳甦樂修會中學一開始還有繼續運作，直到一九三九年十一月二十日才關閉。「我不喜歡上學，因為那代表要被團體生活的規則約束。」辛波絲卡說：「但是那天我回家時哭了。我有種感覺，某些事情結束了，一切都不會再像以前那樣。」

修女們很快就安排了地下學校。維斯瓦娃和揚卡・皮哲沃切卡－維特科芙絲卡（Janka Krzyworzeka-Witkowska）、克里斯汀娜・哥斯卡－萬德夫（Krystyna Górska-Wendorf）、蕾尼亞・梅塔－米科維耶維奇（Renia Mięta-Mikolajewicz）同一組。上課的地點通常在蕾尼亞家，她家在歐夏（Olsza），那是貴族波多茨基（Potocki）家族的領地，她父親在那裡當管理人。他們每兩天上一次課，每次只上一個科目，這樣一次只要來一位老師就足夠。桌上堆滿了紙張，做為掩護。修女們負責教法文和拉丁文，這些課程通常在修道院裡進行。課程包括所有的科目，除了歌唱、繪畫、手工藝和體育。一九四一年春天，維斯瓦娃和同學們通過了畢業考，筆試科目包括波蘭文、數學、法文，加上波蘭文、法文、拉丁文和歷史口試。

泰瑞莎・梅塔－米科維耶維奇（Teresa Mięta-Mikolajewicz）在戰時有寫日記。她在日記中寫下一件辛波絲卡在放學時發生的驚險遭遇。她在信中告訴我們：「那是早春的一天，或甚至在春天到來之前。融雪的時候，到我們這邊的路很難走。那天下午伊赫娜急著回家，沒有等大家就自己一個人走。道路兩旁都有很深的壕溝，表面結冰了，但裡面積滿了水。伊赫娜踩到冰上，然後冰就裂了。」

辛波絲卡把這個經驗寫成了詩，而女同學們留下了〈溺死者〉（*Topielec*）這首詩。她在詩中描寫她淹死在水中，她的貝雷帽浮在水面，而同學和修女出席她的葬禮……詩末標注的日期是一九四二年二月二十日，地點為克拉科夫－歐夏。

啊，有人哀傷地歌唱，

這早逝的青春啊。
（……）
約瑟法修女帶著
那些穿著低調校服的女學生們走近。

眾人愉快地交談，
因為葬禮是早上，所以也不用上課了。
（……）
伊赫娜已不在世上，只留下墓碑。
為她哀悼吧，去告訴別人她的事。

同學們收起了她的詩〈太陽底下沒有新鮮事〉。

這一切並不新鮮，都已發生過。
依舊日升日落。
（……）
而大戰也不特殊，
該隱和亞伯一開始就這麼做了……

所有的人——只要活著，
就會爭戰。現在他們還在這麼做。
（……）
總會有人死亡，有人出生，
人們總是邊抱怨邊去上學。

總會因為作業做得不好，
而在學校或家裡挨打……

詩本身很笨拙，但令人印象深刻。這首校園之作彷彿是通往辛波絲卡日後創作主題的歷程，我們可以把它比喻為音樂家在成熟之前的音階練習。約半個世紀後，辛波絲卡在諾貝爾文學獎頒獎典禮的演講中說：「傳道者，你說太陽底下沒有新鮮事。但你自己就是在太陽底下出生的新鮮人啊。」

辛波絲卡告訴我們，戰時她們家的經濟狀

辛波絲卡和地下學校的女同學們在辛波絲卡家位於拉齊維烏街上的公寓。辛波絲卡是左起第二位。1941年。

況比以前差很多。媽媽會烤蛋糕拿去賣，也會變賣家中的東西，比如畫，或是基里姆地毯。她和姊姊也試著賺錢，貼補家用。

大家都知道，辛波絲卡很會畫畫[1]，揚．史坦尼斯瓦夫斯基透過他女兒瑪歌莎拜託辛波絲卡幫他寫的教科書《初階英語》（*First Steps in English*）畫插畫。他在地下學校有許多學生，他的課本有太多人讀，已經沒辦法用了。在熟識出版社的幫助下，他出版了新的地下學校課本，在戰後好幾年，他還繼續用這本課本。而辛波絲卡的姊姊娜沃亞則和丈夫一起做鞋子，賣給朋友。

「那些鞋子有著彈性的鞋底，前後用皮面連接起來。」在戰時穿過這些鞋子的瑪歌札塔．舍赫瓦（*Malgorzata Szachowa*）——舊姓史坦尼斯瓦芙絲卡（Stanislawska）——說：「鞋跟是娜沃亞設計的，再交給鞋匠去做。」

辛波絲卡如此回憶姊姊在戰時的婚禮：「新郎只有一雙稱頭的鞋子，但這鞋子也需要換鞋底了。當他在祭壇前跪下，我在鞋底上看到鞋匠寫的價錢。」

一九四三年，辛波絲卡開始在鐵路局上班，這樣才不會被德國人送到德國強制勞動。

「一九四三年，我們只有必要時才上街。」二十年後，維多．札亨特（Witold Zachenter）在《文學生活》中如此回憶：「我們避開咖啡廳、普蘭提公園的長椅，也不再在街上閒晃。克拉科夫平靜的神話已然過去。那大概是最糟的一年。那一年街上有很多逮捕、搜查、屠殺。」[2]

當然，這是來自城市「雅利安區」*的記憶。對克拉科夫的猶太人來說，城市自從被德軍占領，

* 譯註：這是指猶太隔離區以外的區域。

就沒有一刻是平靜安全的。一九四三年，大部分克拉科夫的猶太人不是被殺了，就是被送到滅絕營。

我們問辛波絲卡，在德國占領克拉科夫期間，她和猶太人是否有接觸。

「我記得他們在街上剷雪，記得他們的臂章。」她說：「還有一對猶太人夫婦，他們在戰爭初期來找我媽，把貴重物品寄放在我們家。整個占領期間，媽媽都很緊張，怕我們被帶走，到時她要拿這些東西如何是好。後來夫妻倆都活下來了。先生在戰後不久後就過世了，而太太還在世的時候，都會來我的作者見面會。」

也許在其中一場見面會上，她曾聽到辛波絲卡朗讀這首詩：

在密封的車廂內
名字旅行過國家，
它們要到哪裡去，
會下車嗎何時下車，
別問，我不會說，我不知道。

拿單這個名字用拳頭敲擊牆壁——
以撒這個名字瘋狂歌唱，
撒拉這個名字大喊著要人拿水給
亞倫這個名字，因為它快渴死了。

（……）

沒錯，沒錯，車輪敲擊。一片沒有草地的森林。
沒錯，沒錯。一整個車廂的叫喊從林中通過。
沒錯，沒錯。在夜晚醒來我聽見
沒錯，沒錯，寂靜敲擊寂靜的聲音。

（〈尚且〉，《呼喚雪人》，一九五七）*

但是在辛波絲卡的戰時記憶中，猶太人其實是缺席的。波蘭猶太作家阿圖爾・桑道爾（Artur Sandauer）曾經評論這件事：「辛波絲卡那首驚悚的、關於運送猶太人的詩，寫的其實不是這件事本身，而是她對事件的無知。那是一個現代波蘭女人的夜晚沉思，她試圖回想關於這個民族的事，但在她的記憶中，他們只留下名字。」[3]

克拉科夫地下劇院的創辦人之一塔德烏什・克瓦特科夫斯基（Tadeusz Kwiatkowski）告訴我們，一九四二年或一九四三年，他去找後來當上國家交響樂團指揮的維多・考克（Wirold Kalka）——戰後他

* 譯註：本詩有收錄在林蔚昀翻譯的《黑色的歌》（聯合文學，二〇一六）中，頁一七二—一七三。

上｜辛波絲卡（左）和蕾尼亞·梅塔－米科維耶維奇。
下｜辛波絲卡（右）。克拉科夫，1940年。

改姓羅維茨基（Rowicki）——考克坐在鋼琴旁，而在他身邊站著一個纖瘦的年輕女孩。「那是辛波絲卡，維多向我介紹她時，加了一句話：她歌詞寫得很好。她給我看了她寫的詞，我還記得它們的氛圍，很俏皮，很好玩，有詩的活潑，我很喜歡。」[4]

這時候，辛波絲卡也開始比較嚴肅的創作。她寫過關於占領的短篇小說（其中一篇在戰後發表在學生的一日雜誌上），但之後她覺得寫得不好。多年後，她在搬家時找到這些小說，讀了之後她覺得自己當年的判斷沒錯，這些小說確實糟透了。而年少的詩作，也沒有通過時間的試煉。有些在報上發表的詩作日期是一九四四年，但沒有一首有出版成書。

「戰爭加深了我之前就有的宗教危機。」她告訴我們：「畢竟，這樣的疑問一定會出現的：神怎麼可以允許這一切發生？」

辛波絲卡很少提及她戰時的經驗，烏舒拉・柯齊奧記得辛波絲卡說過一則戰時回憶，關於恐懼。那是一個美麗的春日，辛波絲卡和女朋友們一起去克拉科夫近郊的夏日小屋玩耍。在那邊她們離開了房舍，走進一座小林子，然後就來到了一群蘇聯兵的營地。她們已經不能後退，只能小心翼翼地通過。然後她們通過了——彷彿隱形。

辛波絲卡在某處提到過，她心儀的男孩在戰爭初期死在波羅克青（Prokocim）的集中營。在另一處，她寫到尤莉亞阿姨的兒子，她的表親羅曼・波蘭克維奇（Roman Plenkiewica）死在華沙起義。她告訴我們，她曾有個情人，是波蘭家鄉軍（Armia Krajowa）的成員*，跟著軍隊去了維爾紐斯（Wilno／Vilnius）。「那是一九四三年或一九四四年，之後他就音訊全無了。我曾試著尋找他的下落，但一無所獲。」

我戰死的，我還原為塵土的，我的土地
化為在照片上的樣貌：

＊譯註：波蘭家鄉軍是戰時的地下反抗軍隊。

臉上有著樹葉的陰影，手裡拿著一個貝殼，
來到我的夢裡。
（……）
他在我眼皮底下現身，
那是他唯一可以進來的世界。
他被子彈穿過的心臟在跳動。
第一陣風從他髮間猛然吹過。
（……）
我們逐漸靠近。我不知道我們臉上是流著淚
還是帶著笑。再走一步
我們就可以一起聆聽你貝殼裡的音樂，
那裡有幾千個交響樂團的濤聲，
還有我們的結婚進行曲。

（〈夢〉，《鹽》，一九六二）*

不管是在戰後不久還是之後的詩作，辛波絲卡都沒有讚揚英雄式的犧牲。即使當她書寫家族的起義傳統，她也用括號表示，彷彿想保持距離。

這個家沒有人為愛而死。
（……）
（他們會因為腦中的子彈而死
但是因為別的原因，而且是死在戰場的擔架上）
（〈家族相簿〉，《開心果》，一九六七）

我們問辛波絲卡，她身為一個戰前出生、在戰時成熟長大的世代，為何她關於戰爭的書寫這麼少？她回答，在詩中很難找到公平的平衡。她大部分關於戰爭的詩都丟進垃圾桶了。「我永遠比不上茲赫伯特或魯熱維奇†。關於死者的主題在他們的詩中不斷出現，讀他們的詩，我明白他們是在寫自己的經歷，而且他們書寫的方式無可匹敵，我再怎麼寫都比不上他們。」

一九四五年一月初，蘇聯元帥伊萬・科涅夫（Иван Конев／Ivan Konev）的軍隊解放了克拉科夫。渴於文化生活的城市，立刻舉辦了一場晨間詩歌朗讀的活動，辛波絲卡當然也去了。

什切潘廣場（plac Szczepański）上的老劇院（Stary Teatr）擠得水泄不通，所有的椅子都坐滿了，走道上擠滿了人，大家也擠到了門廳和樓梯上。人們穿著大衣、帽子和圍巾，搓著凍僵的雙手，空氣中

* 譯註：本詩有收錄在林蔚昀翻譯的《黑色的歌》（聯合文學，二〇一六）中，頁六九－七〇。

† 譯註：這邊指的是茲畢格涅夫・赫伯特（Zbigniew Hebert）和塔德烏什・魯熱維奇（Tadeusz Rózewicz），兩者都是波蘭詩人，擅長書寫戰時經驗，作品中也有對道德的叩問。

在河邊，朋友拉著辛波絲卡的連衣裙。

都是呵出的霧氣。先上台的是塔德烏什・布萊札（Tadeusz Breza）和史坦尼斯瓦夫・狄加（Stanisław Dygat），他們介紹了華沙戰時的文學生活。接著上台朗讀詩作的是切斯瓦夫・米沃什（Czesław Miłosz）、尤里安・皮日博希、史坦尼斯瓦夫・皮揚特克（Stanisław Piątek）、亞當・瓦齊克（Adam Ważyk）、耶日・札古斯基（Jerzy Zagórski）、維多・札亨特（Witold Zachenter）。演員們朗讀了不在克拉科夫的詩人的詩作，其中包括梅切斯瓦夫・雅思特隆（Mieczysław Jastrun）和史坦尼斯瓦夫・耶日・萊茨（Stanisław Jerzy Lec）。他們也讀了亞當・沃德克（Adam Włodek）的詩，雖然他在克拉科夫，但他臨時怯場不敢上台。每當台上的人讀完詩，台下就會響起如雷的掌聲。最後觀眾爬上了台，好去和詩人握手，以及獻花給他們。

辛波絲卡遠遠地、羞怯地看著這一切。幾年後，她會嫁給那個因為怯場而無法上台的詩人。半世紀後，她會結識米沃什——那時他的朗讀令她印象最為深刻。

6 關於戰後初試啼聲，以及發表詩作

戰後，詩人亞當・瓦齊克跟隨著紅軍的腳步來到克拉科夫。他穿著上尉的制服，帶著盧布林政府的代理證明，親自從駐守在克拉科夫的蘇聯兵手中接收了位於穀物街二十二號的公寓，並且把它劃定為文學之家（Domu Literatów），提供作家使用。此時，許多作家都從波蘭各地來到已經解放、而且也沒有受到嚴重破壞的克拉科夫。除此之外，瓦齊克也管理日報的發行。很快地，《波蘭日報》有了一份每週出刊一次的副刊《戰鬥》（*Walka*），而主編的位置則交給了年經、熱情的共產主義者亞當・沃德克[1]。就是在這份報紙上，在一九四五年三月十四日。辛波絲卡的名字第一次被印出來。

沃德克在他的回憶錄《我們的戰利品》（*Nasz łup wojenny*）——這個題目還是從辛波絲卡的詩中借來的——如此描寫辛波絲卡拿到編輯部來的少作：「這些詩作並沒有任何出眾之處。不只如此，它們還寫得滿爛的。如此之爛，我們看不到採用這些詩的可能性。我們無法聯絡作者，因為她把稿子交到編輯部之後，就沒有出現過，而她也沒有留下地址。」[2]

然而，《波蘭日報》的其中一名編輯維多・札亨特卻似乎在這些詩中看到了「一個起步的作者」。他堅持至少刊登一首她的詩。其他人說這些詩「又臭又長」，札亨特則回應，就讓我們剪掉一些吧，但至少登出一些片段。於是，滿滿的兩張打字稿被刪減到剩下一半，最後的成品是這首短詩〈我在尋找字〉：

我從口語中揀選，從字典裡偷竊，
衡量、稱重、研究——
沒有一個
合用。
（……）
我們的話語是無力的，
它的聲音突然——變得貧瘠。
（……）
我想要讓這個字溢滿鮮血，
就讓它像執行酷刑的監獄，
納進每一個
萬人塚。

（〈我在尋找字〉，《波蘭日報》，一九四五年三月十四日）*

這首詩發表後，作者出現在編輯部。「我希望，你們還是會付我稿費？」她問。

「那時候，札亨特是唯一不會讓我感到渺小的人。」辛波絲卡告訴我們：「在我去《波蘭日報》之前，我不認識任何人說我的詩有價值。」

十年後，在《波蘭日報》的週年特刊中，她回憶，《戰鬥》副刊培養了一群在文壇上初試啼聲的年經作家，這是她的第一個文學圈子，而也是在這個圈子裡，她首次認真思考當詩人這件事。「我不知道，實際情況會是怎樣——但我到今天敢肯定地說，如果我的第一批詩沒有被錄用，我再也不會有勇氣把我寫的詩給任何人看了。」[3]

四十年後，她也說了幾乎同樣的話：「如果他們當時退了我的稿，也許我會去寫小說或散文。但是如果他們那時候沒有刊登我那第一首、寫得頗弱的詩，我八成會放棄寫詩。至少我當時是這麼想的：我會去投稿一次——如果沒有上——那就是最後一次。」[4]

* 譯註：本詩有收錄在林蔚昀翻譯的《黑色的歌》（聯合文學，二〇一六）中，頁三八—三九。

亞當．沃德克，辛波絲卡後來的丈夫。在照片的背面寫著這樣的獻詞：「親愛的維賽卡！早在1940年我就感覺到，妳會喜歡猴子。亞當，1969.11.26。」

《戰鬥》只出刊到一九四五年七月，但在這段期間，辛波絲卡還在那裡發表了四首詩，每一首都是關於戰時的占領經驗。只有一首辛波絲卡認為有價值印在書中，它後來被收錄在國家出版社（Państwowy Instytut Wydawniczy，簡稱PIW）在二十年後出版的《詩選》（*Wybór wierszy*），而且被放在第一首。

關於這個世界我們曾經瞭若指掌：
——它是那麼渺小，可以容身於握手，
那麼簡單，可用一個微笑來描述，
那麼平凡，像是在禱告詞中古老真理的回音。
（……）
歷史並沒有以勝利的號角歡迎我們：
——它把骯髒的沙子灑進我們的眼。
在我們面前是遙遠沒有出口的路，
毒井，苦麵包。

我們的戰利品是關於這個世界的知識：
——它是那麼巨大，可以容身於握手，
那麼困難，可用一個微笑來描述，
那麼奇怪，像是在禱告詞中古老真理的回音。

（〈無題〉，《波蘭日報》，一九四五年五月二日）*

當時，辛波絲卡也有幫亞當・沃德克寫的童書《長靴貓》畫插畫。

當《戰鬥》停刊，沃德克身邊的一群詩人開始在政府宣傳部（Ministerstwo Informacji Propagandy）發行的雙週刊《克拉科夫俱樂部》（*Świetlica Krakowska*）發表作品。辛波絲卡在那裡獲得了編輯秘書的職位，然後也在這個刊物上發表詩作和簡短的劇評，在這些劇評中，我們已經可以看見她未來書評的雛形。當她評論莫里哀的《無病呻吟》（*Le Malade imaginaire*），她寫道，在莫里哀的戲劇裡，你實在很難找到一齣沒有寫到當時流行的療法和醫生的。而莫里哀對這些療法的嘲諷，有很重要的社會意義。「莫里哀嘲笑放血所拯救的人，比詹納發明牛痘疫苗拯救的人還多。」[5]

一九四六年冬天，一群年輕的克拉科夫作家到華沙去和當地的年輕作家和學者交流。很快地，在雙週刊《世代》（*Pokolenie*）刊登了兩首辛波絲卡的詩：〈放雕像的地方〉和〈田野街〉，這兩首詩彷彿是她對殘破華沙的印象。亞采克・波亨斯基（Jacek Bocheński）記得他在那次會面中看過辛波絲卡，說她是個很漂亮的女孩。「我們這些戰後的年輕詩人和作家就是在這樣的聚會中認識的。那時候我們還一事無成。我們都年輕愚蠢，衝動行事，像是一張白紙等著讓人去寫下。」

辛波絲卡在戰後就到雅捷隆大學（Uniwersytet Jagielloński）唸書，一開始唸波蘭文學，後來唸了兩年社會學[6]。「我沒有畢業。」她告訴我們：「一九四七年，社會學變得無聊透頂，只用來解釋馬克

* 譯註：本詩有收錄在林蔚昀翻譯的《黑色的歌》（聯合文學，二〇一六）中，頁五六。

思主義。我離開學校，因為那時候我已經必須工作賺錢了。」

當《文學報》（*Dziennik Literacki*）刊登了辛波絲卡的〈學校的星期天〉（「地球儀百無聊賴地站在櫃子上——／那是明日的科目——／旁邊還有一隻鳥，木屑把牠膽怯的心臟／給拿走了。」）*，編輯部收到了雪片般的讀者來信，批評這首詩不知所云（其實講得滿對的）。這些攻擊很直白，而且意識形態先行。如果辛波絲卡（或者皮日博希、雅斯特隆、魯熱維奇）寫得像馬雅可夫斯基†，那麼「哥薩克斯坦（Kazachstan）的牧羊人或科密（Komi）的樵夫」就不必煩惱她到底想要說什麼，而是可以「豐富自己的思想和階級意識」。後來，這些討論還讓亞當．沃德克寫了一篇文章〈今天我們需要什麼樣的詩〉，他在文中做出這樣的總結：「文學就像史達林說的一樣，內容必須是普羅大眾的，而形式必須是國族的。」[7]

辛波絲卡後來承認，這首詩確實很「矯揉做作，複雜得很虛情假意、惺惺作態。」她還補充，在遭受這次批評聲浪後，她幾乎兩年沒有寫詩。[8]

不過，她也在準備發表她的第一本詩集。沃德克認為這本詩集的名稱是平實普通的《詩》（*Wiersze*），而文學評論家塔德烏什．德雷諾夫斯基（Tadeusz Drewnowski）則認為，這本詩集應該是要叫作《縫旗幟》（*Szycie sztandaru*）。在華沙波蘭作家聯盟圖書館的「辛波絲卡檔案」中，這本詩集也是叫這個名字。一九五〇年，辛波絲卡在填寫問卷調查時寫道，她正在完成一本詩集《縫旗幟》，是關於戰爭和當代的主題。[9]

這本詩集後來沒有出版‡。看來，這本詩集裡的詩沒有符合社會主義的要求（這項要求是在一九四九年什切青的文學聚會中提出的）。再說，後來辛波絲卡也迎合了這要求。她加入了波蘭統一工人黨，和選民談民族團結陣線（Front Jedności Narodu）§，在工廠舉辦詩歌之夜。

我們問她，為何一個出身上流階層的女孩，會想要加入社會主義的陣營？

「我在戰時就遇見了一群左派青年。」她回答：「他們真心真意相信，共產主義對波蘭來說是唯一的出路。因為共產主義，我開始思考社會的事。那時候我們對布爾什維克主義者做了什麼知之甚少。這聽起來很蠢，但當你缺乏政治經驗，你對政治的想法很大程度取決於你在自己的道路上遇見什麼人。」

「您的父親在戰前有一棟公寓，這樣的背景對您入黨有不良影響嗎？」

「我從來沒有因此遇上問題，雖然我沒有隱瞞我父親是誰。也許這是因為我們在克拉科夫。管理入黨事務的是亞當・波列夫卡（Adam Polewka）。他總是盡可能拉人入黨。正是他誘惑我入黨的。看來，每個人都有一個他自己專屬的魔鬼。」

一九五一年，一份新的文學雜誌《文學生活》（*Życie Literackie*）在克拉科夫創辦（之前《重生》雜誌被迫停刊了）。根據波蘭統一工人黨黨中央的指示，這份刊物的使命是「把文學納入六年計畫的戰鬥中」。雜誌的第一任主編亨利克・馬可維奇（Henryk Markiewicz）——他很快就被瓦迪斯瓦夫・馬黑耶克（Władysław Machejek）取代——對他的新同事辛波絲卡沒什麼印象，他說：「我和她沒有很多共

* 譯註：本詩有收錄在林蔚昀翻譯的《黑色的歌》（聯合文學，二〇一六）中，頁二一六－二一九。

† 譯註：弗拉基米爾・馬雅可夫斯基（俄語：Владимир Маяковский／Vladimir Mayakovsky），蘇聯未來主義詩人。

‡ 譯註：辛波絲卡過世後，這本詩集有出版，就是後來的《黑色的歌》。

§ 譯註：民族團結陣線是一個結合工會與政黨（包括波蘭統一工人黨、民主黨和統一人民黨）的政治／社會組織，但實際上服膺於波蘭統一工人黨，民族團結陣線也會壟斷選舉，確保能被提名的候選人都是站在政府那邊的人。

事機會，因為她那時候在做很多瑣碎的編輯工作。」

然而，辛波絲卡很快就在新雜誌發表了詩作：

人們的心臟啊，不要因為膽怯而跳動。
要為憤怒而跳！要為憤怒而跳！
人們的心臟啊，不要因為膽怯而跳動。
要為正義的憤怒而跳。
監獄的門打開了，
那些謀殺者正要重獲自由。

（〈關於戰爭罪行的歌〉，《活著的理由》，一九五二）

在辛波絲卡當時的詩作和她發表在《文學生活》的文章裡，以下主題不斷出現：愛好和平的蘇聯、資本主義世界的罪犯和戰爭煽動者。「為和平而戰」是當時政治宣導很高明的一步棋，而這步棋對共產主義者來說特別划算。匈牙利出身的英國作家阿瑟．庫斯勒（Arthur Koestler）是最早清醒的人之一，他如此描寫四〇、五〇年代這段時光：「那是全世界都在保衛和平的年代，在畢卡索和平鴿的旗幟下，政府成功地讓人們相信，世界和平要靠鐵幕、地雷區和鐵絲網才有辦法達成。」[10]

揚．約瑟夫．什切潘斯基（Jan Józef Szczepański）是和《普世週刊》（*Tygodnik Powszechny*）* 合作的作家，

說他記得在一九五一年的五一遊行見過辛波絲卡，那時引領遊行的是諾瓦胡塔鋼鐵廠（Nowa Huta）的工人。「在雅捷隆大學圖書館前的看台，一群作家們驕傲地走過，辛波絲卡就在其中。我們就是在那裡認識的，我記得她當時很年輕、漂亮、開朗。我記得這件事，因為那是我唯一一次參加五一遊行。我那時沒辦法找藉口不去。」

《文學生活》的編輯部徵集了詩人們對新憲法的看法，刊登在一九五二年二月號的雜誌†。尤里安・吐溫（Julina Tuwin）和其他詩人都做出了評論，大家都用散文，唯獨辛波絲卡寫了詩：

你們比較看看，思量看看吧：
我的青春和你們的青春——
這就像是生了一場大病後
第一次走入花園。

（〈一名老女工在人民憲法的搖籃旁回憶過往〉，《這就是我們為何活著》，一九五二）

* 譯註：《普世週刊》在一九四五年成立於克拉科夫，是一份有人文社會關懷的天主教週刊，很多知識分子讀，在共產時代，這份週刊受到很多打壓，但也參與了很多民主運動。

† 譯註：這邊指的是一九五二年的波蘭人民共和國憲法，以蘇聯憲法為樣本，強調以勞動人民為新主權，這部新憲法在一九五二年七月通過。〈一名老女工在人民憲法的搖籃旁回憶過往〉描述一個老女工血淚斑斑的青春回憶（懷著孩子去工廠工作，但孩子出生沒多久就病死了），目的是要讓讀者相信，新憲法比較好，比較會照顧勞工的權益。

辛波絲卡在一九五二年出版的第一本詩集，徹頭徹尾符合史達林主義。這一點從裡面收錄的詩名中，我們就可以看得出來：〈蘇聯兵在解放日對波蘭孩子說〉、〈打造諾瓦胡塔的年輕人〉、〈列寧〉、〈我們的工人談論帝國主義〉、〈寫給美國母親〉。

辛波絲卡沒有在這本詩集中收錄她早年的詩作，除了一首（這首很明顯地刪減過）。熟知辛波絲卡少作及未發表詩作的亞當．沃德克注意到，辛波絲卡在多年後有使用這些早年、戰時或戰後初期寫的詩，做為靈感的泉源，用來創作更完美的新詩作[11]。他會知道這一點，不只是因為他是她的丈夫，也是因為辛波絲卡很信任沃德克的直覺，會把所有她寫的東西給他讀。某種程度上來說，沃德克比辛波絲卡本人更欣賞她那些「其實還不錯」的戰時作品，說它們「就技術上和心理層面，都是很出色的」。[12]

詩人／評論家亞采克．烏卡謝維奇（Jacek Łukasiewicz）如此評論辛波絲卡的第一本詩作：「史達林格勒的英雄和克拉科夫的解放者取代了波蘭家鄉軍的士兵，而詩集裡寫到的戰爭不是二戰，而是韓戰。」[13]

他們把男孩的眼睛挖出來。把男孩的眼睛挖出來。
因為那些眼睛很憤怒，而且是鳳眼。
「就讓這眼睛在白天守護他，就像在夜晚。」*
上校是笑得最大聲的，
把美金塞到劊子手的手裡。

然後他撥了撥頭髮，
好看清楚男孩
用手摸索著方向離去。
在一九四五年五月，
我太早和恨意道別。
我把它放在了關於
暴力、威脅、卑劣行為的回憶錄裡。
今天我又打開了它。
我現在需要它的熱情，以後也是。
而我會需要它，是因為你，
上校，你這丟人現眼的小丑。

（〈來自朝鮮〉，《這就是我們為何活著》，一九五二）

憑著這本詩集，辛波絲卡進入了波蘭作家聯盟（Związek Literatów Polskich）。

* 譯註：這句詩句有仿照天主教禱告〈守護天使〉的句型：「上帝的天使，我的守護者，請你一直在我身邊。清晨，夜晚，在白日和深夜，都在我身邊守護我。」但在詩中的意思是變成白天就像夜晚一樣黑暗（因為男孩看不到了）。在波蘭，這段禱告文通常會被教導給年幼的孩子。

一九五三年一月，亞當・沃德克離開《文學生活》，到藝文出版社（Wydawnictwo Literackie）工作。辛波絲卡接了他的位子，擔任《文學生活》的詩歌主編。她就是在這個位置上，收到了史達林的死訊。

因為史達林的死，雜誌出了特刊，從第一頁到最後一頁都是史達林。辛波絲卡當時一定約了許多詩人來寫詩紀念史達林。政府要求所有雜誌刊登悼文，《普世週報》的編輯部拒絕了，因此他們就不能繼續編這份雜誌，《普世週報》於是被交給親共產黨的天主教組織和平協會（Stowarzyszenie „Pax”）去編輯。[14]

辛波絲卡寫了一首詩悼念史達林。「我寫的時候是真心真意，今天這樣的行為令人無法理解。」她告訴我們。

鈴聲，刺耳的鈴聲在耳邊迴盪。
誰在門邊？帶來了什麼消息？為何這麼早？
我不想知道。也許我還在作夢。
我不會去，不會開門。

（……）

只要我們之中沒有人說第一個字，
不確定就是希望，同志……
他們沉默著。他們知道那個我不想聽到的消息，
我必須從他們低垂的頭讀出來。

革命旗幟上的第四張側臉*
給了我們什麼樣的命令？
「在革命的旗幟下加強防護！
在所有的大門加強防護！」

這就是黨——人民的視線。
這就是黨——人民的力量和良心。
他的一生不會被人遺忘。
他的黨會移除黑暗。

（〈這一天〉，《自問集》，一九五四）

辛波絲卡在《文學生活》編輯部的工作，也包括看報紙並且整理新聞重點。她也有寫過報導和兩則社論，一次是五一勞動節，一次是新年。

雖然在一九五四年出版的《自問集》（*Pytanie zadawane sobie*）中，也收錄了充滿共產意識形態的詩作

* 譯註：指的是史達林。共產主義曾有一張宣傳海報，上面有一面旗幟，旗幟上有著馬克思、恩格斯、列寧和史達林的側臉。

如〈給入黨的人〉，但有幾首詩（尤其是情詩），在今天看來依然不會過時。

本來有鑰匙的，但突然沒有了。
我們要怎麼回家？
也許有人找到了遺失的鑰匙，
看了看它——這對他有什麼用處？
他走了幾步就隨手丟了，
像是丟棄一塊廢鐵。

如果同樣的事發生在
我對你的愛上，
那不只是我們丟失了這愛情，
整個世界都會丟失了一份愛。

（〈鑰匙〉，《自問集》，一九五四）

辛波絲卡對自己早年那些充滿政治狂熱的詩很嚴苛。不過，在一九五六年後，有些詩她倒是認為可以重新出版，比如《自問集》中最後一首詩〈談論對祖國的愛〉——這是她被印製最多次的詩，而且還被編入學校課本[15]。這本詩集中的第一首詩也常常被印出來：

比離巢的鳥更清楚自己的路
——我現在正寫信給你，父親，城督大人。
（……）
我看見我們家
被楓葉包圍的宮殿。
（……）
你們想要自由，沒錯——
但只有給你們自己。
你們用戴著封印戒指的手，
敲著自由被鎖起的大門。
而人民——就讓人們等待，
在不自由中沉默。

（〈愛德華．丹博夫斯基給父親的信〉，《自問集》，一九五四）

愛德華．丹博夫斯基（Edward Dembowski）——哲學家、作家、文學評論家、陰謀家、奧匈帝國統治下極端的獨立運動者，他在一八四六年帶領一群反抗的農民試圖起義，最後被奧地利軍隊的子彈打死，他那時候還不到二十四歲。人們叫他「紅色城督」，因為他本來會繼承大片土地和產業，但他不只想要為波蘭戰鬥，讓國家脫離列強瓜分，他還想要解放農民。辛波絲卡在寫這首詩的時候，是不是也有想到站到工人階級這一邊、和家族傳統切割的她自己？

「不，完全沒有。在我個人和歷史都經過蛻變後，我認為這首詩很煽動、很惡毒。但許多年後，亞當・米赫尼克（Adam Michnik）來找我——他那時在蒐集反對修憲的連署，我就是這樣認識了他——他說，這是他最喜歡的詩之一。我很驚訝，他竟然還記得這首詩。」

我們問她家人是如何看待她的政治參與。

「媽媽對此很反感。但是她沒有政治天分，不知道怎麼和我談。她只是本能地感覺到，共產主義不是什麼好東西。但是她包容我的所作所為。我猜想，如果爸爸還活著，他不會接受。我當時認為，共產主義對於波蘭和全人類來說都是救贖。我很確定我是對的。有些人試圖說服我不是如此，但我那時候這樣對自己解釋：我比他們懂。」

另一次她告訴我們，她對共產主義的懷疑種子是如何被種下的。「知名老作家馬利安・波羅敏斯基（Marian Promiński）那時候想追我。有一次他問我：『您真的確定，您是站在正確的那一方嗎？』」

波羅敏斯基是從利沃夫（Lwów）來到克拉科夫的。關於蘇聯的真實樣貌，他肯定知道的不少。

「那是一九五二年。」辛波絲卡告訴我們：「他的問題並沒有動搖我的信仰，畢竟我之後還寫了關於史達林的詩，但是他鬆了土。我認為，我對共產主義的疏遠，就是從這個問題開始的。之前從來沒有人告訴過我，我走的路是錯的。」

一九五四年，辛波絲卡獲得了克拉科夫市政府頒發的文學獎。一九五五年，她被提名國家詩獎，得到了佳作。

在一群信仰共產主義的年輕詩人中，辛波絲卡的詩特別出眾嗎？當時另一名信眾（雖然他也很快就要清醒了）路德維克・弗拉森（Ludwik Flaszen）認為，是的。他用當時的語言如此評論《這就是我們為何活著》：「在這本詩集中，沒有布爾喬亞女詩人的不食人間煙火，沒有布爾喬亞的世界觀，也沒有社會主義第一批先鋒詩人的悲情和淩亂。辛波絲卡的詩乾淨、明亮、平衡。一句話，很成熟。」[16]

也有一些其他人捍衛這些詩作的藝術價值，比如馬切伊・斯沃姆琴斯基（Maciej Słomczyński）。「就形式上來說，維斯瓦娃的詩在這一堆可怕的平庸詩作中鶴立雞群。甚至在五〇年代的自由歐洲都有評論家說，在這共產主義的可怕語言之海中，還有辛波絲卡有著絕妙的隱喻和類韻。她從來都沒有成為典型的共產黨謳歌者，她寫得太好，沒辦法這麼做。她沒有受到封祿，沒有得到大獎。她是因為詩歌技藝的原因離開了共產主義。即使當她寫那些關於史達林的鬼話，她也寫得很好。」

「辛波絲卡關於史達林的詩其實並不爛。」比她小一個世代的文學評論家塔德烏什・尼采克（Tadeusz Nyczek）說：「這首詩和她後來的某些詩有同樣的結構：透過不在場來表達懷疑。」

揚・布昂斯基（Jan Błoński）寫道：「在那個充滿意識形態詩作的年代，辛波絲卡的詩有內容、有專注、有邏輯。你可以不帶厭惡讀辛波絲卡在那個年代寫的詩，但是當然，這些詩無法通過時間的考驗。」[17]

向來以文筆犀利著稱的阿圖爾・桑道爾（他是《給每個人寫一句壞話》的作者）認為辛波絲卡的整體創作很完美，除了她在五〇年代寫的詩。他如此評論：「她的頭兩本詩集和那時候一堆詩作沒兩樣。哈，而且還比它們差，因為由女人來模仿馬雅可夫斯基或布朗涅夫斯基的低沉嗓音，聽起來更可笑。你很難想像有比這更假的東西了，我說的是〈我們為什麼活著〉裡面描寫的、參與史達林格勒戰役的扎伊采夫中士所說的話。」[18]然後他引用了下面這段詩：

在心中還有殘存的生命，
還來得及說一句話，
把沒說出的話帶到地下
是很難受的，
孩子們，我的終點快到了，
我不會長篇大論，讓你們無聊，
請讓我入黨吧，
我想要以共產黨員的身分死去。

（〈這就是我們為何活著〉，《這就是我們為何活著》，一九五二）

當時的辛波絲卡就和後來的辛波絲卡一樣，寫得不多，因此她社會主義時期的作品也不是很豐富，只有十幾篇政治宣導文、十幾首詩，一篇關於自己創作的文章，有著很強烈的標題：〈感謝黨，我完全了解了這個真相〉[19]。

7

穀物街上，文學之家裡的婚姻

辛波絲卡在一九四八年四月離開她在拉齊維烏街的家。婚後，她和亞當・沃德克一起搬到穀物街二十二號，搬入他在側屋的閣樓房間，也就是所謂的「作家的貧民窟」。

新郎雖然只比辛波絲卡大一歲，但他與她的地位不可同日而語。在戰時，他就已經和地下共產黨有聯繫，也參與地下文學的活動，編輯了《詩人圖書館》（*Biblioteka Poetycka Krakowa*）書系，在作家圈子小有名氣。

「我們的婚禮沒有鋪張，只邀請了幾個朋友到咖啡店喝咖啡和一杯酒，我們那時候沒錢。」辛波絲卡說：「亞當的房間擺滿了書，還有一張行軍床。在新婚之夜，大約是十一點，我們聽到了敲門聲。門口站著塔德烏什・佩波，穿著睡衣。他問亞當：『朋友，我有一位來自盧布林的客人，您可以借我一張床嗎？』就這樣，我們大概成了世界上最獨特的一對新人，在新婚之夜有人拿走了我們唯一的一張床。」

在此之前，辛波絲卡不只會來穀物街找自己未來的丈夫，也會來參加每週五舉辦的年輕詩人聚會。漢娜・葉德莉茨卡（Hanna Jedlicka）——當時還姓皮卡茨卡（Piekarska）——記得辛波絲卡在一次聚會上發表了一篇小說〈雨〉（*Le deszczu*），還有諷刺獨幕劇，劇的內容是關於倫敦的流亡者，當士兵向波蘭女孩求婚，後者打嗝打個不停。

當辛波絲卡搬入穀物街二十二號，這個在戰後收留了數十名作家、詩人、翻譯的文學之家，已經是一則傳奇。耶日·安傑耶夫斯基（Jerzy Andrzejewski）就是在這裡寫下名作《灰燼與鑽石》，這部作品在《重生》雜誌上連載，那時的名字叫《戰後即時錄》。康士坦丁·高青斯基（Konstanty Gałczyński）

在政府機關舉辦過簡單的婚禮後，辛波絲卡和亞當·沃德克在穀物街又為朋友舉辦了一個盛大的版本。

在這裡寫下〈伊澤妲的耳環〉和〈著魔的馬車〉，耶日・夏涅夫斯基（Jerzy Szaniawski）寫下了《兩個劇院》，而卡基米日・布蘭迪斯（Kazimierz Brandys）則寫下了關於自己童年的小說《木馬》。知名作家的遺孀也住在那兒：維卡奇（Witkacy）的太太雅德維嘉・烏容（Jadwiga Unrug），史坦尼斯瓦夫・布哲佐夫斯基（Stanisław Brzozowski）的妻子安東妮娜・布哲佐芙絲卡（Antonina Brzozowska）。對某些人來說，穀物街只是回華沙之前的短暫休息站，另一些人則在這裡長居多年。

「比較有才華的，或是更有生意頭腦的早早就逃離了。」作家尤安娜・若妮可（Joanna Ronikier）告訴我們：「我記得，當我拜訪我在華沙的童年好友齊拉・高青絲卡（Kira Gałczyńska），我可以清楚看見在他們的新公寓和我們的貧民窟之間，有一道不可跨越的鴻溝。」

尤安娜・若妮可那時候還是個小女孩，和媽媽漢娜・莫特科維奇－歐察克瓦（Hanna Mortkowicz-Olczakowa）以及外婆雅妮娜・莫特科維奇瓦（Janina Mortkowiczowa）一起住在穀物街二十二號。外婆是個傳奇人物，她在戰前和丈夫一起經營出版社，出版最優秀的波蘭文學。多年後，尤安娜在《普世週報》上撰文描述她和陌生人一起住在一間彷彿集體農場的四房公寓：「這麼多不同的人因為意外住在一起，不斷在狹窄的走廊上擦肩而過，他們注定要因為過度親密而起衝突。每個人都在占領期間經歷過一段屬於自己的可怕故事。他們都很害怕、絕望，不知道是否能在戰後重新開始，不知道是否能再次賦予生命意義。大家都很累又神經質，又缺乏基本日常生活的必需品，比如說衣服、鞋子、藥品、錢。這種團體生活有很充分的理由成為地獄。」但幸好沒有。「還是說，只有我覺得那段戰後的清貧生活是一首田園詩？」[1]若妮可提到，最小的、面對中庭垃圾場的房間，是年輕的塔德烏什・魯熱維奇在住。每次望向窗外，他就會看到發臭的垃圾山。他如此描述他當時住在那裡的憂鬱心情：「所有的一切都永遠結束了。不管我做什麼，我都是一具行屍走肉。有誰在這裡談音樂？有誰談詩？有誰談美？有誰在談人性？有誰還有膽量談人性？真是跳梁小丑，真是一場鬧劇。死者，我和你們在一起。真好。」[2]

辛波絲卡對穀物街最深刻的記憶是：閣樓冷到了骨子裡。康士坦丁．高青斯基搬出去後，他們可以搬到一樓，這令她大大鬆了一口氣。新的住處有兩個房間，比較小的房間牆上寫滿了前任房客留下的拉丁文句子，還畫了一大顆光芒四射的金太陽。他們整修公寓時，細心地請油漆工人保留這些文字和畫作。直到下一任房客搬來，它們才被塗掉。

文學之家包含前面的主屋，和兩個側屋。在主屋的一樓有一個餐廳，文學之家的住戶和城裡的文學人都會來這裡用餐。這間有著染成褐色的厚重桌椅、看起來像是德國酒館的餐廳，同時也是文學之家舉辦各種聚會的場所。在這裡，作家們開會、演講、舉行卡巴萊歌舞表演（kabaret）、新書發表會，每個週六，還會有通宵的舞會。

尤安娜．若妮可說：「二戰期間，這棟房子被德軍占領，他們把它改建為給總督府低階公務員的住所，他們也是在那時候拆除了廚房和大部分的浴室。在我們那間公寓，用來燒水的瓦斯爐位於茅房。所有人都要在餐廳吃飯。我童年最糟糕的一件事是，我永遠來不及告訴媽媽或外婆學校發生了什麼事。每次我們上桌吃飯，我都在想：『希望我們旁邊不要有人坐下來。』然後馬上就有人坐下來了。不是高青斯基，就是維卡奇的寡婦，要不然就是阿琳娜．西維德絲卡（Alina Świderska），她是很棒的義大利文譯者。媽媽會說：『妳聽聽，阿琳娜小姐說的話多有趣啊。她和維斯比揚斯基去參加舞會，但不喜歡和他一起跳雙人舞，因為維斯比揚斯基總是踩到她的腳。』」

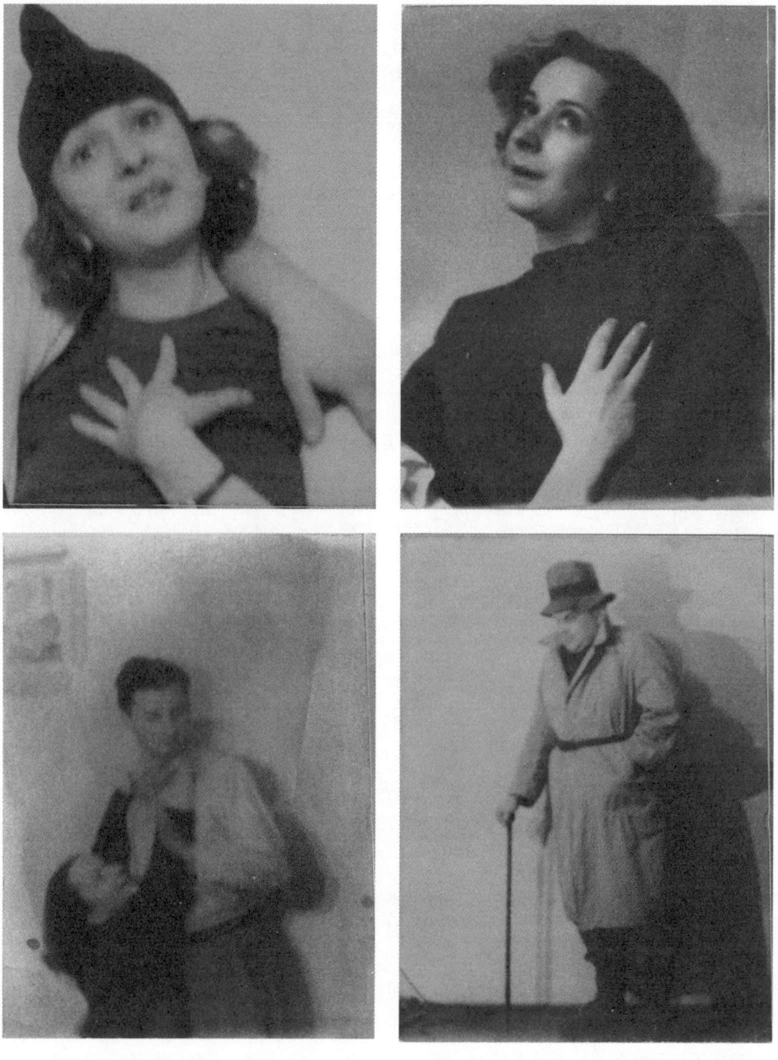

在辛波絲卡和沃德克在穀物街的公寓，作家們玩著競賽、文學遊戲和活人畫。在第一張和第二張照片上，放在辛波絲卡身上的手是沃德克的，在第三張照片上，辛波絲卡試著掐死莫若熱克（Mrożek），而在第四張照片上，沃德克扮成一個中產階級。

塔德烏什・克瓦特科夫斯基寫過關於穀物街的回憶錄。他回憶，餐廳旁邊的廁所牆上是詩作綻放之處。他記下了幾個例子：「這裡每個人都從自己的雅魯・庫雷克（Jalu Kurek）尿尿。」「當廁所沒水，就從阿圖・馬利亞（Artur Maria）的詩中取水。」*亞當・波列夫卡是電台談話節目的作家，常對克拉科夫人談他們的保守、中產、反動和對宗教的過度狂熱。正是他要求把這些廁所文學塗掉。他還會坐在餐廳監視誰去上廁所。有人用詩將了他一軍，不過，他沒逮到寫這首詩的人。這首詩是這樣的：「嘿，波列夫卡，不要有潔癖！／不要一直在廁所看屎尿屁。」（多年後，路德維克・弗拉森承認這是他寫的。）[3]†

「我不記得維斯瓦娃有來參加舞會或娛樂活動，她很宅，不太喜歡出門。我那時和她成了朋友，這友誼持續了多年。」安妮娜・柯特（Aniela Kott）——家人和親密的朋友會叫她拉露特卡（Lalutka）——這麼告訴我們。「我們常常敲彼此的門。在文學之家，人們經常說笑，互相借鹽或借糖，也有很多友好的互動。你會和一些人處得比較好，和另一些人處得比較差，但大家都用『你』稱呼彼此，只會對耶日・夏涅夫斯基和阿圖・古斯基（Artur Górski）教授用『您』。‡即使是史蒂芬・奇謝列夫斯基（Stefen Kisielewski）也會用『你』稱呼亞當・波列夫卡。雖然奇謝列夫斯基不只寫文章罵波列夫卡，也會在樓梯間遇到他時罵他。波列夫卡對黨有狂熱，他又是文學協會的管理階層之一，有一次他罰奇謝列夫斯基不准去餐廳吃飯，因為奇謝列夫斯基說史達林是個白痴。」

戰後，波列夫卡很快就當上了省政府的宣傳部主任，因此，任何在《普世週報》編輯部工作過的人都成了他意識形態上的敵人。然而，當波蘭作家聯盟舉辦了內部審判，決定將奇謝列夫斯基趕出作家聯盟，出聲捍衛他的卻是波列夫卡（奇謝列夫斯基記得並寫下了這件事）。奇謝列夫斯基在自我辯護中說，他確實不能說史達林是個白痴，因為他打贏了戰爭，他頂多只能說，史達林寫了某些蠢事。波列夫卡把這些話認為是奇謝列夫斯基的自我批評，於是提出緩刑，也通過了[4]。我們不知道，在史達林時期，這樣光明正大的處理態度在克拉科夫以外的地方是否有可能發生。

辛波絲卡詩作的保加利亞文翻譯布拉嘉・狄米羅特娃（Блага Димитрова／Blaga Dimitrova）曾經到穀物街探望辛波絲卡。她記得辛波絲卡是個「秀氣的女孩，溫和地遠離那無所不在、高調離

* 譯註：這邊有一個雙關語。雅魯・庫雷克（Jalu Kurek）是波蘭前衛派詩人，他的姓氏Kurek有「水龍頭」的意思，然後水龍頭又是陰莖的隱晦說法。Artur Maria指的是阿圖爾・馬利亞・斯維納斯基（Artur Maria Swinarski）。「從他的詩中取水」可能是指涉他的某一首詩。

† 譯註：這首詩在愛麗絲・米蘭尼《辛波絲卡・拼貼人生》（林蔚昀譯，大塊文化：二〇二一）有被引用，這段譯文就是引自本書，頁三七。

‡ 譯註：波蘭語有敬語，人們會用「你」或「您」區別親疏。

辛波絲卡（右）和莉迪亞・贊科夫（Lidia Zamkow），穀物街，1951年。

地的主題：新生活、新文學、新建築，以及所有新的東西。」辛波絲卡沒有參與那些關於馬雅可夫斯基的爭論，也沒有談論自己在德軍占領期間所受的苦（這讓她顯得與眾不同）。「她在詩中向那個時代朝貢——那些詩中有著天真的信仰，普遍的主題，說教的口吻。」然而私底下，辛波絲卡很低調、很私人，這特質在她後來的人生也延續著，「她彷彿完全沒有履歷，彷彿是從她名字之河的霧氣中浮現*，並且想要飄入更加迷霧般的未來。」[5]

「我們的房間很不錯，在主屋，只是廚房和浴室在一起，而餐廳煮酸白菜湯的味道總是飄到我們這裡來。」長年居住穀物街的泰瑞莎．柯札克（Teresa Korczak）和耶日．柯札克（Jerzy Korczak）夫婦如此告訴我們他們在那裡的生活：「五月一號，波列夫卡會來找我們，用『您』稱呼我們，然後命令我們用

和耶日．柯札克，札科帕內，1950年代初。

紙剪和平鴿，還要在窗口掛國旗。」

耶日・柯札克記得，有一次高青斯基喝醉了，大吼：「不會有你們，不會有我，只有這個吃屎的住宅合作社會留下來！」另一次，人民軍的上校，史坦尼斯瓦夫・斯科內茨尼（Stanisław Skoneczny）來到了柯札克家裡，把槍放在桌上，然後朗讀了兩百頁的詩作《來自霍德的教區神父》給他們聽。」

「我們在一週內的某一天會開放參觀。」辛波絲卡在二〇〇〇年出版的、關於亞當・沃德克的回憶錄《給亞當的時刻：回憶、詩歌和翻譯》（*Godzina dla Adama. Wspomnienia, wiersze, przekłady*）中寫道：「任何人想來就可以來。會有各種各樣的競賽、文學遊戲、詩歌朗讀。那時候，一個常來看我們的人是亨利克・弗里斯特（Henryk Frist）。他當時想找份記者的工作，但後來他很快就去以色列了。那時候找工作，要填一份很詳細的問卷，那份問卷充滿了階級警戒的精神：你父親在戰前做什麼、在戰時做什麼、在戰後做什麼。弗里斯特回答：父親戰前在克拉科夫的弗羅倫街開一間叫『波蘭畫家沙龍』的出版社，戰時他去了蘇聯，然後死在那裡。戰後他已經不在人世。於是，他的工作機會就這麼飛了。」[6]

安傑・克羅明涅克（Andrzej Klominek）如此回憶在辛波絲卡家中的聚會：「一開始我們是固定在星期五晚上去找亞當和維斯瓦娃。我們只有喝茶，沒有喝酒胡鬧。即使如此，客人們依然會在那裡待上好幾個小時，直到主人們受不了這占領。後來他們把聚會改成星期日中午，請我們在十二點過去，因為兩點大家會去吃午餐，聚會也在那時候結束。（……）在他們家特別吸引人的娛樂是斯瓦渥米爾・莫若熱克（Sławomir Mrożek）和萊謝克・海德根（Leszek Herdegen）的戲劇表演。他們原本在唸高中，後

* 譯註：辛波絲卡的名字是維斯瓦娃（Wisława），有一說這個名字可能來自維斯瓦河（Wisław）。

和馬切伊・斯沃姆琴斯基，1950年代初。

來斯瓦渥米爾成了新進記者，而萊謝克去唸了演員學校。（……）我不知道這是不是亞當自己的主意，但他有一次宣布，既然反動分子會在廁所寫反共和反對國家的詩，那我們也該來一個反宣傳。有一段時間，維斯瓦娃和亞當的客人會像孩子一樣在廁所寫反對那些詩的詩。我還記得幾首反帝國主義的詩，但是能印出來的只有反教會的：『神父，遠離廁所！』。」[7]

萬妲・克羅明科娃（Wanda Klominkowa）則記得文學之家有一名住戶不喜歡那裡的氛圍，說：「怎麼可以對每個人都微笑？都不用管階級鬥爭了嗎？」萬妲・克羅明科娃每週日都會去找亞當和維斯瓦娃夫婦，和馬切伊・斯沃姆琴斯基、斯沃姆琴斯基那時的妻子莉迪亞・贊科夫（Lidia Zamkow）、海德根、莫若熱克一起演戲。有一次斯沃姆琴斯基跑到鄰居（一個人民作家）房間，用他房間的擴音器（那時候有著電台的功能）廣播，說人民作家得到了文學獎，而後者也聽到了。

「我們兩年都住在辛波絲卡對面。」馬切伊・斯沃姆琴斯基說：「她很安靜，不過她其實是個歡樂又愛笑的女孩。我印象中的她總是穿著睡袍讀法國文學，十分聰明。那時候政府對年輕人的壓迫很徹底，在文學協會的樓下總是有很多意識形態的教育。而我們則在樓上玩活人畫*。」

另一名穀物街的住戶尤金涅・哈爾潘（Eugeniusz Halpern）記得，辛波絲卡是個和善的主人，客人們會在她家演情境劇。「莫若熱克那時候綽號叫末代藝術家，他瘦得像一根竹竿，扮演普羅大眾，而我則扮演戴著大禮帽的資本家。」

辛波絲卡收藏的照片中，有留下當時遊戲的剪影。照片中，我們可以看到她丈夫扮演各式各樣的角色：沃德克扮成女人，戴著絨帽和項鍊，穿著露背裝。沃德克扮演牧羊人。沃德克扮演布爾喬亞，戴著禮帽，臉上還畫了鬍子。

「那時候沒人會想到——」柯札克說：「在穀物街的居民中，辛波絲卡和莫若熱克將來會變得這麼有成就。莫若熱克如果有什麼與眾不同之處，就是他十分重視細節，比如他會把所有週日有開的酒吧名字都寫下來。而辛波絲卡如果有什麼出眾的地方，那就是美貌。她是個很漂亮的女孩，但不是那種沒大腦的美女。我們知道她很有天分，但她才華的鋒芒那時候還沒有顯露出來。」

在斯沃姆琴斯基的文件堆中，有幾百首在四〇年代到五〇年代之間寫下的五行打油詩。他從記

* 譯註：Tableau vivant，由人去扮演出繪畫的場景，流行於十九世紀和二十世紀初，有點像現在的Cosplay。

憶中翻找出其中一首的開頭：「有個來自庫尼克的女詩人／她的偶像是突擊工人*。」但接下來的段落他就不記得了。[8]

「那些五行打油詩在檔案夾中迷路了。好幾次，我都想把它們燒掉，因為我不知道我的孩子和孫子在我死後看到這些詩作，會做何感想。」多年後斯沃姆琴斯基如此寫道：「但是最後我沒燒掉它們，裡面有太多回憶了。這些詩作記錄了那些在穀物街的小小聚會，沒有它們，這些最後的遺跡都會失落了。那時候，隨便一個人會說一個地名，然後就會有人自告奮勇，花十幾秒做出一首五行打油詩。所有參加這些聚會的人都不在了，只剩下兩個人：我和一名年輕、美麗的女孩，她總是節制地喝著伏特加，會因為下流的笑話哈哈大笑，而那種笑話是經常進出監獄的流氓聽到都會不好意思的呢。」[9]

「雖然她之前沒有聽過五行打油詩，但維斯瓦娃很快就成了我最聰慧的學生。我總是告訴她，五行打油詩除了在第一行應該要有地名，要有AABBA押韻，還要有一點下流。」斯沃姆琴斯基向我們補充。

辛波絲卡談到斯沃姆琴斯基，就像是談到自己的師傅，說他只要在房間來回踱步兩趟，一首詩就誕生了：「北京的潛水夫／給鯊魚咬走了命根，破了褲／雖然他讀了毛語錄，／但褲檔空無物，／只好去當時裝店的人偶，討出路。」[10]†

這名「最聰慧的學生」從那時候開始，寫了幾十首五行打油詩。這是一首早期的詩作，發表在一九九四年的《文學十年》（*Dekada Literacka*）中：

某個運動者姓毛，
在中國胡搞瞎搞。
有用的人民日報
把他寫得好上加好，
因為沒人敢對他開砲。[11]

「今天你很難重現那個氛圍，但是戰後我們很需要人際互動，那是一種倖存者的喜悅。」塔德烏什・克瓦特科夫斯基（Tadeusz Kwiatkowski）說，他當時在文學協會當秘書。「我們像是住在魚缸。我們沒注意到，不遠之處，波蘭家鄉軍的士兵被關在蒙特盧比奇（Montelupich）監獄。一開始，我們嘲笑那些蘇聯翻譯文學，但是慢慢地，我和朋友們不知不覺屈服於出版社和編輯的審查壓力。在作家協會的聚會上，來自蘇聯的作家在講台上大吼馬克思主義的美學，但在穀物街的晚宴上，他們向我們暗示，他們必須那麼說，政府才會放他們出國。」

當我們和穀物街的居民聊四〇、五〇年代，他們都不記得他們的政治參與，而是懷舊地想起完全不相干的有趣故事，然後他們都說著同樣的小故事。比如有一次一群喜歡開玩笑的住戶，在清晨把所有人從床上挖起來，叫大家走到車站去迎接來自國外的作家。這些人告訴黨員，來的是蘇聯的

* 譯註：突擊工人（udarnik）是一個蘇聯及其他前共產國家的名詞，用來指生產力特別高的工人。

† 譯註：這首詩在愛麗絲・米蘭尼《辛波絲卡・拼貼人生》（林蔚昀譯，大塊文化：二〇一二）有被引用，這段譯文就是引自本書，頁三四－三五。

作家，而對其他人則說，來的是法國的作家。

這個在文學之家內部的遊戲氣氛，以及它和戰後及史達林時期的現實之間的分歧，還有人們試圖用遊戲顛覆、習慣現實——這成了瑪爾塔・維卡（Marta Wyka）的論文〈文學之家做為世界的意象・切斯瓦夫・米沃什的克拉科夫歲月〉之主題。

「兩次大戰之間，文學人有著聚在一起玩愚蠢、甚至荒謬遊戲的傳統。（……）在戰後，這個嬉遊的傳統並沒有立刻死去。」維卡寫道：「文學之家的居民在多年後回憶社群生活時證明了，這個過去的傳統有多麼強韌，作家們在戰後依然試圖維持它——雖然人們以為，已經沒有什麼可以笑的了，但還是有……這傳統留存了下來，雖然它的幽默和歡笑只是前一個世代所留下來的吉光片羽。」[12]

維卡的文章是在歌頌米沃什的慧眼和犀利。米沃什離開波蘭的時候，也離開了穀物街的文學之家（雖然只是表面上的，因為幫文學協會弄到穀物街房子的瓦齊克，也幫米沃什弄到了別處的住所）和那裡的遊戲及玩樂。這些遊戲和玩樂讓米沃什感到厭憎。他不想要假裝。他寧可參與悲劇，也不要參與悲劇性的鬧劇。多年後，他如此評論在華盛頓寫下的〈歐洲的孩子〉（*Dziecię Europy*）：「這首詩主要在表現威脅，和對所有事物、整個世界的噁心感，因為在戰後出現了無數的謊言。」

維卡把這首詩解讀為在寫穀物街，當然，是做為「世界意象」（imago mundi）的穀物街：「光就歷史的描述，這首詩還滿寫實的，不過它卻是一個苦澀的、和文學之家的決鬥。」

撒了一天的謊後，我們在被遴選的圈子聚集，
當有人提醒我們做了什麼，我們拍著大腿笑著。

（……）

我們是最後的一群，能從犬儒主義中提煉出歡樂。
最後的一群，我們的聰明已離絕望不遠。

嚴肅非凡的新世代已然誕生。
他們實事求是地對待那些我們用笑聲帶過的一切。[13]

米沃什是在一九四六年寫下這首詩的。當時，許多作家還抱著希望，想要相信波蘭版的共產主義會更有人性、更波蘭。一九四八年，當波蘭工人黨（Polskiej Partii Robotniczej，簡稱PPR）和波蘭社會黨（Polska Partia Socjalistyczna，簡稱PPS）合併組成波蘭統一工人黨（Polska Zjednoczona Partia Robotnicza，簡稱PZPR），僅剩的政黨多元就蕩然無存了，再也沒有什麼能為這幻影開脫。然而，在穀物街，依然馬照跑舞照跳。即使大家感受到什麼恐懼，也用笑聲來掩蓋它。

辛波絲卡如此描述自己當時的丈夫：「早年，他是個狂熱的共產主義者，就像我們那個時代大部分作家一樣，相信意識形態可以為人類帶來幸福。在作家發展的黃金期，我們所有人把想像力浪費在創造各種煽動標語上。雖然我們那時候沒意識到，我們在自我毀滅。我們認為，我們所做的事是必要的。但同時，亞當從來沒有用過意識形態的標準去談論或評斷詩。當然，我們所有人都愛馬雅可夫斯基，但我們也愛阿波里奈爾。」[14]

安傑・克羅明涅克如此回憶亞當・沃德克的政治奉獻：「我記得，有一次有人絕望、遺憾地說，在我們有生之年，許多在美學上精緻的作品永遠都無法出版，他說：『沒辦法，在這個時代，我們不能允許會分化、削弱我們的詩作。不是做這種事的時候。後人可以欣賞純粹的美學，但我們沒有這種閒情逸致。』」[15]*

維斯瓦娃．辛波絲卡和亞當．沃德克在同一時間入黨，在一九五〇年四月。「他們都在同一本雜誌發表。有時候，他們的作品甚至在同一頁出現。」安娜．札吉茨卡（Anna Zarzycka）在她對辛波絲卡早年詩作的研究中寫道。她舉了兩人關於鋼鐵工業區諾瓦胡塔的書寫當例子[16]，亞當．沃德克寫道：「它是我們的驕傲和快樂，榮耀和力量／從蘇聯的心臟來到我國的心臟／計畫、機器、原料從鋼城／從庫茲涅茨克來到這裡——諾瓦胡塔建立了。」而他太太辛波絲卡則如此唱和：

有著邪惡記憶的階級——死去了。
我們選擇更忠實的記憶：
——它就像一本書般自己打開
在最多人閱讀的地方。

年輕人啊，今天城市開始了自己的履歷，
為了你們，在你們身邊，靠你們發生。

（〈打造諾瓦胡塔的年輕人〉，《這就是我們為何活著》，一九五二）

在遞交給作家聯盟的文件中，辛波絲卡指出，她正在和馬切伊・斯沃姆琴斯基以及亞當・沃德克一起準備一本關於諾瓦胡塔的書，還有關於六年計畫的詩集[17]，然而，這兩本書並沒有出版。這已經是在不詳的什切青大會之後，這場會議消除了所有非主流文學存在的可能性。從此，大家都要根據社會主義的樣板來寫作，然後還要曠日廢時地開會，而這些會議的主題是自我批評和告密。

穀物街的餐廳現在已經不是讓大家歡樂跳舞的地方。在史達林主義的高峰，很多事也沒那麼好笑，不是讓所有人都笑得出來了。一九五三年二月八日，聚集在穀物街餐廳的作家們簽署了一份譴責克拉科夫教廷成員的決議，主張要對他們嚴刑判處，包括死刑。這些神職人員在一場官方主導的作秀公審中被控告叛國。「我們在此表達對叛國者的無情譴責。他們利用了自己神職人員的地位，影響在天主教青年會的年輕人，他們的行為是與波蘭國族和波蘭人民共和國為敵，他們拿了美國的錢，進行對我國的間諜、分化行為。」[18]

當年二十二歲的揚・布昂斯基和《文學生活》和《剖面週報》（*Przekrój*）合作，他也簽署了這份文件。他在多年後如此評論自己當時的行為：「決議朗讀完後，沒有人問：『誰要簽？』而是：『誰不簽？』沒有人有勇氣說他不簽。（……）如果在這份名單上有五十三個名字，這表示，克拉科夫文學協會的所有會員都簽了。我不是很確定，但是他們似乎連沒有出席的人，都幫他們簽了名。當然，就像當年沒有人有勇氣反抗壓迫，如果有人的名字是被迫簽上去的，他們也不敢要求自己的名字被劃掉。」[19]

* 譯註：這段話在愛麗絲・米蘭尼《辛波絲卡・拼貼人生》（林蔚昀譯，大塊文化：二〇二一）有被引用，這段譯文就是引自本書，頁二六。

在那些還活著的、簽署了這份文件的作家之中，只有布昂斯基一人同意接受《選舉報》的記者沃伊切赫．奇赫諾夫斯基（Wojciech Czuchnowski）的訪問，和他談論這件事。

所有常去沃德克和辛波絲卡家作客的客人都簽署了這份文件，當然也包括沃德克和辛波絲卡本人。觀察他們當時寫的作品，他們在簽署文件時，應該沒有經歷像布昂斯基所描寫的那種心理掙扎。斯瓦渥米爾．莫若熱克在《波蘭日報》（*Dziennik Polski*）中大罵被指控的神父們，安傑．克羅明涅克則在《剖面週報》寫了〈梵蒂岡的公民〉，馬切伊．斯沃姆琴斯基則在《文學生活》寫了〈華盛頓－梵蒂岡－教廷〉一文。

以下就是登在《文學生活》主要版面的、斯沃姆琴斯基〈華盛頓－梵蒂岡－教廷〉一文的摘錄：「洛里特（Leliro）神父教育出的年輕人謀殺了傷者、搶劫了工廠，和他一起從事間諜活動。樞機主教帶著情報去羅馬，然後在那裡領美金。」[20]*

在克拉科夫沙德克夫斯基工廠的活動中心，斯沃姆琴斯基聆聽了神父們的自白和自我批評。神父們遭受了好幾個月的刑求和偵訊，於是在公審上說出了假自白。

後來翻譯了莎士比亞、喬伊斯，同時也以假名喬．艾力克斯（Joe Alex）寫出許多當紅犯罪小說的斯沃姆琴斯基，當時是國家安全局的祕密協力者。二〇〇七年，克拉科夫的《波蘭日報》在斯沃姆琴斯基過世多年後，揭露了這件事[21]。同年上映的電視台紀錄片《馬切伊．斯沃姆琴斯基》也提到此事。[22]

馬切伊．斯沃姆琴斯基在一九五二年十二月成了國安局的祕密消息來源——也就是低階的線民。他在一九五三年一月二十九日——也就是在克拉科夫教廷審判之後——成了祕密協力者，獲得了假名「沃德克」（Włodek）。負責吸收他的國安局少尉在報告中說，要透過斯沃姆琴斯基發表在《文學生活》和《文學報》（*Literaturnoj Gaziety*）關於克拉科夫教廷事件的報導，來判定他的忠誠度。

「消息來源指出，他認為奇謝列夫斯基在地下室有個藏東西的地方。前者說，第一，奇謝列夫斯基有個很安全的地下室，第二，他聽到地下室那裡傳來窸窸窣窣的聲音，而那是午夜十二點到凌晨兩點之間。」（來自「沃德克」在一九五三年七月十五日的舉報。）

在《波蘭日報》的報導和紀錄片中，也提到另一名住在穀物街的告密者，那人則是向省立國安局告密，舉發斯沃姆琴斯基。那是一封具名的舉發信，共有八頁，日期是一九五三年一月八日，署名的則是「亞當．沃德克，作家，波蘭統一工人黨黨員，克拉科夫，穀物街二十二號。」

「我出於黨員和公民的警覺心做出以下報告。我以下寫的事實是我的猜測，而不是已經認定的事實。這不是控訴，只是想要提醒您們注意。這份報告是關於馬切伊．斯沃姆琴斯基。（……）我的消息來自我、我妻子維斯瓦娃．辛波絲卡－沃德克瓦（她也是一名黨員和作家協會會員）、斯瓦渥米爾．莫若熱克（黨員候選人和作家協會會員）對斯沃姆琴斯基的觀察以及我們和他的談話。（……）斯瓦渥米爾．莫若熱克同志並不知道我要上呈這份報告。（……）我有以下的猜測：一、馬切伊．斯沃姆琴斯基在占領時期有犯更嚴重的罪。（……）二、他來波蘭是帶著清楚的任務，但他後來放棄了地下工作，不知道是因為害怕，還是相信了我們的體制是正確的。（……）三、自從馬切伊．斯沃姆琴斯基回國，他可能一直和英國情報單位有聯繫。（……）」

* 譯註：這邊指的是被誣告的約瑟夫．洛里特（Józef Lelito）神父。

「最近一週，我注意到馬切伊·斯沃姆琴斯基的情緒明顯低落。他一天比一天憂鬱。我認為這和自由獨立聯盟間諜網（Zrzeszenie Wolność i Niezawisłość）*被破獲有關。（……）當然，這只是我隱約的感覺，這些事更清楚的意義和指涉，你們和斯沃姆琴斯基本人直接談會更明瞭。」[23]

在同一封信中，沃德克提到了他一個月前寄給國安局的另一封信。他在那封信中，詳細地描述了「奇謝列夫斯基事件」，就是奇謝列夫斯基污辱史達林的那件事。他寫道，其實是他和斯沃姆琴斯基兩人讓奇謝列夫斯基的事件浮上檯面，但是後來斯沃姆琴斯基沒有繼續支持他（塔德烏什·克瓦特科斯基後來在回憶錄中說，有兩名年輕的作家W和S去波蘭統一工人黨的省委會告發奇謝列夫斯基，但他用代號隱匿了這兩人的身分）。沃德克也說，在黨內組織會議上，他控訴斯沃姆琴斯基在官方履歷上寫的和私下說的不一樣。

「他很害怕自己會被抓。」負責處理斯沃姆琴斯基案子的國安局人員這麼說。

「和他在那時候發表的許多文章比起來，這篇報導也是很特殊的。」斯沃姆琴斯基的女兒瑪格札塔·斯沃姆琴絲卡－皮耶居哈絲卡（Malgorzata Slomczyńska-Pierzchalska）如此評論父親所寫的、關於克拉科夫教廷審判的報導。「除了被威脅，你很難找到別的解釋。他覺得，他沒有別的選擇。」

他一定會害怕的。他有害怕的理由。所有他履歷中的一切都與他作對。母親是英國人，父親是美國人，繼父是波蘭人。他曾參加波蘭家鄉軍，在帕夫亞克（Pawiak）監獄被關過，他從那裡逃出來，逃到西方，在美軍部隊中當過翻譯，最後自願在一九四六年從西方回到波蘭[24]。他是作秀公審中完美的主角（在這樣的公審中，被告是有可能會被判死刑的）。

在蘇聯，如果你有這樣的履歷，你活下來的機會——如果真的有活下來的機會——微乎其微。

女兒：「我認為，他竭盡所能從這個情境中抽身。」

國安局的檔案如此記載：「一九五三年秋天，線民和妻子搬到格但斯克（Gdańsk），聯繫於是中斷了。我申請從運作中的情報網中消除線民『沃德克』。」

一九五七年，斯沃姆琴斯基開始寫清算小說《仙后座》（*Cassiopeia*）的草稿，這本書直到他死後才發表。書中的場景是一九五六年，蘇聯坦克開到了華沙，一名年輕的作家和負責自己案子的軍官進行一段想像的對話：「這些年，我不斷地自我輕蔑。我甚至可以說服我自己的妻子，不是這樣——甚至可以說服我自己。但是那裡，在最底層，有一塊小小的東西，一小撮火光，一小塊鋸子留下來的木屑，在靈魂的眼皮下方。」[25]

一九七〇年代，當國安局想要再次吸收斯沃姆琴斯基，他果斷地拒絕了。他也因此成為被監控的對象，包括電話監聽。

亞當．沃德克很快就不再相信史達林主義。一九五七年，他退出了共產黨。在此之前，他在波蘭作家聯盟克拉科夫分部的青年作家社團當了十幾年的督導，現在他退黨了，不能再以官方名義從事這份工作，但他私下依然十分照顧年輕作家，花時間、精神關懷他們，他家的大門永遠為他們敞開，而許多人後來也很感謝他當年的照顧。

辛波絲卡和亞當．沃德克在一九五四年離婚。辛波絲卡的德文翻譯卡爾．迪德西烏斯（Karl Dedecius）說，當他在五〇年代認識她時，她「在戰後早年的年輕徬徨中，依然為了和當地作家／意

* 譯註：自由獨立聯盟（Zrzeszenie Wolność i Niezawisłość，也叫 Zrzeszenie Wolność i Niepodległość）是波蘭一個反抗蘇聯和波蘭共產政府的地下組織。

識形態主義者不成功的婚姻關係而痛苦。從〈愛人〉、〈僅只一次〉和〈鬧劇〉這些詩作中，我們可以看出蛛絲馬跡。」[26]

首先我們的愛情消逝了，
然後是一百年和兩百年，
最後我們會再次聚首：

喜劇女演員和喜劇男演員，
觀眾的最愛，
會在劇院扮演我們。

有對句的小鬧劇，
跳一點舞，很多笑聲，
精準的情境，
然後是掌聲。

（〈鬧劇〉，《呼喚雪人》，一九五七）

亞采克．巴魯赫（Jacek Baluch）寫道：「有一次我鼓起勇氣問維斯瓦娃．辛波絲卡，女人們到底在亞當身上看到什麼優點？他長得不帥，又矮又胖，沒車也沒錢。（……）看起來不像是女人們會看上眼的對象。」辛波絲卡這樣回答了他：「亞當這人很自然，他不會故作姿態，女人在他身邊也不用矯揉做作。這給了女人平靜和安全感。」[27]

辛波絲卡則如此評論他們的婚姻關係：「我們結婚六年，從一九四八到一九五四。說我們和平分手，這太輕描淡寫了——我們是分手後還是好朋友。」[28]

辛波絲卡沒有很頻繁參加穀物街的集體社交生活，但她有時候會去參加餐廳的活動。她記得，她有一次出席了蘿拉小姐的退休晚會。（她告訴我們，蘿拉小姐做了一場動人的演說，即使是她本人也沒辦法說得這麼好）

蘿拉小姐——也就是卡洛琳娜．蘇魯芙卡（Karolina Surówka）——是穀物街的信差、門房和管理員。她負責給作家生火，帶覆盆子伏特加給他們。布朗尼斯瓦夫．梅伊（Bronisław Maj）在八〇年代住過穀物街，也認識蘿拉小姐，因此他能在亨利克．烏班涅克（Henryk Urbanek）拍攝的、關於文學之家的紀錄片中替她配音，有時也會演出《我如何和文學和藝術一起生活》的喜劇段子*。他在跡象出版社四十週年慶的歌舞表演會上，演出了一個關於蘿拉小姐的段子〈作家們寫作吧〉（*Pisarze do piórka*），把衣帽間的管理員變成了一個邪典經典角色，同時也是那個時代和那個地方的象徵。他告訴我們：「蘿拉小姐雖然很愛探人隱私，但她的好奇心還沒有大到要閱讀作家們的作品。」

* 譯註：布朗尼斯瓦夫．梅伊擅長模仿。

「她長得不好看，但很有男人緣。」辛波絲卡說：「她也很有幽默感。以前，在她的公寓窗前總是坐著很多崇拜者。每當吉他聲響起，我們就知道，她的仰慕者之一出獄了，要不然就是被假釋。」

離婚後，辛波絲卡依然住在穀物街，而沃德克得到了諾瓦胡塔的兩個房間，還有附帶廚房。但他很快就搬到了葛哲古日基（Grzegórzki）區的單房公寓，那裡的公寓只有二十平方公尺。他搬到那裡去，是因為無法眼睜睜看著朋友和妻子、女兒及岳母擠在這間小公寓，於是和朋友交換[29]。沃德克一直到死都住在這間位於達辛斯基街七號的公寓。

「我記得，耶日．札古斯基的妻子瑪莉娜曾經問我：『維莎，妳都在哪裡吃飯？』我說我在穀物街的餐廳吃飯，因為很方便，只要走下樓就有得吃了。而瑪莉娜說：『他們的獵人燉肉還是那麼臭嗎？』」

辛波絲卡自己倒是沒有提起這個她住了超過十五年的地方。只有一次，當她在「文學信箱」（Poczta Literacka）回信給一個想要當作家的讀者（當時這個信箱會接受讀者的投稿，然後辛波絲卡會匿名回信評論來稿），穀物街以一棟無名公寓的身分出現，被描寫成一個永遠都在進行大整修的地方。「幾十名建築工人在這棟建築內穿梭。他們會敲門來做各種各樣的工作，當人們問：『是誰？』他們不會回『泥水匠』或『修爐火的工人』，而是說：『我是來修水管／天花板／火爐的。』可惜，因為泥水匠有令人尊敬的傳統，而『修天花板』的沒有，也不會有。」[30]

我們從辛波絲卡那兒得知，亞當．札蓋耶夫斯基曾經寫過一篇微型的回憶錄，完美地重現了穀物街餐廳的氛圍。

「那些氣味、談話、食物、胡蘿蔔、永垂不朽的甜菜配肉丸，還有李子茶。他在自己的新書發表會讀了這篇文章。我後來提醒他，他只有一件事沒注意到：李子茶裡總是有一顆李子，但是有兩顆果核。另一顆果核是哪裡來的？這是個好問題。」辛波絲卡說。

在「新小拉魯斯字典」中，亞當・札蓋耶夫斯基如此回憶：「除了甜菜和肉丸，還有稀釋過的蘑菇湯和雞湯，憂鬱的懶人餃子*、發育不良的豬排。」他接著寫道：「文學之家是蘇聯的發明：把作家都關在一個地方集中管理，有助於控制他們的思想、筆和錢包。任何人只要有讀過布爾加科夫、曼德斯坦和巴斯特納克的作品，一定會記得他們筆下那些文學公寓，在那些屋子裡，打字機比瓦斯爐還多。」[31]

「穀物街不是那種你可以長居的地方。」辛波絲卡告訴我們：「走廊上有共用廁所，每個人都有廁所的鑰匙。我最後在那裡住的公寓有超多壁癌，我在那裡嚴重過敏。後來每當我去那裡看朋友，我都可以聞到那酸腐的濕氣。真是可怕的地方。」

我們在一九九六年冬天去那裡看過。樓房的灰泥斑駁，在樓梯間，你可以感受到一股潮濕的氣味。部分公寓斷水了，窗戶上的油漆也早已剝落。中庭的陽台由防火梯連結著，這是被稱為「蝸牛」的設計。只有通過這些生鏽、覆著一層冰的樓梯，你才能來到一間位於一樓、堆滿了老舊家具的擁擠小公寓。當時九十歲的蘿拉小姐就住在那裡，她從一九四五年開始就住在那兒。她認識穀物街文學之家的所有人，只是那時候她已經什麼都不記得了。

亞歷山大・簡內告訴我們：「穀物街有很多傳說，但是這個地方就像晴天霹靂一樣陰暗。在那裡惡意的流言統御一切，總是有開不完的無聊會議。除了迎合新時代的作家，那裡還住著孤獨的女

* 譯註：懶人餃子（pierogi leniwe）是用做餃子的麵團切塊去煮做成的食物（因為懶得包餃子，只吃麵糰，所以叫懶人餃子，同時也是一種便宜的食物）。

翻譯們，她們總是穿著皺褶花邊領巾到餐廳吃飯，她們不喜歡大鍋裡的馬鈴薯，會談起宮殿裡的女廚。有一次一位貴族出身的老先生來到餐桌前，有禮貌地問高青斯基：『尊貴的先生，今天有什麼湯？』高青斯基回答：『雞巴湯。』*這就是穀物街。」

* 譯註：原文是chujowy，意思是爛透了，chujowy來自chuj，chuj則是陰莖。

8

解凍，也就是「把頭拿在自己手上」

在卓別林的一部影片中，有一個場景是關於打包。卓別林先是坐在箱子上，然後又在上面跳了跳，最後終於成功把箱子關上。但是，有一截內衣露了出來，一段吊帶，壓壞的領子。卓別林於是拿起剪刀，把所有露出箱子的部分剪掉。一九九一年八月，維斯瓦娃．辛波絲卡在法蘭克福聖保羅教堂領取歌德文學獎，在頒獎典禮的演說上她提起了這個場景，說：「當我們想要把現實塞進意識形態的箱子中，這就是後果。」

「現實有時候會混亂、無法理解到令人恐懼的程度——」她說：「你會想要在其中找到某種穩定的秩序，把它歸類、劃分成重要的和不重要的，舊的和新的，擾人的和有幫助的。這是一個很危險的誘惑，因為常常在世界和進步中會擠入某種理論，某種意識形態，它承諾會分類、解釋所有的事物。在我們之中有很多作家，他們抵抗這誘惑，寧可相信自己的本能和良心，而不是那所有一切的仲介。很遺憾，我臣服於這誘惑，而我的頭兩本詩集就是我臣服於這誘惑的見證。」[1]

就這樣，辛波絲卡第一次在公開場合談論自己在共產時代的政治參與。也許她認為，這不凡的獎項讓她——不管她想不想要——成了公眾人物，所以有義務做出一些表示？

一九九一年，她也在和沃伊切赫．李根札（Wojciech Ligęza）的談話中承認：「如果不是因為這憂鬱和罪惡感，我甚至不會為自己那些年的經歷感到後悔。沒有這些經驗，我不會知道相信某種唯一的真理是什麼樣的感覺。還有，只知道自己想知道的，這件事有多麼容易。以及，在和別人的真理起衝突時，心理會有何種微妙的掙扎和變化。」[2]

同樣是一九九一年，她在和亞當・米亥沃夫（Adam Michajłów）談話時說：「我屬於那個信仰共產主義的世代。我曾經相信。而當我不相信了，我就不再寫那樣的詩。（……）戰後，我們覺得周遭發生的一切都比以前好。我們真的不知道共產主義的全貌。從某方面來說，我們很愚蠢而且很天真，但是我們也很輕視物質層面的東西，我們不在乎要讓自己過得舒適，或謀得某個職位。這聽起來很好笑，但是我那時候很瞧不起我那些穿著晚禮服去參加舞會的朋友們。怎麼可以這樣！我們在這裡為更好的世界奮鬥，你們怎麼可以穿晚禮服？我們都很有犧牲奉獻的精神，夢想著偉大的任務，雖然在這一切的表面下，都暗藏著那個『我們不想知道』的東西。（……）我完成自己那些『詩歌任務』，真心相信我在做好事。那段日子是我人生中最糟糕的經歷。」[3]

一九五五年五月一日勞動節，辛波絲卡還為《文學生活》寫了固定的社論，感謝紅軍和科涅夫將軍解放克拉科夫[4]。不到一年後（波茲南事件的兩個月前）*，《文化評論》（*Przegląd Kulturalny*）刊出了一首她自我清算的詩作：

是時候把頭拿在自己手上了
他們告訴她：可憐的約里克，妳的無知、
妳的盲目、妳的天真，

妳的得過且過，妳那介於已查證和未查證真相
之間的內在平衡在哪裡？

我曾相信他們的背叛，相信他們配不上自己的名字，
畢竟野草挖苦他們的無名塚，
烏鴉和雪花都在戲仿、嘲笑他們。
啊約里克，那些證人做了偽證。

只要記憶還會繼續支付，
死者將永垂不朽。
這是搖擺的貨幣。所有人終有一天
都會失去自己的永恆。

今天關於永恆我知道的比較多了：

＊譯註：波茲南事件（wypadki czerwcowe w Poznaniu），又稱波茲南六月（Poznański Czerwiec）是波蘭人民共和國時期的第一場大規模抗爭，為期三天（一九五六年六月二十八日到三十日）。工人要求改善工作條件，喊出「我們要麵包」、「我們要自由」、「我們要活得像個人」、「共產主義者滾出去」等口號。這場抗爭遭受到政府的血腥鎮壓（政府出動一萬名士兵，數百輛坦克），造成超過數百人受傷，五十多人死亡，死者之中有許多未成年人。

你可以賦予或取走它。
當你稱呼一個人是背叛者，
他就會和他的名字一起死去。
（……）
他們來到我們面前。像是鑽石一樣銳利——
他們會安靜劃開表面光鮮亮麗的櫥窗，
舒適小公寓的窗戶，
玫瑰色眼鏡，玻璃頭腦
和心臟。

（〈恢復名譽〉，《呼喚雪人》，一九五七）

詩中的主人翁對自己毫不留情，她沒有用信念或無知當藉口，並且坦承自己無力彌補傷害，讀來令人毛骨悚然。她並寫道，那些在意識和記憶中造成的傷害，無法被撫平（她稱自己為「被判在詩歌地獄服刑的薛西佛斯」）。

〈恢復名譽〉是辛波絲卡的詩作中，最悲劇性的一首。這首詩所傳達的尖銳意念，無法用任何詩的概念、玩笑或嘲諷來柔焦。雖然，在《呼喚雪人》中，我們已經可以看到，詩的概念、玩笑或嘲諷成了詩人後來的商標。

我在想像中規畫世界，第二版的，
第二版，有修訂過。

時間（第二章）有權插手任何事，
無論好事壞事。

（……）

然而——
那個可以讓海枯石爛，並且
和星辰一起運轉的東西，
對戀人沒有任何一點影響，
因為他們太赤裸，
擁抱得太緊，因為他們的靈魂
戒慎恐懼，像是毛豎起來的麻雀。

老去只是罪犯人生中
才有的道德教訓。
啊，所以我們所有人都是年輕的！
痛苦（第三章）並不會污辱身體。
死亡則在

你睡覺的時候到來。
（……）
世界僅只如此。
僅只這樣活著。然後這樣死去。
其他的一切——就像是
暫時用鋸子
演奏巴哈。

（〈我在想像中規畫世界〉，《呼喚雪人》，一九五七）*

這些自我清算的詩只有幾首（出於某種原因，她沒有在她工作的《文學生活》發表它們，而是發表在華沙的《文化觀點》），但是每一首都有自己的重量。比如，〈喪禮〉†的靈感來自於拉依克·拉斯洛（Rajk László）的掘墓和重葬，這名匈牙利共產主義者曾在一九四九年的作秀公審中被判死刑（他的名字在審查中被刪掉了，但是對當時的讀者來說，這首詩的背景是明顯易見的）。〈給好友們〉是關於那些和辛波絲卡一樣匆忙長大，但是「在從虛假走到真實的路上，變得不再年輕」的人們。〈布魯各的兩隻猴子〉後來常被引用（這首詩有著著名的開頭：「我夢到高中畢業考」）。還有一首〈無題〉，雖然這首詩的韻律很簡單，但其實是一首嚴肅的、如何面對歷史的詩。在歷史之前，人人無處可逃，唯一的出路只有死亡。

歷史緩慢地
向我吹奏號角。
我住過的城市
名叫耶利哥‡。

我身後傳來號角的滴滴答，
我體內的城牆崩塌。
我突然渾身赤裸，
只穿著空氣做成的制服。

你們好好吹奏號角吧，
和整個樂隊一起吹奏。
我只剩下皮膚要脫落，

＊ 譯註：本詩有收錄在林蔚昀翻譯的《黑色的歌》（聯合文學，二〇一六）中，頁五七－五九。

† 譯註：辛波絲卡有兩首詩叫 Pogrzeb，意思都是葬禮，一首收在《呼喚雪人》（一九五七），一首收在《橋上的人們》（一九八六）。後面那首〈葬禮〉台灣有翻譯出版（陳黎和林蔚昀都有翻譯），但這邊講的是一九五七年的那首，為了區別，將一九五七年的這首稱為〈喪禮〉。

‡ 譯註：這邊辛波絲卡指涉的是新約中記載的耶利哥（Jericho）的崩塌。據說以色列人在攻打耶利哥城時，曾吹號角繞城七天，後來城牆崩塌，以色列人得以進城。

還有骨頭要漂白。

（〈無題〉，《呼喚雪人》，一九五七）

辛波絲卡的《呼喚雪人》一出版，就成了——正如文學評論家史坦尼斯瓦夫．巴卜斯（Stanisław Balbus）所說的——「十月事件後波蘭詩歌復活最重要的原因之一」。[5]《呼喚雪人》出版的那年秋天，辛波絲卡和作家朋友斯瓦渥米爾．莫若熱克及塔德烏什．諾瓦克（Tadeusz Nowak）一起拿了獎助金去巴黎。

在巴黎的某一天（那已經是一九五八年一月的事），辛波絲卡和揚．約瑟夫．什切潘斯基一起在聖拉查站（Gare Saint-Lazare）坐上區間車。二十五分鐘後，他們來到了邁松拉菲特（Maisons-Laffitte），他們還要再沿著勒克萊爾將軍大道（Avenue du Général Leclerc）走二十分鐘，走到普瓦西大道（Avenue de Poissy）九十一號。在那裡，有一棟位於花園、長滿了爬牆虎的房子。著名巴黎期刊《文化》（*Kultury*）*的總編輯耶日．吉德羅耶茨（Jerzy Giedroyc）在門口迎接他們。在他們之前，只有幾十個波蘭人來到這裡，但在他們之後，則有幾百人。

「我們當然害怕去那裡和他見面。」什切潘斯基告訴我們：「但是好奇心戰勝了恐懼。我無黨無派，冒的險是最小的，莫若熱克及諾瓦克那時候是政府的眼中釘，而辛波絲卡也還在黨內。我認為，我們讓吉德羅耶茨失望了。他問了很實際的問題：誰在哪裡說了什麼，政府有什麼動作。我們沒有一個人能回答他的問題。」[6]

耶日・吉德羅耶茨不記得未來的諾貝爾文學獎得主有來過他這裡。他在信中告訴我們：「一九五七年，從國內來到我這裡的作家多如過江之鯽。」[7]

「吉德羅耶茨可能不記得我了。」辛波絲卡說：「但是這次拜訪我記得很清楚。他只對政治感興趣。我很遺憾，約瑟夫・恰普斯基（Józef Czapski）†不在那裡，我後來再也沒有機會認識他。」

一九五七年秋天，政府廢除了《就是這樣》（*Po prostu*）雜誌，華沙因此發生了「華沙十月」（Warszawski Październik '57）抗議活動。在那之後，亞當・沃德克退黨了。辛波絲卡沒有跟隨他的腳步，但她告訴我們，從一九五六年開始，她就沒有再寫任何一首之後會讓她覺得丟臉、無法發表的詩作。「那時候有一種想法是，必須在體制內努力，讓它變好。我已經準備好要早一點離開共產黨，但我等到後來才離開。我感到高興的是，我媽媽活得夠久，久到她可以看到我在十月事件後的改變。」

根據辛波絲卡的描述，「華沙十月」後，整體波蘭的氛圍變得「對靈魂來說稍微親切一點」，辛波絲卡的詩也越來越貼近她的本質。在《呼喚雪人》之後的詩集，已經沒有清算主題的詩作，也沒有政治。只有單一、與眾不同、私人的辛波絲卡。

* 譯註：這是一份流亡巴黎的波蘭文人辦的文化／政治雜誌，目的是透過發表波蘭作家的作品、文化及政治評論保存及重塑波蘭文化，讓波蘭文化變得強盛，並且藉由雜誌影響波蘭人民共和國及西方國家。

† 譯註：約瑟夫・恰普斯基，波蘭畫家／作家／軍官，是少數在卡廷慘案中倖存的波蘭軍官之一。二戰後流亡巴黎，和《文化》雜誌合作密切。

在赫拉克利特之河，
我是一條孤獨的魚，一條與眾不同的魚。
（至少和樹上的魚和石頭上的魚不同）
我在特別的時刻描寫小魚，

上｜和茲畢格涅夫·赫伯特的表親丹奴塔·赫伯特－烏蘭（Danuta Herbert-Ulam）（左），巴黎，1958年1月。
下｜和史坦尼斯瓦夫·萊姆，1950年代後半。

牠們的銀色鱗片一閃即逝，
或許不是鱗片閃爍，而是黑暗在尷尬中眨眼？

（〈赫拉克利特之河〉，《鹽》，一九六二）

辛波絲卡把詩集寄給她的朋友，文學評論家理查・馬圖謝夫斯基（Ryszard Matuszewski），還在詩集中寫了致詞：「請看看這些詩，它們填補了莎士比亞和荷蒙拿吉妲・柯秋賓絲卡（Hermenegilda Kociubińska）*之間令人痛苦的鴻溝。」

辛波絲卡從來都不在乎得獎。她告訴我們：「我特別高興的是，我從來沒有得過國家頒發的獎項。我知道，我有幾次被列入考量名單，但總是會有一些決策者反對。我不知道他們的名字，但直到今天我都很感謝他們。」

一九六四年，在波蘭統一工人黨第一書記瓦迪斯瓦夫・哥穆爾卡（Wladyslaw Gomulka）執政期間，三十四名作家和學者寫了公開信，抗議政府限制印刷書籍的紙張以及加強言論審查。當自由歐洲電台（Radio Wolna Europa／Radio Free Europe）唸出了信的內容，政府開始了歇斯底里的政治宣傳反擊，以及反連署。

「我們，以下簽名的作家們，堅決反對西方媒體及分化電台《自由歐洲》對波蘭人民共和國的

* 譯註：荷蒙拿吉妲・柯秋賓絲卡是波蘭作家康士坦丁・高青斯基幽默諷刺劇作《綠鵝》（*Teatrzyk Zielona Gęś*）中的人物，是個沒什麼天分但自我感覺良好的詩人。

抹黑。」波蘭作家聯盟的作家們如此連署。連署行動快速擴散，很快的，連署人數來到了六百人，其中百分之六十都是波蘭作家聯盟的成員簽署的。他們的公開信被印在波蘭各大日報中。除了黨員作家，在這份公開信中也有優秀作家的名字：尤利安・皮日博希、塔德烏什・魯熱維奇、雅羅斯瓦夫・馬瑞克・林姆克維奇（Jarosław Marek Rymkiewicz），以及維斯瓦娃・辛波絲卡。[8]

這份反連署在簽署時，就已經有好幾個版本，負責的人通常懶得通知連署者，內容已經改變了。所以，常常會出現這樣的狀況，某人原本是簽署第一版的，他的名字卻出現在最後一版。波蘭作家聯盟克拉科夫分會做了第一版的校正，但是最後還是有一些克拉科夫作家的名字卻被放在全國性的版本。

辛波絲卡寫信給波蘭作家聯盟克拉科夫分會，說：「我驚訝地發現，自己的名字出現在我沒有連署的公開信中。我簽署的是另一個版本。如果我的連署有什麼不恰當之處，那至少應該試圖說服我改變，而不是把我的連署當成一個既成事實。」[9]

這是辛波絲卡最後一次和政府站在同一邊。

兩年後，一九六六年，萊謝克・科瓦科夫斯基（Leszek Kołakowski）在華沙大學針對「華沙十月」十週年做了一場演講。科瓦科夫斯基自一九五六年起就是修正主義者，被視為勇敢批評政府的象徵。他在演講中提到要讓波蘭重新擁有主權獨立，解除經濟上的荒謬政策，確保人民有批評政府的自由，以及創造社會共同體，制定法令規定政府對社會的責任，並且移除對文化創作有害的教義*。

這些事在波蘭十月（Polski październik 1956）†的熱情消退後就有人說了，不過只有在朋友之間。這是第一次，有人把它們大聲、公開地說出來。政府對此的反應是：開除萊謝克・科瓦科夫斯基的黨籍。

為了表示對科瓦科夫斯基的聲援，辛波絲卡退回了黨證。「後來我很後悔，我退黨退得太晚了。」她告訴我們：「當我也很慶幸，我還趕得上，不必像其他黨員經歷他們在一九六八年經歷的。」

在此之前，其他作家也因為聲援科瓦科夫斯基而退黨。其中包括：亞采克·波亨斯基、瑪利安·布蘭迪斯（Marian Brandys）和卡齊米日·布蘭迪斯兄弟、伊戈爾·諾維利（Igor Newerly）、尤利安·史特利科夫斯基（Julian Stryjkowski）、維克多·沃羅西斯基（Wiktor Woroszylski），總共加起來十二名作家。這些都是華沙的作家，辛波絲卡是唯一的例外。

因為辛波絲卡的退黨，波蘭統一工人黨位於克拉科夫的省黨部傳了兩份電傳打字機文件給波蘭統一工人黨中央黨部的克拉斯基（Kraśki）同志。「在波蘭作家聯盟克拉科夫分會，我們也必須記下詩人維斯瓦娃·辛波絲卡退黨的事。」波蘭統一工人黨黨中央黨部的文化部門如此記錄：「她退黨的動機是，她認為黨中央對待某些華沙作家的方式太過嚴苛。波蘭作家聯盟克拉科夫分會為此召開特別會議，對於辛波絲卡的舉動抱持負面態度。」[10]

科瓦科夫斯基記得他的朋友們因為他的緣故而退黨。但是關於辛波絲卡退黨的事，他則是從我們口中得知的。

「或許我沒意識到她也退黨了，而且是因為我的關係。」他說。

* 譯註：萊謝克·科瓦科夫斯基演講的部分內容可以在《辛波絲卡·拼貼人生》中看到。

† 譯註：波蘭十月又稱十月解凍（odwilż październikowa）、哥穆爾卡解凍（odwilż gomulkowska）。波茲南六月後，瓦迪斯瓦夫·哥穆爾卡成為波蘭統一工人黨第一書記，他發展經濟，放寬了言論自由，人們於是以為波蘭會走上一條和蘇聯不同的社會主義之路，但後來人們還是失望了。

在波蘭人民共和國，退黨對於政府來說只有一個意思，就是反對體制。雖然幾百萬黨員可能會或早或晚後悔入黨，但很少有人選擇退回黨證如此激烈的手段。

辛波絲卡說：「當我退出波蘭統一工人黨，一個黨內同志問我：『妳接下要怎麼活？妳這下子就是孤獨一人了啊。』關於孤獨，我倒是之前就感受到了。我被人們歸類為那種『不能和他們說真心話』的人，而且這情況越演越烈。」

她原本很確信，自己會失去工作，但是她算了一下，如果她只吃蕎麥飯、喝酸奶，那還可以撐個兩三年，她就鬆了一口氣。

就是在那時，在六〇年代後半，她和當時比她年輕二十歲的艾娃・莉普絲卡（Ewa Lipska）成了朋友，那時後者是亞當・沃德克的女友。

「我觀察到他們之間美麗的友誼。」莉普絲卡說：「他們每天都會通電話。一個人在電台上聽到了什麼，就會立刻打電話給另一個人通知對方。那時候還不像現在，你什麼都可以在網路上找到。他們還喜歡拌嘴，不會一開始說他們聽到什麼，而是會要對方猜猜看發生了什麼事。對維斯瓦娃和我來說，亞當是我們生命中很重要的人。他有天才般的直覺，對詩也有很特殊的感受力。」

波蘭作家聯盟青年作家社團中的所有人，都提到亞當・沃德克的這份天賦。「亞當有辦法在詩人之中創造一種特殊的氛圍，某種像是詩歌大學的東西。」萊謝克・A・莫奇斯基（Leszek A. Moczulski）如此回憶。「他很有天分又很有同理心，更可說這是一種預知的智慧，他知道我們每個詩人在什麼樣的領域、層次可以找到那些對我們來說最重要的關鍵字或靈感雛形，之後可以把這些雛形發展成有趣的詩作。」[11]

辛波絲卡說：「我從來沒有給人看我的詩，也沒有尋求過任何人的建議，除了亞當。他總是我第一個細心的讀者。」

艾娃．莉普絲卡說：「我那些美妙的年長朋友們曾在人生中誤入歧途。他們後來告訴我，他們為何被誘惑。他們是教育我的人，感謝他們的錯誤，我成了我今天的樣子。我很幸運，我成為藝術家時的時候，歷史沒有機會試煉我。我這個世代的人從前一個世代的經驗吸取教訓。」

「如果你想要相信，你就會相信，並且把所有反對你信仰的東西推開。」辛波絲卡如此和我們解釋她當年在意識形態上的盲目。「我不為這個經驗感到後悔，雖然，它持續的時間太長了。但是感謝這些經驗，我知道什麼是強烈地相信一件事，強烈到你會忽視其他論點和事實。」

她在九〇年代末期再次談論自己如何遠離共產主義，用詞比之前更強烈：「我不認為那些年是完全白費的。之後，我就對所有那些叫人們不要獨立

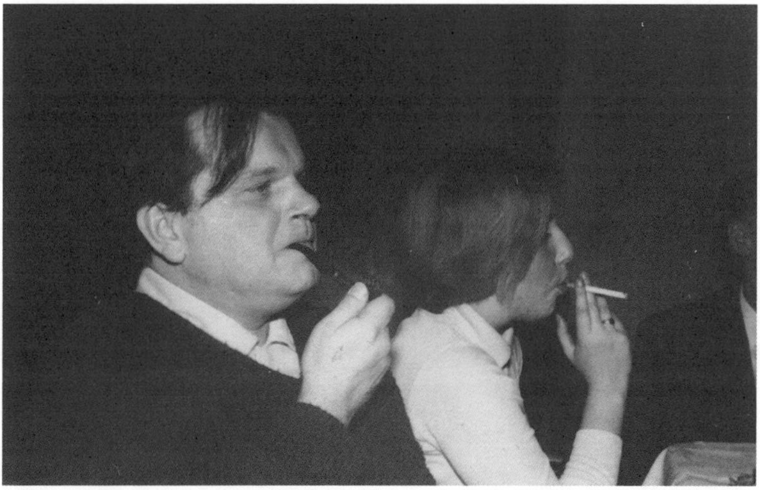

艾娃．莉普絲卡和沃德克。1960年代。

思考的教義免疫了。我知道只聽到／看到自己想聽到／看到的，還有壓抑所有的懷疑，是一種什麼樣的感覺。」[12]

這種蛻變——從一個相信自己真理的人，變成一個懷疑者——我們可以在辛波絲卡的這首詩中看到：

我比較喜歡自己喜歡人們，
勝過於愛全人類。
（……）
我比較喜歡那些
不給我任何承諾的道德家。
（……）
我比較喜歡有所保留。
我比較喜歡混沌的地獄，勝過於整齊的地獄。

（〈許多可能〉，《橋上的人們》，一九八六）*

當辛波絲卡談論這蛻變，她引用了俄國幽默作家阿卡迪斯・阿瓦臣科（Аркадий Аверченко／Arkady Averchenko）的名言：「人們變笨的過程總是以批發量販的方式進行，而變聰明則是零售。」她還補充，變笨總是很神速，而增進智慧，則是冗長又痛苦的過程。

她這麼描述：「一開始大概是從論點開始的。它們會在每一個可疑和道德不明的事件中大量被塞給我們。我們知道，是誰開始韓戰，也知道為何波蘭厭惡地放棄馬歇爾計畫（The Marshall Plan）和其他的事情。我們十分清楚，為何紅軍沒辦法在華沙起義時過來幫忙，雖然我們很想要他們來幫忙。我們也知道為什麼昨天還是令人崇敬的地下反抗者，今天就成了人民公敵。然而，令我們感到不安的是，這些需要複雜解釋的東西，並沒有漸漸消失，反而越變越多。到頭來，我們並不是犬儒主義者，我們都夢想這些事可以清楚明瞭，不需要辯證的馬戲就可以解釋。一開始這些懷疑讓我們不舒服，後來讓我們很累，最後它讓我們感到受夠了。我記得，當我們看到政府的宣傳如何評論所謂的波茲南事件，我們都怒火中燒。也就是在這個時候，我們開始去確認之前那些事件中，被塞給我們的論點是否值得信賴。我們開始思考。」[13]

這應該是唯一的一次，辛波絲卡是用複數的「我們」談論自己。「我們」不只是她和亞當・沃德克（這段文字出自她寫的關於亞當・沃德克的回憶），也包括那個時代同樣信仰共產主義的其他年輕作家和詩人。

亞當・札蓋耶夫斯基寫道：「比如何進入泥淖更重要的是，你怎麼從泥淖中爬出來。我們每個人（尤其在年輕的時候）都可能犯錯。維斯瓦娃・辛波絲卡走出錯誤的過程可說是精采絕倫。在她後來的詩作中，我們可以找到她年輕時犯的錯的回音，而這回音從來都沒有中斷。不管是從個人還

＊ 譯註：本詩有收錄在林蔚昀翻譯的《黑色的歌》（聯合文學，二〇一六）中，頁八一－八二。

是作家的角度來看，辛波絲卡都是一個渴求真相的人，很誠實，很聰明。她在年輕時被共產主義誘惑，這件事不只成為了一個教訓，也給她上了很深刻的一課。她深思過那些早年的經驗，然後在這反思之上打造她成年的創作。她從來都不想要重新出版那些早年的詩作。而她後來的詩作，毫無疑問比五〇年代的詩作有趣得多。」[14]

9 在《文學生活》的十五年

一九五五年冬天，《文學生活》刊出了一批話題性十足的詩作。米容・白沃謝夫斯基（Miron Białoszewski）、史坦尼斯瓦夫・奇區（Stanisław Czycz）、波赫丹・德羅茲多夫斯基（Bohdan Drozdowski）、耶日・哈拉辛莫維奇（Jerzy Harasymowicz）和茲畢格涅夫・赫伯特（Zbigniew Herbert）。雖然早已筆耕多年，但他們的作品被禁，直到這時才等到遲來的首次發表，而且還附上了知名詩人和文學批評家的評論。讓這些作品刊出的是當時已當了詩歌主編三年的辛波絲卡，但和我們談話時，她並沒有提到自己的貢獻，僅是低調表示：「是阿圖爾・桑道爾來編輯部提案，我只是表示贊同而已。」

《文學生活》編輯部的上班時間是上午十一點到下午四點半。編輯部的同仁們記得辛波絲卡並不多話，很少在開會時發言。身為詩歌版的主編，她的工作是確保版面上有知名詩人的詩作。辛波絲卡得諾貝爾文學獎後，雅捷隆大學舉辦了一場展覽，裡面有辛波絲卡寫給高青斯基和皮日博希的邀稿信。她也曾向雅思特隆、伊瓦什克維奇、魯熱維奇、札古斯基邀稿，還邀請布沃克、赫萊布尼克、帕斯特拿克翻譯。但是她向我們提到，她特別關注新秀。

「尤其是那些不會太過自命不凡，而且會試圖了解我在說什麼的年輕詩人們。不過，我並不是說他們馬上就會把我的話聽進去。我記得伊連紐斯．伊瑞丁斯基（Ireneusz Iredyński）第一次出現在編輯部的情景。他大腿張開，手插口袋，從他看我的眼神你就可以看出，他腦中在想：『所以妳要對我說什麼，笨女人？』他們之中大部分人想的大概和他一樣。不過，當時他帶來的詩，已經有某種很出色的特質。後來我們又碰了好幾次面，之後他就表現得很友善了。」

《文學生活》的詩歌部門總是門庭若市，充滿了拿作品來給辛波絲卡看的年輕詩人。他們之中有些人記得自己第一次到編輯部的感受，還有辛波絲卡如何讓他們感到膽怯。亞當．札蓋耶夫斯基告訴我們：「身為一個年輕、顫抖的詩人，我帶了一批我的詩給她看，她只選了一首。她會在言語中穿插諷刺，不過她的諷刺讓人感到親切。萊謝克．莫奇斯基自己不敢帶詩作去給她看，但是他朋友文森．法柏（Wincent Faber）拿了自己的詩和校際文學社團朋友的詩去給辛波絲卡看，最後辛波絲卡讓他們共同登上《文學生活》的版面。」

有一次，尤利安．亞歷山大維奇（Julian Aleksandrowicz）教授打電話給辛波絲卡，說在他的醫院裡有一名得了重度心臟病的年輕女詩人，詩寫得很好。「於是，我就這麼認識了海蓮娜．波許娃托絲卡（Halina Poświatowska）。這女孩真是獨特，是我見過最美麗的女孩之一。」辛波絲卡告訴我們：「她很努力想要活著，想要跳舞、玩耍，但她什麼都不可以做。甚至愛情對她來說也是危險的。一九六五年，我和她在巴黎常常見面，她常夜晚在城市遊蕩。我記得，她會送我上公車，送我紫羅蘭，然後久久站在公車站目送我，直到她的身影在我眼中越變越小。」

沒多久，波許娃托絲卡就以三十二歲之齡過世了。辛波絲卡寫了一首詩獻給她，這是辛波絲卡的詩作中唯一有獻詞的，而且獻詞不是寫在最前面，而是在詩末。

遇到危險時海參會把自己分成兩半：
一半給世界吃掉，
一半逃跑。
（……）
在海參身體的中間展開了一個深淵，
也立刻出現了兩個彼此陌生的邊緣。

在一個邊緣上有死亡，另一個有生命。
一邊是絕望，另一邊是撫慰。
（……）
我們會自我分割，喔沒錯，我們也是。
只是我們把自己分成身體和破碎的低語。
身體和詩。
（……）

紀念海蓮娜·波許娃托絲卡

（〈自我分割〉，《萬一》，一九七二）*

另一次，一個年輕人來編輯部留下了俄國詩人瑪琳娜・茨維塔耶娃（Мари́на Цвета́ева／Marina Tsvetaeva）的詩作翻譯，沒有自我介紹，只是發著抖逃跑了。辛波絲卡很喜歡這翻譯，但是因為不知道譯者的名字，無法在週報上印出來。她於是請同時也在波蘭青年作家社團當督導的編輯同事史蒂芬・歐特芬諾斯基（Stefan Otwinowski），代她在社團問問看，社團中有沒有這些譯作的作者。

「我剛好在那場聚會上。」這些譯作的作者尤安娜・薩拉蒙（Joanna Salamon）說（她的本業其實是醫生）：「我馬上就去找辛波絲卡。她問我是否也寫詩。我說，我只寫給自己看，沒有發表。她說，如果我想出詩集，她會幫忙。那時候，大家都是靠關係才能出書，所以能遇到一個人不在乎這些，而是堅持自己對詩歌的直覺，這是很難得的一件事。感謝她的幫忙，我的翻譯被收進國家出版社出版的瑪琳娜・茨維塔耶娃詩選。」

有一次，史坦尼斯瓦夫・巴卜斯來到編輯部，看到地板上躺著一個壯碩的男人，那是編輯約瑟夫・馬西林斯基（Józef Maśliński），米沃什在維爾紐斯的朋友。辛波絲卡正穿著拖鞋，在他身上踩來踩去。「編輯大人！我不敢了！」馬西林斯基大叫：「我以後再也不敢拿我的詩來給您看了！」這整場鬧劇的目的是，為了嚇跑某個特別纏人的作者。

「自從《文學生活》的編輯部於一九五八年搬到維斯瓦河街（ul. Wiślna），辛波絲卡就一直坐在同一個位置上。我記憶中的她總是點著一根菸，坐在一堆詩稿前。」辛波絲卡的同事沃基米日・馬強哥告訴我們：「在一堆信件、打字稿、紙張之中，她看起來有點迷失。」

齊格蒙・葛連（Zygmunt Greń）也是她的編輯同事，他也告訴了我們一個關於她在編輯部的小故事。他說，有一次亞羅斯瓦夫・伊瓦什克維奇（Jarosław Iwaszkiewicz）寄了一首他手寫的詩〈褪色的馬〉

（*Płowienie koni*）來。辛波絲卡猜想，這可能不是在講褪色（płowić się），而是在講「浸泡在河裡／湖裡」（pławić się）。那時候還沒有即時通話的電話，要講電話得先預約。她於是拍了電報給作者，作者的回覆是：「女巫和女詩人會泡在河裡／湖裡，而馬會褪色。」於是，這首詩刊出時的詩名是〈褪色的馬〉。當我們告訴辛波絲卡，在伊瓦什克維奇的詩集中，這首詩叫做〈浸淫的馬〉，她抱住了頭。

「這可真尷尬。我到底做了什麼？我不知道他當時在開玩笑。」

然後她補充，皮日博希也總是會寄手稿來，因為他看不起打字機。所以每次週報出刊後，下一期就要刊出錯字校正，因為常常有些字會被讀錯。

意識到自己會決定哪些詩會被馬上刊出，哪些詩可以等待，哪些詩會被丟進垃圾桶，一定讓辛波絲卡備感壓力。一九六三年，皮日博希邀請辛波絲卡擔任詩人俱樂部（Klub Poetów）的克拉科夫代表，辛波絲卡拒絕了。她說，第一，她不適合「在第一線拋頭露面」。第二，她在《文學生活》的工作已經讓詩人朋友們感受到「體制的壓迫」，她不想當個壟斷者，插手作者見面會的事。[1]

一九六一年一月，在《文學生活》成立十週年時，波蘭電影編年史（Polska Kronika Filmowa）†的拍攝團隊來到了編輯部。觀眾看到辛波絲卡坐在一張放了一堆紙的桌子後方，然後聽到旁白說：「《文學生活》詩歌版的主編是辛波絲卡。刊登在這裡的詩很多，但是全國的詩人寫的詩比這些刊出的還多——加起來有好幾公斤。週報很驕傲地說，他們不會把沒錄用的詩作丟到垃圾桶。」這時我們看到畫面一轉，看到文學批評家沃基米日·馬強哥把自己桌上的打字稿拿起來，然後丟到煙囪裡燒掉。

* 譯註：本詩有收錄在林蔚昀翻譯的《黑色的歌》（聯合文學，二〇一六）中，頁二〇一－二〇二。

† 譯註：波蘭電影編年史是在電影正片放映前的十分鐘新聞影片，共產時代被用來做為政治宣傳工具。

雖然這是個玩笑，但投稿給《文學生活》的人確實很多，多到一九六〇年，編輯部決定開一個新的專欄，叫做「文學信箱」（Poczta literacka），好來回覆那些投稿給週報的作者們。專欄的作者沒有署名，所以一開始我們不知道寫這專欄的人其實是辛波絲卡。

當我們在讀辛波絲卡的《非指定閱讀》專欄年鑑（不是所有的文章都有被收錄在書中），很偶然地，我們讀到了最後一頁的「文學信箱」。在那些給年輕詩人的建議中，我們讀到了和《非指定閱讀》同樣的氣口：聰慧、妙語如珠、嘲諷。比如，有一段是這樣的：「這些充滿宮廷誇張情感的小詩讓我們開始幻想：如果有城堡和一大片土地，您會在那裡養一批宮廷女詩人，她們會在那裡頌讚玫瑰花瓣的憂傷，因為上面停了一隻不請自來的小蒼蠅，她們會頌讚我們用柔軟的手指趕走那隻小蒼蠅。當然，那個寫詩提到我們用獵人燉肉毒死十二個大舅子的詩人，會被關在地牢，因為他缺乏天分。最重要的，關於玫瑰的詩可以成為一首傑作，而關於大舅子的詩則爛透了。沒錯，沒錯，繆思是很不道德又喜怒無常的。」

我們讀越多「文學信箱」的回信，就越確信，它們的作者是辛波絲卡。《非指定閱讀》和「文學信箱」的作者有同樣的幽默感、風格，使用同樣的比喻、例子，他們還會引用同樣的作家：湯瑪斯・曼、蒙田（當她被問到，要如何唸他的名字，她說：「重音放在最後一個音節，還要單膝跪地。」）、皮普斯、吐溫。《非指定閱讀》和「文學信箱」的作者有著同樣的擔憂（為何要從波蘭文中移除「郵差」（listonosz）這個字，改用「送信的」（doręczyciel）。有時候他們會用同樣的句型：「我們作夢，但隨隨便便，不是很精確。」[2]辛波絲卡在描寫十八世紀華沙生活時如此寫道。而「文學信箱」的作者則說：

「詩人應該精確地作夢。」月曆應該有精密的校正，因為「最小的錯誤都可能干擾心靈。試想一個星期有兩個星期三，這多可怕啊。」[3]《非指定閱讀》的作者如此寫道。而「文學信箱」的作者則說，如果日期沒有好好校對過，「在一個星期內有兩個星期六，大家就不會注意詩的內容了。」在某處，《非指定閱讀》的作者說：「在這種情況下，甚至不值得死去。」而「文學信箱」的作者則在另一處說：「這樣的習俗甚至讓你不敢死去。」雖然，在第一個例子中，作者講的是「zm. w zm.」這樣的縮寫，意思是「在上個月死去」。而第二個例子中，講的則是在下葬時致詞人看稿朗讀的習俗。不過，雖然情況不同，背後的意思卻是類似的：死掉這種事沒什麼好急的。

然而，直到我們讀到這段文字，才確定了我們的假設：「在宗教詩歌的世界只有玫瑰，數不清的樹枝上停著夜鶯。那裡還有蜂蜜（其實是蜜蜂）。我們就別數鶴了，因為每天都有一百隻。總歸來說，那是一個貧瘠的世界，沒什麼多樣性。不必浪費力氣在此尋找像是狐尾草、阿爾泰鐵角蕨、斑葉疆南星、珍珠蓍、毒參那樣美麗的植物。也沒有這些漂亮的鳥兒，比如說玫瑰琵鷺、長尾天堂鳥、黑腹濱鷸、綠巨嘴鳥和鵲鴨，還有那數不清的昆蟲（包含小麥黑森癭蚊）。」我們指的不是喜歡列出一長串名詞的習慣（辛波絲卡在她的《非指定閱讀》和詩中也愛用），也不是看待世界和大自然的方式，而是「鵲鴨」。我們在《非指定閱讀》中找到關於《波蘭的鳥類》這本書的書評，辛波絲卡在詩中哀嘆，為何詩人們不把鵲鴨寫進詩中。這是我們找到的最後一個證據。雖然鵲鴨是一種特別漂亮的水鴨，但在同一個編輯部，有可能找到兩個鵲鴨的愛好者嗎？

當我們已經很確定，「文學信箱」的匿名作者就是辛波絲卡，我們在一九六四年的「文學信箱」中找到一句話：「我已經嘗試了四十八年。」我們又變得不是那麼肯定了，因為年齡不符合。就算我們說，辛波絲卡為了讓別人認不出來是她，改變了性別，但要讓自己年長幾歲，這可能嗎？幸好，那時候愛德華．巴策蘭教授剛好從斯德哥爾摩回來（他受邀陪辛波絲卡去領獎），他安慰我們說，這剛好是他多年前和辛波絲卡「確認」過的事之一。辛波絲卡和沃基米日．馬強哥輪流寫這個專欄，為了區別兩人，馬強哥會用第一人稱書寫，而辛波絲卡則用複數人稱。

辛波絲卡後來對我們解釋：「這麼做的目的是，我是編輯部中唯一的女性。如果我用單數寫『我讀到過』、『我注意到』，我就會被認出來。」*

「一開始我們會挑選哪篇由我來寫，哪篇由她來寫……」馬強哥說：「但後來我們就有什麼就拿什麼。我一直到七〇年代都在寫這個。辛波絲卡比我早退出。一開始寫這專欄還很好玩，但後來就變成例行公事。」

但是閱讀辛波絲卡的回信，你感覺不出來那是例行公事。

「要一直說這些詩很不成熟、很陳腔濫調、很凌亂，我們也很難過。但是沒辦法，這專欄畢竟不是為諾貝爾文學獎得主開設的，而是給那些以後才會去斯德哥爾摩領獎的人。」

「謝謝您寄您的詩還有照片來。您的領帶打得很漂亮。」

「抒情詩的作者，您寫到這個人『冰冷、腦中充滿恨意的夢想、心胸狹小』看來確實，您動筆寫他並不是很值得。」

「『即使閃電劈下，我也不會回到你身邊，親愛的。』確實，自然界的動盪不應該影響我們的行為。」

「『女人會把單身漢的生活變成無盡的痛苦。』從這句話中我們可以聽出這來自作者自身痛苦的領悟。」

「如果太太說：『不要在寫了。』從文法上來說，這句話並不正確。但就內容上來說，她可能是對的。」

「您最大的成功是創造主角的姓氏。雖然要寫一篇成功的小說，這樣的天分有點不夠，但要寫一本有趣的電話簿，綽綽有餘。」

「您列出了一長串作家的名字，說編輯和出版社一開始都不認識他們，然後後來很後悔自己不認識，並感到丟臉。我們懂您的意思了。出於謙遜，我們讀了您的專欄。您的專欄不合時宜，但不要緊。如果有一天您寫出《人偶》或《法老王》那樣的傑作，我們會把這些專欄收錄在您的《文選》中。」

「要從內容上評價您的作品是一件不可能的任務。我們必須在超自然的領域尋求更可靠的經驗。而目前，我們只跨出了第一步。除了心靈上的交流（而且是受限的）我們無法更進一步。」

「物質啊，請讓我們遠離這樣的詩歌吧。還有為什麼要去動卡瑪琳娜（Kamaryna）†。就像祖先們說的。如果有人想知道這個字的意思，就讓他去看《林德辭典》，但是我們要事先警告那些性喜肉

* 譯註：波蘭文有性別，單數人稱過去式的動詞變化看得出來性別（比如「我說」的過去式，男性是mówiłem，女性是mówiłam），但如果是男人加女人的複數人稱，就看不出來（「我們說」是mówiliśmy），但完全是女人組成的複數，卻又看得出來（女性的「我們說」是mówiłyśmy）。

† 譯註：卡瑪琳娜是義大利一個城市，當地居民把城市附近一個也叫作卡瑪琳娜的湖的湖水抽乾了，沒有了這個天險，他們的敵人敘拉古人就長驅而入，攻下卡瑪琳娜。後來，拉丁文還出現了一句格言「不要去動卡瑪琳娜」（Camarinam ne moveas），指的是「不要給自己惹不必要的麻煩」。

慾的人，這可不是什麼下流的詞。」

「由於紙張短缺，我們無法花太多細節評論這首詩。」

有人在來稿中寫：「我因做為一個詩人而嘆息。」辛波絲卡回：「我因做為一個編輯而呻吟。」

從「文學信箱」中我們可以看出，寫信給辛波絲卡的人多半是反抗學校、課程、課本、文法的高中生。

「現代詩歌為何還需要揚・科哈諾夫斯基？要拿來幹嘛？」有人寫道。辛波絲卡回：「拿來閱讀。」

「然而，年輕人，閱讀古典詩歌是必要的，至少這樣可以避免不必要的困難。您可能會寫出《幽靈王》[4]，然後之後您會感到遺憾，因為之前已經有人寫過了。」

「您的詩作目前太超越時代。我們現在依然這樣拼字：射手座（strzelec），螞蟻（mrówka），拿取（wziąłem）。如果之後文法改變，變得比較符合您的拼法，我們會寫信通知您*。」

「真是個好故事，竟然有人夢見我們——我們在夢中變成了可以用眼神殺人的梅杜莎。我們本來偷偷希望自己可以在某人的夢中出現，但是是從十六歲以上的，但沒想到我們也可以在十六歲以下的夢中出現。」

「在我開始寫作之前，我想要先認識整個文學。」一名年輕人承認。「文學就是從我們堅強胸口傳出的沉悶呻吟。」辛波絲卡如此回覆。辛波絲卡認為在春天時她最需要堅強，當「某個女孩為了一個詩人離開另一個，這時候詩的投稿量會比平時多一倍」，而且詩中會充滿「決心、苦澀、輕率的放棄、良心不安和可愛的慫恿。」她並且說：「這一切都很人性，而且很吸引人，但是這樣子你也不能對此感到奇怪——每到春天，我們編輯的心中都會充滿了無以名狀的恐懼。」確實，當你看到辛波絲卡舉的例句（「妳對我說了很多好話，雖然我有許多缺陷。」「當我成為妳的，妳就會在我眼中游泳。」），你可以理解她的感受。

辛波絲卡也抱怨，當某個偉人死去，編輯部就會收到雪片般的哀悼詩作。「它們成長的速度如此之快，快到讓人起疑。除了很少見的例子，速度只會造成半成品。為了表達對死者的喜愛，人們會親暱地用『你』稱呼死者，彷彿死亡成了一種兄弟會。」

雖然辛波絲卡談論詩的次數屈指可數。但在一九六〇到一九六八年間，她透過匿名的「文學信箱」寫了許多有趣的、關於詩的論述。她用玩笑的態度訴說詩的技藝，也給了年輕詩人許多慧黠的建議。

「在等電話的詩中應該出現：老加圖、塗了奶油的麵包和甲蟲。詩應該從理所當然的事情之外開始。」

「我們很憂心，您認為沒有押韻、形式自由的新詩是從所有的規範中解放。（……）詩歌以前是、現在是、未來也會是遊戲，而沒有規則就沒有遊戲。孩子們都知道這一點，為什麼大人卻忘了？」

她如此建議另一名詩人：「您沒注意到，沒有規範的新詩之中藏著什麼陷阱。它也有隱藏的、必要的規範，需要一雙具有音樂性的耳朵，更甚於押韻的詩作。它不能接受任何一個多餘的字，任何膚淺的論點。那些在押韻詩作中的小缺陷，有時候會因為它好好地包覆在整體的韻律中，就被輕

* 譯註：這邊辛波絲卡是在諷刺作者拼字錯誤，不合常規。

輕忽略了。然而在無押韻的詩作中，這些缺陷會立刻引人注意，毫無防備，而且沒有任何遁詞能為其開脫。這就是為什麼，寫這樣的詩一點都不容易。詩人們知道這一點，但是要知道這一點，你得兩者都會寫。」

早在求學期間，辛波絲卡就不喜歡現代主義的作風。她也常常教訓年輕詩人，說他們有青年波蘭時期的衝動：「您在每一個名詞前面都會加兩個，甚至三個形容詞，就像青年波蘭時期的詩人，他們相信形容詞是詩歌最主要的力量，是它創造了詩歌的氛圍。沒有一個時代像青年波蘭時代那麼崇拜形容詞，因為其他時代的詩人本能性地感覺到，如果我們要精確地形容一件事，我們必須用最精簡的方式來形容，否則就連最美的計畫都會落入深淵，就像裝滿水的船艦。剛開始寫詩的時候，我們總是會受到別人風格的影響，您選了最糟的一種。」

有時候她會允許自己在評論中有點邪惡（「您覺得，『神妙』和『卡繆』是很好的押韻，但這根本沒押韻，只是讓您的詩成了新詩。」），有時候她會非常正經八百（「您對詩人有錯誤的認識，您以為詩人可以用手指算音節——開天闢地以來沒有這樣的詩人——詩人要有一雙好耳朵才行。」）。或是，她也會提醒年輕詩人一些很基本的事情：「『為什麼』這個字是地球語言中最重要的一個字，在其他的銀河系應該也是。這就是為什麼詩人必須知道這個字，並且好好使用它。」

她也提醒詩人，不應該過分依賴情感，即使是擁有最神聖的情感，也可能寫出爛詩。「如果強烈的情感可以決定詩歌的藝術價值，那該有多好、多公平。我們可以肯定地說，在情感的領域，佩脫拉克*和某個叫作波比尼的年輕人來說，根本什麼也不是，因為波比尼真的為愛瘋狂。然而，是佩脫拉克，而不是波比尼，克制了自己的情緒，寫下了美麗的比喻。」她建議詩人注意觀察字句，然後在使用「偉大的字句」時，要有「藥劑師的冷酷精準」。她寫道：「在每首詩中，最重要的是給讀者一種印象，讓他覺得這些字都是等了上百年，才在此相遇、結合，再也不分開。就是這些字，而不是其他。」「這些字和那些靜靜待在字典裡沉睡，或是和活在我們口語中的字是同一批。為什麼會這樣呢？它們在詩中閃閃發光，彷彿全新，才剛被詩人發明出來。」

她也在評論中指出詩人知識上的不足：「您寫道：『他想起生氣的她，就像一台喘著氣的老火車。』那個時代還沒有火車。同樣，您文中引用的十四行詩似乎是出自十七世紀，但這首詩押的韻太差了，不符合那個年代的品味。雖然那時候還沒有編輯，但還是有詩歌寫作的規範。」

斯拉夫學者亞采克・巴魯赫曾經為了好玩，寄了一首詩給辛波絲卡，那首詩是改編自魯熱維奇的詩作。

「我那時候在寫一篇論文，關於魯熱維奇詩作的結構，還有把這些詩作翻譯成捷克文的難度。我很好奇辛波絲卡收到詩會有什麼反應。」巴魯赫說。他後來收到了回信，上面說：「您把魯熱維奇的風格模仿得很好。」

辛波絲卡也會評論散文和小說。她如此回覆來自凱爾茲（Kielce）、筆名「3333」的作者：「這篇中篇小說的主角是一名傑出優秀的波蘭作家。喔他是多麼受歡迎啊！有這麼多錢，又寫了這麼多本書！他真是個上天選中的幸運兒，從早到晚都被人捧在手心，從晚到早世界都會提供他想要的一切。即使是他裝著手稿的文件夾遺失了，也會馬上找到，還會順便找到一個美麗的未婚妻。親愛的

* 譯註：弗朗切斯科・佩脫拉克（Francesco Petrarca），義大利詩人、學者、人文主義者。

奇幻小說家，您不如寫凱爾茲最近發生了什麼事，大家都好嗎？」

當有人來信要她的照片和簽名，她會回信拒絕（「根據筆跡學的分析，我們都是誠實可靠的人，充滿對所有寫作者的同理心，不管他們寫得好或不好。」）對於投稿的作者（不管他們寄來的是短詩、格言、戲劇、短篇小說、長篇小說、十四行詩、敘事詩），「文學信箱」作者的身分都是隱匿的。因為有時候編輯部會收到威脅，以及「為什麼我的作品沒被刊登」、「編輯的標準是什麼」這樣的質問，或是，也有人會辯駁說，他的未婚妻、妻子、朋友很喜歡他的作品。辛波絲卡回信很誠懇，但是也很嚴厲。她解釋，家人的功能就是稱讚和鼓勵作家（「尤其表親更是什麼都喜歡」）」。她提醒，「偉大傑作的誕生要感謝朋友的懷疑，而不是朋友的狂熱。」她還說，「如果有個女孩看到你寫出最基本的押韻就兩眼發光，這女孩就是你的真愛。」

有一次在新手詩人的專欄，辛波絲卡刊登了一首名為〈母牛〉的詩作，這引起了讀者的公憤。辛波絲卡在「文學信箱」中回應這件事：「這首詩挑戰了讀者的美學標準。根據這標準，詩應該要寫夜鶯、蝴蝶、湖畔的白色樹木。母牛雖然也是大自然創造的，而且是無可比擬的傑作，卻只能存在於國營農場的會計簿中，在『動物』的欄位。和古希臘人比起來，我們是多麼退步啊，他們還會稱天后希拉為『牛眼天后』呢。」

或許也就是在那時候，辛波絲卡決定有一天要在詩中給予乳牛牠該有的地位？無論如何，十幾年後她寫了這樣一首詩：

平凡的奇蹟：

這世上有許多平凡的奇蹟。
（……）
信手拈來的奇蹟：
母牛就是母牛。

（〈奇蹟市集〉，《橋上的人們》，一九八六）

想要當作家的年輕人們通常都很有自己的看法，又很堅決。

辛波絲卡說：「有時候，讀這麼多詩作會讓我感到很疲累。除此之外，詩歌也常會吸引那些心靈不平靜的人。瘋子不會寫文學評論，所以馬強哥不會被人騷擾。我記得一個有天分的年輕詩人，他成功地出道了，然後他就認為，我應該每週刊登他的詩作。遺憾的是，他有思覺失調。他會寫血書，然後把汽油彈放在我門前。最後他入了精神病院，接受安東尼・康平斯基（Antoni Kępiński）教授的治療，我也是因為這樣才認識康平斯基教授。我有一次去問康平斯基教授，我該如何面對這樣的詩人。教授聽到我的名字就說：『啊，辛波絲卡，辛波絲卡，我們在病房常常聽到您的名字。』他建議我暫時更換公寓，我也這麼做了。後來，我接到民警的通知，信中沒寫他們要我去做什麼，我們知道，那時候政府有時候喜歡讓人不安。後來我才知道，他們找我去是因為那位年輕詩人自殺了，他們在沃斯基森林找到他的遺體。」

去編輯部探望過辛波絲卡的朋友記得，她會用圖釘把那些令人印象深刻的自學詩人的作品釘在辦公桌的櫃子上。可惜，沒有人記得這些詩作的內容了。這邊我們倒是選出了一些我們最喜歡的：

「俄羅斯人工作很辛苦／但是他們會用茶炊喝茶／西班牙人很膽小／但是他們會騎奔牛／希臘人穿軟鞋／法國人喝咖啡時／會配一塊蛋糕／德國人戴著大禮帽／就很開心／捷克人微笑／很高興自己被解放／而波蘭人不同意」（辛波絲卡的評語是：「嗯，就像我們坐在編輯椅上感到很無聊。」）

「因為妳不知道怎麼愛我／妳不會撫摸我的頭髮或親我／只會用彈鼻子／表達對我的愛意／因為妳的愛是很粗糙的／有時候很麻木甚至多刺／有時候這讓我感到害怕／這是不是只是表面上看起來如此。」（辛波絲卡的評語是：「喔，女孩，女孩，有點良心吧，如果妳們一定得折磨詩人們，就認真折磨他們，不要只是彈他們的鼻子。」）

「人們似乎已經開始實驗／是否能把豬心換到人身上／但是文學評論家總是會大吼大叫／覺得這樣的換心不會有什麼優點」。（辛波絲卡的評語：「我們也在仔細閱讀，詩歌之心是否已經離開這首詩作。」）在卸下詩歌版主編和「文學信箱」的任務後，辛波絲卡還會抱怨，她常常夢到這些詩人和他們的手稿。「我在《文學生活》的編輯桌前坐了十五年，我受夠了。」她於一九七一年十月二十五日，在給耶日．札古斯基的明信片中如此寫道。「現在我不只會夢到德國人在街上抓人，也會夢到詩人帶著滿滿一箱子的十四行詩來找我。」[5]

三十年後，泰瑞莎．華樂絲讀了《文學生活》的年鑑，從中挑出辛波絲卡的評論，將其拼湊成一本有趣的書《文學信箱，也就是如何當上（或不當上）作家》（*Poczta literacka, czyli jak zostać (lub nie zostać) pisarzem*）。一如預期，這本書大受好評，只有耶日．皮赫（Jerzy Pilch）在一片讚聲中逆風（這其實很符合辛波絲卡的精神），說這本書「忽略了一個人」，也就是和辛波絲卡一起寫「文學信箱」的沃基米日・馬強哥，說他的評論「徹徹底底地被消失」了。

「我當然知道，文學界的法則就是無情的物競天擇，有天分的人才能勝出、生存，我也知道這法則是好的。」他寫道：「但是這個例子很特殊，拜託不要告訴我這一點問題也沒有，或是因為我是專欄作家，所以才在這裡提出這個假議題。維斯瓦娃・辛波絲卡的《文學信箱》是怎麼寫成的？它是在作者都沒有意識到的情況下寫成的。（……）但是這本書誕生的方式，也是編者有意地、彷彿用手術刀切除了辛波絲卡靈魂和編輯上的側翼、那個和辛波絲卡一起寫專欄的共同作者。在偉大文學和文學遊戲的煙火光芒下，這人被排除了，沒有得到該有的關注。」[6]

《文學信箱》在新書發表會那晚重現了當年的情境，辛波絲卡、亨利克・馬可維奇、斯瓦渥米爾・莫若熱克、路德維克・耶日・柯恩（Ludwik Jerzy Kern）和瑪爾塔・維卡再次對寄來的手稿做出評論。

評審退回了某個叫荷馬的人寄來的稿件，因為沒有回郵地址，而且作品的原創性也很可疑（「受到太多《神鬼戰士》那一類美國電影的影響」）。斯瓦渥米爾・莫若熱克謝謝《哈姆雷特》的作者，但是說：「我們不懂英文，下次請寫波蘭文。」路德維克・耶日・柯恩無法接受《法老王》，說這本書「寫得很好，但是寫太多祭司的事，太少鱷魚和其他猛獸。也沒有寫到螞蟻。法老王的螞蟻……我們都知道，埃及的螞蟻有多恐怖。書中也沒有任何觀光資訊。」《三部曲》也引起了莫若熱克的懷疑：「您就是顯克維奇？請附上身分證影本。」

辛波絲卡則評論了兩個劇作家，一個哲學家，一個文學家。

「安東尼・契訶夫，莫斯科。每一個園丁都會告訴您，老樹過一陣子就要砍掉，然後在原來的地方種新苗，或是用別種方式利用這片土地。您讓我們沉浸在某種可疑的懷舊氣氛中。」

「《等待果陀》，作者的署名不太清楚。喔，這劇本不太好。我們想像一下吧，如果有個觀眾去看了戲，然後隔天他老闆問你昨天看了什麼，他卻說不出來，這也不是他的錯。我們以後在寫劇本的時候，應該要讓看完的人可以做出摘要。」

「柏拉圖，雅典。您在您的《對話》中選了一個不怎麼樣的人來當主角。我們不知道他在哪工作，靠何營生，他只是在城市裡走來走去，和人交談。您問，是否要繼續寫下去？嗯，既然您已經寫了這麼多，就讓您寫的東西有點用處吧。為了達成這個目標，您必須讓這個故事有個有意義的結局。我們並不支持極端的解決方式，但我們想到了一個方式。您的主角應該來到一個特殊的地方，在這裡腐蝕好公民的思想（尤其是青年）會被判處極刑。」

「湯瑪斯．曼，暫居加州。用文字描寫音樂不會有什麼好結果。您試著用劇情來讓無聊的說教變得有趣，但是我的老天啊，這是個什麼樣的故事，它很可怕——主角竟然得了不治之症，梅毒！可惜，您在寫下故事之前沒有和我們好好商量過，我們一定會勸您不要。」[7]

辛波絲卡在《文學生活》做了十五年的正職工作。在這段期間，她出版了三本詩集：《呼喚雪人》、《鹽》和《開心果》。然而，她發表在自己工作週刊的詩作，一年不超過三四首。齊格蒙．葛連記得，當他好不容易說服辛波絲卡發表詩作，她總是央求：「不要放在頭版。」不過，有時候她的詩作會出現在頭版。

主導詩歌版面、回信給讀者——辛波絲卡在編輯部所做的一切，政治無法干預。然而，做為一份官方刊物，《文學生活》週刊卻會給予黨它應有的朝貢。最常寫文歌頌黨的是週刊主編瓦迪斯瓦夫．馬黑耶克，他待在這一行的時間創下紀錄：他經歷了所有的政府（還當過波蘭人民共和國中央黨部委員會的副委員），依然屹立不搖，一直做到一九九〇年週刊停刊。那些在他手底下工作、發表文章的人，在他身上看到他當主管和總編輯的優點。他們提到，《文學生活》有時候有比較好的時期，馬黑耶克可以在週刊上刊登一些比較有勇氣、超越時代的作品（比如說在一九五二年刊登路德維希．弗拉森對社會主義的批評），以及許多很棒的文學批評。

「來自梅胡夫（Miechów）的共產主義者」、「有野心、聰明、有話直說、神經大條，也有幽默感」——馬黑耶克的同事們如此形容他，在他們的描述中不乏對他的好感。然而在外面，他的優點較少被看見。人們對他的記憶是，他總是準備好為黨奉獻，和黨站在同一陣線，不管是要評論主教的審判，還是加入反猶行動，或是攻擊團結工聯的「激進分子」。有件事我們必須提到：在攻擊自己的政敵時，他總是能在那充滿陳腔濫調標語的語言中，留下獨特的、令人難忘的個人色彩。史坦尼斯瓦夫．巴蘭恰克在他的專欄集《最糟的書》中寫到了馬黑耶克的怪異語言：「標準『馬黑耶克語言』的特色是，混合了農民游擊隊的尖銳直白，以及黨內公務員缺乏邏輯的空洞標語，這兩者混合的結果是不知所云。」他舉了一個例子：「國民把所有的一切都放進一個公式，然後讓它流竄全國，試圖陰謀篡位，這完全不會讓我感到熱血沸騰。」或是：「某個工廠的經理和『他的』員工的婦女問題的關係，代表我們的社會缺乏對社會主義精神的理解，而這精神是在波蘭統一工人黨第六次全國代表大會中就制定的。」[8]

「辛波絲卡有辦法在那個可怕的馬黑耶克身邊創造一個真正的島嶼。」亞采克．波亨斯基說：「而且她表現得就像是在農民身邊的公主：如果有髒臭的東西，那我們就繞過。」

「我討厭馬黑耶克，辛波絲卡也不喜歡他。」史坦尼斯瓦夫．萊姆（Stanislaw Lem）說。萊姆對辛波絲卡有好感，因為當他還是個窮苦的醫學生，從來沒有想過要當作家時，她就推薦他去諷刺雜誌《說笑的人》（*Kocynder*）寫稿，而他也在這份雜誌上闖出了名氣。「在維斯瓦河街上有兩間風格很不同的雜誌社，我比較偏好《普世週刊》。」

在戒嚴時代，辛波絲卡第一次把她的詩拿去《普世週刊》發表。

10

在抽屜，在波蘭人民共和國，在地球上

一九六三年秋天，維斯瓦娃・辛波絲卡離開穀物街上的文學集體農場，搬到一月十八日街（今日的王后街）和新村路轉角上的七樓公寓。她的新家在六樓，牆後有一座永遠在吵的電梯，只有一個房間，有簡單的廚房設備。公寓是如此狹小，任何市面上買得到的家具都塞不進去，於是藝術家史蒂芬・巴普（Stefan Papp）給她量身製作一套家具。沒有人有辦法在長椅或椅子坐上超過半個鐘頭，因此也不會有訪客想要久留。

經常來訪的艾娃・莉普絲卡回憶，這裡常有一位瑪莉莎小姐來打掃。「她會點著頭說：『伊赫奴莎什麼都不做，只是寫東西。』然後整理書架上的書，從最小的排到最大的。」

「那是我小時候最喜歡的保母。」辛波絲卡告訴我們：「她來打掃，然後如果有東西亂擺，她會對我大吼。她愛做什麼都可以。看來，每個人都需要有一個人對他這樣真心地大吼。」

辛波絲卡曾在專欄裡讚美亞莉姍卓・歐蘭茲卡－費里別索瓦（Aleksandra Oledzka-Frybesowa），《巴黎過往》的作者，說她有描寫古代建築的少見天賦。詩人寫道：「然而我認為，要成功描寫現代的建築，你也需要很高的天分，除了我們那些公寓。你只要用一個字就可以描寫它們：我們住在抽屜。」[1]

她也稱呼自己的公寓為「抽屜」，這個稱呼流傳得很廣，甚至多年後，她的朋友都會說：「當辛波絲卡住在抽屜……」在此同時，辛波絲卡很滿意自己的新居，尤其是這裡有穀物街的公寓沒有的高級享受：中央暖氣和浴缸。

搬家那年，辛波絲卡四十歲。她告訴亞歷山大．簡內，對詩人來說這是最好的年紀。「這時候人已經飽經世事，但依然有活生生、強烈的感覺。他知道事物的複雜性，但是離放棄人生又還有段距離。他內在有許多苦澀、帶刺但可以讓人變強的調味料，它們不會排除生命的美好。這是一種搖擺不定但又還不錯的平衡感。」[2]

許多年後，在a5出版社於克拉科夫為詩人茲畢格涅夫．赫伯特安排的追悼會上，辛波絲卡講了一段關於赫伯特的回憶。赫伯特來辛波絲卡的「抽屜」探望她那天，剛好她家終於裝了電話。赫伯特說，得試試這個電話，於是開始打電話給所有住在克拉科夫的友人。他改變聲音，自我介紹是法蘭茨柯維克，兩千首十四行詩的作者，想要在電話上唸詩給人聽，或是也可以親自登門拜訪。這個消息在克拉科夫很快地傳開了，所以當他打給揚．布昂斯基時，只來得及說：「我叫法蘭茨柯維克，您一定沒聽過我的名字……」布昂斯基已經用「聽過，聽過」打斷了他，然後掛斷了電話。

好友們記得，那時候，辛波絲卡的公寓已經出現了一隻絨毛猴子。

「有一次我在斯德哥爾摩看到一張有兩隻猴子的明信片，一隻猴子抱著頭，另一隻猴子在聞花，我立刻想到，要把它寄給維斯瓦娃。」萬妲．克羅明科娃說。對辛波絲卡的好友來說，寄明信片給辛波絲卡是一種反射動作，因為他們就是用這種方式和辛波絲卡溝通的。

我們問辛波絲卡，她對猴子的愛好從何而來，但她只回答：「這很難說，牠們就是吸引我。」我們在她的詩中也可以看到這種偏好，她的詩中常常不經意地出現猴子，有時候甚至會以猴子當主角，比如〈布魯各的兩隻猴子〉、〈眼鏡猴〉或〈猴子〉。

牠們比人類早一步被逐出天堂，
因為牠們的眼神更有感染力，
只要牠們看樂園一眼，
就會讓天使們陷入
無盡的憂鬱。
（……）
在童話中牠們孤獨又缺乏自信，
用齜牙咧嘴的表情把鏡子塞滿，
牠們自我嘲弄，給了我們一個好榜樣，
這個窮親戚知道我們的一切，
但在相遇時我們不會打招呼。

（〈猴子〉，《鹽》，一九六二）

在她的詩中，我們找不到呼應所謂「小小的穩定」（mała stabilizacja）那個時代的痕跡*。就拿同一本詩集中的〈水〉來說好了，這首詩也可以在其他的地方、其他的時間寫下。要寫這首詩，只需要一個地球儀或地圖，即使在最小的公寓，你也可以輕易將它展開。

一滴雨掉落到我掌心，
是從恆河和尼羅河凝聚出來的。
（……）
在我的食指上，
裏海是一個開放的海洋，

而太平洋溫順地流進魯達瓦河，
那條河，曾經在七六四年五月七日凌晨三點鐘

以一塊嬌小雲朵的身分
飛過巴黎上空。
（……）
雨滴裡是多麼輕盈。
世界柔軟地觸摸我。

（〈水〉，《鹽》，一九六二）

辛波絲卡：「每當我看著地球儀，我總是想著，在世界上別的地方，還有更恐怖的事發生。在五〇年代那重大的危機後，我明白到，政治不是我的能量來源。我認識一些很聰明、很善良的人，他們把所有的智慧都花在思考哥穆爾卡昨天說了什麼，明天吉瑞克會說什麼上頭。他們把僅只一次的人生都封閉在這擁擠得可憐的視野中了。所以我試著寫可以突破這個視野的詩。這些詩中當然也有波蘭的經驗，如果我是荷蘭詩人，有些詩毫無疑問不會被寫下。但是有些詩，不管我住在哪裡，是在這裡還是那裡，就是會被寫下。因為這件事對我來說有點重要。」

辛波絲卡從來都不強烈認為自己是個波蘭人民共和國的居民，在她的散文中（《非指定閱讀》和《文學信箱》），波蘭人民共和國的現實也極少出現。如果有一天所有在六〇年代和七〇年代寫下的東西都人間蒸發，只留下辛波絲卡的《非指定閱讀》和《文學信箱》，我們會從她的文中發現，波蘭人民共和國是這樣的一個國家：

「人們低著頭站在隊伍中排隊。」

「打字紙很難獲得。」

「人們穿合成纖維大衣。」

* 譯註：「小小的穩定」這個詞出自塔德烏什・魯熱維奇（Tadeusz Różewicz）的劇作《證人或我們小小的穩定》（*Świadkowie albo nasza mała stabilizacja*），指的是從五〇年代末期到六〇年代末期波蘭的社會、經濟、文化狀態。當時波蘭稍微脫離了蘇聯控制，開始發展經濟（輕工業），人們的生活表面上邁入穩定。然而，在物價飆漲、工資低廉的現實考驗下，終於在一九七〇年十二月爆發一連串大規模抗議活動，最後警察動用武力，向抗議者開槍，這場血腥鎮壓約造成四十名民眾喪生，千餘人受傷。至此，小小的穩定正式結束。林蔚昀翻譯的《證人或我們小小的穩定》有收錄在《小小的穩定：波蘭百年經典劇作選》（開學文化，二〇一七）中。

「只有麻雀、紅隼和鴿子才會對社會主義建築感到滿意。」
「新公寓的地板是浮起來的。」
「因為工人和原料不足，貼一個壁紙要花上好幾個月。」
「《家庭意外》這本手冊中包含核災發生時的應變指南。」
「約了水電工後，他憂鬱地拖拖拉拉了兩個星期才來。」
「開餐廳的、寫食譜的、還有任何一個給群體煮食的人，從來沒有看過一本食譜書。」
「沒有人聽過茄子、青花菜、苦苣、萵筍、夏南瓜、朝鮮薊、黑婆羅門參、蒜葉婆羅門參或是類似的『前衛玩意兒』。」
「在餐廳，你無法閱讀菜單，因為那是寫在第十張複寫紙上的，字跡已經模糊不清。而正本送去給會計了。」

這些描述彷彿不多，但已經可以讓人對那個時代有個大略的想像，雖然，《非指定閱讀》寫作的目的是為了逃離波蘭人民共和國的日常。辛波絲卡有一次被問到，寫專欄是否是為了從寫詩中喘口氣。她回答：「不。如果說是喘口氣，那一定不是從寫詩中喘口氣，而是從每天的日常中喘口氣。我們已經開始遺忘，每天不斷花時間找需要的東西要耗費我們多少力氣，還有處理某件小事，還有排隊。」[3]

辛波絲卡的一位好友回憶，有一次辛波絲卡的瓦斯爐壞了，於是找人來修，對方說，要兩個星期才會修好。臨走時他問，維斯瓦河足球隊的足球員辛波斯基是不是她的親戚，辛波絲卡很樂意地承認（雖然兩人根本沒有血緣關係），那人於是立刻就把瓦斯爐修好了。

從六〇年代就開始和辛波絲卡在札科潘山會面，而且會一起去波萊村採松乳菇的亞采克・波亨斯基說，辛波絲卡本人和她在詩中的形象相差無幾。

「這很少見。通常詩人在詩中寫的自己和現實中的自己不同。辛波絲卡是個奇怪的人，一方面她很親切友善，另一方面她又很封閉，不喜歡離開自己的巢穴。」

六〇年代有許多好電影上映，在這方面來說，這是個補償五〇年代荒蕪文化生活的好時機。沃基米日・馬強哥回憶，在《文學生活》幾乎每天都有影評，他也記得，辛波絲卡非常喜歡《日落大道》（*Sunset Boulevard*）。芭芭拉・查欽絲卡（Barbara Czalczyńska）說，她們每週都會去「好電影俱樂部」（Klub Dobry Film）的閉門放映會。

辛波絲卡從來沒有寫過一篇影評，然而在《非指定閱讀》中，電影經常在各種場合被提及，包括辛波絲卡年輕時愛看的電影。辛波絲卡曾寫道，她很喜歡一部關於舒伯特的音樂劇。直到四十年後讀了關於他的傳記，她才發現，「電影導演根據『藝術家的愛情』這個公式拍了一部甜美的無稽之談，彷彿他們認為，偉大藝術家的生平事蹟之中，只有愛情故事能上鏡。」[4]

閱讀波蘭歷史學家揚・德烏戈什（Jan Dhugosz，1415－1480）的《編年史》（*Kronika*），辛波絲卡發現，許多場景很像電影畫面。閱讀義大作家羅伯托・格瓦索（Roberto Gervaso）關於神祕學家卡里歐斯特羅（Cagliostro）的著作，她想像著，如果是費里尼來把它拍成電影，會是怎樣。她沒有提到很多部電影，但有提到的都是傑作。比如，她提到了邁克爾・卡柯揚尼斯（Michael Cacoyannis）的《魚死之日》（*The Day the Fish Came Out*），說它是關於「忒奧克里托斯時期的牧羊人，活生生地被放到了原子彈時代」。看完了希區考克的《鳥》，她並沒有被電影中的鳥嚇到，反而馬上就想去買一隻鸚鵡。她會頒一個私人獎項「吊在高處的猴子」給哈羅德・勞埃德（Harold Lloyd）的《安全至下！》（*Safety Last!*）。她也在文中寫到了卓別林、黑澤明、奧森・威爾斯（Orson Welles）、恐怖電影、冒險電影、俠盜電影和歷史劇。她並不是很喜歡歷史劇，說它缺乏寫實性又混淆真相。

她曾在《非指定閱讀》中如此抱怨歷史劇：「在這些劇中從來都沒有缺牙的英雄、臉上長痘痘的女英雄，也沒有斜眼的藝術家。他們所在的建築物中從來都沒有蒼蠅，家具也都是符合那個時代的，彷彿從祖先那裡繼承得來的家具都從窗戶被丟出去了。」[5]

辛波絲卡也在詩中提到了這些「被忽略的存在」：

那裡卻沒有
那些憂鬱、疲累、
衣服破洞、斜眼的人。
（……）
即使你睜大眼睛仔細看，
在小型的絞刑台也看不見他們，
沒有人會有任何懷疑。

（〈中世紀的迷你肖像〉，《巨大的數目》，一九七六）

在一場七〇年代的訪談中，辛波絲卡說她常常去看電影，但會避免心理驚悚片，因為這一類的電影想說的東西並不多，而且可說的早就被文學說過，而且說得更好[6]。她也在《非指定閱讀》中比較劇場和電影，說她偏好電影。她寫道：「電影有劇場無法與之匹敵的東西——幽靈、分身、快速變身、飛行，還有讓人類及物體消失。」[7]在〈許多可能〉（我們在本書中多次引用這首詩）中，她也說：「我比較喜歡電影。」

「我熱愛電影。」她告訴我們：「這就是為什麼我會原諒它的缺點。我並不愛劇場，所以我沒那麼容易容忍它的缺點。這是愛好的問題，它會決定你是否能容忍缺點。再說，我對電影的期待比較高，劇場總是跟不上人生。」

不過她倒是承認，她欣賞劇場擁有、而電影沒有的特質。「只有在劇場會發生奇蹟，我沒有更實際的形容詞來形容它。」她在評論塔德烏什・尼采克的《劇場ACB》時寫道：「我記得里昂・席勒（Leon Schiller）的《牧羊人音樂》（*Pastorałka*）在戰後不久上演。在某一瞬間，舞台側邊站了一個拉小提琴的牧羊人。除此之外他什麼都沒做，沒有表情，沒有特別的手勢，他只是微微低著頭，演奏小提琴。雖然舞台中心上演著繽紛多彩、熙攘忙碌的場景，然而所有人都只盯著他看。之後，我得知扮演這角色的是一名我之前沒聽過的演員，塔德烏什・沃姆寧茨基（Tadeusz Łomnicki）[8]。」

辛波絲卡的朋友，戲劇評論家揚・帕威爾・加夫里克（Jan Paweł Gawlik）在離開《文學生活》後，有一段時間擔任老劇院的院長。他甚至不確定，是否有成功說服辛波絲卡來看《先人祭》和《解放》*。他認為，劇場從來都不是辛波絲卡的菜，除了業餘劇團的演出，這是因為她喜歡媚俗。

萬妲・克羅明科娃告訴我們，她們常常會一起去鐵路員工的業餘劇場看戲，他們常演出音樂喜劇和滑稽通俗喜劇。詩人到底在波亨斯街（ul. Bocheńska）的這間破爛劇院中尋找什麼呢？「我不喜歡傳統劇場，裡面的一切都看起來很神聖，很符合時代。」她和我們解釋：「但是更讓我感到無聊的是，十八世紀的主角們盪著從天花板垂吊下來的鞦韆，或是從地板上狂吼台詞。我無法忍受那些人們視為前衛的東西，但我喜歡讀劇，讀劇的時候，你可以自己想像要如何導演它們。」

辛波絲卡在詩中描述了劇場中她最喜歡的一幕：

戰場上的死人都復活了，
忙著整理假髮，戲服，
把胸口的刀拔出來，
脖子上的繩結扯下，
在活人之間排排站好，
面向觀眾。

（〈劇場印象〉，《萬一》，一九七二）†

「我對業餘劇場有一種特別的喜愛。我會去看各種業餘劇團的演出，實驗性的，甚至學校演出。簡單說，這些演出讓我感到安心，因為演員是為了想要演出而演出，而不是因為劇院就在那邊。」辛波絲卡在一九五七年如此寫道，這段文字出自她少有的劇評，評論的是在三十八號劇院（Teatr 38）

演出的《等待果陀》。「我很尊敬這些只為了做一場演出而聚集在一起的業餘愛好者，我喜歡黏得歪歪的假髮和塗得過紅的腮紅。」[9]

也許，辛波絲卡不喜歡去劇院，是因為每天在名為「生活」的戲劇中演出就已足夠？

我不知道我扮演的是什麼角色。
我只知道，無可替換，它是我的。

這齣戲是關於什麼，
我必須在舞台上猜測。

我沒有準備好面對生命的尊榮，
我吃力跟上劇情的節奏。
我即興演出，雖然我討厭即興。

（……）

我被一團裝飾包圍，發現它們栩栩如生。

* 譯註：《先人祭》（*Dziady*）是亞當密茲凱維奇（Adam Mickiewicz）的劇作，《解放》（*Wyzwolenie*）則是維斯比揚斯基的劇作，這兩齣劇都有碰觸到波蘭國族的議題。

† 譯註：本詩有收錄在林蔚昀翻譯的《黑色的歌》（聯合文學，二〇一六）中，頁二〇三—二〇四。

所有道具的真實性令我驚訝。
舞台轉盤已經開了好長一段時間。
甚至最遠的星雲都被點亮了。
喔，我毫不懷疑，這是一場首演。
不管我將做什麼，
它都會永恆變成，我已經做過的。

（〈在等候室的人生〉，《巨大的數目》，一九七六）

在諾貝爾文學獎頒獎典禮的演說中，辛波絲卡說：「不管我們對這無垠的劇場抱持什麼看法——我們有著進入這劇場的門票——但這票的時效可笑地短暫，被兩個日期所限制。不管我們怎麼想這個世界——它都令人驚奇。」

當辛波絲卡在一九六六年退回黨證，她從瓦迪斯瓦夫·馬黑耶克那裡得知，她不能再繼續擔任詩歌版面的主編。她就在那時失去了編輯部的桌子，也不再到編輯部來。不過，她還會回覆「文學信箱」的信，直到一九六八年中。

辛波絲卡說：「這件事圓滿結束了。我不用再坐在桌子後讀那好幾公斤的詩（多半很爛），我可以當自由作家。」

離開編輯部不久後，在一九六八年中，她的肺部開始出問題，於是去療養院休養了幾個月。她就是在那裡，聽到了波蘭軍隊和其他華約成員國一同入侵捷克斯洛伐克的消息。她從那裡寫信給耶日．札古斯基安慰他——他兒子沃基米爾在三月事件中被逮補了。*

那時候，《文學生活》有著公開、粗野的反猶立場。辛波絲卡當時一定感到鬆了一口氣，她只有在拿《非指定閱讀》的專欄文章去交稿時，才需要到編輯部。離開《文學生活》後，辛波絲卡沒有再做過任何正職工作。

從辛波絲卡住的一月十八日街到編輯部所在的維斯瓦河街，要走二十分鐘的路。她走過這條路這麼多次，最後把它寫入了〈關於海洋的雜談〉（Wypracowanie na temat morze）中。那時候，有人請她寫一篇文章，收進《詩人的海》（*Morze u poetów*）這本文選。她寫道，雖然她住在內陸，但這裡以前是海，從房間窗戶可以看到瓦威爾城堡矗立在石灰岩上，也就是有孔蟲的外殼。在寫了這段引文後，她繼續寫：「我從一月十八日街和卡梅利茨卡街走向集市廣場，只要我想要，我的想像力就可以讓我漂浮在無垠的大海。或是，為了讓想像更豐富，我會把時間切換到百萬年前。退潮時，我看到一個又一個的沙洲把淺海灣分割開來。在卡梅利茨卡街和鞋匠街之間那熙熙攘攘的十字路口，我看到一個奇怪的生物在濕潤的沙灘上爬行。雖然紅燈讓行人停下，但那個生物（不是魚也不是爬蟲類）就這樣靜靜地停在急速行駛的卡車輪胎前。不久後，它毫髮無傷、心情愉快地爬向水中。多幸運啊！我想著。這場景在古典戲劇的規範之外發生！上天眷顧的時空差異，讓我們的祖先之一避開了這場車禍……」[10]

* 譯註：華約在一九六八年八月入侵捷克斯洛伐克，目的是為了鎮壓布拉格之春。三月事件是一九六八年三月波蘭學生和知識分子反抗政府的一連串抗議行動。

11

《非指定閱讀》，也就是潛入中生代

辛波絲卡開始寫《非指定閱讀》是因為意外，但她繼續寫下去就是有意識的決定。辛波絲卡脫黨後，瓦迪斯瓦夫．馬黑耶克不想完全將她從《文學生活》中剔除，於是建議她寫一些專欄和評論。我們可以說，馬黑耶克和科瓦科夫斯基（辛波絲卡就是為了後者脫黨）一同成了《非指定閱讀》的教父。《非指定閱讀》的第一篇文章在一九六七年六月十一日刊出。

「馬黑耶克說服辛波絲卡，離職後還是可以寫寫專欄，賺些穩定收入。」塔德烏什．尼采克說：「她於是開始讀那些所謂的『二流文學』。在波蘭人民共和國時期，出版社會寄成堆的書到各大報章雜誌的編輯部。那些重要的書會被交給評論家，而其他的就堆在架子上，變成廢紙。辛波絲卡發現了這類著作的魅力。她在自己的專欄中——就像在詩中一樣——和那些被忽視、被遺棄的事物站在同一邊。」

尼采克不相信辛波絲卡會特別去書店找她在《非指定閱讀》中評論的那些書。無論如何，他從來沒在書店中見過辛波絲卡在書架間翻找。「如果所有的書都是重要的，那幹嘛去找？只要等它們自己來到她手中就好。」

另一方面，沃基米日．馬強哥告訴我們，他有時候會陪辛波絲卡去逛書店，還會和她一起選書。

不過，後來她慢慢就比較少去逛書店，而是利用那些寄到《文學生活》的書來寫評。

然而，艾娃．莉普絲卡認為，辛波絲卡的選書完全不是意外。她說，好友們會把他們覺得有趣、好玩或古怪的書帶給辛波絲卡。如果辛波絲卡感興趣，她就會把書留下。莉普絲卡記得，約爾登公園曾經有一個展覽是關於犬學，她丈夫帶了一本展冊給辛波絲卡，辛波絲卡就為此寫了一篇評論。

「我從來不記得自己有因為某本書比別本書差就把它丟掉，直到今天依然是如此。我寫《非指定閱讀》，因為我認為，即使是最糟的書也可以讓你思考：或許是因為它很糟，或許是因為它裡面還是有些有價值的東西，只是作者沒處理好。」她告訴泰瑞莎．華樂絲。「我這輩子，總是亂讀書。」[1]

不過，華樂絲覺得，《非指定閱讀》並非出於隨機。她在《文學十年》中寫道：「表面上看起來，辛波絲卡是那種什麼都讀的讀者。只是出於貪婪——我們就不要說是熱愛吧——而閱讀那些被寄到編輯部、其他讀者不感興趣的書。（……）但是我們不要被這表象騙了。辛波絲卡是個老練的閱讀獵人，從那些看似隨機的書中，我們可以發現她精準無比的選書機制。」[2]

辛波絲卡對我們說：「我評論的那些書是人們會買、會看的，只是官方的評論家不會注意到它們。事實是，那些書屬於另一個類別，不是政治主流會感興趣的。人們需要這些書，因為他們受夠了政治。波蘭人民共和國入侵人們的大腦，我在我的書評中試圖喚醒讀者腦中那些還沒投降的腦細胞。今天人們也寧可讀中世紀的瘟疫，而不是當下的政治局勢。」

「當然，她對待這些書的方式是工具性的，就像書中的人物、事件和物品。」華樂絲如此評論《非指定閱讀》：「辛波絲卡巧妙地利用書中的單一細節，改變內部的比例，這邊縮小，那邊放大，抓住一個作者無意間丟出的想法，發展副線的情節，在毫無防備的書中插入自己的聯想，脫離那個只能讓你上下蹦跳的跳跳床，飛入修辭的太空。」[3]

辛波絲卡向我們證實，她評論的是那些被寄到《文學生活》，沒有被同事們拿走的書。她也說，她每個月可以報公帳買五本書。

雖然《非指定閱讀》是非政治性的專欄，但還是有言論審查來插手。

「有時候他們會刪掉十分不可思議的事。比如有一次我寫火柴，說如果每三根火柴中有一根點不著，這就表示，每三座森林中就有一座森林是毫無意義地被砍掉的。他們刪除了關於森林的句子。有時候他們會刪掉某些細節，某個名字。」

在《非指定閱讀》其中一集的〈序〉中，辛波絲卡寫道，書是人類發明的最美麗的遊戲。「遊戲人（Homo ludens）*跳舞、唱歌、擺姿勢、裝飾自己、舉辦宴會和各種儀式。我並沒有輕視這些遊戲的崇高性。（……）然而這些遊戲卻是集體行動，你多多少少會感覺到一些

對辛波絲卡來說，從孩提時代開始，閱讀就是人類所發明的、最美好的遊戲。辛波絲卡和母親。1920年代末。

軍事訓練的味道。讀書的遊戲人是自由的。（……）他可以在出乎意料的地方輕笑，可以在讀到某一段文字時停下來，然後一輩子都會記得這段話。他總算有自由——其他任何遊戲都不會提供他這種可能性——聆聽蒙田的話語，或是暫時潛入上古的中生代。」[4]

有年夏天，辛波絲卡剛好在讀亞當・克斯登（Adam Kersten）的《卡基米日大帝的華沙，一六四八到一六六八》，那時候很熱。在閱讀時，辛波絲卡一直在想，那個時代的人們穿著「鎖鏈頭盔、頭盔、康圖什長背心（kontusz）、得利亞外套（delia）、多爾門袍（dolman）、恰馬拉外衣（czamara）、祖潘長袍（zupan）、卡坦納外套（katanka）、長靴、手套、大帽子和布帽、頭帶和有飾帶的帽子。」會不會很熱。她寫書評時，天氣依然很熱，於是她在文末來了一個充滿同理心的結尾：「這些人當時依然相信地獄，因此即使他們的思緒飛向未來，也沒辦法讓他們涼爽一點……」[5]

在「文學信箱」中，她安慰一個擔憂的母親，要她不要擔心，她十一歲的兒子讀的書太艱澀，比如像是莎士比亞。「這樣好嗎？當然好。我們一開始就知道這孩子不會長成一個拳擊手，不會靠著自己的左刺拳打遍天下。但這不會改變什麼。他已經透過閱讀環遊世界了。」[6]

辛波絲卡自己也很喜歡不帶任何目的而閱讀，只是為了單純的好奇心。「我喜歡讀自然、歷史、人類學的書。我也讀辭典、指南、專著。但我必須絕望地放棄物理學著作，因為除了序，我讀不懂裡面的任何東西。有時候我會讀關於蝴蝶或蜻蜓的書，有時候我會讀如何整修房屋的手冊，我也會讀學校課本。」[7]

雖然辛波絲卡說她讀不懂物理，但多年後她讀到了費曼的《費曼物理學講義》，然後她告訴史坦尼斯瓦夫・巴卜斯，這是她讀過的最有趣的書之一。

她對那些「具有寫實教育色彩的文章」比較沒同理心。評論《意念和英雄》這本書時，她說寫《尤里西斯》比寫給青少年看的書容易許多，因為後者「會落入一堆和藝術無關的義務之中」，並且充滿「一堆老童軍教練喊『嘿、嘿、萬歲』的口號，和各種安排好的集體活動。」[8]一個讀者讀了這篇書評後覺得受辱，於是寫信給編輯部抗議。辛波絲卡回信說，她是用玩笑的方式告訴讀者，寫一本給青少年看的書有多難。而她認為「玩笑真的不代表『輕蔑』和『詆毀』。」[9]

耶日・皮赫對我們炫耀，說辛波絲卡在某場聚會上精湛地分析了他的書《另一些狂喜》中的第一個句子。「她一開始嘲諷了《灰燼》的第一個句子。說：『這是什麼樣的句子啊？什麼獵犬？什麼森林？這句子根本沒有告訴我們任何訊息，作者應該要告訴我們那是伯爵的獵犬，事情在某年某月某日發生……然後她對我說：『你的小說是從一個真正的句子開始的，在裡面有十二個訊息，還有很棒的氣口。』這對我來說就是諾貝爾文學獎了，如果她有把它寫下來該多好……但是辛波絲卡從不寫她的朋友。」

她也不寫政治。「聰明的皮赫注意到了，我在這些專欄文章中避開所有的政治議題。」[10]辛波絲卡有一次在訪談中談到她在波蘭人民共和國時期寫的《非指定閱讀》時這麼說。她還承諾，如果有一天她會重啟《非指定閱讀》，她的寫法也不會改變（她也做到了）。

她收到很多朋友們寫的書，但就像她說的，她極少評論這些書，因為寫朋友是最難的。確實，在一套五冊的《非指定閱讀》中，我們只找到幾本書是辛波絲卡熟識的人寫的[11]。我們也因為認識

* 譯註：遊戲人（Homo ludens）是荷蘭學者約翰・赫伊津哈（Johan Huizinga, 1872–1945）提出的概念，他主張遊戲對社會與文化的重要性，並認為人類的許多活動都是從遊戲性的行為中發展出來的。

了辛波絲卡，而在她的書評中被提及，那篇書評寫的是《原住民的神話》：「一堆記者和報導者會坐飛機過去，但是在現場他們會發現這一點用處都沒有。原住民一年只會發出一張採訪許可。第一個得到的人是理查．卡普欽斯基。至於安娜．碧孔特和尤安娜．什切斯納這兩位小姐，她們老早就到了，雖然我不知道她們是怎麼辦到的，她們去那邊是為了打聽，原住民是不是也會寫五行打油詩……」[12]

辛波絲卡不喜歡探人隱私，包括死者的隱私（她稱那為「挖另一個世界的八卦」），但這不妨礙她閱讀死者的信件和日記。當然，她讀的是那些一開始就打算發表、「不會造成墳墓之外的問題」的日記。

「但是為了自己而寫、沒有文學修飾、沒有自我審查的日記就比較糟了。那些日記是為了整理消逝的一天，消除壓力，把不能給最親密的人看的祕密在此傾吐。」她在評論湯瑪斯．曼的《日記》時如此寫道：「我們現在可以讀到他的告解，有著巨大但又模糊的喜悅——我們正在閱讀、聆聽陌生人的祕密。」[13]

在另一個場合，她承認惡意的好奇心有時會在閱讀中帶來狂喜。她會有很複雜的感覺，一方面讀別人的祕密讀得津津有味，另一方面又為自己的津津有味而有罪惡感。在讀了芭芭拉．瓦赫維奇（Barbara Wachowicz）寫的，關於顯克維奇的五位瑪莉亞的書後，她寫道：「比較敏感的讀者會同情書中那些已逝（也就是毫無防備能力）的主角們，他們的祕密被我們粗野地貫穿了。然而，這同情不會阻止讀者把整本書讀完。完全相反，他會一氣呵成地讀完，就像那些神經比較大條的讀者。」[14]

有一次在某個作者見面會上，有人問辛波絲卡為什麼不評論純文學，而是要評論科普書和各種指南？她回答：「這種書從來不會有黑白分明的『好』或『不好』，這是它們最讓我喜歡的一點。」另一次她寫道，只讀暢銷書的想法讓她感到恐懼。在讀了一段內心獨白後，她喜歡換換口味，知道大象怎麼打噴嚏，或蜈蚣到底有幾隻腳。她喜歡讀那種有趣的書，這樣可以暫時放下日常的煩惱，但是也不要太有趣，這樣才能及時睡著。

皮赫覺得，辛波絲卡涉獵廣泛，是因為她不確定閱讀純文學是否有意義，另一方面她相信世界本身就是豐富的文本。當人們迷信世界經典，辛波絲卡反其道而行。她的這個立場可以在她的專欄文章中看到，也可以在詩作中看到。[15]

她在受到《植物的古怪世界》啟發的文章中寫道：「生理學的暴走。愛玩的植物，有攻擊性的植物，可禦敵的植物，不可思議的植物。在演化中停下，或奔放不羈。肉食植物，還有同樣兇猛的草食植物。這是自然的胡言亂語，塊莖的謠言，花朵的道聽塗說。它是有刺的兔子，無防備的強者。植物是怪中之怪，怪到不能再怪的怪胎，真正狡怪，又怪又妙。」[16]文學評論家耶日·克瓦特科夫斯基（Jerzy Kwiatkowski）在分析《非指定閱讀》時說，辛波絲卡會讓詩意滲入她的專欄。確實，這篇文章看起來就像是一首詩的草稿，日後有可能會變成一系列關於植物的詩——雖然這樣的系列從來都沒有誕生。[17]

塔德烏什·尼朵克認為，很多辛波絲卡詩中的句子和專欄文章中的句子可以互相調換也不會違和。他舉了兩個例子來說明這些句子類似的結構，一個是：「我喜歡鳥。（……）我喜歡牠們彷彿皺褶花邊領巾、戰冠、小梳子、襞襟、荷葉邊、外套、燈籠褲、扇子和鑲邊。」另一個則是：

你脫下，我們脫下，你們脫下
大衣、夾克、西裝外套、
毛上衣、棉上衣、人造纖維和棉質混紡上衣，
裙子、褲子、襪子、內衣。
（……）
該是用依然顫抖的手綁起、扣起
鞋帶、按扣、拉鍊、鉤子、
皮帶、鈕扣、領帶、領子了。

（〈衣物〉，《橋上的人們》，一九八六）

《非指定閱讀》和辛波絲卡詩作的關聯性，我們也可從重複出現的主題中看出來。「不管亞特蘭提斯有沒有存在過，對它來說都沒差，而對我們來說很有用。我們需要它，這樣我們就可以練習我們的想像力。畢竟，把狂想花在柴米油鹽上，是多麼浪費啊。」[18]她在評論一本書時這麼說，這本書是關於消失的亞特蘭提斯。在此之前，她自己也寫過一首詩叫〈亞特蘭提斯〉，用來練習想像力：

上面曾有人或無人。

在島上或不在島上。
海洋或不是海洋。
被吞沒或者沒有。
（……）
在這或多或少的亞特蘭提斯。

（〈亞特蘭提斯〉，《呼喚雪人》，一九五七）

有時候辛波絲卡讀過的書會在多年後在她的詩中傳來回音。她在閱讀史坦妮絲瓦芙．維索茨卡（Stanisława Wysocka）關於劇場的語錄時（本書出版於一九七三年）注意到，這位總是演出偉大劇作的偉大悲劇演員，希望劇場是讓人們可以喘息、休息的地方。「靈魂不只會在大笑時休息，也會在純粹的悲傷中休息。」辛波絲卡評論：「第三十頁第九行的這句話讓我深思不已。」[19]大概二十五年後，辛波絲卡寫了一首詩（這是她得了諾貝爾文學獎後的第一首）：

擁有靈魂是暫時的。
沒有人能持續不斷，
永遠地擁有它
（……）

有時候只有在童年的
讚嘆和恐懼中，
它才會稍作停留。

有時候只在驚奇之中，
當我們發現我們老了。
（……）
我們進行了一千場談話，
它只參加一場，
還不一定會發言，
因為它偏好沉默。
（……）
快樂和悲傷
對它來說不是兩種不同的感覺。
只有當兩者結合時
它才與我們同在。

（〈關於靈魂的二三事〉，《瞬間》，二〇〇二）

「我在一個評論家那裡讀到，這首詩是關於人類靈魂的危機。」辛波絲卡告訴我們：「但不是這樣。靈魂（或那個我們稱之為靈魂的東西）總是一下子在場，一下不在場。如果有人感到疼痛，靈魂就不在了，逃走了，只剩下那個疼痛的組織在尖叫。我想要說的是，靈魂是喜怒無常的，只會在適當的時機出現，告訴人們它存在。當某人對比日常更高貴的東西敞開心胸，這個時刻對我來說就是靈魂。」[20]

翻閱辛波絲卡的評論文章，我們三不五時會看到她以正經無比的態度看待幽默。「幽默是嚴肅的小弟。」「幽默是憂鬱和好笑的天然合成物。」「笑的藝術是十分嚴肅的才能。」「湯瑪斯．曼堅持自己是個幽默作家，就像契訶夫一樣，他也不斷重複自己寫的戲劇是喜劇。很少有人去思考，他們為什麼這麼定位自己。幽默？這是什麼啊？人們普遍誤會幽默就是製造笑話，或是某種愚蠢的歡樂。但事實上，幽默是巨大的憂鬱，只是它能夠注意到好笑的事。」[21]

辛波絲卡自己也在詩作、評論文章和人生中使用幽默。就像布朗尼斯瓦夫．梅伊注意到的，大家都會看電視，只有辛波絲卡會注意到這個預告：「神是怎麼創造世界的——紀錄片。」

辛波絲卡認為，「幽默是某個時代習俗最細緻的產物，但也是最不持久的。」同時，她哀嘆：「時代的變遷讓幽默的處境特別艱辛。」她讀普勞圖斯的《吹牛軍人》不是為了發笑，而是為了瞭解兩千年前人們的幽默感。她寫道：「可惜——喜感是遊蕩的靈魂。幾百年前藝術家覺得某些地方會令人發笑，但幾百年後你很難在同一個地方找到它。」[22]當辛波絲卡閱讀一本關於波蘭哥德藝術中的幽默的書，她一開始覺得憂鬱，因為今天的人們必須靠解釋說明，才能理解古人的幽默。但之後她馬上就感到高興，因為她一點都不想和中世紀的人們有同樣的幽默，那時候人們會嘲笑身障人士、智能障礙者和侏儒[23]。不過，她卻在另一處捍衛班尼・希爾（Benny Hill）粗野的幽默感，說：「如果出於莫名的原因，人們創造出唯一的一種幽默，而這幽默是優雅、細微、纖薄的，那麼地球上百分之八十的人大概會永遠都不笑，度過此生。」[24]

她最愛的是英國作家們寫的《荒謬大全》或《無稽之談全集》這樣的書，這類書並不是英國作家的發明，因為老早就存在了。「然而英國作家貢獻顯著。他們讓這個國度蓬勃發展、遍地開花，他們帶著狂喜的吹毛求疵辛勤耕耘，讓這國度的居民增加了一倍。這是我所知的、唯一正向的殖民！」[25]

毫無疑問，你可以認定《非指定閱讀》的作者是個女性主義者。雖然辛波絲卡和許多她那一代的人一樣，對女性主義保持距離。她告訴我們：「我知道這是個必要的潮流，但我寧可不要追逐任何潮流。我也同理男人，他們也有自己的壓力、恐懼和暴力，有時候他們在家也要面對有毒的太太。」「長年的恐怖統治讓女人有了暫時的平權，但這只停留在斷頭台上。」辛波絲卡在評論傑曼・德・斯戴爾（Germaine de Staël）的回憶錄時說：「之後，就像往常一樣，女人的脆弱成為強壯男人的陪襯。男人有觀點，女人固執己見，她只有用女人的頑固，才能對抗他強大的意志。面對他的遠大計畫，她則對以小心謹慎。當男人的某些表現會被稱為長袖善舞，女人做同樣的事只會被稱為是在搞小動作。我們今天都還可以看到這雙重標準留下的痕跡。我不是以一個女性主義者的身分（上天保佑，我不必當一個女性主義者）說這些，而是以幽默和公平正義之名說這些。」[26]

辛波絲卡在書評中跨越許多不同的時代和國家，她總是祕密地、帶著幽默在各種場合捍衛女性，同理她們，向世界介紹她們的觀點。我們在她的詩中也可以看到對女人的理解和同情：

和克拉科夫動物園的黑猩猩奇奇（Cziki）合影，1960年代。辛波卡說：「動物園的園長借她和我拍照。我牽著她走，她不喜歡那樣。很生氣。她的雙手很有力，而肚子就像椰子殼一樣硬。」

「當我把她放在椅子上，我試著抱她，而她咬了我的手，我大叫一聲。她看著我，然後開始說話。嗯，或許沒有說話，而是伸出手摘了一些葉子，放到我嘴裡。她不想要我大叫嗎？還是在和我道歉？」

他們說我是因為好奇才回頭看。
但是除了好奇我還可以有別的理由。
我回頭看，因為我為那隻銀碗感到惋惜。
只是因為不小心才往回看——當我低頭綁涼鞋上的鞋帶。
我回頭，因為我無法忍受繼續看我丈夫羅得
那充滿正義道德的後頸。
我突然很確定，就算我在這裡死去，
他也不會停下來。

（〈羅得的妻子〉，《巨大的數目》，一九七六）

辛波絲卡的譯者比賽卡・萊伊奇（Biserka Rajčić）說，在貝爾格勒（Belgrade）有一份女性主義雜誌叫《撐女性》（*ProFemina*），在這份雜誌中，辛波絲卡是某種另類偶像。她的詩曾在雜誌中被印出：

天真，但是最會給建議。
虛弱，但是可以抬起重擔。
不是很有頭腦，但以後會有的。
讀雅斯佩斯和女性雜誌。

不知道這個螺絲是拿來幹嘛的，但會建一座橋。
年輕，就像平常一樣年輕，一直還很年輕。
手裡捧著一隻翅膀受傷的麻雀，
或是拿著為了長途旅行而自備的錢，
切肉的剁刀，冷敷的毛巾和一小杯伏特加。

（〈女人的肖像〉，《巨大的數目》，一九七六）*

辛波絲卡從來都不會放過任何一個機會提醒人們這個丟臉的事實：多個世紀以來，女人都無法為自己的命運作主，無法選擇伴侶。她在創作中多次提到獵殺女巫，她犀利的眼睛不會放過任何細節。

我們就簡單舉個例子吧：辛波絲卡曾經評論過一本關於卡薩諾瓦的書，她提醒讀者留意一個驚人的事

* 譯註：本詩有收錄在林蔚昀翻譯的《黑色的歌》（聯合文學，二〇一六）中，頁一八八－一八九。在《黑色的歌》中，冷敷的毛巾（kompres）誤譯為羅盤（kompas），一小杯伏特加（kieliszek czystej）誤譯為乾淨的酒杯（czysty kieliszek）在此更正。

給伊蓮娜・希曼絲卡和理查・馬圖謝夫斯基的明信片。1978年8月15日。

實：這個花花公子雖然誘惑了許多女人，但沒有一個女人試圖讓他留下，或是讓他回到自己身邊。「每個波蘭的路人甲（他們都不是卡薩諾瓦）都知道，分手的路途有多艱難。然而這個世界知名的浪子竟然可以不費吹灰之力收拾行囊上路，有些女人甚至還會幫助他。（……）她們是對他失望？厭倦他了？還是覺得無聊？我很希望可以在國際女性年討論這些問題。」[27]

辛波絲卡也有評論美國女性主義者寫的合集《沒有人生來就是女人》。她認為，和那些關於女性身心的刻板印象戰鬥，一定會引起反彈。「在閱讀那些論述時，我有一種衝動想要叫：『停！』然後等待作者對男性伸出微弱的騎士之手。因為男性也過得不容易，他們或許也想要從某些禁錮中解放。」她還提醒讀者，不要把這本其實很有趣的書當作一本「如何和家裡的男人戰鬥的指南，不要把爭取平權侷限在誰要幫誰倒茶上頭。」[28]

沃基米日．馬強哥說，有一次辛波絲卡挽住他的手，然後說：「你們男人馬上就會緊繃起來，展示你們的男性雄風。」

「她喜歡抓住男性氣質，然後嘲笑。」他說：「她可是特別為此寫了一首詩。」

他從下顎到腳底都繃得緊緊的。
身上的橄欖油閃閃發光彷彿穹蒼，
只有他會被選中，
肌肉就像酥皮捲一樣。

（〈健美比賽〉，《鹽》，一九六二）

辛波絲卡告訴我們，有一次她在札科帕內看到一則全國舉重比賽的廣告，她於是試圖說服阿斯托利亞文學之家的作家和她一起去看。

「剛好那時候大家都很不食人間煙火，只有阿利西亞．史坦諾娃（Alicja Sternowa）——她是安納多．史坦（Anatol Stern）的遺孀——興致勃勃地要跟我去。於是我們就去了，我看到好多舉重選手三次走到槓鈴前，但還是放棄了。我看到一個巨漢沒有成功把槓鈴舉起來，然後在教練的擁抱下放聲大哭。你訓練了一年，放棄了許多東西，還要節食，最後你的成敗就只取決於那幾秒。那時我就想：『天啊，也許該寫一首詩關於這些可憐的舉重選手，就寫那個眼裡含著淚的。』是的，是的，有些詩我今天會用不同的方式來寫。」

無論如何，《非指定閱讀》沒有嘲笑那些充滿肌肉的男性。「雖然看起來不像，但我並不是健美的敵人。我並不反對光滑、緊繃的肌肉。布魯諾．梅促古（Bruno Miecugow）可是比我還嚴厲。他稱健美選手為『人類發展史上失落的環節』，說人類學家根本不用拿著鏟子去挖各種遺跡，只要看看健美選手就知道了。」[29]

辛波絲卡在《非指定閱讀》中花了很多篇幅寫動物，尤其是狗和鳥。她也在專欄中發表了一封給海豚的信（她說海豚揭發了人性之惡），並在信中反對軍隊利用海豚來做實驗。她也在「文學信箱」中捍衛動物：「人們對於文學中那些會說話的動物要求實在太多了。動物不只講話要有條有理，還要言之有物。這些可憐的傢伙還得好笑、有邏輯、精闢，人們對人類角色的要求都沒有那麼高。人類角色可以胡言亂語，講一堆有的沒有的五四三，浪費得來不易的打字紙。」[30]在另一處，她又寫道，也許動物沒有意識是好的。不然「這世上就會有更多絕望的生物。」

當辛波絲卡在戒嚴過後和《文學生活》斷絕合作關係，她停寫了《非指定閱讀》兩年。後來她短暫地為《刊物》寫它，也偶爾在《歐德拉河》發表。最長的、好幾年的停頓一直持續到一九九三，當塔德烏什・尼采克想到，要在《選舉報》重啟這個專欄。詩人被說服了，用信件和當時負責文化版的主編安東尼・帕夫拉克（Antoni Pawlak）確認所有細節。比如說她會問，買書的錢要怎麼報帳，畢竟時代改變了，現在路邊的書攤都不會開收據了。

文化版的下一任主編米豪・奇賀（Michal Cichy）把辛波絲卡寄來的第一篇稿子分成好幾段，然後他收到辛波絲卡來信提醒，說她的專欄只有一段，她請主編照她寫的樣子刊登。可惜，在《選舉報》的舊版型中，專欄的字體是斜體的，而沒有分段的專欄很難閱讀。這就是為什麼美編給《非指定閱讀》引進了一個特殊的字型。在之後的版型中，這個問題消失了，但是文章被下了小標。奇賀再次收到辛波絲卡的來信，說雖然《選舉報》的小標下得很好，但她還是寧願自己來。

詩人說：「《非指定閱讀》只有一段，這是為了讓讀者覺得這是一氣呵成的。這文章本來就該短小精悍，必須在一頁之內寫完。我想要讓它看起來很完整，看起來像是一個思緒。有時候我沒辦法做到這點，那時候我就會在應該分段的地方放刪節號。」

辛波絲卡在寫作《非指定閱讀》的三十年間，評論了許多本書，只有偶爾才會評論詩。如果她寫到詩，那一定是為了傳遞這樣的訊息：「我沒有評論詩的熱情。」或：「我一直搞不懂，為何詩人能如此輕率地寫詩評。」當她盛讚維克多・沃羅西斯基（Wiktor Woroszylski）的《情詩相簿》，她問：「如果愛情不斷創造出新的詩人，那為什麼情詩不會創造出新的讀者呢？」

在辛波絲卡評論的幾百本書中，只有少數是詩集（拉福格〔Laforgue〕、哈拉斯〔Halas〕、艾略特、賀拉斯〔Horace〕、莎芙〔Sappho〕）和詩選（保加利亞詩選、現代希臘詩選、奧圖曼古詩詩選、關於海洋的詩選），還有一些關於詩的論述（保羅・梵樂希〔Paul Valéry〕、米奧德拉格・帕夫洛維奇〔Miodrag Pavlović〕）。

當《非指定閱讀》結集出版，辛波絲卡自己選了要收錄哪些文章。

《非指定閱讀》於一九九三年在《選舉報》重啟時，有人問辛波絲卡，這專欄是否會像以前一樣非政治、反吸血鬼？她回答：「對，因為在這部分情況並沒有改變。政治依然是想把我們體內血液吸乾的吸血鬼。當然，你要有些理想，有些誠實思考過的信念，並且要試著和它們和諧相處。但是你必須用各種角度看世界，用各式各樣的角度讀各色各樣的書。」[31]

12

詩人在旅行，也就是在薩莫科夫只有雨

辛波絲卡第一次出國是在一九五四年去保加利亞做文化交流。她記得薩莫科夫，說那是一座多雨的古城，有著許多有門廊和屋簷的木造建築。她也記得布爾加斯，她在那裡凍壞了。

「那是冬天。」她回憶：「保加利亞人總是驕傲地說他們是個南方國度，所以屋子裡都沒有裝暖氣，而水龍頭流出來的是冷水。更糟的是，房間裡的燈開始搖晃，而櫃檯的人說：『沒什麼，只是地震。』」

辛波絲卡在當地的監護人和嚮導是布拉嘉．狄米羅特娃，她們之前在穀物街就認識了。狄米羅特娃是個詩人、翻譯、散文作家，在七〇年代她曾和人合作創辦反抗政府的民主運動組織，而在保加利亞民主化後，她當上了副總統。她在辛波絲卡得了諾貝爾文學獎後，就寫過她們共同的旅行：「根據當時的習慣，來保加利亞參訪的外國訪客，參觀的地方必須越多越好，但是看到的細節則是越少越好。維斯瓦娃率真誠實地反抗這件事，完全顛覆了我們的劇本。我們通常都會在夜間坐車旅行，穿過狹窄、坑坑洞洞的田野小徑。我記得她經常哈哈大笑，對我們的夜間旅行發出抱怨：『是誰告訴我保加利亞很小的？我們一直開一直開，都看不到盡頭啊！』然後她會一直問：『我們還沒到嗎？也許我們在黑暗中穿越國界了，現在連老天都不知道我們在哪？』在車上震了一晚後，我們最後會在某個昏昏欲睡的鄉下小旅館停下。」

她繼續寫道：「在保加利亞的兩週，我們安排的行程就是讓訪客參觀一間又一間的博物館。和其他溫馴的外國人不同，維斯瓦娃直接對普羅夫迪夫考古博物館那名狂熱的嚮導說：『您就別白費力氣了！』然後跑到院子裡深吸了一口氣，大叫：『我受夠博物館了！我看這些古物看得頭都暈了！』」[1]

狄米羅特娃告訴我們，她看得出這些參訪讓辛波絲卡身心俱疲，但是行程就是行程，她們去遍了保加利亞所有的博物館。「這就是為什麼，多年後當我翻譯她的〈博物館〉，我馬上就想到我們共同的參訪。」

這裡有盤子，但是沒有食慾。
這裡有婚戒，但是它們至少三百年
都沒有互動了。

這裡有扇子，但是羞紅的臉在哪？
有劍——而憤怒呢？
魯特琴在黃昏時分不會發出任何聲響。

因為人們缺乏永恆，所以他們在此處

蒐集了一萬件古物。
（……）
王冠活得比頭顱還長。
手輸給了手套。
鞋子的持久度勝過了腳。

而我，我還活著，請相信這一點。
我和連衣裙的賽跑還在進行。
它是多麼頑固啊！
彷彿它想要活得比我長！

（〈博物館〉，《鹽》，一九六二）

她們一起去拜訪了尼古拉·凡普查洛夫（Никола Вапцаров／Nikola Vaptsarov，1909－1942）的母親，凡普查洛夫是一名被納粹射殺的共產主義詩人。辛波絲卡的好友（也是她在《文學生活》的同事）揚·帕威爾·加夫里克說，他記得辛波絲卡很在意地告訴他，這個單純、來自農村的女人在她自己家裡，彷彿像一件博物館展品般被展出。在這裡，官方故事和真正的悲劇產生了衝突。多年後，她把這段經驗寫成了詩：

是的，她很愛他。是的，他一直都是那樣。
是的，她那時站在監獄的牆外。
是的，她聽到了那些槍響。
（……）
是的，她有點累了。是的，這會過去的。
站起來。說謝謝。說再見。在走出門的路上
在玄關遇見下一批遊客。

（〈聖殤像〉，《開心果》，一九六七）

一年後，辛波絲卡到斯洛伐克參加作家聚會。但一直要到解凍讓鐵幕稍稍打開，她才來到了真正的西方，到了法國。她就是在那一次到邁松拉菲特，拜訪了耶日・吉德羅耶茨。

她那一次和波蘭作家聯盟的同伴們一起住在聖路易島（Île Saint-Louis）上，住在破破爛爛的阿爾薩斯旅館（Hôtel D' Alsace）。他們沒有任何安排好的行程，每個人都去自己想去的地方。雖然辛波絲卡之後也有來過巴黎，但她在詩作中提到的巴黎街景，只有巴黎聖母院的喀邁拉：

在巴黎，從清晨到黃昏，
巴黎就像

巴黎，它
（喔神聖天真的描述啊，幫幫我吧！）
（……）
一個乞丐像是石棺雕塑般沉睡，

上｜右起：譯者布拉嘉・狄米羅特娃、尼古拉・凡普查洛夫的母親、辛波絲卡。班斯科，保加利亞，1954年春。

下｜辛波絲卡左邊是尤利安・皮日博希，
右邊是畢格涅夫・赫伯特。拍攝於揚・博占科夫斯基（Jan Brzękowski）的公寓。巴黎，1967年秋。

他是放棄了舒適的世俗僧侶。
（……）
灰色的喀邁拉脫離石化的僵硬
（會飛的、低矮的、像猴子的、像灰蛾的
彷彿青蛙的，突然出現的，只有頭和腳的，
有許多形狀的，哥德的活潑快板）。
牠們好奇地看著他，
對我們，牠們沒有同等的好奇。

（〈流浪漢〉，《鹽》，一九六二）

揚．約瑟夫．什切潘斯基記得，在巴黎時，辛波絲卡狂熱地在倉庫和商店到處跑。後來她在《非指定閱讀》中寫到芳登廣場（Place Vendôme）的珠寶店。她自己也說過，她和斯瓦渥米爾．莫若熱克每天都去電影院看最新的影片「補進度」，而且他們特別喜歡看動畫。她也一定參觀了許多博物館、畫廊，也看了許多展覽。回到波蘭不久後，她就在《新文化》（*Nowa Kultura*）這本雜誌上發表了我們前面引用的〈博物館〉。

辛波絲卡於一九六〇年第一次造訪蘇聯，她是和一群作家一起去的，同行的人包括瓦迪斯瓦夫・布朗尼斯基（Władysław Broniewski）、簡莫維特・費德茨基（Ziemowit Fedecki）和史坦尼斯瓦夫・葛羅赫夫亞克（Stanisław Grochowiak）。她並沒有像許多作家一樣，在解凍後的第一次出訪（一九五七年）就過去。那些作家去了翻譯／編輯麥依・科涅夫家參加晚宴——她是蘇聯將軍伊萬・科涅夫的女兒。年輕的俄國詩人在那場聚會上朗讀詩作，其中包括葉甫根尼・葉夫圖申科（Евгений Евтушенко／Yevgeny Yevtushenko）。後來，其中一名與會的波蘭作家耶日・普特拉門特（Jerzy Putrament）在回到波蘭後向蘇聯大使館密告了這件事，蘇聯大使館於是通知了波蘭統一工人黨的中央黨部。維克多・波里索夫（Wiktor Borisow）是當時蘇聯作家協會社會主義國家部門的主管，他記得一九六〇年的參訪也是充滿緊張的氣氛。這是因為瓦迪斯瓦夫・布朗尼斯基三不五時脫離行程，消失不見，在街上讀自己的詩。波里索夫必須把整個警覺心都放在布朗尼斯基身上，因此他想不起來辛波絲卡當時做了什麼。

出訪的作家去了莫斯科、列寧格勒和提比里斯。帶他們參觀蘇呼米的是〈格拉納達〉（*Grenada*）的作者米哈伊爾・斯韋特洛夫（Михаил Светлов／Mikhail Svetlov）。所有人都去參觀了有養人猿、世界知名的動物園。

辛波絲卡告訴我們：「他們對我說，我們可以在那裡看到自由活動的人猿。但當我們到了那裡，發現所有的人猿都被關在籠子裡。那時候我已經不會感到驚訝了。」

在列寧格勒，最令辛波絲卡印象深刻的是，瓦迪斯瓦夫・布朗尼斯基在彼得保羅要塞看到用來關波蘭人（從柯斯丘什科開始）的監獄，就開始啜泣。*

「他就那樣不停地抽泣、抽泣，就像一隻河狸。」[2]詩人對我們說：「他是那種很愛哭的男人，我並不是很欣賞這一類人。我只會在看電影或讀書時哭，但是從來不會在戲劇性的時刻哭泣，只會喜極而泣。比如說，我看湯瑪斯．曼的《約瑟夫和他的兄弟們》，看到家人團聚，就一定會哭。」

第一次拜訪蘇聯的半世紀後，辛波絲卡說她在埃爾米塔日博物館（Ermitaż）看林布蘭的畫作《浪子回頭》時有哭。「我自己也不知道為什麼，我從來都不是一個放浪的孩子。這畫作中一定有什麼不可思議的東西。」[3]

我們問辛波絲卡，她是否有去參觀列寧格勒的冬宮，還有，她是否有看到她之前在詩中寫到的那幅畫：

當他們爬上大理石階梯，
燭台般的金色光芒在他們身邊盤旋，
淺黃色的牆壁和天花板顫抖，
走廊上迴盪著腳步的咆哮。
古老的世界啊，償還的夜晚到了，
面對受壓迫的起義人民，你要躲到哪裡去？

第一個科濟馬用肩膀撞開房間的門，
而在房內——
人群，馬匹，大軍，
軍官們組成的軍隊、軍隊，

坐在馬背上一動也不動，準備出擊，
而在軍官的胸膛，勳章閃閃發亮，
而比勳章更閃亮的，是銀色的兵器。
士兵們都看著那個在前頭領隊的，
他白色的手握住韁繩，張開嘴
——只等著做為信號的刀劍揮下、命令發落。

但是科濟馬，房間是空的，
這裡沒有一個活人。只有鏡子
反射出對面掛著的畫。
而你從第一刻就想到：充滿威脅的大軍將壓境，
騎著馬過來踩死革命……
你還沒習慣宮中的奇妙事物。

（〈冬宮之畫〉，《自問集》，一九五四）

* 譯註：塔德烏什．柯斯丘什科（Tadeusz Kościuszko, 1746 – 1817），波蘭軍隊領袖，波蘭愛國象徵，曾領導反抗俄羅斯帝國和普魯士王國的柯斯丘什科起義，但起義失敗，柯斯丘什科被俘，曾被帶到彼得保羅要塞（Петропáвловская крéпость／Petropavlovskaya Krepost）監禁，後被釋放，流亡歐洲。

不，她沒有去那裡，她沒想過要去看看她很久以前在詩中寫過的場景。那首詩的引言是「根據真實事件」，但她不記得自己是在哪裡讀到這段紀述的。

我們問了許多歷史學家和藝術史學家，到底哪幅畫會驚嚇可憐的科濟馬？歷史學家希羅尼姆．葛拉拉（Hieronim Grala）回信給我們：「冬宮目前是埃爾米塔日博物館的一棟建築物，那裡有數不清的畫作，其中一半的畫作都符合辛波絲卡詩中的描述。不過，當你爬上主要的階梯，一定會看到一八一二年戰爭畫的展廳，又稱為戰爭畫廊。那裡有超過一百名將軍的畫像，兩幅巨型勝利之父的肖像，也就是巴克萊（Barclay）親王和庫圖佐夫（Kutuzov），還有沙皇亞歷山大一世的肖像，以及充滿許多手腳的軍事藝術*。這充滿了軍事、肩章、絲帶和勳章的三面牆，很有可能在科濟馬身上引起辛波絲卡所描述的那種情緒。」[4]

萬妲．布朗涅芙絲卡（Wanda Broniewska）、阿圖爾．緬濟哲茨基、辛波絲卡、維克多．波里索夫和史坦尼斯瓦夫．葛羅赫夫亞克。在克里姆林宮的中庭，莫斯科，1960年。

辛波絲卡後來又拜訪了蘇聯兩次。一九六七年她和耶日・札古斯基及尤里安・皮日博希再訪喬治亞，去了提比里斯參加一場向詩人紹塔・魯斯塔韋利（შოთა რუსთაველი／Shota Rustaveli）致敬的活動。後來辛波絲卡把這次的出訪寫入她的專欄，在文中描寫了一條在古墓中出土、有三千年歷史的青蛙金鍊。[5]

她告訴我們她在一九六三年和作家朋友——列斯瓦夫・巴泰斯基（Lesław Bartelski）和提摩泰什・卡波維奇（Tymoteusz Karpowicz）——去南斯拉夫。當地人帶他們到達爾馬提亞玩。他們坐遊覽車去，沿著亞得里亞海行駛。車窗外，一邊是海、白色的岩石、海鷗，另一邊則是舊城堡的廢墟。而從後面的座位則傳來同伴的談話：「那時候美麗街已經沒有出口了。」「那時我就開槍射擊。」「然後走城中區的下水道。」†辛波絲卡還回憶起史高比耶，說她在地震後不久就去了那裡，她在一間穆斯林的汽車旅館看到那裡沒有停車場，只有給駱駝休息的圍欄，這令她很驚訝。

她在一九六七年在旅途中路過的地中海小鎮科利烏爾（Collioure）令她印象深刻，因為安東尼奧・馬查多（Antonio Machado）在那裡過世。「有些詩人是泉源。」她在《文學生活》中如此評論馬查多：「沒有泉源就沒有河流，但是只有河流能夠流過語言的界線。馬查多是當地的寶藏，他的偉大無法轉譯到其他語言文化中，他是西班牙風土的祕密。」[6]

一九七〇年，辛波絲卡和烏舒拉・柯齊奧一起去克諾克－海斯特（Knokke-Heist）參加詩歌雙年展。「維斯瓦娃很大方，會給打掃房間的女僕很多小費。但我們的錢很少，只夠買郵票。」烏舒拉・

* 譯註：這邊是指這些畫中有很多士兵，有大批人群，在波蘭這樣的畫作被稱為「有很多手腳的畫作」。

† 譯註：這些人是在談華沙起義的時候。

柯齊奧說：「雙年展上有各種其他活動，比如貝雅特芭蕾舞團的演出，尚．馬赫（Jean Marais）也在裡面跳舞，他很壯，很可愛。辛波絲卡覺得很好玩。當他們朗讀《熙德之歌》（*El Cantar de Mio Cid*），我們想起青年波蘭時期詩人維斯比揚斯基的翻譯，然後笑得要死。之後我們就從會議中溜出來，在布魯日到處走走，看那邊的哥德建築和古老大師的畫作。」

「最後我受夠了詩人出訪團。」辛波絲卡告訴我們：「一個詩人，很棒，兩個詩人，也很好，但一百個詩人就是笑話。我從很早以前就拒絕這種出訪活動了。」

我們曾問過烏舒拉．柯齊奧，辛波絲卡的旅行習慣，她寄了一首詩給我們做為回覆：「有一次神出於習慣／邀請維斯瓦娃去天堂／啊，不用了，她說／我好累／我只有在家才覺得像在天堂。」

辛波絲卡有時候會出國參加作者見面會，比如一九九二年去布拉格和根特，一九九三年去斯德哥爾摩和倫敦。

「維斯瓦娃最喜歡在街上散步、觀賞街景，因為在街上她可以看到人們的生活是什麼樣。」文學評論家瑪爾塔．維卡說，她曾在一九九二年在弗朗德里亞的波蘭文學日談論辛波絲卡的詩作。「她旅行的風格就是，在旅館穿上睡袍，拿出麵包，以及配麵包吃的東西，做早餐或晚餐。我不知道她在斯德哥爾摩領諾貝爾文學獎、當貴賓有什麼感覺。」

維卡也告訴我們，在根特舉行作者見面會時，主辦單位在講台上準備了一張小桌子，而在小桌子上有一根蠟燭。整場活動是在一間寒酸的國立大學舉行，桌子也是一張普通的桌子，圓圓小小的。為了裝飾，人們還給桌腳包了金色的紙。辛波絲卡坐下來，然後開始笑，因為她看到桌上擺著一首她的詩[7]：

打赤腳
難道不會比穿著「嘿美皮鞋」製造的鞋子好？
踩著腳、發出嘎茲聲，
笨拙的幫天使代班——

如果這連衣裙可以更長，長到拖地，
而詩不是從手提包拿出來，而是從手套，
（……）
在講台上已經埋伏著一張小桌子，
降靈會用的那種，有著塗成金色的桌腳，
桌上的燭台輕煙繚繞——

整件事的結論是，
我必須在燭光旁
讀我在普通的電燈旁，
用打字機答答答寫出的詩——

（〈怯場〉，《橋上的人們》，一九八六）

和瑪爾塔・維卡在根特，1992年。

報導文學作家漢娜・克拉爾（Hanna Krall）也在根特的那場見面會上。她說：「維斯瓦娃侷促不安地坐在那裡，彷彿不知道把自己的手腳往哪擺。她穿著彷彿是國營商店賣的套裝，彷彿還是來自波蘭人民共和國。但當她開始讀詩，整個波蘭人民共和國的氛圍就消散了。」

辛波絲卡對在燭光旁發表詩作的厭惡，我們也可以在「文學信箱」中看到。「有次我們被邀請去判定，文學俱樂部喜歡在燭光，還是燈光旁進行發表會？我們聲明：我們喜歡電燈。從下方映照的燭光會讓作者的臉看起來很像羅馬尼亞電影中的階級敵人。」[8]

辛波絲卡出國的固定配備之一（她不只在波蘭人民共和國時期為了省錢使用這些配備，在她得了諾貝爾獎，住在高級旅館時也會使用），還包括一個可怕的中國保溫瓶。她總是會請飯店服務生幫她在保溫瓶中裝熱水，這樣早上就可以泡茶喝。辛波絲卡的秘書米豪・魯辛涅克（Michał Rusinek）記得，去領諾貝爾文學獎時，斯德哥爾摩大酒店的服務生一臉嫌惡地從辛波絲卡手中接過保溫瓶。辛波絲卡很習慣自己的家用品，尤其在使用多年後，不喜歡把它們丟掉。魯辛涅克說他花了十年，才讓這個保溫瓶從辛波絲卡生命中消失。

「辛波絲卡受我邀請，來過德國幾次。為了避免誤會或是有弦外之音，她總是和康奈爾・菲力普維奇（Kornel Filipowicz）一起來。」卡爾・迪德西烏斯在信中告訴我們：「我記得，我陪伴維斯瓦娃小姐（和康奈爾一起！）到漢諾威和萊茵蘭。我們去了哪裡？也許博物館，也許咖啡廳，也許酒吧？誰知道。但是我們只為了研究目的去：去調查哪裡的咖啡和啤酒比較好。」[9]

辛波絲卡的旅途記憶都是某些片段的細節，某些激發她想像力的小故事，就像她在詩中寫的一樣：

在薩莫科夫只有雨，
除此無它。
巴黎從羅浮宮到指甲
都被白翳籠罩。
聖馬丁的大道只餘下樓梯，

通往消逝。

列寧格勒到處都是橋，
但只剩下一座半。

可憐的烏普薩拉，
大教堂只剩下一點點。

不幸的蘇菲舞者，
只有身體，沒有臉。
（……）
在注視的一瞬間，
我同時歡迎這些景象，也與它們道別。

（〈旅行的哀歌〉，《鹽》，一九六二）

在維也納，艾娃．莉普絲卡記得，辛波絲卡很欣賞漢德瓦薩的瘋狂建築*。在烏普薩拉，一間十八世紀的解剖室讓辛波絲卡感到如此饒富興味，她甚至嘆息：「真不想出去。」

在倫敦白金漢宮，泰瑞莎·華樂絲必須和辛波絲卡一起參觀皇室的廁所（盥洗室）。

不過在倫敦，辛波絲卡最心心念念、最急著去參觀的則是貝克街的夏洛克·福爾摩斯故居。她從少女時代就愛上福爾摩斯，並在評論《百年來的偵探》這本書時寫道：「夏洛克，堅定不移的單身漢，有著一顆自由的心。但我純真的心總是對此感到不安：夏洛克多年來和華生醫師住在一起。」[10]

開車經過捷克到威尼斯時，耶日·伊格記得辛波絲卡留下了「悔過券」，也就是汽車超速的罰單。

卡特琳娜·卡蘭達－札列絲卡（Katarzyna Kalenda-Zaleska）曾拍攝關於辛波絲卡的紀錄片，為此也跟隨辛波絲卡出國了幾次。她記得，在卡塔尼亞（Catania），和參觀古蹟比起來，辛波絲卡寧可去魚市場。在阿姆斯特丹的博物館，看了收藏維梅爾畫作的兩間展廳後，辛波絲卡說她受夠了（她說：「我頭昏腦脹。」）之後她要札列絲卡拍她站在一間叫「Baba」的店前，而在波隆那，她看到一間店叫Pupa Straci，覺得很高興。†

好友們說，辛波絲卡從來都不獨自旅行，一定要有旅伴，她的習性就是這樣。

「我擔任她的語言翻譯，也負責處理旅行中的實務。」泰瑞莎·華樂絲說：「她很挑剔，又有點反覆無常，在參觀景點時，她有點像蝴蝶，這裡坐一坐，那裡停一停。她完全沒有冷酷的系統性。她參觀景點的方式有點像她選擇讀物的方式，她喜歡稀奇古怪的事物，喜歡獨特的珠玉，那些只會

* 譯註：佛登斯列·漢德瓦薩（Friedensreich Hundertwasser），奧地利藝術家、建築家，以強烈、色彩鮮豔、不協調的風格著稱。

† 譯註：Baba在波蘭文是「女人」的意思，Pupa Straci在波蘭文則是「屁股失去」，這些字在義大利文當然有其他意思，但用波蘭文來理解就充滿喜感。

在她眼中發亮的東西。」

辛波絲卡對旅行缺乏熱情，因為就像她說的，她是典型的巨蟹座。她在評論《在食人族之間——不可思議的女旅行家》這本書時寫道：「也許有一天，我們會發現那些讓某些人必須浪跡天涯的基因。男人的這個基因比較活躍，女人比較少見，但是也有活躍的例子。至於我呢，我的這個基因一定沉睡了，而且睡得很深，因為我不喜歡大型的旅行。」[11]

上｜和艾娃・莉普絲卡在佩希托爾茨多夫（Perchtoldsdorf），奧地利，1995年5月7日。

下｜和泰瑞莎・華樂絲在德國，1997年4月。

辛波絲卡只有一次自願去旅行，但沒有獲得任何回應。她在一九七一年評論《博娜女王》時寫道：「波蘭作家聯盟應該要派一個人去巴里，在博娜女王的墓前獻花，向這位偉大的女王致敬。該是我們為了克拉謝斯基的小說《兩位女王》（在這本書中她被寫成一個愛八卦的女人）向她道歉的時候了。如果沒有人要去，我自告奮勇。」[12]

在一次旅途之前，有人問辛波絲卡是不是需要的東西都帶了，她回：「旅行時，不可或缺的東西只有回程的票。」

對辛波絲卡來說，旅行的麻煩還包括要填寫表格。在波蘭人民共和國時代，每次旅行都要填護照申請書，然後旅途結束後馬上就要歸還護照。在表格中必須提到之前所有的旅行，也要提到沒有去的旅行（也就是護照申請未通過）。辛波絲卡告訴我們：「我會填上假的資料，因為我不記得我什麼時候去了哪裡。」在《非指定閱讀》中她承認，她不喜歡旅行的原因之一是要完成這些繁瑣的手續。也許這就是為什麼，辛波絲卡為那些不必花心力處理這些繁文縟節的生物或非生物，寫了這首詩（二十年後，她在諾貝爾文學獎的演講上讀了這首詩，因為講稿太短了）。

哦，人類的國界是多麼鬆散啊！
多少雲朵不被懲罰地飄過，
多少沙漠的沙子從一個國家灑到另一個國家，
多少山上的石頭在挑釁的跳躍中
滾到了陌生的領土！

我難道要一隻一隻數出飛過的鳥兒嗎？
或是那些停在邊境柵欄上的？
就算那是隻麻雀好了——牠的尾巴已在鄰國，
而鳥喙還在這裡。而且牠還在不斷扭來扭去！

（……）

還有那昏睡病般四散的大霧！
以及大草原上的滾滾煙塵，
這煙塵到處都是，彷彿草原沒有被分割成兩半！

聲音也透過樂於助人的空氣傳得遠遠的：
對話的尖嘯和有意義的冒泡。

只有人類才會完全彼此陌生。
其他的則是混合林，鼴鼠的工作和風。

（〈讚美歌〉，《巨大的數目》，一九七六）

辛波絲卡在評論《古波蘭民間故事》時，再次提到了跨越國境：「當我得知那些被認為『很波蘭』

的民間故事其實是十字軍東征帶來的進口貨，而故事中的國王在原版是一名蘇丹，我的心並不會淌血。嗯，故事們，你們繼續流浪吧，去吧，跨越所有的國界。」[13]

八〇年代辛波絲卡沒出國，甚至沒有申請護照，因為她知道自己應該不會得到許可。當她在一九七五年在抗議修憲的連署信上簽名，她就成了國安單位的監視目標。國安特務決定要禁止她去愛荷華參加國際寫作計畫，很多波蘭作家都去了，計畫的創辦人也鼓勵她申請。不過，國安特務並沒有成功阻止辛波絲卡——因為就像一名特務在一九七六年五月二十日憂鬱地寫下的：「截至目前為止，觀察對象並沒有提出申請。」

她告訴我們，有一次一個國安特務打電話給她，說她的審查看起來很樂觀，護照已經在等她了，希望她可以和他約個時間喝咖啡。「我說：『啊，真不巧，我在克拉科夫有事要處理，現在旅行已經取消了。』我這麼說不是因為我是聖人，而是因為我不在乎出國。」

這也就是為何當波蘭民主化、國界開放時，辛波絲卡並沒有急著出國。通常要花很久的時間遊說，她才會答應出國旅行。她去布拉格的時候就是這樣，那時候亞采克．巴魯赫當上了波蘭駐捷克大使，而他的秘書則是詩人茲畢涅夫．瑪黑（Zbigniew Machej）。

那是一九九二年五月，布拉格的波蘭文化中心依然不確定有沒有經費買機票，所以辛波絲卡是坐車去捷克的。首先，雅捷隆大學的教授沃基米日．馬強哥開車載辛波絲卡和瑪黑去波蘭捷克邊境的切申，然後奧斯特拉瓦領事在那裡用車子接他們，他們在那住了一晚，早上就開往布拉格。

一路上，辛波絲卡和瑪黑全神貫注觀察路標，以及路上看到的地名，然後一首接一首地創作五行打油詩。

克羅梅日什的所有人妻
都有腰椎疼痛的問題。
她們於是隨身帶著用厚紙板、橡膠和砲銅
做成的三個墊片，
以防萬一。

他們來到摩拉維亞時，經過了斯拉夫科夫，但這個地方之前的名字奧斯特利比較適合押韻。

一個奧斯特利的歷史學者
對皇帝一無所知。
感謝他愉快的無知，
他在原野中摘雛菊，
有時候還會採到松乳菇。

（維斯瓦娃．辛波絲卡，茲畢涅夫．瑪黑）

辛波絲卡和瑪黑在這段旅途中寫了幾十首五行打油詩，這件事後來在克拉科夫成了傳奇。我們從辛波絲卡口中得知，有些詩其實根本沒寫完，只有兩行。比如像這首：「帕杜比赤的某個醫生／對處女很熟。」

辛波絲卡喜歡在旅途中寫五行打油詩打發時間。她在《給大小孩的押韻詩》（二〇一三年由a5出版社出版）中提到，她通常都是在旅途中寫下這個「英國文學花園中的不羈野草」，因為人們應該要在寫五行打油詩時路過某個地方（我們知道，五行打油詩的第一行必須包含地名，以此做為韻腳）。可以是坐汽車經過或是坐火車經過（最好是「走偏離主要道路的、坑坑洞洞的小路」或是「坐每站都停的慢車」）。但是夜間特快車、長途郵輪、高速公路就不行了，更別談坐飛機。

身為諾貝爾文學獎得主，辛波絲卡會收到數不清的邀請，但是她很少旅行，頂多一年一兩次。當她收到來自某個國家的有趣邀請，但不想去，就會對她的秘書米豪・魯辛涅克說：「我知道您很想去，但我真的沒辦法。」[14]

即使是得了諾貝爾文學獎的隔年（通常每個得主在這時候會排滿了會議、訪談和出國的行程），辛波絲卡也只有出國兩次，一次是去斯德哥爾摩領獎，另一次是受她的出版社及翻譯卡爾・迪德西烏斯之邀去法蘭克福。她在獲得諾貝爾文學獎之前就答應他們要去德國，而她出於守信，不想取消。

她說：「書展時他們安排我們住在離城市很遠的旅館。我決定要紀念這件事。在旅館階梯的平台上，有一個很大的地球儀。我做了一個小小的島，把它黏在太平洋最空的那一塊，然後我也寫上了我們旅館的名字。我還想打電話給當時在當外交部長的瓦迪斯瓦夫・巴托舍夫斯基（Wladyslaw Bartoszewski），告訴他地球上出現了一個新的島嶼，我們可以和它建交。他一定會覺得很好玩。如果有人去住法蘭克福的維茲旅館（Hotel Weitz），可以去看看我的小島還在不在。」[15]

辛波絲卡對自己的出版社心存感激，對譯者更是如此。

耶日・伊格說：「她去義大利或是去瑞典，完全是為了譯者瑪麗娜・馬庫赫（Maryna Makuch）或安德斯・波格達去的。她覺得她彷彿欠了他們什麼，因為他們為翻譯她的詩付出許多心血。」

出乎意料地，辛波絲卡在兩千年時和尤安娜・伊格（Joanna Illg）、耶日・伊格和瑪麗娜・馬庫赫一起開車去了威尼斯。「維斯瓦娃進了博物館，研究了兩三幅畫，然後就說：『我們去喝咖啡吧？因為我覺得頭暈了。』」伊格寫道：「我們走出去，眼皮下留存著這兩三幅畫的記憶。如果不是維斯瓦娃，我們不會決定走入歷史博物館。維斯瓦娃跟隨著本能和好奇心，第一站就來到了博物館。在一樓的某間展廳，她為一件展品讚嘆不已：她專注地看著放在玻璃櫃裡的、某個樞機主教的聖務日課書。書是攤開的，左邊的頁面是很平凡的祈禱文，右邊的頁面則被人鏤空挖了一個細長的洞，裡面放了一隻小小的銀製手槍。對維斯瓦娃來說，這樣的細節包藏了最深刻的、威尼斯歷史和日常的真相。」[16]

「梵蒂岡的花園令人感到不可思議。」米豪・魯辛涅克於二〇〇三年十一月十二日從羅馬寫email來說：「但是最令維斯瓦娃小姐印象深刻的是，那些穿著丘尼卡上衣、拿著武器的街頭藝人。他們在羅馬競技場擺姿勢給人拍照，累了一天後，剛好和我們去同一間酒館。其中一人自我介紹是凱薩，對辛波絲卡說：『您好。』而辛波絲卡很快就回了：『您好，凱薩，赴死者向您致敬（Ave Caesar morituri te salutant）＊。』這是在她去作者見面會幾個小時前的事。」

辛波絲卡在二〇〇八年春天去了西西里，卡特琳娜・卡蘭達－札列絲卡為波蘭民營電視台TVN拍攝了這次旅途的報導。辛波絲卡拒絕在陶爾米納（Taormina）的古老劇院前讀詩（她說：

「不，這裡太美了，在這讀詩效果會很陳腔濫調。」），但是她同意去柯里昂（Corleone）。她多年來喜愛在地名標示前拍照，最好是大家都認得出來的、有特色的地名——這就是為什麼她總是準備好要偏離主要道路，就為了和普欽（Pcim）、頑皮鬼（Hutajka）、地獄（Pieklo）、天堂（Niebo）、冷水（Zimna Woda）這些路牌拍照，甚至會特別去索多瑪（Sodoma）和尼安德塔（Neandertal）。她不需要在那裡特別參觀，只要拍路牌就好。他們開車經過幾十公里彎彎曲曲的小徑，然後辛波絲卡站在柯里昂鎮的路牌前，念了一首她特別為此寫的五行打油詩：

在柯里昂
你的肋骨可能會被人打一棒。
孩子們還在吸奶
就已經耳濡目染，
也就是說他們從小就很強。

卡特琳娜・卡蘭達－札列絲卡希望可以拍更多素材，她也成功說服詩人去愛爾蘭，去利默里克†。詩人說：「去利默里克？喔好啊，這主意很棒，因為不是老套的觀光景點。」她也順道去了莫

* 譯註：據說這句話是羅馬競技場的鬥士在上場搏鬥前，會向凱薩說的話，但歷史文件並沒有這句話被廣泛使用的記載，只說它在克勞狄一世在位時，在海戰表演中被人使用過一次。

† 譯註：Limerick，據說五行打油詩（limerick）發源於此。

赫懸崖（Moher），然後讓導演拍下了她創作五行打油詩的過程：「某個法政牧師來自莫赫／說：「凱特，我並不信神。」他們也去了阿姆斯特丹，詩人在那裡看了她最愛的畫家維梅爾的畫。

只要那個國家博物館裡的女人
在畫出的寂靜及專注中
把牛奶從瓶中倒進碗裡，
日復一日，
這個世界
就不應該結束。

（〈維梅爾〉，《這裡》，二〇〇九）

卡蘭達–札列絲卡最後根據這些旅途，拍出了紀錄片《有候人生可以忍受》（*Chwilami życie bywa znośne*）。但是辛波絲卡拒絕了去紐約的建議，雖然誘餌是可以和伍迪．艾倫及珍古德（後者準備好要從英國飛過來）見面。

這不是第一次有人用伍迪．艾倫及珍古德引誘辛波絲卡。二〇〇二年，我們問誰是辛波絲卡最喜愛的英雄，她說她很幸運，能認識幾位很棒的、思路清晰的人，比如耶日．圖若維奇（Jerzy Turowicz）、揚．約瑟夫．什切潘斯基、揚．約瑟夫．利普斯基（Jan Józef Lipski）、切斯瓦夫．米沃什、亞采克．

庫倫、耶日・吉德羅耶茨。然後她補充：「有幾個人我還想要認識——我是說多了解一點，不是只是『你好再見』那樣——他們是哈維爾、伍迪・艾倫和珍古德。」

辛波絲卡在二〇〇七年和哈維爾見了面，當時他受跡象出版社之邀來克拉科夫參加一場活動「瓦威爾城堡的哈維爾」，宣傳自己的新書《長話短說》。辛波絲卡看到他，嘆息：「您也沒有雙胞胎。」*

熱愛舉辦藝文學論壇的勞倫斯・韋斯勒（Lawrence Weschler）想要邀請辛波絲卡到紐約舉行作者見面會。當他從我們這裡得知辛波絲卡的夢想，他說服伍迪・艾倫及珍古德和辛波絲卡同台（這對他來說輕而易舉），但辛波絲卡拒絕了。不過，卡蘭達－札列絲卡不想放棄讓辛波絲卡遇見自己最喜愛的英雄，於是她和米豪・魯辛涅克一起去了美國拍攝伍迪・艾倫及珍古德。在電影中，我們可以看到辛波絲卡觀看這些影像紀錄的情景。

「我敢肯定，她若看到我一定會失望，因為我只有在遠距才是個有趣的人。」伍迪・艾倫在影片中說：「我會反覆讀她寫的東西。人們認為我很幽默，但她的幽默比我高明許多。她的詩讓我可以享受生命。（……）她完全符合我定義中有深度、有洞見的藝術家，但這藝術家也記得，他的任務是娛樂讀者。她的作品完美實現了這個定義。我覺得很榮幸，她知道我這號人物。」

辛波絲卡得了諾貝爾文學獎後的所有旅程，幾乎都有米豪・魯辛涅克的陪伴。魯辛涅克除了許多其他優點，最大的優點是他很會寫五行打油詩，即使是最奇怪的地名，他也有辦法找到韻腳。

這就是辛波絲卡和魯辛涅克在西西里之行寫下的五行打油詩：

* 譯註：在波蘭文，人們會用「您是不是有雙胞胎」來表達「您看起來很面熟」，但辛波絲卡為何說「您也沒有雙胞胎」，原因不明。

路上我們經過特拉比亞（Trabia），
他們會在這裡把觀光客殺
然後把他們分成四塊，
之後當地居民會笑看屍塊，
問：「這是誰的腳，誰的呀？」

曾經在阿格里真托（Arigento）
有著四百（quattrocento），
人們不知道這是在搞什麼，
但也就乒乒乓乓地
進入了五百（cinquecento）*。

辛波絲卡總共去了義大利六次。最後一次去是在二〇〇九年春天，去了波隆那和烏迪內。

在熱拿亞教波蘭文學的彼得羅・馬切薩尼（Pietro Marchesani）教授告訴《選舉報》：「我記得她在波隆那最後的作者見面會，我這輩子從來沒見過這樣的場景。那裡大概有一千五百人，安伯托・艾可（Umberto Eco）坐在第一排，不斷和她說笑。每個人手上都有書，現場的氣氛十分專注，彷彿像是某種宗教儀式。她在義大利沒有讀者，她在義大利有的是粉絲和愛好者。在外國和義大利的詩人中，辛波絲卡的詩集是賣得最好的。政治人物會在演說時引用她的詩句。安東尼奧・塔布其（Antonio

Tabucchi）最近的新書賣了四十萬本，書的前兩頁就是在分析辛波絲卡的一首詩。辛波絲卡的詩句經常會成為其他作者的書名。」[17]

從義大利回來後，辛波絲卡告訴魯辛涅克，叫他不要再接受任何國外的邀請了。

魯辛涅克說：「她說，她不想要再坐飛機了，這讓她很疲累。但她在旅途中沒有顯露出不高興的樣子，也沒有提出很多要求。完全相反，她是典型波蘭人民共和國的孩子，對不舒適習以為常。我記得我們在二〇〇四年去以色列那一次，那是晚上的紅眼班機，我自己也又怒又累，而她只是在上機前睡了一下，在機上用毛毯把自己包起來打盹，什麼都沒抱怨。我想比起飛機本身，更讓她疲累的是那所有的儀式，通關，走過一個又一個登機門，然後還要排隊等候，又沒有菸可以抽。然而，她並不想要讓通關快一點而使用貴賓身分。她只有一次是以貴賓身分通關的，那是她從瑞典拿了諾貝爾獎回波蘭那次。」

在波隆那之後，辛波絲卡還坐車去了布拉格參加書展，坐車倒是不會讓她感到疲累。

他們去了佩特任山（Petřín）的佩特任瞭望塔，這是布拉格版的艾菲爾鐵塔。他們也看了亞拉・齊姆曼（Jára Cimrman）的發明博物館。亞拉・齊姆曼是個活在十九世紀末二十世紀初的捷克詩人、劇作家、作曲家、哲學家、數學家、運動員和發明家，他發明了完美的押韻（在這種押韻中每個押韻的字都是一樣的）。他們可以在展覽上看到消防員的腳踏車（在兩個輪子中都有消防水管）以及專門給自殺者使用的插頭，可以讓他們把整隻手塞進去。事實上，亞拉・齊姆曼是一個在一九六〇年

* 譯註：四百（quattrocento）是文藝復興的時期（1400 – 1499年），指這段期間發生的一系列文藝活動。五百（cinquecento）則是下一個時期（1500 – 1599年）。

代被想像出來的虛構人物，但捷克人很認真嚴肅地看待這件事，還給他舉辦了展覽、研討會，展出他的發明。[18]

「這一切彷彿是為辛波絲卡量身定做的。」魯辛涅克說。

在人生的最後兩年，辛波絲卡只進行自己每年的南方小旅行：夏天去盧波米日（Lubomierz），冬天去札科帕內。

誰知道，也許在世上她最喜歡的旅行是用指尖在地圖上神遊？無論如何，她寫了一首詩描寫這樣的旅行：

就像擺放它的那張桌子
一樣平整。
在它下方沒有任何動靜，
也不想尋找出口。
而在它上方——我人類的呼吸
不會造成任何旋風，
不會讓它
起一絲皺紋。

它的低地和山谷總是一片翠綠，

高原和山脈則是黃色或褐色，
而海洋是和藹可親的藍，
躺在崎嶇不平的海岸線旁邊。*

這裡所有的一切都小巧，觸手可及。
我可以用指尖擠壓火山，
不戴厚手套就能撫摸極地，
（……）
在這裡你幾乎看不到國界，
彷彿它們正在猶豫——到底要不要存在。

我喜歡地圖，因為它們滿口謊言。
因為它們不會讓我們看到刺人的真相，
因為它們心胸寬大，以善意的幽默
在桌上為我展開一個——不屬於這個世界的世界。

（〈地圖〉，《夠了》，二〇一二）

＊ 譯註：傳記中的這幾句和辛波絲卡詩集《夠了》中收錄的版本有差異，我還是以詩集為準。

辛波絲卡——詩、有紀念性的破銅爛鐵，以及好友和夢

13

走出大教堂，也就是如何爬上一首詩的開端

在《古遠東歷史》的書評中，辛波絲卡出乎意料地揭露了自己關於詩歌的信念，說詩的本質是相信「萬物中都沉睡著神祕的力量」，而「有技巧地選擇這些字，可以喚醒這力量」。她寫道：「詩人甚至可能唸完七個學院。但是當他開始寫詩，理智的制服就開始讓他覺得太緊。他喘著大氣，扭動身體，把制服的扣子一顆一顆地解開，直到他完全脫下了衣服，像個穿著鼻環的野人到處跑。沒錯，野人，沒錯。不然你要怎麼稱呼一個會用詩和死者及未出生的人溝通，和樹、鳥、檯燈甚至是桌腳說話的人（……）？詩人用圖像思考。比如說，他讀到某人的經濟利益和鄰居有衝突，他馬上就想到柳籃裡裝滿了砍下來的頭。（……）詩人總是跟不上隊伍，總是落在後頭。我們只能說這樣的話來捍衛他：畢竟，總有人得當墊底的。當一個墊底的人，詩人有機會在客觀事實的勝利遊行中，撿拾那些被人丟下、踩爛的東西。」[1]

辛波絲卡總是重複，她沒有寫詩的方程式，只有一個格言，出自她所愛的蒙田，他曾大叫：「看看，這根棍子有多少末稍啊！」對辛波絲卡來說，這句話代表了「作家技藝最不可到達的標準」，「不斷誘使著作家，去跨越理所當然的想法」[2]。

在《詩選》（*Poezja wybrane*）的序中，她說，談論自己的詩作時，她覺得她就像「一隻出於不明原

因跑進玻璃櫃，把自己釘成標本的昆蟲」[3]。不管面對的是作者見面會上的讀者，還是記者，她都不會回答關於創作的問題。她要不是逃避，不然就是巧妙地四兩撥千斤。她的朋友幾乎異口同聲地說，你沒辦法和辛波絲卡討論詩。問她關於某首詩，或甚至稱讚某首詩作，對他們來說是無法想像的事。

「我不是生來接受訪談的，我也不接受訪談。」在《冒號》於二〇〇五年出版時，她如此告訴愛哲別塔·沙維茨卡（Elżbieta Sawicka）。「我認為，詩人的使命並不是談論自己的創作，他必須保持沉默。但是既然我得說些什麼，那我想要引用歌德（當然我和他的地位不同）。他和愛克曼（Eckermann）在談話中提到一個想法，這想法大概是這樣的：『詩人知道自己想要寫什麼，但是不知道自己寫下了什麼。』我覺得這句話既聰明又有趣，而寫作的本質也確實是如此，我們真的不知道自己寫下了什麼，只知道自己想要寫什麼。歌德還有說過另一句話，也很值得一提：『藝術家，去創作吧，不要講空話。』嗯，我想說的就只有這些。」[4]

詩和寫詩對辛波絲卡來說是需要保持沉默的領域。她害怕當她開始談詩，她之後就寫不出來了。而當她已經把詩寫下，那就更不想去談它。

在詩中，她只偶爾進行關於詩的隨想：

但詩是什麼呢。
關於這個問題，
已經有許多搖擺不定的回答。

而我不知道、不知道，我緊緊抓住它，
　像是救贖的扶手。

（〈有些人喜歡詩〉，《結束與開始》，一九九三）

有時候某個人會成功說服她，讓她談詩，然後還從她口中套出一些話來。布拉嘉・狄米羅特娃寫道：「『她告訴我她四〇年代曾經寫過極短篇，後來這些極短篇越變越短，短到十幾行詩就可以塞得下。』於是，這就是她如何開始寫詩。如果我們仔細看，就會發現她的詩中多多少少都有這些元素：『事件』、『事實』和『快訊』。」[5]

辛波絲卡透過詩在寫小說，這件事辛波絲卡自己八成也是相信的。因為多年後她曾在訪談中說：「我依然覺得自己是個寫小說的人。那些說我有時候會寫極短篇的評論家，他們應該沒有弄錯。我曾經寫過小說，而我到今天都沒有放棄，我只是用稍微不同的方式寫而已。」[6]

辛波絲卡去克拉科夫第十二小學談論〈為路德維卡・瓦芙金絲卡默哀一分鐘〉時，也出乎意料地談論了詩歌。當時幾個女學生拿著錄音機去訪問她，後來她們在班上播放了訪談內容。學生們問到，為什麼現代詩沒有押韻了？辛波絲卡回答，每個語言中的韻腳是有限的，總有一天會耗盡，那時候大家就會受夠了押韻，因為你能忍受「內心－寫信」這樣的押韻多少次呢？告訴我們這個故事的是耶日・皮赫，他是當時班上的學生之一。他記得辛波絲卡，因為他那時候很震驚，有人竟然可以一邊寫詩，一邊思考如何寫詩。

在庫尼克高中舉辦的作者見面會。1969年6月12日。

「和她談論詩一點意義都沒有。因為她馬上會開始說她姊姊給了她什麼樣的蛋糕，或是她在商店看見什麼好笑的事。」[7]愛哲別塔・札亨特（Elżbieta Zachentar）說，她從小就認識辛波絲卡了，她父親維多・札亨特是辛波絲卡的朋友。一九五七年，愛哲別塔・札亨特帶了兩首詩到《文學生活》給辛波絲卡，那年她二十二歲，和辛波絲卡第一次拿詩到《波蘭日報》給她父親時的年紀一樣。「她那時候剛從巴黎回來，戴著一頂黑色羽毛做的帽子。我記得她給我的建議，她說詩應該要有某個概念。她將一首詩改短，那首詩是關於我從人生那裡借來了快樂和愛情，我不會償還，之後我會為債務去坐牢，而那牢獄就叫作老年。她說這樣就可以了，不用再畫蛇添足，說我會有皺紋或什麼的。三十年後，我很高興辛波絲卡寫了〈沒有什麼是免費的〉這樣一首詩。」

沒有什麼是免費的，一切都是借來的。
我債台高築。
我被迫用自己為自己還債，
用人生償還人生。
（……）
我想不起來，
我是在哪裡、什麼時候、為了什麼，
允許自己
欠下這筆債。

對這筆債務的抗議
是我們稱之為靈魂的東西。
那是唯一不存在於
債務清單上的事物。

（〈沒有什麼是免費的〉，《結束與開始》，一九九三）

「我們什麼都談，但我們不談詩。」艾娃．莉普絲卡告訴我們：「原因八成很無聊，因為我們都是寫詩的人。我們的心很年輕，雖然我們在年紀上都是優雅的老太太了，但我們依然寫得像高中女生。這很不正經，很好笑呀。」

辛波絲卡顯然也同意這點，但她說：

我比較喜歡寫詩的好笑
勝於不寫詩的好笑。

（〈許多可能〉，《橋上的人們》，一九八六）

我們不排除，辛波絲卡也覺得「當個詩人」這件事很好笑。她自己就曾經在諾貝爾文學獎頒獎典禮的演講上，這樣說詩人的工作：「有個人坐在桌前，或是躺在沙發上，兩眼瞪著牆壁或天花板，三不五時寫七行詩，然後十五分鐘後劃掉一行，之後又過了一個小時，什麼都沒發生。」

「維斯瓦娃是個理性主義者，她對任何不理性的事物都懷抱著不信任。」烏舒拉．柯齊奧告訴我們：「不過談到詩，她卻保密到家。她認為寫詩是一種祕密，是謎語。這是為什麼她系統性地避免談詩的理論，也不談自己的詩作。」

但是瑪莉亞．卡洛塔－希曼絲卡在信中告訴我們：「維斯瓦娃雖然很少談詩，即使談也帶著距離，但她確實會談詩。或許朋友們不想和她談詩，是因為他們不想打擾她的私人空間。」[8]無論如何，如果辛波絲卡對記者揭露某首詩的誕生環境，這是非常稀有的。

她在一九七三年一篇長篇、嚴肅的訪談中說：「我有一次在讀某本詩集，因為印刷錯誤，連接詞出現了兩次，一次在行尾，一次在下一行的開端。」這篇訪談被刊登在《政治》（*Polityka*）雜誌，訪者是克里斯汀娜．納斯圖蘭卡（Krystyna Nastulanka），這次她沒有迴避那些關於詩的問題。「我注意到，這樣的重複給了詩某種盪鞦韆的效果。那時候我就想到，我可以寫一首詩，關於特技表演的吃力和輕盈，而那個做為平衡的連接詞則會像是在高空擺盪的鞦韆。」[9]

從高空鞦韆到
高空鞦韆，在寂靜中在
在嘎然而止的鼓聲後，穿過
穿過被驚擾的空氣，比
比體重還快，而那身體再次
再次來不及墜落。

（〈空中飛人〉，《開心果》，一九六七）

烏舒拉・柯齊奧在《詩歌》雜誌中評論這首詩時，這麼寫道：「辛波絲卡這首詩第一個令我震撼的點是：作者用雙重的連接詞，創造了動感。在行與行之間的隱形留白讓這首詩充滿了空氣，讓它開始向上擺盪，越盪越高，直到詩中主角的面目變得模糊。」[10]柯齊奧在信中對辛波絲卡承認（那時她們還不認識彼此）：「您的詩直到現在依然在我體內擺盪。」

「辛波絲卡的詩有著波蘭傳統抒情詩欠缺的元素。」文學批評家揚・貢多維奇（Jan Gondowicz）在評論《萬一》時寫道：「她在談論偉大議題時保持距離，在談論細節時實事求是，她會看見新事物，而且會思考普世價值。」[11]

辛波絲卡不評論別人如何評論、討論她的詩，也不會對讀者的反應做出回應。不過，有時候聽她說話，你會有種感覺：其實她把這一切都看在眼裡。在九〇年代《選舉報》的一場專訪中，她說：「如果有人認為我是個喜愛微小觀察和細節的人，那我不會反對，因為事實就是如此。很久以前，我有幸讓尤利安・皮日博希喜歡我的詩。皮日博希注意到，我寫詩就像是個有近視的人，也就是說，我必須近距離觀察事物，才能把它們看清楚。至於遠方的事物，我則看得不是那麼清晰。或許在這之中有些真實性。」[12]

《從世界每一個角落看出的世界，關於辛波絲卡》的作者史坦尼斯瓦夫・巴卜斯（他把這本書送給她，寫下獻詞：「給維斯瓦娃，沒有妳這本書就不會誕生。」）如此描述他（評論家）和辛波絲卡（詩人）之間的關係：「她從來不會抗議我解讀錯誤，我也不會問她什麼。嗯，也許我有鼓起勇氣問一兩次。有一次我問她，Tarsjusz這個名字是怎麼來的？是指希臘哲學家呢，還是外交官？維斯瓦娃哈哈大笑，說：『史達休，去翻大百科的T條目吧，你會在那裡看到他的照片。』原來是眼鏡猴啊，她在百科中看到很喜歡，於是就為牠寫了一首詩。維斯瓦娃總是在睡前讀百科全書、植物標本、字典、紋章。」

我是眼鏡猴，我爸、
我爺爺、我阿祖都是眼鏡猴。
我是個小動物，有兩顆大眼睛
其他的部分就只剩必要，無多。
我很幸運逃過了被加工的命運，
因為我一點也不好吃，
而拿來做圍巾有比我更大的動物更好用。
（……）
巨大的人類啊，我們是你的美夢，
可以讓你稍微從罪惡感中釋放。

（〈眼鏡猴〉，《開心果》，一九六七）

另外有一次，巴卜斯問辛波絲卡，《呼喚雪人》裡面有一首詩〈夏夜之夢〉的開頭是這樣的：「佛日山脈（Vosges）的森林已露出微光。」而在之後的版本，這個句子改成了：「亞爾丁（Ardennes）的森林已露出微光。」他詢問為何有這樣的改變，然而辛波絲卡只回答他，關於佛日山脈的森林發出微光，她是在報上讀到的。

有一次她看到一尊阿特拉斯（Atlas）駝著地球的雕像，然後想著，這是多麼需要有責任感的角色啊，如果阿特拉斯突然手軟，地球就毀滅了。她把這首詩寫下，放在抽屜裡面很久。之後，她在某個作者見面會聽到了另一個詩人朗讀他關於阿特拉斯的詩，之後辛波絲卡就再也沒有回去修改這首詩。

「這個故事告訴我們，」辛波絲卡說：「發表詩作沒什麼好急的。」

我們去找了許多其他詩人的詩作，想要找到這首關於阿特拉斯的詩。最後，我們在《共和國報》上找到了它，那是詩人茲畢格涅夫·赫伯特的詩，詩中描述阿特拉斯的角色經常被人低估，大家只把祂看成一個「舉重的傢伙」，而祂的壯舉則被人認為「一點都不偉大，而且稀鬆平常」[13]。

辛波絲卡不談論現代波蘭詩，尤其是朋友的詩作。她從來沒有參與詩歌的討論會。雖然在六〇年代她曾在《文學生活》舉辦的、關於詩歌的討論中發言，那次討論的主題是布朗尼斯基、高青斯基和吐溫的詩作在波蘭文學和歷史中的地位。一位與談者說，學生必須了解詩人的生平和詩作被寫下的時代，不然他就不會了解，為何一個詩人會寫：「把槍扔到人行道上！」而十年後另一個詩人則大叫：「舉起刺刀！」然而辛波絲卡卻堅持，詩歌只應該從哲學、語言的角度來分析，詩人的生平和詩作一點關係都沒有。[14]

她不斷重複這一點，比如在《非指定閱讀》中評論關於約瑟夫·切霍維奇（Józef Czechowicz）的回憶錄時，她說：「讀這本書我不時感到焦慮：每一首詩，包括那些爛詩，都有著很豐富的背景。一個三流詩人也是一個很複雜的人，也有許多可供人回憶的地方。在此同時，為何一個詩人可以寫出生動、雋永的句子，而另一個沒辦法，這我們就無法參透了。」[15]

她不喜歡別人問她，誰是她心目中的大師。但是有時候（主要是在《非指定閱讀》中），她會提到自己最喜歡的作家和最喜歡的作品。我們知道，她很欣賞里爾克和康斯坦蒂諾斯・卡瓦菲斯（Κωνσταντίνος Καβάφης／Konstantinos Kavafis）、博萊斯瓦夫・拉什曼（Bolesław Leśmian）和切霍維奇（她稱他是「繼斯沃瓦茨基之後，波蘭詩壇中有著最靈敏耳朵的詩人」），她認為米茲凱維奇的〈如果我的屍體在此〉（Gdy tu mój trup）是一首絕對的傑作，而比較小的傑作（但也是傑作）則是米容・白沃謝夫斯基（Miron Białoszewski）的〈購物的民謠〉和弗蘭蒂塞克・哈拉斯（František Halas）的〈老女人〉。

「我沒有寫詩歌評論的天分。有時候我只會在小圈子裡和人談它，如果某個人的詩或某本合集出於某種理由讓我覺得重要。但是即使是如此，我通常用一句話做開場白和結語：『什麼？你們還沒讀那首嗎？那你們一定要讀，因為值得。』」她在她編選的阿圖爾・緬濟哲斯基的《詩集，一九四誰－一九九六》的序中如此寫道。[16]

辛波絲卡在紙片上寫詩，因為她說，這可以維繫她腦中世界和手的連結。她以前會用鋼筆，但後來用原子筆。

在一滴墨水中包藏著許多
瞇著眼的獵人，
準備好要沿著陡峭的鋼筆往下跑，

包圍住小鹿，開槍射擊。

（……）

如果我下達命令，這裡什麼事都不會發生。
沒有我的允許，一片葉子都不會落下，
一根草莖都不會在蹄下彎曲。

所以有這樣一個世界，
它的走勢由我掌握，不受命運影響？
它的時間由字句構成的鎖鏈綁住？
生命都在我的號令下永存？

寫作的喜悅。
永恆的可能。
人類之手的復仇。

（〈寫作的喜悅〉，《開心果》，一九六七）

她曾告訴納斯圖蘭卡：「創作是關於，你扯下現實的一小部分。（……）有時候我覺得，『寫作的喜悅』就是找到那個我當下需要的字，或者甚至不是找到，而是尋找的過程本身。有時候沒有那個字，你要去創造它，或是找到某個文學上的比喻。（……）有時候靈感會從天而降，有時候起點會是兩個字的相遇。比如說我發現，當這兩個字比鄰而居，它們會讓彼此變得更強壯。（……）」

「在詩中，我努力完成在繪畫中被稱為明暗效果的東西。我希望在詩中同時陳列（甚至是讓它們共生）兩種元素：高尚和無聊，憂鬱和好笑（……）。」

「某個東西如果被丟在一堆其他東西上頭，看起來就沒什麼特別的，但是如果你把它拿出來，它看起來就完全不同。突然你發現，這個東西的本質是很奇怪、很複雜的。詩歌必須跨出理所當然的界線，必須給事物另一種觀看它的角度。」[17]

九〇年代，辛波絲卡曾在雅捷隆大學開設給研究生的寫作課。她告訴那些年輕的創作者，寫詩最重要的是刪除，而家中最必備的家具是垃圾桶。她曾在一場訪談中說到：「我發表的詩作不多，因為我習慣在深夜寫作。而我在白天有個可怕的習慣，就是會讀我在晚上寫的東西。我發現，不是每一首我寫下的詩都可以通過時間的試煉——即使只是地球自轉一周。」[18]在她得了諾貝爾文學獎後，她向記者重複了這個觀點：「在深夜寫下的詩常常在白天重讀過後就『見光死』。在春天寫下的詩不一定會活過秋天。我會把詩作留在抽屜很長一段時間，反覆斟酌。我寫下的詩真的比人們想像的多，只是它們多半的歸宿是垃圾桶。」[19]

在課堂上，辛波絲卡和想要成為作家的年輕人談詩。她選了兩首詩來談：維克多．沃羅西斯基的〈總算有點歡樂的事〉（*Wreszcie coś wesołego*）和伊莉莎白．畢曉普（Elizabeth Bishop）的〈禮儀〉（*Manners*）。[20]

「老頭，寫點歡樂的東西吧／（……）我總是埋怨地對自己說／畢竟／你也老早就知道了／即使在消逝中也有甜蜜／在一去不返中有意義／所有的事物在結束時都有撫慰。」教授這門課的老師布朗尼斯瓦夫．梅伊對學生們朗讀。

「你寫的詩太好了，真好！我感謝你寫的所有詩，但我要特別感謝你寫這首〈總算有點歡樂的事〉，它讓我很有共鳴。」[21]在課堂前，辛波絲卡還如此在信中告訴沃羅西斯基。

「我自己也想寫這樣一首詩。」辛波絲卡告訴學生：「但是沃羅西斯基已經寫了。人常常這裡痛那裡痛、為各種事生氣煩心，然後他常常在身心俱疲時忘了，人生很美麗。沃羅西斯基有辦法把這寫出來，雖然他病得很重。人類畢竟不是只由絕望組成的呀。」

之後她朗讀了伊莉莎白．畢曉普的〈禮儀〉：「我們坐在馬車駕駛座／爺爺拿起韁繩／說：「記得，在路上／看到人要打招呼。」

「我有一種感覺，伊莉莎白．畢曉普是辛波絲卡最喜歡的女詩人之一。」當時課堂上一名學生格里高日．諾瑞克（Grzegorz Nurek）——他是當時文學雙月刊《學報》的編輯——如此寫信告訴我們：「辛波絲卡在談的是普通的善意，在山上和人打招呼，對動物的尊重，比如『貓洞』，也就是在農村的門上特別開給貓走的洞。她說，寫歡樂的詩是很重要的，即使世界很可怕，你自己也很脆弱，還是要寫歡樂的詩。」[22]

她不喜歡談自己的詩，但是喜歡和友好的編輯及出版人談書封、校對、開本和所有關於出版的細節。當時讀者出版社（Czytelnik）的詩集主編理查．馬圖謝夫斯基記得，辛波絲卡會談論出版的每一個細節。

「你一定很驚慌，我是不是寄了一首新詩要收入詩集裡。」辛波絲卡在寄給馬圖謝夫斯基的自製拼貼明信片背面寫道：「但是沒有，上次見面後我只有寫一首詩，但是我想到了一個很棒的題名，或許它也可以當作整本詩集的書名，做為指引（因為我也有自己的指引）。我大概不會再給《萬一》這本詩集添加更多新作了。但是在深思過後，我決定把一首詩『改寬』，這樣它的呼吸會更順暢，讀起來會好一點。我也改了兩個字。自然，我很擔心有些句子為因為句子變長而要拆成兩半，這對閱讀來說是種可怕的干擾。我請求你，讓字體小一點，或是用大一點的開本，這樣可以盡量減少這種干擾。」[23]

讀了《萬一》後，我們得知這首「改寬」的詩是哪一首：

我向意外致歉，因我稱它為必然。
我向必然致歉，如果我弄錯了。
就讓幸運不要生我的氣，如果我把它當成是我的。
讓死者寬容我吧，他們在我記憶中消逝。
我向時間致歉，原諒我在分秒中忽略廣大的世界。
我向舊愛致歉，因為我把新的愛情當作初戀。
遠方的戰爭，原諒我帶花回家。
敞開的傷口，原諒我扎傷了手指。
從深淵裡哀嚎的人們，原諒我聽小步舞曲。

在車站的人們，原諒我在清晨五點時仍在睡夢中。
放過我吧，被圍獵的希望，因為我有時會大笑。

(〈在一顆小星星底下〉，《萬一》，一九七二)*

那首已經寫好、但辛波絲卡沒有寄給出版社的詩(因為詩人有別的計畫)，確實成了她下一本詩集的書名，也是那本詩集中的第一首詩：

地球上有四十億人口，
而我的想像力依然像以前一樣。
我對巨大的數目不是很在行。
我關心的依然是個體。
(……)
我的夢並沒有擠滿了人，不像它該有的樣子。
比起熙攘的群眾，裡面更多的是孤獨。
有時候會有死去多時的人來探望。
用一隻手開門。

（〈巨大的數目〉，《巨大的數目》，一九七六）

當被問到，什麼時候她會覺得某本詩集完成了，她說：「在妳們面前的是一個很不系統化的人。我在整理詩作時，沒有什麼既定的法則。有時候我想要再多加一點東西，或刪掉一些東西。但是這些想法總是在書已付印後到來。」

當她完成下一本詩集，她寫信給馬圖謝夫斯基：「我很高興，你們喜歡我的故鄉（譯註：波茲南地帶）。那裡的人不會很高調，但是他們的耳朵很乾淨，而在老去的時候他們會種樹，清楚知道這些樹長大的時候，他們已不在人世……那裡的人很少寫詩，他們認為種樹比較能夠造福下一代（這是真的）。而我呢，不幸的是我寫詩，不過幸好寫得不多。詩集還沒有準備好，我希望把簽合約的時間延到明年年初，我很迷信，我寧可在簽約時已經把詩集寫好了，甚至還有多的可供刪修。詩集的名稱大概會是《巨大的數目》（因為世上已經沒有小數目了）。」[24]

辛波絲卡總是自己想詩集的書名。她生前出版的最後一本詩集叫《這裡》，她告訴我們，一開始這本詩集的書名是《細節》（不知道她是認真的還是開玩笑）。「我突然開始想像，甲小姐問乙小姐：『你手上有沒有辛波絲卡的細節？』但是口語中沒有引號，聽不出雙關，所以我放棄了。不過，我倒是有個不錯的書名可以給下一本詩集，如果我還來得及把它寫出來——這本詩集叫《夠了》。」

＊ 譯註：這首詩在愛麗絲・米蘭尼《辛波絲卡・拼貼人生》（林蔚昀譯，大塊文化，二〇一二）有被引用，「讓死者寬容我吧，他們在我記憶中消逝。／我向時間致歉，原諒我在分秒中忽略廣大的世界。／我向舊愛致歉，因為我把新的愛情當作初戀。／遠方的戰爭，原諒我帶花回家。／敞開的傷口，原諒我扎傷了手指。」這幾句話就是引自本書，頁一一八—一一九。

確實，辛波絲卡的最後一本詩集（在她過世後才出版）就叫《夠了》。我們不排除，這個書名在西班牙文中不太合適，因為譯者不是很喜歡用傳統的Basta（譯註：西班牙語的「夠了」）。這沒什麼好奇怪的，辛波絲卡詩集的譯本通常都會有別的名字。

她投〈Pi〉到《創作》雜誌時，曾拜託詩歌主編簡莫維特．費德茨基，一定要寄排版稿給她看，因為「裡面有些字是斜體」[25]。

費德茨基回憶：「在各色各樣的作者之中，我們和辛波絲卡的關係是最特殊的。我們之間從來沒有什麼問題。她很少寄詩過來，有寄來的我們都很喜歡，編輯上沒有什麼需要討論的，也沒有任何紊亂，我們馬上會刊出，然後請她多給我們一些詩稿，然後她對此沒有反應。」

雖然喜愛辛波絲卡的編輯們盡了最大的努力，但波蘭人民共和國粗製濫造的特質還是滲入了她的詩集和詩。在評論《青年波蘭時期的印刷》一書時，她嫉妒又無力地說，以前的書不只編得很好，而且也很漂亮。「身為作者，其實我已一無所求。我已經不想再去對封面或開本發表意見。雖然，開本對詩的閱讀來說並不是可有可無。（……）那些用長句子寫詩的詩人（他們這麼做可不是出於意外啊），必須把句子拆成兩三個短句。看似無關緊要。這樣稿費反而可以多個兩三倍。但這麼做後，文句就不會深沉、自然地呼吸，而是開始喘大氣。這會改變詩歌內部的壓力，也會改變它的意義。」[26]

一九八九年後，辛波絲卡和一家違反市場定律、堅持出詩集的小出版社a5（Wydawnictwo a5）合作，在那裡出版了詩集《結束與開始》和《有一粒沙的景色》和《詩選》（*Wiersze wybrane*，這是在她得諾貝爾獎之後，終於出現的大型詩選，增訂、重新出版了好幾次）。克里斯汀娜．克里寧茨卡（Krystyna Krynicka）和理查．克里寧茨基（Ryszard Krynicki）——他們是這家出版社的創辦人、編輯、校對者和信差——會和辛波絲卡共同討論每一個關於詩集的決定。

克里斯汀娜·克里寧茨卡和理查·克里寧茨基說：「維斯瓦娃寄來的詩集，都是已經完成的，不需要再編修。我們會和她討論她喜歡什麼字體，詩名是要小寫還是大寫。我們也會把開本和封面交由她決定。我們甚至會把精裝書的硬殼樣本拿去克拉科夫給她選。」

辛波絲卡通常會拒絕人們用她的詩做主題詩選，但她在一九七六年破例讓人以動物為主題出了一本她的詩選。於是，我們就有了一本詩集，裡面有十一首詩是關於動物，包括「依照節拍跳舞」的熊、「給卵生小獸哺乳」的鴨嘴獸、「跳來跳去、老是在抓東西、小心謹慎」的猴子、「三對腳好好地平放在腹部」的死去金龜子以及眼鏡猴、金剛、墨魚、章魚、螳螂、蜂鳥、歐洲野牛、斑馬、蜈蚣……這本名為《眼鏡猴》的詩選一共印了八百六十本。

辛波絲卡尤其抗拒情詩詩選。有一次愛德華·巴策蘭寄了一份他學生的論文給辛波絲卡看，主題是辛波絲卡的情詩。辛波絲卡回信說：「這名年輕學生的論文雖然充滿善意，但卻讓我覺得有點好笑、覺得『哈哈怎麼那麼可愛』。她彷彿以為這些年來，我都是在寫同一段愛情，但我明明有許多段戀情……所以，這些詩無法自圓其說，無法前後呼應，這也沒什麼好奇怪的了。（……）有一次一家出版社想要請我出一本小詩集，只收錄情詩，我拒絕了。因為把許多不同的人事物通通塞在一起，我覺得對那些主角和我自己都不公平。」[27]

但是出版人並沒有放棄。辛波絲卡的第一本情詩選於二〇〇二年在義大利出版，三年後則在德國出版。這給了理查·克里寧茨基勇氣，讓他詢問辛波絲卡可不可以也出一本波蘭版的。他成功說服了辛波絲卡，於是《幸福的愛情和其他詩作》（*Miłość szczęśliwa i inne wiersze*）就這樣在二〇〇八年出版了。耶日．皮赫為這本詩集寫了書評：「這是一本具有本質意義的詩集，充滿了最高的內部張力，從一首詩到另一首詩，從一頁到下一頁，都越來越嚴肅。」「這本關於愛情的詩集，其實是一本關於形上學的詩集，甚至可以說，愛情的背景（包括肉慾的，因為也有這樣的）因為克制，所以形而上的部分更被彰顯出來。」[28]

這就是我們，赤裸的情侶，
只對彼此來說是美麗的——這就足夠——
我們躺在夜的深處
身上除了眼皮做成的葉片，一無所有。

但是我們的一切都被知悉，
房間的四角知道我們，火爐是第五個，
想像的影子坐在椅子上，
而桌子也在具有弦外之音的沉默中。

（……）

而鳥呢？不要懷抱任何幻覺：
昨天我已看到，牠們在天空中
明顯又自大地

寫著那個我呼喚你的名字。

（〈明顯〉，《呼喚雪人》，一九五七）

辛波絲卡一旦下定決心，就不會只做半套。二〇〇八年二月十四日，在情人節當天，辛波絲卡出席了《幸福的愛情和其他詩作》的新書宣傳活動，朗讀了她最新的一首情詩：〈憑記憶畫出的肖像〉。

隨著情詩詩選的出版，辛波絲卡後來也同意出版一本關於大自然的詩選《植物的沉默》。這本詩選是跡象出版社出版的，出版社老闆耶日・伊格的太太尤安娜・格羅麥克－伊格（Joanna Gromek-Illg）告訴我們，這本詩集算是辛波絲卡給她的禮物，因為辛波絲卡很喜歡她拍攝的自然風光，於是同意她選一些詩來配照片。

辛波絲卡從來都不在乎銷量。一九七〇年代，兩家出版社——青年出版社（Młodzieżowa Agencja Wydawnicza）和人民出版社（Ludowa Spółdzielnia Wydawnicza）都想要出版她的詩選，但她只同意在一家出版。a5出版社的克里寧茨基夫婦說，辛波絲卡不想要宣傳《結束與開始》，於是他們沒有逼她。當這本詩集在兩個星期就賣了一萬本，他們又加印了三千本，但是辛波絲卡有很長一段時間都不肯加印更多，她說：「市場已經飽和了。」

「我懂她的想法。」理查・克里寧茨基告訴我們：「我不同意約瑟夫・布羅茨基（Jozeph Brodsky）所說的：詩集應該放在超市。我認為讀者應該要付出一點努力去找到詩集，沒什麼必要把詩端到他鼻子前。」

「在妳們面前是一個沒有事業心的人。」辛波絲卡告訴我們：「我一直希望寫出好詩，並且會不斷修改，直到我覺得沒有什麼可改的。但是有人寫得比我好，這件事倒是從來沒有令我擔心過。」

「每個詩人當然都會對自己的創作感到不安。」她說：「布朗尼斯基在這方面的恐懼特別深。我認識他的時候，他已經在他人生的最後階段了。他那時候有一種病態的不安，他會在半夜打電話給別人，讀自己的詩，然後等待讚揚和狂熱的尖叫。」

布朗尼斯基有一次來到克拉科夫，邀請辛波絲卡參加他在AGH科技大學（Akademia Górniczo-Hutnicza im. Stanisława Staszica）的作者見面會。他們坐計程車去，布朗尼斯基在車上讀詩，而計程車司機準確無誤地猜出作者。布朗尼斯基於是把難度調高，唸出越來越鮮為人知的段落，而計程車司機的回答依然百發百中：這是米茲凱維奇、這是挪威德、斯沃瓦茨基、克拉辛斯基。最後布朗尼斯基讀了自己的新作，計程車司機皺起眉頭說：「我認得這首，這是布朗尼斯基寫的，但我不欣賞他。」

「那時我一整個毛骨悚然。」辛波絲卡回憶。

在波蘭人民共和國時代，辛波絲卡並不喜歡「在詩中成功偷渡暗喻」的把戲。在某一場詩歌朗讀會，有人問辛波絲卡在寫〈與石頭交談〉時，在想什麼。

我敲石頭的門。
「是我，讓我進來。」
我只是因為純粹的好奇心而來。

對它來說生命是唯一的一次機會。
我打算在你的宮殿散步，
之後我想要拜訪樹葉和水滴。
我沒有很多時間。
我有限的生命應該會打動你。」
（……）
「我沒有門。」石頭說。

（〈與石頭交談〉，《鹽》，一九六二）*

提問的人一定很失望，因為辛波絲卡的回答是：「在想石頭。」[29]她為誰書寫？在她看來，什麼樣的人會讀她的詩？她對自己讀者的面貌有什麼想像嗎？「他的生活過得不是很順利。」她說：「我不太能夠想像，我的讀者是個住在別墅的人，裡面有游泳池、噴泉，一切都井井有條。我想像中，我的讀者是在買書時會先看看自己買完書後，錢包裡還剩多少錢的人。」[30]

我們知道，辛波絲卡創作一首詩的過程很長，首先這首詩會長時間在詩人腦中發酵、醞釀，然

* 譯註：本詩有收錄在林蔚昀翻譯的《黑色的歌》（聯合文學，二〇一六）中，頁一五七－一六〇。

後她會花很長的時間寫它，之後又會讓它「放」很久，看它能否通過時間的試煉。然而，辛波絲卡沒有一年不寫詩。在得了諾貝爾文學獎後，她長時間未發表，這表示，她還沒有寫完任何一首詩，直到一九九九年，她才在《歐德拉河》發表了〈舞會〉和〈關於靈魂的二三事〉。

「我們是否可以說，從一九九六年得到諾貝爾文學獎到一九九九年這三年間，對於詩歌寫作來說是白白浪費的三年？」

「我有一本很厚的筆記本。」辛波絲卡告訴我們：「在這筆記本中我會記下各種字句、想法和主題，從這之中可能會誕生詩。所以，雖然我沒有寫詩，但我一直都在做筆記，然後筆記本慢慢填滿。」

「您的詩就是這樣寫成的嗎？從一個字，一句話，這就是詩的開始？」

「我不知道這能不能稱之為開始。我常常是從結尾寫起，之後要爬上詩的開端很困難。有些詩要花很長的時間形成，有時候我會回去修改它們。我不久前才毀了一首詩，而它在我的筆記本中只剩下一行。」[31]

尤里安·吐溫也會寫下詩歌靈感的筆記，他稱這些筆記為「自由基」（free radical）。根據辛波絲卡的秘書米豪·魯辛涅克的說法，辛波絲卡最早的筆記（很老，也破破爛爛的）寫於六〇年代中期（你可以從字跡中認出時間，那時候她的字還圓圓胖胖的，之後隨著時間流逝，它們失去了自己的圓潤，變得龍風鳳舞，很難閱讀），而最初的一句話是：「有些人喜歡詩。」以此為題的詩〈有些人喜歡詩〉出現在《結束與開始》這本詩集中，也就是說，這個句子被辛波絲卡「放」了半個世紀，才形成一首詩。

在辛波絲卡的筆記中，「水窪」這個字也縈繞多年，因為辛波絲卡想要寫一首詩，關於這個從兒時就壓迫她的恐懼。

我會踩進那個水窪，然後整個人掉進去，
直直往下飛落，
不停陷入更深處，
落入倒映在裡面的雲層，
或許更遠。

之後水窪會變乾，
在我頭頂封閉，
而我會永遠被關起來——在那兒——
甚至我的尖叫都無法到達表面。

（〈水窪〉，《瞬間》，二〇〇二）

同樣在筆記本中「放」了多年的，還有一場會面。「很多年前，有一次我就近觀察了某個在墜機事件中失去親人的人。直到現在我才描寫了這個情境，稍微改動了背景。」在《這裡》出版後，詩人如此對我們說。

我這就去燒水泡茶。
洗個頭，然後接下來，接下來？
我要試著從這一切之中醒過來。
妳來了真好。因為那裡好冷，
而他只躺在那個橡膠套子裡，
我說的是，那個不幸的人。
我馬上燒星期四，洗茶。

（〈鑑定〉，《這裡》，二〇〇九）

筆記本中有被用到的字、句子、主意，辛波絲卡會把它們劃掉。

我們曾問米豪．魯辛涅克（他幾乎天天和辛波絲卡在一起），他是否有機會偷看到，辛波絲卡是什麼時候創作的，又是怎麼創作的？

「我根本不必偷看，維斯瓦娃小姐自己就會承認。比如她會說，現在我很忙，因為我在寫作，有時候她甚至會說她在寫什麼。然而有時候我會發現，某首詩被丟進了垃圾桶。我威脅她說，我會和市內的清潔大隊簽署一份協議，讓我可以把那些詩找回來，而她則回答，她會撕得很仔細。」

我們也問了魯辛涅克關於筆記本的事。他說，他是意外得知筆記本的存在的。有一次辛波絲卡出門，卻把筆記本忘在桌上，通常那裡放著辛波絲卡給魯辛涅克的信，上面寫著待辦事項。「我很快就發現，她一定是忘了把它拿走。但是她並沒有特別把筆記本藏起來不給人看，我認為她比較在乎的是，不會有人看到某首詩的第一個版本，或是另一個版本。」

「當詩到你手中時，它們都已經完成了？」

「理論上如此。我會收到打字稿，一開始是用「弓兵」（Łucznik）打字機*，後來是用東德的「艾莉卡」（Erika）打字機。紙張是老舊的存貨，很薄，有點泛黃。我會把稿子用電腦打出來，然後拿給她看，有時候她會用鉛筆在上面改幾個字，甚至有時候會把修改黏上去。這一方面是因為這樣比較好謄寫，另一方面是為了遮住原先的版本。有時候最後的修改是用我的筆電進行的（她會用的按鍵是「上一頁」和「下一頁」）。」

「所以只有筆記本上的『自由基』和寫好的詩，沒有介於兩者之間的東西？」

「沒錯。沒有介於兩者之間的東西，因為那些都被丟到垃圾桶了。有時候某首詩在報上發表的樣貌會和書中印出來的不同，但這通常只是裝飾性的修改。」

根據魯辛涅克的說法，辛波絲卡很堅持詩應該只有一個版本，而不是有好幾個版本、好幾個變奏。「和原稿不同的手稿，在這世界上大概只有三份，僅止於此。我有其中一份，那是我協助她從霍京街（ul. Chocimska）上搬出來時，在櫃子中找到的。這首詩是〈漢娜〉，和後來發表的版本不一樣。我留著它，沒有把它銷毀，但我不會給任何人看，因為我知道辛波絲卡不會喜歡這樣。」

魯辛涅克：「有一次，她在電話中和我念一首詩，要我寫下。她那時候在盧波米日，而她想要

＊ 譯註：「弓兵」（Łucznik）成立於一九二五年，原本是一家做武器、打字機、腳踏車的波蘭公司，後來也開始做縫紉機，後來公司分了家，一家做縫紉機和家電，一家繼續生產武器。

把這首詩加入《瞬間》這本詩集。但是這樣的情況很少發生。她通常會在電話中念《非指定閱讀》的稿子，或是五行打油詩，看看我會不會發笑。她去盧波米日度假後，通常會帶一些在那寫的詩回來。但是她不會馬上就給我，這些詩還要『放』一段時間。她常常開玩笑說，她有三首詩，一首詩是寫好的，一首詩是未完成的，另一首也是完成的，只是還沒開始寫。或是：我有三首詩，但一首被丟進垃圾桶了。〈鞋子裡的小石頭〉這首詩就是這樣，它甚至有了題目，但沒有下文。這滿少見的，因為她通常會在詩完成時才會給它題目。」

魯辛涅克也告訴我們，大概在二〇〇〇年年中，辛波絲卡打電話給他，這時他正好在給一歲的女兒準備早餐。和辛波絲卡談話途中，他用餘光看到女兒娜塔莉把桌布拉下來，連同她的麥片和他的咖啡也一起拉了下來。他對話筒哀嚎，但是辛波絲卡沒有安慰他，反而說：「您知道嗎？這可以寫一首詩。」過了一年多，這首詩在《文學筆記》發表了[32]。

但是在那張固執的桌上有一塊桌布
——當我們技巧性地抓住它的邊緣——
它流露出啟程的欲望。

而桌布上的玻璃杯，小盤子，
小牛奶瓶，小湯匙，小碗
也都因為躍躍欲試，而忍不住興奮地顫抖。

真有趣，
當這些東西已經在桌子邊緣搖晃，
它們接下來會跑到哪裡去？
是溜到天花板上？
飛到電燈旁邊？
還是跳到窗台，然後一躍上樹？
牛頓對此還不能發表任何意見。
就讓他從天堂觀看，擺擺手就好。

（〈小女孩拉扯桌布〉，《瞬間》，二〇〇二）

辛波絲卡承認，這首詩會誕生，是因為娜塔莉．魯辛涅克——辛波絲卡稱她為「湯圓」（Puca）*——來到這世上。不過她也說，她馬上就想起其他拉扯桌布的孩子們，因為她已經看過這樣的事。「有些詩是由許多經驗組成的，有些詩只需要一個印象就能成形。」她如此評論〈九一一照片〉，

* 譯註：Puca是指臉頰圓圓的人（大家如果有看過小嬰兒，就會知道小嬰兒的臉頰都圓圓的），因為這是孩子的小名，所以我想中文應該可以用這個來對應。附帶一提，波蘭也有類似湯圓的食物。

這首詩在二〇〇一年十二月發表於《單張》（*Arkusz*）。「這首詩的靈感來自於一張我在某個雜誌上看過的照片，照片上有個人在墜落，攝影機捕捉到了他停在空中的那一瞬間。」

他們從燃燒的樓層跳下去——
一個，兩個，還有好幾個，
有些高，有些低。

照片讓他們的生命定格，
現在則讓他們在墜往地面時
停留在地表之上。

（〈九一一照片〉，《瞬間》，二〇〇二）

有一次有人邀請她去視障者工作的工廠朗讀詩歌。她拒絕了，但她開始思考這件事，後來寫了一首詩。

詩人讀詩給視障者聽。
他沒想過，這會如此困難。

（……）
他感覺，在這裡每一個句子
都要通過黑暗的試煉。
它們必須靠自己打動人心，
不仰賴光線和顏色。
（……）
但是視障者都很有禮貌，
很有同理心又很寬宏大量。
他們聆聽、微笑、拍手。

其中有一人甚至走過來，
拿著打開、放反了的書，
請詩人簽下他看不見的簽名。

（〈視障者的禮貌〉，《冒號》，二〇〇五）

我們無法判定詩作創作的日期和背景。我們問辛波絲卡，為何不給自己的詩作寫上日期，她回答：「每次當我在詩中讀到，『羅茲，某年某月某日』，我總是覺得有點好笑。我希望我的詩可以跨越時空，沒有時間背景，也可以引起共鳴。再說，我也沒辦法用時間順序來排列我的詩。我整理詩集的方式是根據內容或某個想法的延續性，不是所有的詩都是在同一時期寫下的。」[33]

辛波絲卡在《非指定閱讀》中稱讚葉瑞米・皮吉波拉（Jeremy Przybora）的書《幾乎是所有的歌》時，點出了美中不足之處：這些歌並沒有日期。然而輪到自己的詩時，她卻有了不同的見解。「請注意，在我的詩中不只沒有日期，也沒有獻詞——除了寫給海蓮娜・波許娃托絲卡的那一首，雖然有些詩可以，甚至需要有獻詞。而這是因為，我希望每個讀者都可以感覺到，這首詩是為他寫的。因為這首詩是你的，你在讀它，這首詩就是獻給你的。所以我認為，我不會改變，我不會給自己的詩寫日期或地點，不會把它釘到某個特定的風景上。」[34]

我走在綠意盎然的山坡上。
到處都是青草，草叢裡有小花，
像是給孩童看的圖畫。
（……）
彷彿這裡從來都沒有過任何寒武紀，志留紀，
沒有向彼此咆哮的岩石，
高高隆起的深淵，
沒有在火焰中燃燒的夜，
也沒有被黑色煙霧籠罩的白晝。

（……）

現在是當地時間九點三十分。

（……）

放眼望去，這裡由這一瞬間統御。

那是大地上的許多瞬間之一，

被請求著能夠持續。

（〈瞬間〉，《瞬間》，二〇〇二）

辛波絲卡不情願地承認，這首詩是在盧波米日寫下的。然後她馬上問：「這對讀者來說有什麼意義？我在寫這首詩時，並沒有只想著住在盧波米日或去那裡度假的人，你不必看過盧波米日的風景就能讀懂它。我希望，每個曾經看過平緩、綠色山丘的人，都可以把他眼中的風景對應到這首詩。」

詩人／羅馬波蘭文化中心的主任亞羅斯瓦夫・米科沃耶夫斯基（Jarosław Mikołajewski）曾經寫過，他和辛波絲卡、魯辛涅克在二〇〇七年一起在義大利旅遊。他們造訪了托斯卡尼，也去了西恩納。在布雷拉畫廊（Pinacoteca di Brera）和錫耶納市政廳（Palazzo Pubblico），他認識到了辛波絲卡的「觀光詩學」是什麼。「看一兩幅畫作上的一兩個細節，足矣。」他們也去了大教堂，辛波絲卡抱住頭，繞了一圈東看西看，然後說：「畢竟這一切都不該遇上世界末日啊。」[35]

兩年後，這個句子出現在《這裡》這本詩集中，在〈維梅爾〉這首詩的最後一段——而那首詩是關於維梅爾畫中一個倒牛奶的女人。

辛波絲卡是怎麼從這首詩的結尾「這個世界／就不應該結束。」爬到這首詩的開頭「只要那個國家博物館裡的女人／在畫出的寂靜及專注中／把牛奶從瓶中倒進碗裡，／日復一日」？這就是只有她才知道的祕密了。

14

和康奈爾・菲力普維奇一起釣魚、採蘑菇和生活

維斯瓦娃・辛波絲卡把照片收在牛皮紙信封，塞在抽屜裡。兒時的照片會和好友及愛人的照片混在一起，有時候在家族照片中，會找到一張皮蘇斯基或萊赫・華勒沙（Lech Wałęsa）的照片。通常，這些照片不會寫上日期與說明，但有時候會有。比如，在一張河上的風景照的背面寫著：「月球，一九七五年七月二到十五日。」

在康奈爾・菲力普維奇的相簿中（他這輩子都把相片黏在相簿中），辛波絲卡的照片在一九六九年出現。菲力普維奇的兒子亞歷山大・菲力普維奇（Aleksander Filipowicz）給我們看了十幾本這樣的相簿。每張照片都貼得整整齊齊，寫上日期，說明它們來自哪一次泛舟／五月節／週末／露營／釣魚或撿蘑菇的旅行。照片中也有很多「靜物」：一條魚或很多條魚，從小排到大的白斑狗魚和鰻魚（或是比較兩條魚的大小），運動（Sport）牌香菸的菸盒、威德爾（Wedel）牌的巧克力。

在我們開始瀏覽辛波絲卡抽屜中的照片和菲力普維奇的相簿之前，我們就聽布朗尼斯瓦夫・梅伊描述過一張他倆的合照：兩人都坐在營帳前，菲力普維奇坐在地上，辛波絲卡坐在摺疊椅上。他一身獵人裝束，穿著敞開的法蘭絨襯衫，戴著一頂草帽，看起來就像葛雷哥萊・畢克（Gregory Peck）。她看起來則和此情此景格格不入，穿著西西里風格的窄版七分褲，高跟涼鞋，頂著當時流行

的蓬鬆髮形——為了固定造形，她還戴著頭巾。

這描述是如此精確，所以當詩人把照片灑在桌上給我們看，我們一眼就認出了它。在菲力普維奇的相簿中，他如此描述這張照片：「一九七一，暑假。」然而梅伊描述的「格格不入感」，在兩年前的另一張照片上更為明顯。在那張照片中，辛波絲卡穿著一件白色的優雅連衣裙，衣服上別著胸針，手中比較像是拿著槳，而不是在划它。

不過，在比較後來的照片中，我們可以看到，辛波絲卡有時也會穿上露營用的衣服。

亞歷山大．菲力普維奇告訴我們：「父親在六〇年代還會舉辦大型的泛舟聚會，邀請他的朋友來參加，包括塔德烏什．康坨（Tadeusz Kantor）、塔德烏什．魯熱維奇和史坦尼斯瓦夫．魯熱維奇（Stanisław Różewicz）、阿圖爾．桑道爾、尤納許．史坦（Jonasz Stern）、我母親瑪莉亞．亞雷馬（Maria Jarema）的家人以及一些感情不錯的親戚（我母親的家族很龐大）。我母親在一九五八年去世了，那時我還是個孩子。之後我父親就沒有力氣舉辦這種大型出遊，不過他還是會和維斯瓦娃去湖邊租船來泛舟。」

辛波絲卡則告訴我們：「我第一次見到康奈爾是在一九四六或一九四七年。我不記得是在哪裡見到他的了，不過我記得他讓我印象深刻。他的金髮已開始泛白，皮膚曬得很黑，穿著鮮豔，包括泛白的藍色牛仔褲——那個年代牛仔褲還不流行——以及很漂亮的黃襯衫，也是泛白的。我看著他想：『噢，真是個好看的男人。』不過那時候我們之間沒發生什麼事，多年來，我們一直遠遠看著彼此。」

一九六八年，辛波絲卡讀到菲力普維奇的短篇小說集《拿著娃娃的女孩，也就是關於對憂鬱和孤獨的需要》（*Dziewczyna z lalką czyli o potrzebie smutku i samotności*），她想著：「和我一樣，我也需要憂鬱和孤獨。」[1]

如果他們知道
機運竟然玩弄他們這麼久，
他們會很驚訝。

它還沒有準備好
要為了他們把自己變為命運，
於是讓他們忽遠忽近，
（……）
在同一批把手和門鈴上，
他們的觸摸
彼此交疊。
他們的行李在行李寄放處並肩而立。
或許他們曾在夜晚夢過同一個夢，
但在清醒時夢境馬上被拭去。

（〈一見鍾情〉，《結束與開始》，一九九三）*

在德軍占領期間，菲力普維奇在沃博則斯卡街（ul. Lobzowska）上一間著名的舊書店當助手，人們可以在那家書店偷偷買地下反抗運動的報刊，還能買被德軍列為禁書的波蘭戰前書籍。這間書店和進行左派地下運動的知識分子往來密切，菲力普維奇就是在那裡結識了亞當．沃德克，辛波絲卡未來的丈夫。一九四四年春天，菲力普維奇被蓋世太保逮捕，沃德克於是決定在他編輯的克拉科夫詩人圖書館書系出版菲力普維奇的詩集《錯身之人》（*Mijani*）。之前，菲力普維奇送了十份詩集給沃德克，那是用打字機打出來的打字稿，上面還有瑪莉亞．亞雷馬繪製的封面和插畫[2]。

雖然在戰前，菲力普維奇就發表過短篇小說、詩和一些文章，還編輯《新字》（*Nowy Wyraz*）這份刊物，但他真正在文壇嶄露頭角，要歸功於他在一九四七年發表的短篇小說集《不為所動的風景》（*Krajobraz niewzruszony*）。

菲力普維奇的戰時經歷充滿了一本煽情小說該有的元素，有著高潮迭起的劇情，還有殉道和愛國。他打過九月戰役†，曾被俘虜，從俘虜營中逃脫，從事過地下愛國行動，在惡名昭彰的蒙特盧比奇監獄關過，也待過格羅斯羅森集中營（Gross-Rosen）和薩克森豪森集中營（Sachsenhausen）。然而，菲力普維奇沒有用聳動的手法描寫自己的經驗。從這個角度看，他和辛波絲卡有很多共同點。卡基米日．維卡（Kazimierz Wyka）曾經寫過一篇文章評論他的第一本小說集，文章的題目就叫〈冷靜的心靈和地理學家緩慢的反應……〉[3]。

菲力普維奇欣賞現代藝術中的創新（他太太就是前衛畫家瑪莉亞．亞雷馬），但在文學中他支持傳統的形式。評論家用這些字眼評論他之後的文學創作：簡潔、精練、低調、精準、直白、節制、苦行、紀律、安靜、距離、日常、老派。

在戰後的波蘭文壇，大概沒有第二個作家像菲力普維奇一樣，始終如一專攻短篇小說，而且寫得這麼出類拔萃。他其中一個粉絲耶日·皮赫說，他一年會讀菲力普維奇的小說好幾次。皮赫說：「他的小說永遠不會過時。他是唯一繼承契訶夫精神的波蘭作家，他寫簡單的人、簡單的故事、生命中的困境……這些是雋永的事物。如果有機會，我想要編上下兩冊他的短篇小說集，裡面收錄的都是傑作。」

皮赫舉了一個例子：〈我的父親沉默了〉（*Mój ojciec milczy*）。這是關於猶太足球隊「馬卡比」（Makabi）和波蘭足球隊「皮雅斯特」（Piast）的比賽。

「為什麼足球這麼流行？因爲它是個很單純的運動，你踢球，然後守門員要不就抓住球，要不就讓球射門。」皮赫說（他是個著名的足球粉絲）：「在我讀到這篇短篇小說之前，我敢肯定地說，你無法用足球為主題寫一篇大師傑作，但我錯了。」

在〈我的父親沉默了〉中，菲力普維奇用點到為止的手法描述一個小男孩看到自己支持的球隊「皮雅斯特」慘敗給「馬卡比」，於是加入一群憤怒的足球粉絲，以愛國之名攻擊猶太足球員。然而，小男孩的行為沒有獲得父親的認可。這個故事確實會讓你讀了心頭一緊。

* 譯註：這首詩在愛麗絲·米蘭尼《辛波絲卡·拼貼人生》（林蔚昀譯，大塊文化：二〇一二）有被引用，「如果他們知道／機運竟然玩弄他們這麼久，／他們會很驚訝。」「在同一批把手和門鈴上，／他們的觸摸／彼此交疊。」這幾句話就是引自本書，頁八五。

† 譯註：Kampania wrześniowa，又稱波蘭戰役，指的是德軍一九三九年入侵波蘭，波蘭軍隊反抗的戰役。

譯者卡爾．迪德西烏斯從六〇年代開始就是菲力普維奇的好友，他記得，當他看到菲力普維奇和辛波絲卡在一起，他有多麼高興。「之前他們兩人給我的印象都是憂鬱的孤獨者，現在他們就像銀杏的雌雄葉子一樣互補，成為渾然天成的一體。」[4]

詩人烏舒拉．柯齊奧也注意到了這件事，她是在一九七二年，波蘭作家聯盟在羅茲聚會時認識菲力普維奇的。「他那時候就像個中學生一樣陷入熱戀，整個人都因為戀愛而發光。有一次他突然有點挑釁地問我覺得維斯瓦娃怎麼樣。我想著，他就像是中世紀的流浪騎士，準備好要和每一個不欣賞他摯愛女士的人單挑。」[5]

虛無也為了我改變。
它真的翻了個面。
我身在何處——
從頭到腳都被星辰包圍，
我真的不記得，之前我不存在時是什麼樣。

我在這裡遇見了你，我親愛的，
手放在你肩上，我只能如此猜測，
那個世界還有多少虛空會降落在我們身上，
多少寂靜可以換來在這世界的一隻蟋蟀，

多少荒原可以換來在這世界的一片酸模葉子，
在黑暗過後，我們得到陽光的補償，
為了那裡嚴重的乾旱，現在我們得到露水！
（……）
而我，我呢，則在你身邊。
我真的看不出
這有任何平凡之處。

（〈無題〉，《萬一》，一九七二）

「我想，我還在黨內時，我們之間是不可能發生什麼的。」辛波絲卡告訴我們：「雖然他太太也在黨內，但她的畫很抽象，黨內的人不喜歡。而在赫魯雪夫蘇共二十大的揭露後，她就公開撕掉黨證了。」

讓我們在此提醒一下，辛波絲卡在一九六六年退黨，一年後，她的詩集《開心果》出版。她的下一本詩集《萬一》中大部分的詩，是在她認識菲力普維奇後寫下的。菲力普維奇在戰前就是波蘭社會黨的黨員，從來就沒有加入過波蘭統一工人黨。

艾娃．莉普絲卡從十八歲開始就生著重病，辛波絲卡經常會寄卡片到她居住的醫院和療養院，讓她心情愉快，給她支持。莉普絲卡告訴我們：「他們（辛波絲卡和菲力普維奇）之前就認識，也在許多作家協會的聚會上碰面。但突然，他們之間擦出了火花。我必須回頭去看維斯瓦娃寄來的信，才能告訴你們，他們是什麼時候開始共同署名的，這樣才能確定他們的關係何時開始。」
幸福的愛情。這正常嗎，
認真嗎，有用嗎——
世界能從這兩個
看不到周遭世界的人身上得到什麼？
不為特殊功績，他們賦予彼此極高的價值，
他們只是百萬人之中的巧合，但是兩人都很篤定
非如此不可——他們憑什麼得到這樣的獎賞？不憑什麼。
（……）
你們看看那對快樂的情侶：
如果他們至少掩飾一下，
假裝憂鬱，好讓他們的朋友好過些！
你們聽聽他們是怎麼笑的——真是一種對別人的侮辱。
他們所用的語言——只有自己才聽得懂。
而他們那些慶祝，小題大作的儀式，

對彼此的非凡義務——根本就是在全人類背後進行的陰謀！
（……）
幸福的愛情。這真的是必須的嗎？
分寸和常識命令我們對它保持沉默，
就像對待上流社會的醜聞。

（〈幸福的愛情〉，《萬一》，一九七二）

一九七二年春天，莉普絲卡為辛波絲卡和菲力普維奇拍了一系列照片，他們坐在克拉科夫猶太區的石頭椅子上（那時候猶太區還是一片人煙罕至的荒蕪之地），在他們身後是一面斑駁剝落的牆。他們抽著菸，看著史坦尼斯瓦夫·魯熱維奇在拍攝《玻璃球》，這部電影是改編自菲力普維奇的短篇小說《聖人》。即使是在一張他們兩人背對彼此的照片上，你也可以看得出來他們是一起的。我們加洗了照片，寄給史坦尼斯瓦夫·魯熱維奇。導演收到後，向我們描述了這些照片拍攝的背景。

「這小說雖然不長，但很緊湊。」史坦尼斯瓦夫·魯熱維奇說：「這故事是關於幾個年輕人在高中畢業考過後，跟蹤一個流浪漢，他們叫他『聖人』。扮演『聖人』的是法蘭西斯克·佩奇卡（Fraciszek Pieczka）。那天我們在拍一個叫克里斯多弗的年輕人尾隨『聖人』的場景。康奈爾總是對電影很感興趣，包括技術層面。他前一天問我，可不可以帶一位他的女性友人來。隔天他就和維斯瓦娃一起來了，之前我只讀過她的詩。他們坐在那裡看我們工作，看了兩到三個小時。現在看著這些我從沒看過的照片，這就像是和他們不期而遇，只是是在沉默中。」[6]

當塔瑪拉．費澤克（Tamara Fizek）——嫁人後改姓巴爾克維奇（Borkowicz）——小學五年級時在外公的客廳看到一個穿著雨鞋、拿著一籃蘑菇的女士，她覺得這位女士有點眼熟。她跑到房間看書架上一本詩集中的作者照片，沒錯，是同一個人，她那時剛好在學校學到她的詩。她跑下樓，開始唸：「沒有這份愛也可以活／有著像胡桃一樣空洞的心。」詩人請她把這本人民出版社出的《詩選》給她，然後把「空洞」（puste）劃掉，改成「乾枯」（suche）。那是印刷排版的錯誤。從此之後，塔瑪拉唸這首詩〈談論對祖國的愛〉時，總是會唸對。

塔瑪拉的外公列赫．休達（Lech Siuda）——他來自波茲南附近的布克——是一名醫生，也是現代畫的收藏家。他有一次去克拉科夫拜訪菲力普維奇，因為亞雷馬的畫讓他驚為天人，他想要將她的畫作納入收藏。於是，他們就這麼成了朋友。

一九九七年，當時已經九十歲的列赫．休達如此告訴我們：「多年來，我都會為維斯瓦娃小姐和康奈爾先生準備夏日度假小屋或是給夏日遊客住的小木屋，有時候在歐列尼朵（Olejnica），有時候在帕佩尼亞（Papiernia）。他們會在夏天收拾簡單行囊，從克拉科夫坐上開往波茲南的火車。我女兒會在火車站接他們，然後我們會繼續上路，去渥西汀（Wolsztyn）或萊什諾（Leszno）。我選擇度假地點的標準是，必須要有很多魚，這樣康奈爾就可以釣魚。他喜歡釣白梭吻鱸、丁鱥、湖擬鯉，但他最常釣的是白斑狗魚。而維斯瓦娃小姐呢，則喜歡有許多蘑菇和莓果的地方。她的標準是，要去美麗又便宜的地方，因為維斯瓦娃小姐並不是很有錢。」

他們總是在大波蘭省過暑假，而露營則在新松奇地帶：在杜納耶茨河（Dunajec）、拉巴河（Raba）、斯卡瓦河（Skawa），好讓菲力普維奇可以釣魚。早在國際性的淨山活動開始之前，辛波絲卡就在這些地方開始了她「清潔世界」的行動，她在《非指定閱讀》中提到這些行動：「當我去某個地方露營，我所做的第一件事就是清掃方圓兩百公尺以內的綠地。我會蒐集到數量驚人的各種垃圾，然後挖一個坑把它們埋起來。大自然會以接下來好幾天的美景感謝我的善行。」[7]

文學評論家塔德烏什・尼采克並沒有很直接點出康奈爾・菲力普維奇對辛波絲卡的詩有什麼影響，但是我們可以從他的這段話中讀出一些端倪：「從七〇年代開始（也就是從《萬一》和《巨大的數目》這兩本詩集以降），你可以從辛波絲卡的詩中讀出，在她的世界觀中有兩件事變得關鍵：第一，世界是無盡的，第二，所有的事物都很重要。自然和文化都一樣重要，因為所有的一切——除了卑鄙的行為和犯罪之外——都是這美麗世界的一分子。這和菲力普維奇的哲學有異曲

1971年。

同工之妙，我們在他的小說中也可以看到，每一個生命都是重要的，因為他們都屬於這個世界的一部分。身為漁夫、作家、釣魚哲學家，菲力普維奇認為，被獵食的湖擬鯉和獵食者白斑狗魚有著等價的生命。雖然他個人並不喜歡白斑狗魚，而是喜歡湖擬鯉。維斯瓦娃的想法也一樣。」

對大自然的愛好確實在某個時刻出現在辛波絲卡的詩中：

有這麼多世界在同一瞬間從世界的每一個角落到來：
這麼多冰磧、油鯙、海洋、霞光，
火焰、尾巴、老鷹、堅果——
我要怎麼排列，把它們放在哪裡？
這麼多灌木、大嘴、鯉魚、雨滴，
老鸛草、螳螂——我要如何收納它們？
蝴蝶、金剛、綠柱石、鳥語——
謝謝，這或許太多了。
我要用哪一個花瓶來收藏牛蒡和翅膀，
羽扇豆，以及這一切爭先恐後的推擠和問題？
要把蜂鳥帶到哪裡，把白銀藏在何處，
還有說真的，我要拿青蛙和野牛怎麼辦？
好不容易擺好了那珍貴又重要的二氧化碳，

又來了章魚和蜈蚣！
我想像得出代價，雖然那是天價——
謝謝這一切，雖然我不認為我值得。

（〈生日〉，《萬一》，一九七二）

「我一直對世界很感興趣，這世界不只是我們的，也屬於許多其他的生命。我試圖了解，其他的生命會怎麼看待我們。而植物呢——嗯，對植物來說我們不存在。它們只為自己存在。」辛波絲卡如此和我們談論這首她在九〇年代寫下的詩：

我和你們之間單向的關係
發展得不是太糟。

（……）

你們在我這邊有名字：
楓樹、牛蒡、獐耳細辛、
帚石楠、刺柏、槲寄生、勿忘我。
而我在你們那邊一個名字也沒有。

（……）

我們之間不缺乏話題，因為我們很相似。
（……）
我會解釋的，只要你們發問：
用眼睛看是什麼感覺？
為何我身上的心在跳？
還有為什麼我沒有長在土裡。
但是我要怎麼回答那些沒有提出的問題？
而且和你們比起來，
我是如此地渺小。

（〈植物的沉默〉，《瞬間》，二〇〇二）

辛波絲卡承認，年輕時書上對大自然的描寫，曾讓她感到無聊，所以她背離了大自然。直到她開始讀菲力普維奇的短篇小說，才改變了想法。那時候她明白，對大自然的描述不必只是故事中的細節，而是可以是（就像在菲力普維奇的小說中）「故事和情節本身」。她還說，他的小說是至高的藝術[8]。

藝術史教授塔德烏什・赫讓諾夫斯基（Tadeusz Chrzanowski）告訴我們，有一天清晨他去火車站，在街上和拿著釣竿的辛波絲卡擦身而過，這讓他非常驚訝。沃基米日・馬強哥也告訴我們，他從來沒想過他那不愛運動、不滑雪不溜冰、不打網球的編輯部同事，竟然會一句怨言也沒有，開始忍受露營的種種不便和寒冷。而當辛波絲卡坐上揚．帕威爾．加夫里克的摩托車（加夫里克是遠近馳名的瘋狂駕駛），這在克拉科夫引起了不小的騷動。

菲力普維奇沒有車，因為他不想要車，而辛波絲卡也不想當駕駛。不過，他們倒是經常邀請有駕照也有車的朋友和他們一起旅行。揚．帕威爾．加夫里克是當時老劇院的院長，他有一次請他們去看維斯比揚斯基的《解放》（這齣戲後來有在電視上播放）。很快地，他收到一封來自辛波絲卡和菲力普維奇的信，說演出並不是很令人滿意，因此：

1. 經過祕密和公開的討論，辛波絲卡和菲力普維奇決定，為了補償他們在道德上的損失，揚．帕威爾．加夫里克院長應該要和他們一起去釣魚兩天（可以從一九八〇年五月一日到十月十五日之中任意選擇兩天），做為罰鍰。
2. 揚．帕威爾．加夫里克院長應該要提供自己的車（車況要令人滿意），並且要提供來回駕駛的服務。

最後，他們還在信中補充，這次懲罰不代表日後揚．帕威爾．加夫里克不能出於自願和愉悅，陪伴辛波絲卡和菲力普維奇一同旅行。[9]

另一名經常參加他們釣魚行程的旅伴艾娃．莉普絲卡說：「我們通常在早上七點離開克拉科夫。坐在前座的是我丈夫瓦加（他開車），旁邊是康奈爾，後座則是我和辛波絲卡以及蚯蚓。我們會在布熱斯科（Brzesko）買啤酒。當我們到河岸，戴著草帽（帽子上別著金色魚形裝飾）的康奈爾就會把釣魚的工具攤開：釣鉤、浮標。我和辛波絲卡總是會帶《亮點》（*Sterna*）雜誌和《明鏡》（*Spiegel*）雜誌，在裡面尋找煽色腥的新聞或犯罪事件。維斯瓦娃會準備食物、採蘑菇、摘花，或是拿著撈網站在那裡。我們都叫她『拿著撈網的女士』。她寄明信片給我們時，也署名『拿著撈網的女士』。至於康奈爾，他則署名尤斯塔希．鯉班科* 博士，有時候還會加個親王的頭銜（十年後，他會用這個名字做為他在地下報刊發表文章的假名）。

莉普絲卡說：「如果釣到的魚太小，不能拿來烹調，康奈爾會把它們從釣鉤上取下，放回水裡，然後說：『你被赦免了。』那些比較大的，他則會以很人性化的方式把牠們敲死，然後自己去鱗、清理內臟，準備把牠們下油鍋煎炸。我們就用這種方式度假，也度過每一次的選舉。」

「康奈爾釣魚，而維斯瓦娃會坐在岸邊守著平底鍋。他認為沒必要帶食物上路，因為河裡就有魚。」也和辛波絲卡及菲力普維奇去度過假的揚．皮耶西恰赫維奇（Jan Pieszczachowicz）說：「如果他釣到二十分公分以下的魚，他會把牠丟回去，因為他是個有尊嚴的釣客。當他把所有的魚都丟回去（因為他釣到的通常都不夠大），維斯瓦娃就會拿出魚罐頭，說：『康奈爾，就像平常一樣，我們可以吃『中央牌』（Centrala Rybna）的魚罐頭。』」

莉普絲卡說：「康奈爾是個強壯的男人，而我丈夫瓦迪很憂鬱、柔弱，他總是很佩服康奈爾。身為雙魚座，我丈夫對釣魚的態度有所保留，但是他還是喜歡和我們一起出去，而康奈爾也說服他通過了釣魚協會的考試。康奈爾教他分辨各種魚類，在他考試前的某一天，康奈爾幫他做複習考，而維斯瓦娃拿出一罐沙丁魚，問：『嗯，瓦迪，猜猜看，這是哪種魚？』當瓦迪最後終於通過了考試，康奈爾很開心，現在他可以說，根據釣魚協會的指示，現在河邊不只有兩根釣竿，而是有四根釣竿。」

「我會把魚從釣鉤上拿下來，放牠們自由，但是有時候牠們還是會被白斑狗魚吃掉，因為牠聞到了血味。」辛波絲卡說。

當本書的第一版在一九九七年出版，作家（同時也是個狂熱的釣客）茲畢格涅夫・孟采（Zbigniew Mentzel）提醒我們，與其開釣魚的玩笑，我們應當認真嚴肅地看待這件事，他認為對辛波絲卡來說，和菲力普維奇釣魚是個比我們想像中更深奧的體驗。他寫道：「眼中只有魚罐頭的安娜・碧孔特和尤安娜・什切斯納一定忽略了，在辛波絲卡最美的詩之一〈在赫拉克利特的河裡〉，魚成了萬物的隱喻，唯一的隱喻。這首詩是關於消逝，就像她所有的詩一樣，在冰冷的水面下，可以感受到溫泉的流動。」[10]

在赫拉克利特的河裡，
一隻魚愛著另一隻魚。
「你的眼睛，」牠說：「就像天空裡的魚一樣閃亮，
我想要和你一起去共同的大海，
喔，你是魚群中最美麗的魚。」

（〈在赫拉克利特的河裡〉，《鹽》，一九六二）

* 譯註：Eustachy Rybenko，Rybenko是康奈爾根據波蘭文的魚（Ryba）自創的姓氏。

孟朵還說：「我只和康奈爾・菲力普維奇講過一次話，那次我們在聊如何用底釣法把鲃釣上來*，那是一場很熱烈的討論。」

許多辛波絲卡詩中的場景都在新松奇——但也有大波蘭——地帶上演（如果可以這麼說的話）。

就這麼發生了，在一個晴朗的早晨
我坐在河邊，
在樹下。
這是一件平凡無奇的事，
不會被寫入歷史。
這不是動機會被研究的
戰爭或協議，
也不是值得傳誦的討伐暴君的事蹟。
（……）
這棵樹是一棵在此生根多年的楊樹。
這條拉布河也不是從今天才開始流。
穿過灌木叢到此地的小徑
並不是前天才剛被人踩出來。
風如果要把雲朵吹散，

在那之前必須把它們從別處吹來。
看到這樣的一景，
「重要的事物比不重要的事物重要，」
這樣的自信總會離我而去。

（〈可以是無題〉，《結束與開始》，一九九三）†

卡爾．迪德西烏斯和菲力普維奇通信多年，他曾寫過一篇文章回憶菲力普維奇的信件。在其中一封信中，菲力普維奇因為回信遲了向迪德西烏斯致歉，說他在家裡照顧生病、行動不方便的母親。他在信中提到：「維斯瓦娃幫了我很多忙，幫我買東西，幫我去排隊（現在那些隊伍越來越長），但是我不能過度利用她的好心，因為她有更重要的義務要完成：寫作。」[11]

「維斯瓦娃的生活總是很樸素，沒有太多活動。」莉普絲卡說：「她如此安排她的生活，好省下最多的時間來寫詩。她姊姊娜沃亞還活著的時候，她總是很重視去姊姊家吃午餐，然後打包許多裝在玻璃罐裡的食物回家‡。再說，你如果去娜沃亞家，她是不會讓你空手而回的。我們常常載辛波

* 譯註：這是不用魚漂的釣魚法，而是用被稱為沉子的鉛墜把魚線和魚鉤保持在水底位置。

† 譯註：本詩有收錄在林蔚昀翻譯的《黑色的歌》（聯合文學，二〇一六）中，頁一四二－一四四。

‡ 譯註：波蘭人習慣把湯、菜、醃製品放在玻璃罐中，許多住在外地的人回家時，家人都會給他們準備許多食物，裝在真空消毒的玻璃罐裡帶回家。

絲卡回家，一路上，車子裡總是充滿玻璃罐的碰撞聲。娜沃亞很會做飯，她的廚藝無可匹敵，就像以前那種傳統的主婦。她會醃鯡魚和蘑菇，還會做波蘭燉肚湯。她用美食重現了童年的記憶。」

當姊姊邀請我去午餐，
我知道，她不是為了讀詩給我聽。
她不用深思熟慮就能煮出美味的湯，
而她的咖啡不會灑到手稿上。
（……）
我姊姊講起話來很有文化，
而她的文學創作只在假期寄來的明信片上。

（〈讚美我姊姊〉，《巨大的數目》，一九七六）

「姊姊給辛波絲卡安排所有的節慶。根據克拉科夫的傳統，在平安夜晚餐要煮甜菜湯，而娜沃亞總是煮美味無比的野菇湯。」受邀參加過娜沃亞宴會的賓客說：「而在復活節，娜沃亞會舉辦競賽，看誰能做出最漂亮的復活節彩蛋。」

娜沃亞後來的鄰居，愛哲別塔．平德（Elżbieta Pindel）和揚．平德（Jan Pindel）回憶，娜沃亞在每個星期四都會做豐盛的午餐，邀請維斯瓦娃和她的好友來吃飯。「維斯瓦娃之後會打包一個星期的食物回去。她十分珍惜姊姊的好手藝。她喜歡姊姊煮的葛縷子湯、蔬菜濃湯、雞湯、波蘭酸湯*、炸豬排、馬鈴薯塊、小包心菜湯。小包心菜湯就是用小型的包心菜（大概像橘子那樣小），然後再加上事先烤好的羊肉、豬油塊、多香果（牙買加胡椒）和月桂葉。娜沃亞過世後有留下食譜，雖然我們有照著做，但總是做不出她的味道。在她的食譜中還有包心菜捲的作法，首先要把包心菜葉先燙過，然後包生肉進去，用文火把肉燉熟。娜沃亞會在諸聖日†做這道菜，而在受難星期五她則會做煎鮴魚。鮴魚用麵包粉裹著，和洋蔥一起煎。在娜沃亞家，餐桌總是鋪得整齊漂亮，像在有錢人家一樣。」

「在娜沃亞家，節慶是留給家人的。」莉普絲卡說：「維斯瓦娃一開始是和亞當・沃德克一起去，後來是和揚・帕威爾・加夫里克一起，然後就是和康奈爾。而我一開始是和亞當・沃德克一起去，後來則是和我丈夫瓦迪。」

七〇年代初期，在評論《如何ＤＩＹ整修你家》這本書時，辛波絲卡寫道：「我不喜歡『修理大師』這個字，但是那些真正的修理大師肯定很喜歡這個詞。（……）他們會在街上彎下腰，撿起任何一塊鐵片或螺絲釘，因為他們認為，就算這些東西今天沒什麼用，十年後也會派上用場。當其他人只在逼不得已時才會去五金行，這些修理大師則會把這看成一種休閒活動，在工具堆裡翻啊找的一個小時，一邊喃喃自語。（……）要如何看一個修理大師是否成熟？成熟的修理大師會把口袋裡的東西放到抽屜。當修理大師搬進新公寓，發現公寓有凸起的地板以及其他一連串的問題，他已經身

* 譯註：一種用發酵的黑麥麵粉為湯底做成的湯。

† 譯註：十一月一日，波蘭人的掃墓節。

上｜菲力普維奇和辛波絲卡（右）在杜納耶茨河，1975年7月10日。
下｜「突然下雨了。」辛波絲卡告訴我們：「在大自然中你就要隨機應變。」

上｜塔德烏什．諾瓦克（Tadeusz Nowak）、他太太蘇菲亞（Zofia）和辛波絲卡，莫特科維采（Motkowice），1974年。
下｜拉布河，1971年。

經百戰，可以去解決這些事了。我在這裡對他的讚歌，和《如何DIY整修你家》這本書其實沒什麼關係。修理大師出於上天賜予的天分，從來都不需要買這一類的書。這個天才老早就在別處知道要如何解決這些問題，比如要怎麼裝上防盜裝置。」[12]

閱讀這段文字，你實在很難不這樣想：辛波絲卡一定認識這個她文中描寫的對象，才能寫得如此精確。當我們在《文學十年》讀到〈男人的家用品〉這首詩，一切的謎底都揭曉了。她在這首詩旁還寫著註釋：「寫於七〇年代，某個人的命名日。命名日的壽星沒有拒絕收下它。」[13]

辛波絲卡通常不會給自己的詩寫獻詞（不只是情詩），雖然她告訴我們，有些詩或許應該要有獻詞。每年九月十六日，辛波絲卡都會為了「某個壽星」寫下一首詩：

他是那種什麼事都想自己動手做的男人。
你必須愛屋及烏，連同他的架子和抽屜一起愛他。
以及在櫃子上、櫃子裡、從櫃子裡露出來的東西。
所有的東西「總有一天會派上用場」。
（……）
三根在馬姆利湖找到的水鴨羽毛，
幾個嵌在水泥裡的香檳瓶塞，
兩個在實驗中被燒焦的玻片，
一堆地板木片、金屬板、厚紙板和磁磚地板，這些東西要不是以前有用，就是以後可能會有用。

（……）

「啊如果，」我問：「把這些或那個丟掉呢？」

聽到這話，我愛的男人嚴厲地看了我一眼。

（〈男人的家用品〉，《幸福的愛情和其他詩作》，二〇〇七）

另一次，辛波絲卡在評論克拉科夫某個裁縫寫的《男士優雅穿著入門》這本書時，帶著柔情描寫那些「放棄打理儀容的男人」（《男士優雅穿著入門》的作者會「遠遠繞過這些男人，把他們當作無可救藥的案例」）：「這些男人的表率可能會是穿著寬鬆毛衣的愛因斯坦。或者也可以是伍迪・艾倫，他在自己的電影中總是穿著皺巴巴的休閒服。而我們的亞采克・庫倫呢？最近他有幾次被迫穿著西裝在公眾面前露面，他的表情一本正經，但你從他的眼神中可以看出他在求饒。有一次，我告訴我愛的男人，他腳上那雙鞋只能拿去垃圾桶，他避開我的目光，打開窗戶，憂鬱地望向遠方。」[14]

辛波絲卡的親朋好友對我們強調，菲力普維奇和辛波絲卡不同，是個真正的社會運動者和行動者。然而辛波絲卡——誰知道，或許是在菲力普維奇的影響下——也會參與一些社會運動。整個七〇年代，她都是波蘭作家聯盟入會審查委員會的委員，也會去華沙參加中央委員會的會議。

烏舒拉・柯齊奧說：「委員會中大部分是黨內的人：安傑・瓦西列夫斯基（Andrzej Wasilewski）、耶日・普特拉門特、卡基米日・柯吉涅夫斯基（Kazimierz Koźniewski）、揚・科波夫斯基（Jan Koprowski）、揚・馬利亞・吉斯葛斯（Jan Maria Gisges），但是除了他們之外，也有一些其他人：安娜・卡明絲卡（Anna Kamieńska）、安傑・奇約夫斯基（Andrzej Kijowski）、揚・約瑟夫・什切潘斯基。當時我們認為，委員會內若有一些誠實的人，或許可以做出改變。」

烏舒拉・柯齊奧說，她通常會在開會前一天，和辛波絲卡在波蘭作家聯盟位於克拉科夫郊區街（ul. Krakowskie Przedmieście）的旅館碰面。「我們一邊天南地北，一邊分配房間、戴著髮捲，然後還抽著菸。」[15]

辛波絲卡如此描述自己在作家協會中的角色：「選舉時，我總是有機會獲得高票，因為我從來沒有妨礙過任何人，因此其他委員常常選我出來，好擋住那個他們不想要的人。比如他們會說：『如果妳不進去，他就會進去。』但我堅持只加入入會審查委員會，我在委員會中閱讀作品和評斷作品，這是最接近我本質的事。至於其他的事情，我則會觀察別人怎麼做，感謝如此，我知道要投什麼票、投給誰，因此我總是投得合乎情理。」

一九七五年秋天，辛波絲卡和菲力普維奇簽署了一份被稱為「五九信件」（List 59）的公開信給下議院，這份公開信的目的是反對波蘭國會把波蘭統一工人黨的領導地位及和蘇聯的同盟關係寫入憲法。

亞當・札蓋耶夫斯基說：「女演員海琳娜・米科沃依絲卡（Halina Mikolajska）來克拉科夫爭取連署，我為她和辛波絲卡牽了線，辛波絲卡很喜歡米科沃依絲卡的表演，於是說，那麼我們就安排一次晚餐聚會請朋友來連署吧。康奈爾和萊姆都來了。萊姆拒絕連署，他說，如果公開信是要求蘇聯解體，那他就會簽署。」

公開信遞出後，五十九名連署者馬上就成了內政部關切的對象。

在此之前，國安局就給辛波絲卡建立了檔案。政府並不喜歡辛波絲卡在波蘭作家聯盟的會議上，勸說作家同行把黨內的作家逐出協會。當時國安局的決定是：「列出偵查對象的交友圈：1.康奈爾・菲力普維奇（固定碰面），2.揚・約瑟夫・什切潘斯基（朋友）。」簽署了「五九信件」後，國安局認為辛波絲卡的案子符合成立專案的標準，並且給了這專案一個代號：「抒情詩人」。[16]

內政部一名負責辛波絲卡案子的上校在報告中寫道：「辛波絲卡參加連署的事實，揭露了她真實的意識形態以及反政府的行為。辛波絲卡和克拉科夫地下反抗者聯手行動，這作為不僅有害，還會危及社會安全，我們必須大規模地制止此一行為，因此必須成立專案。」

專案目標：「中立化偵查對象針對社會主義體制的敵對行為，讓她在文壇上孤立，在她身邊創造出譴責的氛圍。」

手段：「把她的名字列入禁止出版的名單，不允許她的詩作在報上發表，也不允許其他人發表稱讚她作品的評論，不讓她出席作者見面會，還有：

禁止偵查對象去任何資本主義國家，這包括私人行程及官方訪問。

要求新聞出版及演出總局（Główny Urząd Kontroli Prasy, Publikacji i Widowisk）分析偵查對象截至目前為止的作品，命他們準備一份文件，闡明這些作品可能的危害。」

這深具威脅的專案中的每一點，都有標出任務必須完成的期限。文件中提到要安排七個祕密協力者（Tajny współpracownik，簡稱TW）和「第四部門」聯絡，還有六個公民聯繫者，用來協助專案進行。代號為「亞采克」的公民聯繫者，他的工作是：「評價偵查對象目前為止的創作，以及她在文壇和詩壇的地位。」

國安局同時也對「辛波絲卡和康奈爾．菲力普維奇以及其他五十八名連署者的關係」感興趣。

光看檔案紀錄，讀者可能會覺得在辛波絲卡（或是任何人）身邊部署國安局的眼線是一件輕而易舉的事，只有一個地方指出，事實上國安局在辛波絲卡身邊沒有任何人。國安局於是給自己立下目標：「在偵查對象身邊爭取到一個可以做為祕密協力者的人員，這樣就可以即時掌握她的活動以及和誰往來。」

從辛波絲卡的監控檔案中，我們也可看到，國安局擋下了辛波絲卡詩集的出版，禁止她在克拉科夫電台的節目播出，不准她去格但斯克參加作者見面會。當工人保衛委員會（Komitet Obrony Robotników，簡稱KOR）的活動越來越廣泛，國安局就面臨了更大的問題，沒空來管辛波絲卡，因此在一九七七年分析過辛波絲卡的檔案後，做出這樣的結論：「偵查對象對於我國的體制採取被動的看法。」然後結束了這個案子。

辛波絲卡是否有意識到自己被監控？她低調的天性不會允許她去過度懷疑和猜測。不過她倒是告訴我們，她注意到信封有被開封過的痕跡，這表示她的信件是有被情治單位監控的。

辛波絲卡不常公開表態，但有表態的時候，她的態度都一以貫之，而且總是在重大的事件和時刻做出表態。她的好友們說，她所做的就是一個正直的人該有的表現，政治已對她沒有任何影響力。但這也應該是受到菲力普維奇的影響。

康奈爾．菲力普維奇此時依然是國安局監控的對象[17]。三十年前，在一九四六年，他曾被寫到祕密協力者的名單中。我們因為各種原因，在國家記憶研究院（Instytut Pamięci Narodowej，簡稱IPN）看過一千多頁的檔案，而這是我們第一次遇到如此明顯的造假。菲力普維奇是個懷舊、充滿溫暖哲思的人，他很有可能根據這個事件寫一篇小說。

所以故事是這樣的：某個來自鄉下的年輕男孩讀完了小學，在大城市裡的國安局工作，他隸屬於偉大的國家機器，這機器的任務是確保人民有個更新、更好的未來。我們唯一要做的，就是找到會阻礙這過程的敵人。於是在一九四六年三月，在「三次贊成公投」（3×TAK）的公投中*，這名年輕人在選舉委員會中認識了康奈爾·菲力普維奇，認為他有望成為他的助手，協助他完成階級鬥爭。「我請求上級同意讓我遊說康奈爾·菲力普維奇成為線人。（……）我會鼓動他的愛國心，讓他成為我們的一員。」他接著寫（這邊有些文法錯誤，我們予以保留）：「和康奈爾·菲力普維奇談話過後，我做出以下結論：他是個可以被遊說成為我們線人的對象，我向他提議和我們合作，他力刻就同意了，在選舉時他填好了所有和合作相關的表格，他並且說，他會誠實無欺地和省立國安局合作。史坦尼斯瓦夫·加洛斯。」我們的主角手上已經拿到了菲力普維奇說他會和體制合作的簽名（委員會中的所有委員都要做出這樣的聲明）。確實，這個下屬的自吹自擂或許有些誇大，但是誰知道呢？或許他會成功？幸運的是，我們所看到的一切都顯示，即使遊說者很想要這麼做，他也無法幫他的「線人」寫下任何聲明。最後，交報告的時候到了，這個可憐的國安局人員想不出其他辦法，只得承認自己的失敗：「線人康奈爾·菲力普維奇無法繼續和我們合作，因為他得了精神衰弱，他也沒

* 譯註：又稱一九四六年波蘭公投（Referendum 1946），公投的議題為：「您是否贊成廢除參議院？您是否贊成未來的憲法鞏固以土改政策和國家基礎工業國有化的經濟體系，保留私營企業的合法權利？您是否贊成鞏固波蘭在波羅的海、奧得河－尼斯河線的西部國界？」親共的政黨主張要投三個贊成，其他政黨則有些投贊成，有些投不贊成。然而，公投受到蘇聯干涉，有許多不公行為（作票、銷毀反對票、威脅反對派），最後的結果雖然三個議題都得到高票贊成，但可信度和公正性值得懷疑。

有提供任何線索，他只有在選舉時做出承諾。」

菲力普維奇和辛波絲卡一樣，也在波蘭作家聯盟中擔任要職。他是克拉科夫分部的副會長，因為會長只能由黨員擔任，所以揚·皮耶西恰赫維奇當上了會長。多年後，他如此回憶和菲力普維奇的合作：「我欠他很多人情，特別是在一九七六年，身為波蘭作家聯盟的會長，我面臨到文學圈中嚴重的分歧。康奈爾那時候是副會長，他用自己的方式給了我許多建議。每次當我做出什麼他認為不宜的決定，他總會搖搖頭，然後用他淡藍色的眼睛深深地看著我，說：『亞許，要敬畏神啊。』」[18]*

泰瑞莎·華樂絲曾經寫道：「菲力普維奇是那種創作和人生合而為一，風格、生活方式和道德出自同源的作家。他的個性、創作和行為的特色是高貴。他曾是個生物學家，有著具有穿透力的心智和實事求是的眼光，而他又有準確無誤的道德本能。他是個英俊的男人，很有自制力，總是冷靜克制，很愛開玩笑。在波蘭人民共和國那缺乏個性的世界中，他就像是西部片中的警長：有男子氣概、勇敢、正直，除此之外還很有藝術和玩樂的天分。他讓人敬重、信任、讚嘆。他總是會對人伸出援手，但也很有威儀。」[19]

烏舒拉·柯齊奧如此回憶菲力普維奇：「康奈爾是如此友善、講義氣，如此正直、務實，又這麼有幽默感，難道會有人不喜歡他嗎？」[20]

菲力普維奇多年來了為了克拉科夫的作家積極奔走、爭取在克拉科夫創立一份文學月刊。他在第二十屆的波蘭作家聯盟大會上發表了演說（後來他的演說被刊登在第二期的《紀錄》雜誌中），訴說當時的努力：「當我想起一九三六年——也就是在可怕的「治癒運動」（Sanacja）†時期——我們獲得了發行文藝雜誌的合法許可，我依然熱淚盈眶。終於，我們有了一份不親政府的文學雜誌，當時還年輕的我有幸擔任這份雜誌的共同編輯。合法化的程序持續了三天，因為我們辦手續的過程剛好撞上所謂的英國週六和週日，所以我們不是在週六獲得許可，而是在週一。」[21]

辛波絲卡和菲力普維奇的簽名在一九七八年再次共同出現，這次是連署學術課程協會（Towarzystwo Kursów Naukowych）創立的宣言。這個協會創立的目的是保護獨立課程飛行大學‡主辦者和聽眾的權益，不讓他們受到警察的干擾。加入這個協會的除了辛波絲卡和菲力普維奇，還有其他知識分子和創作者如安東尼・哥伍別夫（Antoni Golubiew）、漢娜・馬列芙絲卡（Hanna Malewska）、揚・約瑟夫・什切潘斯基、亞采克・沃吉尼亞科夫斯基（Jacek Woźniakowski）、亞當・札蓋耶夫斯基。沃吉尼亞科夫斯基記得，辛波絲卡和菲力普維奇會到他家，和他討論課程的安排。

學術課程協會和工人保衛委員會有合作，加入學術課程協會就表示，你不只反政府，也是個政府宣傳口中的「反社會主義的極端分子」。當時願意加入聯署的人並不多。我們問辛波絲卡，她是否必須克服心中的恐懼，才在連署書簽上自己的名字。

「我一點都不怕耶。」她說：「誰知道，或許這是因為曾經接受過共產主義的我，在史達林時代並沒有經歷到恐怖。雖然我經常感到恐懼，而且我也從來沒有出於逞強而做出表面上看起來勇敢的事。」

* 譯註：亞許是揚的小名，「要敬畏神啊」類似「人在做，天在看」的意思。

† 譯註：這是指波蘭從一九二六－一九三九年的時期，這個名稱來自於約瑟夫・畢蘇斯基在發動五月政變奪權後，他的陣營主張要讓波蘭社會恢復道德上的健康。但其實，這段期間波蘭政治體制上有很多問題，包括使用專制獨裁的手段、監禁異議者，這也是為什麼菲力普維奇會用「可怕」來形容它。

‡ 譯註：Uniwersytet Latający，一種地下學校，名稱來自上課地點不固定。

在此同時，康奈爾．菲力普維奇也加入了地下運動組織波蘭獨立協定（Polskie Porozumienie Niepodległościowe）。這個組織由一群知識分子組成，目的是針對各個領域撰寫報告，讓社會大眾準備好以一個獨立國家的方式思考波蘭，以及當波蘭真正獨立後，應該要怎麼讓國家正常運作。一九八一年一月，菲力普維奇進入了波蘭獨立協定的四人理事會。這個組織的成員一直是祕密，直到波蘭真正獨立自由後才揭曉，而且也不是所有人的名字都有被公開。

一腳在官方機構，一腳在地下組織——這在波蘭統一工人黨第一秘書愛德華．吉瑞克（Edward Gierek）執政後期，是很普遍的現象。不過，這些政治參與卻很少被寫成文學作品。雖然，菲力普維奇曾經在詩中提到當時的一個小插曲：「而我甚至就近觀察過吉瑞克／他伸出手和我握手／畢竟我們都是同年出生的」。那是一九七九年，吉瑞克參加了波蘭作家聯盟克拉科夫分會位於法政牧師街（ul. Kanonicza）新總部的開幕典禮。這首詩收錄在《說這個字》（*Powiedz to słowo*）這本地下出版的詩集中，首次出版是在一九八四年。

當我們問辛波絲卡，她當時是否也有和吉瑞克見面，她說，幸好她錯過了，不過他記得菲力普維奇有說過這件事，還說他當時感覺彷彿被蜱蟲咬住，因為兩個大塊頭的保鑣立刻就站到了他身邊。

閱讀菲力普維奇的小說和辛波絲卡的專欄，有時候會發現他們共同讀過的書。在菲力普維奇的小說〈固執的感受〉和辛波絲卡的一篇專欄（這篇專欄描述了她小時候認識的一隻叫蘇西的鸚鵡，牠很害怕時鐘整點的敲鐘），我們可以看到他們都引用了里爾克的句子：「我們所反抗的東西是如此微小／就像那些反抗我們的東西一樣巨大。」

辛波絲卡告訴我們，感謝菲力普維奇，她理解到詩人和小說家的記憶有何不同。

「一起去旅行多次以後，我和康奈爾開始比較我們記得什麼。我主要記得接待我們的旅店女主人，我的注意力都放在她身上。而康奈爾則記得地板上被踩過的波斯地毯、曾經擺在房間的衣櫃留下的痕跡，他也知道牆上掛著什麼東西，窗外有什麼風景。今天的小說通常只侷限於內在的獨白，這樣的小說並不吸引我。我欣賞那種向我們呈現世界一角的小說，那種有視覺、聽覺、味道和觸感的小說。」

根據揚．皮耶西恰赫維奇的說法，辛波絲卡在得到諾貝爾文學獎後對他說：「真可惜，康奈爾無法看到。對我來說，這會比正式的頒獎典禮還重要。身為小說家，他比我更應該得到大獎。」

她一定不只和皮耶西恰赫維奇說這件事。耶日．皮赫也告訴我們，有許多人和他說過這件事。

1985年。

「他們說，這個為愛成痴的女人竟然準備好要把諾貝爾文學獎送給她所愛的男人[22]！我當時不在場，所以不知道維斯瓦娃是用什麼樣的口吻說這句話。但是我不認為她在開玩笑，我認為她是很認真地這樣想。再說，為什麼不？她確實認為他是個偉大的作家，而這件事也毋庸置疑。我就可以舉出好幾個諾貝爾得主，寫的東西遠不及菲力普維奇。」

15 有紀念性的破銅爛鐵，好友和夢

在這一章中，我們要談的是那些辛波絲卡認為重要的事。她花更多時間談這些事，而不是日期與事實組成的履歷。我們要談的就是在〈寫履歷表〉這首詩中，在沉默中被跳過的「狗、貓和鳥，／有紀念性的破銅爛鐵，好友和夢。」

辛波絲卡從沒養過狗、貓或鳥（除了童年的鸚鵡蘇西）。不過，她倒是一直對牠們懷抱好感，而且這好感是有跡可循的。

在談論《波蘭鳥類圖鑑》這本書時，她寫道：「我喜歡會飛的鳥和不會飛的鳥。我喜歡牠們潛入水中或雲端。我喜歡牠們充滿空氣的小骨頭。我喜歡牠們羽毛底下不會濕的絨毛。我喜歡牠們翅膀末端沒有爪子，但是在腳上還有，除了有蹼的水鳥（這也很令人喜愛）。我喜歡鳥兒們像長棍一樣或是歪歪扭扭的腳，喜歡牠們腳上的鱗片（有時候是紫色，或是黃色、寶藍色）。我喜歡牠們優雅或是笨笨的走路方式，彷彿腳下的地面一直會搖晃。我喜歡牠們圓滾滾的眼睛，牠們用完全屬於自己的方式觀看我們。我喜歡牠們像針尖一樣的鳥喙，或是像剪刀一樣的，彎曲、扁平、長或短的。我喜歡牠們身上的皺褶花邊領巾、戰冠、小梳子、襞襟、荷葉邊、外套、燈籠褲、扇子、鑲邊。（……）我喜歡鳥的原因還有，牠們百年來一直在波蘭詩歌中飛翔。」[1]

而在評論《當狗兒生病》這本書時，辛波絲卡寫道：「狗兒一生都在試圖理解我們，適應我們加諸於牠們身上的行為標準，從我們的話語和手勢中推敲出和牠們有關的意義。這是很辛苦的工作，伴隨著無止盡的壓力。我們每次出門都會讓狗兒感到絕望，彷彿我們就要一去不返。而當我們回家，狗兒則又驚又喜——彷彿我們奇蹟般生還。我們因為狗兒的道別和歡迎而感動，但我們同時也該覺得恐懼。」[2]

在評論《動物的象徵及神話意義》時，辛波絲卡感到驚訝，人們會說「像隻狗一樣扯謊」（łże jak pies），因為狗根本不會說謊，相反地牠們「實話實說，而且只說真話，用所有牠們想得到的方式——聲音、眼神、毛髮和腳掌，還有只屬於牠們的誠實器官，也就是尾巴。」

而在詩中，她也同理地看待那隻屬於暴君的德國牧羊犬。

人各有命。我的命運在一瞬間改變。
那是某個春天的事，
我的主人不在我身邊。
（……）
有人把我鑲銀的項圈扯下了。
有人把我空了好幾天的碗踢走。
然後最後的那個人，在離開之前，
從駕駛座上傾出身子來

朝我開了兩槍。

他甚至沒有瞄準，
因為我痛苦掙扎了很久才死去，
被一群目中無人、嗡嗡作響的蒼蠅包圍。
我，我主人的狗。

（〈一隻困在歷史事件的狗之獨白〉，《冒號》，二〇〇六）

本書作者之一尤安娜．什切斯納說：「我有一次帶著我的臘腸狗去探望辛波絲卡，然後我們一起去吃午餐。我的狗奧菲莉亞通常會躲在桌子底下，或多或少假裝牠不存在（這取決於餐廳的員工是否會善待狗）。這一次呢，牠卻立刻跳上了椅子，彷彿感覺到，和辛波絲卡在一起給了牠某種特許。有趣的是，牠一定感受到了諾貝爾文學獎得主身上散發出的那種優雅氛圍，但是並沒有覺得害怕。當我們的食物端上桌，牠聞了聞那些食物。但是當然，牠沒有把鼻子湊過去。」

然而，在辛波絲卡生活中最頻繁出現的是貓，這都要感謝愛貓成痴的康奈爾．菲力普維奇。在他堆滿文件的書桌上，總是躺著某隻貓（更精確地說，是母貓）。我們在許多照片上可以看到辛波絲卡抱著某隻貓，有些貓是康奈爾．菲力普維奇的，牠們的名字是奇嘉（Kizia）和米嘉（Mizia）。有些貓則屬於康奈爾的兒子亞歷山大，他特別寄了說明給我們，這樣我們就可以認出辛波絲卡手中抱的是哪隻貓。根據他的說明，戴著項圈的灰褐色虎皮貓是灰灰（Szarusia），沒戴項圈的灰褐色虎皮貓是沃爾科戈諾夫（Wolkogonow），花貓則是小可愛（Cacuszek），簡稱小可（Ciacio）。

在辛波絲卡最戲劇性一首詩〈空屋裡的貓〉中，辛波絲卡用一隻失去主人的貓，精準描述了自己失去摯愛後的絕望。

牠去所有的衣櫃看過。
跑過所有的書架。
還鑽到地毯下去檢查。
牠甚至打破禁令，
把紙張弄得到處都是。
還有什麼好做的呢。
除了睡大覺，靜靜等待。

拜託讓他回來吧。
拜託露一下臉。
他馬上就會知道，
不能對貓做這種事。
貓會走到他面前，

好像不情願似的，
慢慢地，
生氣地踱步。
一開始的時候根本不跳，也不喵喵叫。

（〈空屋裡的貓〉，《結束與開始》，一九九三）

演員安娜．波隆尼（Anna Polony）曾多次在電台、詩歌之夜和各種文學活動的場合朗讀辛波絲卡的詩作。她告訴我們：「這首詩出版時，我母親剛好過世了。要過好一段時間，我才能在公開場合朗讀這首詩。這是一首很沉痛的詩，因為這隻貓代表著每一個痛失摯愛的人。」

塔德烏什．尼采克問過辛波絲卡，如果可以和某個人交換人生，她想要當誰？辛波絲卡回答：「當然，我想要當克里斯汀娜．克里寧茨卡的貓。」[3]在克拉科夫，每個人都知道克里寧茨基夫婦的貓過得很好，而且牠們都很和善，甚至允許克里寧茨基夫婦住在家裡。

西班牙《國家報》（*El País*）的記者想知道，辛波絲卡是否認為動物有靈魂。辛波絲卡提到了一個佛朗士小說中的場景。在小說中，某個神職人員必須回答一個有錢、養著一隻狗的女侯爵（也是教區的教友）同樣的問題。神職人員左右為難，他如果回答「是」，那就違背了教義，但如果他回答「否」，那可能會失去女侯爵對教堂的捐獻。最後他想出了一個兩全其美的回答：「是的，動物有靈魂，只不過比人的靈魂小。」[4]

雖然辛波絲卡不覺得自己有必要養寵物，但她卻對動物觀察入微，而且早在出版第一本詩集時，就為動物寫了一首詩（這首詩和另一首詩，後來也有收錄在別的詩集中，是這本詩集中唯二有再印的）。

熊照著節拍跳舞，
獅子跳過火圈，
猴子穿著黃色的長袍騎腳踏車，
鞭聲落下，音樂響起，
鞭聲落下，動物的眼神游移，
大象把玻璃瓶放到頭上，
狗兒開始跳舞，小心翼翼地衡量步伐。

而我，身為人類，感到很羞愧。

（〈馬戲動物〉，《這就是我們為何活著》，一九五二）

辛波絲卡一直都很喜歡「有紀念性的垃圾」：媚俗的裝飾品、去國外旅行買回來或是特別在舊貨市場找到的好笑小物。

「切中的舊貨市場是最美妙的。我和某個可愛的蒐集者一起去逛它。因為我們會彼此競爭，所以我們都緊盯對方的一舉一動。」[5]辛波絲卡在《剖面》週報中描寫她是如何在成年後發現了舊書店和跳蚤市場的魅力。雖然她和菲力普維奇的關係不是祕密（尤其在克拉科夫），但她從來都沒有公開提過這件事。她喜歡對私人生活保持低調。不過，「可愛的蒐集者」的名字倒是早在一九七四年就出現在「切中舊貨俱樂部」的通訊上，通訊記錄了一則訊息，說三月二十四日維斯瓦娃・辛波絲卡和作家康奈爾・菲力普維奇來到了舊貨市場，兩人都加入了俱樂部，而且繳了會費。[6]

辛波絲卡告訴我們，在那些逛舊貨市集的回憶中，她印象最深刻的是美麗的新教老祈禱書，還有包了絨布的老明信片相簿。並不是每張明信片都很吸引人，但是裡面總有幾張是如此出色，讓你覺得買下整本相簿很值得。

雖然她沒去過沃烏奇的鈕扣博物館（Muzeum Gudzików w Łowiczu），但這概念讓她覺得很酷。博物館的館藏部分來自創辦人奶奶的店（那裡有幾百個戰前的鈕扣），部分則是創辦人自己買來的，比如愛德華・雷茲−希米格維（Edward Rydz-Śmigły）的鈕扣，他曾說過「我們連一顆鈕扣都不會給」*這句名言[7]。辛波絲卡寄了兩個自己的鈕扣（從已經不穿的連衣裙上面拆下來的）給博物館，還寫了一篇文章評論博物館出版的小冊子（這本小冊子是關於文學中的鈕扣）。辛波絲卡在文中鼓勵博物

* 譯註：「我們連一顆鈕扣都不會給」的意思是「我們什麼都不會給」，愛德華・雷茲−希米格維在一九三五和一九三九年評論波蘭走廊問題時，都說過這句話。一戰過後，波蘭獨立，德國依照凡爾賽條約把被稱為波蘭走廊的狹長領土割讓給波蘭，波蘭走廊把德國和東普魯士分開，讓德國經濟受阻。德國曾要求在波蘭走廊建立跨境公路，但被波蘭拒絕。後來，波蘭走廊問題也成為德國在一九三九年入侵波蘭的藉口。

館出版另一本手冊，關於鈕扣的歷史：「而古代埃及女人的亞麻白色連衣裙呢？那些衣服是如此合身，從頭上套下去是不可能的。一定在某處有隱藏的開衩，然後又用某種隱密的方式扣起來。此時，一定會有人想要叫我清醒一點，問我：『比起尼羅河裁縫的煩惱，難道你就沒有更重要的事要擔心？』當然，我有更重要的事要擔心，但這不表示，我不能擔心一下這種小事。」然後她又夢想：「路過的訪客們一開始或許會對這座博物館的存在感到震驚，之後他們會思量片刻，然後走入博物館參觀。當他們走出來，他們或許也會想在自己或祖先的出生地創立一個可愛的博物館？比如老明信片博物館？或是禱告書？玩具？撲克牌？西洋棋？」[8]

辛波絲卡剛好蒐集老明信片，因為她說，這是在擁擠的公寓唯一可以蒐集的東西。「我的收藏不多，但我應該可以稱得上是一個蒐集者。」她繼續寫道，說她符合蒐集者的條件，因為她總是在蒐集某種東西（「在記憶可及之處，蒐集者一直都在蒐集」），而且不是什麼都蒐集，而是有符合某種標準的（在她身上，這標準就是媚俗）[9]。

有一次，朋友們從康奈爾・菲力普維奇那裡偷了一些明信片，然後放入辛波絲卡的收藏中，之後，他們安排了一次聚會，讓大家一起看兩人的明信片。

當時在場的芭芭拉・查欽絲卡說：「我們都聚精會神地聽著康奈爾不安地說：『嗯，真有趣，真有趣，維斯瓦娃，妳竟然有和我同樣的明信片……』」

克莉絲汀娜・莫奇絲卡（Krystyna Moczulska）曾在八〇年代末期和馬瑞克・羅斯特沃羅夫斯基（Marek Rostworowski）共同策畫著名的「波蘭的猶太人」（Żydzi-Polscy）展覽，她說，她和辛波絲卡及菲力普維奇借了幾十張描繪猶太人的老明信片。

辛波絲卡的明信片收藏可以上溯到她在父母通信中找到的明信片。在托倫和圖斯卡（Truskawiec）的風景明信片之間，我們也可看到繽紛多彩的拼貼：沒有駕駛的飛機，三隻沼澤女妖坐在機翼上，旁邊還有粉紅色和藍色的雲朵。很快的，她的收藏變得越來越多。「每張明信片都很媚俗，但是在這媚俗中又有著狂野的想像。這裡面有許多不協調和矛盾：天真和做作、憂鬱和愚蠢。小說人物史蒂芬・魯德茨卡（Stefcia Rudecka）* 八成會從女子學校同學手中收到這樣的明信片。」[10]

《不知道這件事是如此輕鬆……辛波絲卡和世界》（*Tak lekko było nic o tym nie wiedzieć...Szymborska i świat*）一書的作者的瑪歌札塔・芭蘭諾芙絲卡（Małgorzata Baranowska）說她和辛波絲卡的友情建立在郵件上，因為她們實際上見面只有幾次，卻通信了三十年。芭蘭諾芙絲卡自己也蒐集了大量的明信片，因此當她在一九七五年的波茲南波蘭作家大會上遇到辛波絲卡時，就和她聊起了這件事。

「辛波絲卡和菲力普維奇一起站在會場大廳，菲力普維奇比辛波絲卡更熱衷談論自己的收藏。」芭蘭諾芙絲卡回憶：「他蒐集的明信片可上溯到第一次世界大戰，他有齊柏林飛船的明信片。她的收藏也可上溯到一戰以前，不過她蒐集的是媚俗明信片。所以，當他說他有第一精銳連（Pierwsza Kompania Kadrowa）† 從歐里安德（Oleandry）行軍出發的明信片，她是要說什麼？說她有甲蟲背著一袋糖果的明信片嗎？」

芭蘭諾芙絲卡仔細研究、觀察，想看看辛波絲卡的明信片收藏是否有影響她的詩作，還有如果有，是什麼樣的影響。

* 譯註：波蘭言情小說《痲瘋病人》（*Trędowata*）的女主角。

† 譯註：奧匈帝國軍隊，由約瑟夫・畢蘇斯基於一九一四年成立，是波蘭軍團的前身。

烏龜夢到一片沙拉葉，
而在葉子旁邊——出其不意，是皇帝本人，
就像一百多年前一樣栩栩如生。
烏龜甚至不知道，這有多轟動。

但皇帝是不完整的，
他穿著黑色的皮鞋望向天空，
在鞋跟之上，是穿著白色絲襪的優雅雙腿。
烏龜甚至不知道，這是很令人震驚的。
（……）
你很難憑藉片段的印象認識一個人：
只看左腳或只看右腳。
烏龜對自己的童年的記憶不多，
而牠也不知道——牠夢見了誰。

（〈老烏龜的夢〉，《巨大的數目》，一九八六）

「我個人無法懷疑這景象的真實性。」芭蘭諾芙絲卡在她的論文〈從腳跟到膝蓋的皇帝〉（*Fragment*

cesarza od pięt do kolana）中寫道：「因為我看過它。但這不表示，辛波絲卡就一定看過。」

她接下來描述了十二張繪有拿破崙的明信片（每張都有他身體的一部分），當你把這十二張明信片用正確的方式排列，你就會得到一幅還不小的拿破崙全身肖像。但如果你看的是最底下的明信片，那你就會看到和老烏龜同樣的景象：左腳、右腳、絲襪、黑色的皮鞋。「或許辛波絲卡有收藏這套明信片？不過，在她的想像世界中，有沒有這套明信片根本沒差。她總是用特寫的方式看事物

辛波絲卡收藏的明信片。

的某個片段，彷彿她認為，反正我們也無法看見全貌。」[11]

當我們在辛波絲卡家瀏覽各式各樣稀奇古怪的事物，我們注意到在書架上有一個頗為普通的陶器，無法被放入所謂「有紀念性的破銅爛鐵」這個類別中。

「這是我所擁有的最老的手工藝品。」辛波絲卡說：「大約是來自柏拉圖的時代，也就是我們的盧薩斯文化（Kultura łużycka／Lusatian culture），那八成是用來當骨灰罈的。比這更老的，只有我收藏的石頭，它們可是有好幾百萬年呢。」

辛波絲卡自己也在《非指定閱讀》中寫過：「我一直很著迷於機遇，以及它無止盡的效應。千萬個世代，真正的喜馬拉雅骨頭——所有這一切都消逝無蹤——然後突然，某個生物踩在淤泥裡，然後淤泥石化了，足印留了下來。為了這足印，後人會不斷開研討會。」[12]

烏舒拉．柯齊奧說，在戒嚴時期她曾去柏奇科夫（Bożków）探望在那裡度假的辛波絲卡和菲力普維奇。她在那裡認識了一個辛波絲卡的考古學家朋友，他正在當地做挖掘。

「維斯瓦娃一直很喜歡考古現場和化石。」柯齊奧說：「她認為文明在這裡留下了印記。話說回來，她自己的詩也是充滿這些東西。」

我們前面提過，辛波絲卡曾為《剖面》週報寫過一篇文章，關於切申的舊貨市場。在這篇文章中，她也出聲捍衛媚俗，說「人們可以同時擁有好品味和壞品味。重點只在於，你要知道在什麼時候動用好品味，什麼時候動用壞品味。」[13]

芭蘭諾芙絲卡認為，辛波絲卡和媚俗的關係，也可以在她的詩中看到。

沒有人是因為情人的老公快要回家
而躲在優雅的衣櫃中悶死！

（〈相簿〉，《開心果》，一九六七）

辛波絲卡在《非指定閱讀》中寫道：「人們對待媚俗的方式就像是對待老虎。當老虎還活著，他們無情地驅逐牠。而當老虎死去，牠的皮就成了沙龍的裝飾品，大家都嘖嘖稱奇說這老虎有多棒，一邊摸著牠的頭。這就是為什麼最近出版的《痲瘋病人》（*Trędowata*）* 馬上就被喬伊斯的粉絲搶購一空。對他們來說，媚俗越媚俗越好，因為這樣就更好笑。」

她還順便提起了她小時候讀過的一本書，關於一個丈夫埋葬了妻子，而妻子從棺木中爬出來回到家，參加自己的喪宴。故事在此戛然而止。辛波絲卡說：「接下來發生了什麼事，我從來都不知道。但這沒被安撫的好奇一直留在我心中，而我從此也愛上了這一類的故事，它讓我確信，在媚俗與傑作之間有著很強的聯繫，而且可以賦予彼此生命力。如果有一個時代消除了媚俗，那麼那個時代就沒有機會擁有傑作。」[14]

辛波絲卡應該也是在這段回憶影響之下，在「文學信箱」中寫出了這樣的回信：「親愛的切斯，我們真的對兇手是誰很感興趣，你讓戲劇的張力持續到了最後一刻。然後死者立刻從棺材中跳出

* 譯註：波蘭作家海蓮娜・米尼西科芙娜（Helena Mniszkówna）在一九〇九年出版的言情小說，內容是關於一名男爵和女教師的悲劇愛情故事。

來，指出真兇，這就是出其不意的一手，這我們明白。不管你寄什麼給我們，我們都會帶著活生生的愉悅閱讀它。」[15]辛波絲卡屬於那種會欣賞通俗小說《痲瘋病人》的人。也是感謝這本書，她在七〇年代結識了泰瑞莎・華樂絲。辛波絲卡對華樂絲很感興趣，因為華樂絲為這通俗羅曼史寫了一篇很有學術素養的序，辛波絲卡說這序「精緻、輕巧，有幽默感，而且不會偷偷嘲笑這本書」。

在辛波絲卡的公寓，我們在各個角落都可以找到各種奇怪的物品。有一次辛波絲卡給我們看一個毛茸茸的小豬音樂盒（搖桿是豬的尾巴）、用扁桃仁膏做的女人手臂、老鷹形狀的摺疊煙灰缸、特別醜的枕頭（就是在西班牙會送給新婚夫妻的那種）還有一個木頭折扇，每一折上面都畫了法蘭茲・約瑟夫一世軍隊中的將軍肖像。另一次，我們則有機會看到手骨形狀的原子筆，還有用透明壓克力做的馬桶蓋，裡面鑲著鐵絲。

辛波絲卡告訴我們：「這些多半是我隨機收到的禮物，我從來沒有收過『正經』的禮物，因為只有和我不熟的人，才會送我優雅的禮物。但是扇子我是在克拉科夫的德瑟（Desa）舊貨店買的。我想像一場舞會，以及在舞會上搖著這扇子的女士們。當然，這舞會不可能在維也納舉辦，比較可能會是在某個加利西亞（Galicja）的邊境駐守小鎮。我有一次還帶著這扇子去作家聯盟開會。」

她其中一些收藏也來自我們的貢獻。我們送了她一個乳房造形的打火機（兩頭都可以噴火），用來抽打的皮鞭（不過不是在情趣商品店買的，而是來自阿西西修道院的商店）還有孟克《吶喊》的真人大小橡膠吹氣人偶（買自紐約現代美術館）。

開心地收下這些稀奇古怪的禮物後，辛波絲卡會把這些禮物當成摸彩的獎品。辛波絲卡舉辦這老派的摸彩活動已經多年，而受邀的朋友們都很習慣，在吃完晚餐後會有摸彩活動。

米豪・魯辛涅克注意到，辛波絲卡家中的擺飾可分為三類。第一類是擺在架子上的，第二類是收在某個櫃子角落或抽屜的，第三類則是用來摸彩送人的。但這完全不代表，第三類比第一類或第二類來得差。老實說，並沒有一種客觀看待這些東西的方式。

艾娃・莉普絲卡說：「我送給維斯瓦娃最後的禮物，是一組胡椒鹽罐：歌德形狀的胡椒罐，配上席勒形狀的鹽罐。她超愛的，於是決定不要把這當成摸彩的禮物，而是只有在有客人來時才使用。」

辛波絲卡告訴我們，摸彩的主意是怎麼來的。她說，她以前出國的時候，從來都沒有很多錢，但是又想給每個朋友都帶個禮物。於是她會買一瓶好酒，還有很多小東西，越奇怪越好。之後就交給機運決定，誰會得到什麼樣的禮物。

布朗尼斯瓦夫・梅伊說，他總是抽到最棒的獎品。比如，他曾抽到一個奇醜無比的獅子頭馬克杯，到今天他都還用它來喝茶。他也在一九九五年抽到一個塑膠球，上面有三個簽名：已經得到諾貝爾文學獎的米沃什、即將得到諾貝爾文學獎的辛波絲卡和謝默斯・希尼（Seamus Heaney）。

「維斯瓦娃得到諾貝爾文學獎後，我真的很想送她一份特別的禮物。」瑪歌札塔・慕謝若維奇（Malgorzata Musierowicz）*說：「然後很幸運的，我走進一間賣攝影集的商店，找到了一件珍品：一八九一年波士頓百貨郵購的型錄。我想著，嗯，這一定會讓她開心的。我坐下來寫信給她：『親愛的維斯瓦娃，我知道現在每個人都想建議你要如何花那一百萬美金。我的建議如下：把所有的錢都花在衣服上吧。隨信附上一本型錄，我特別推薦你看看他們多樣的吊帶和賽璐珞領子。』」

* 譯註：波蘭兒童文學作家，也是詩人／譯者史坦尼斯瓦夫・巴蘭恰克（Stanisław Barańczak）的姊姊。

莉普絲卡也告訴我們一個小故事，說她第一次在七〇年代出國時，康奈爾．菲力普維奇交給她一個任務，要她去特殊的商店買假大便。莉普絲卡有點不好意思問人要去哪買這玩意兒，幸好尤里安．羅格金斯基（Julian Rogoziński）在上一次出國就找到了這樣的店。他們跑到巴黎郊外，那裡有特別的商店賣這種東西，還可以選顏色。他們買了三個假大便，他們不知道菲力普維奇和辛波絲卡把這些東西用來向誰惡作劇。可惜菲力普維奇和辛波絲卡並沒有玩這些大便很久，因為很快就被偷走了。假老鼠倒是比較長命，他們請毛皮工廠給假老鼠縫製了特別的皮毛（娜沃亞在這工廠當會計），看起來栩栩如生，他們會把假老鼠放在浴缸嚇人。

「他們這個世代的人讓我感到佩服。」莉普絲卡說：「他們就像是約翰．赫伊津哈（Johan Huizinga）筆下的遊戲人。他們可以興致勃勃地拍好玩的電報或是寫好笑的信。有一次，客人們在辛波絲卡家用包了玻璃紙的湯匙吃醃野菇。我記得，在一九七〇年左右我們用文學出版社的信紙寫信給維斯瓦娃，說我們要編一本列寧詩選，然後問她可不可以把〈未進行的喜馬拉雅之旅〉中的『莎士比亞』換成『列寧』，這樣就可以『擴大這首詩的社會影響力』。所以，新的版本就變成：『雪人，我們有列寧／雪人，我們拉小提琴。』或是，康奈爾有一次去切申，驕傲地從某人家買回來一堆火腿、香腸、血腸。他邀請了客人，而我們則偷偷約好，我們不會稱讚他。我和維斯瓦娃和芭芭拉．查欽絲卡不斷嫌惡地說：『哼，我們吃過更好吃的。』然後康奈爾就很沮喪。」

「康奈爾和維斯瓦娃一直都在玩語言遊戲。」莉普絲卡說：「他們把五〇年代的伏特加稱為『內務人民委員伏特加』（Enkawódeczka）*，並在瓶子上寫『奧特溫』（Otwinek）或『櫻桃布蘭迪斯』（Cherry Brandys）。如果他們去釣魚，他們會用路上遇到的所有地名來寫五行打油詩。他們有自己發明的字，

比如『Dżemajel』代表午後小睡，『Mobutu』就是去找鞋匠，『Bangladesz』則是天氣突然改變。」†

另一個他們經常玩的遊戲規則是這樣的：某人會寫一個簡短的小故事，但是完全沒有形容詞。之後參與遊戲的人在不知道故事的情況下，必須填入這些形容詞。最後的結果通常十分好笑。這個被稱為「綠色屍體」的遊戲，辛波絲卡有時候會讓賓客玩，用來取代摸彩。

泰瑞莎・華樂絲則告訴我們，辛波絲卡和菲力普維奇是怎麼打發火車旅途的。「他們會打賭，窗外會先出現牛還是馬。辛波絲卡去維也納領赫爾德獎（Herder Prize）時，我們曾經試圖複製這個遊戲。我們在整趟旅途中一隻動物也沒看到。」

辛波絲卡和菲力普維奇都很喜歡看電視上的遊戲節目和連續劇（辛波絲卡特別喜歡看《神探可倫坡》，因為裡面總是有「十分美妙的家庭謀殺劇」）。克拉科夫的所有人都知道，不能在《女奴》（*Escrava Isaura*）播放時和他們兩人約見面（當電視劇迎來完結篇，他們常說：『人生失去了意義。』）在穀物街時代就認識辛波絲卡的作家耶日・柯札克說，他太太有時候會懷抱罪惡感，在家偷偷看《朝代》（*Dynasty*）。後來他們在札科帕內的阿斯托利亞文學之家遇見辛波絲卡，發現後者看得光明正大，

* 譯註：Enkawódeczka是由Enkawóde（NKVD在波蘭文中的唸法）和wódeczka（伏特加）這兩個字組成的。內務人民委員部（Народный Комиссариат Внутренних Дел，Narodny Komissariat Vnutrennikh Del，縮寫НКВД／NKVD）是史達林時代的祕密警察機構。這個字一方面反映了時代背景，一方面也是對體制的嘲諷。

† 譯註：「奧特溫」的原文是Otwiniak，意義不明。「櫻桃布蘭迪斯」（Cherry Brandys）來自櫻桃白蘭地（Cherry Brandy），但辛波絲卡和菲力普維奇把白蘭地換成作家布蘭迪斯的姓氏。Dżemajel來自dżemać（小睡），蒙博托（Mobutu）是指剛果獨裁者蒙博托・塞塞・塞科（Mobutu Sese Seko），但是辛波絲卡和菲力普維奇取了其中的「butu」，連結到「buty」（鞋子），把這個字改換成另一種意思。Bangladesz本來應該是要指孟加拉，但deszcz在波蘭文中是「雨」，所以他們把這個字替換成「天氣改變」的意思。

一點都不會覺得丟臉。在看肥皂劇的時候，辛波絲卡喜歡在裡面尋找希臘神話的元素。

辛波絲卡告訴我們：「《朝代》的編劇會從希臘悲劇中汲取靈感。《安蒂岡妮》、《伊底帕斯王》、被拆散的手足、亂倫……這所有的一切都可以在《朝代》中找到。這希臘悲劇的第二個祕密人生，真的很好笑。」

辛波絲卡的另一個狂熱嗜好是手作拼貼明信片。當她得到諾貝爾文學獎，她的好友們在電視、報紙和小型展覽上秀出這些明信片。在貝爾格勒，辛波絲卡寄給她的譯者佩塔爾·武基奇（Petar Vujičić）和比賽卡·萊伊奇（Biserka Rajčić）的明信片被翻拍、放大展出（這兩人將辛波絲卡的詩作翻譯成塞爾維亞－克羅埃西亞文）。

雖然辛波絲卡一直保持低調，但是在拼貼創作方面，她卻樂於褒揚自己。

「當我做這些拼貼明信片，我覺得自己像個『藝術家』。」她向我們解釋：「這一點都不容易。有一次亞當·瓦齊克自己做了一張明信片回給我，但是他的明信片弄皺了，鼓了起來，有些部分還掉了下來。」

波古斯娃·拉特維茨（Bogusława Latawiec）記得，辛波絲卡用的是當時在經互會*中可以買到的最好的膠水：管狀的蘇聯膠水。但是你不能多買一點把它存放起來，因為會乾掉。

「她的拼貼就像一首小詩。」在國家出版社和讀者出版社工作多年的編輯伊蓮娜·希曼絲卡（Irena Szymańska）說：「當她想要寄一張明信片給好友，她會在她珍貴的舊貨堆中搜尋，可以用什麼來作拼貼。為了有可以用來拼貼的素材，她會蒐集舊雜誌、世紀末的時尚雜誌和型錄。她為了製作這些明信片，不惜毀了自己的收藏，這真是令人動容。」

希曼絲卡的丈夫理查・馬圖謝夫斯基就出版了一本書《辛波絲卡給朋友的友情和玩笑禮物》（*Wisławy Szymborskiej dary przyjaźni i dowcipu*），裡頭全是辛波絲卡寄給他們的拼貼明信片。

辛波絲卡說，剪裁某些老雜誌時，她確實會有罪惡感，想著自己是不是毀了世上僅存的一本。許多字句她是從《選舉報》中剪下來的。她每隔好幾個月就會做這些拼貼明信片，一次做幾十張（「我應該不用描述，那時候我的公寓有多亂。」），然後把它們寄出去，根據特定對象的幽默感選擇特定的明信片。

「這些明信片是懶惰和審查制度的產品。自從我退黨，幾乎我收到的每一封信在粘貼的地方都詭異地潮濕。我是從六〇年代中開始寄拼貼明信片的。那時候，人們開始慢慢不寫信了，因為每封信都會被打開，所以我們盡量寫得言簡意賅，尤其不寫那些會被列入檔案的事情。那時候寫什麼內容不再重要，重要的是收到信的人可以因為收到信這件事本身感到開心。」

辛波絲卡的朋友們都集體參與了她製作拼貼明信片的愛好。除了各式各樣的古怪禮物、飾品和明信片，他們也提供她做明信片的素材。自從萬妲・克羅明科娃從瑞典帶給她大小適中的厚紙板，她就不必再用剃刀裁切它們了。

簡莫維特・費德茨基記得，他有一次從布拉格帶給辛波絲卡噴了香水的小卡，那是一戰以前的小卡片，被剪成王冠的樣子，放在小信封中。「六十年後，香水的味道依然有留下！那不是什麼高級香水，因為那是平民百姓——比如消防員寫給女僕——的那種信。」

* 譯註：全名是經濟互助委員會（Совéт экономи́ческой взаимопóмощи／Comecon），是一個以蘇聯和東歐國家為主的社會主義經濟共同體，功能類似歐洲經濟共同體（後來這個組織納入歐盟）。

另一次，費德茨基認識的詩人送了他一張在弗羅茨瓦夫舊書店買到的明信片，上面是希特勒在貝希特斯加登（Berchtesgaden）的別墅「鷹巢（Kehlsteinhaus）」的照片：牆上掛著掛毯、籠子裡有金絲雀、椅子上還有椅墊，整個空間看起來就是德國中產階級的品味。費德茨基把這張明信片送給了辛波絲卡。她回了一張明信片謝謝他的割愛，還說：「我總是很同情這些沒有意志的椅子，它們必須為每個坐在上面的屁股服務。」[16]

閱讀〈希特勒的第一張照片〉，我們很容易就會想到一張明信片，上面有著一個天使般的寶寶的肖像，吸著奶嘴，手裡還拿著搖鈴：

這穿著嬰兒服的寶寶是誰啊？
哦是小阿道夫，希特勒夫婦的兒子！
也許他會成為法學博士？
或是維也納歌劇裡的男高音？
這小手、小眼睛、小耳朵、小鼻子是誰的呀？
誰的小肚子裡裝滿了奶水，我們還不知道：
是印刷廠老闆、醫生、商人還是神父的？
這兩隻好笑的小腳要跑到哪裡去，哪裡？

（〈希特勒的第一張照片〉，《橋上的人們》，一九八六）*

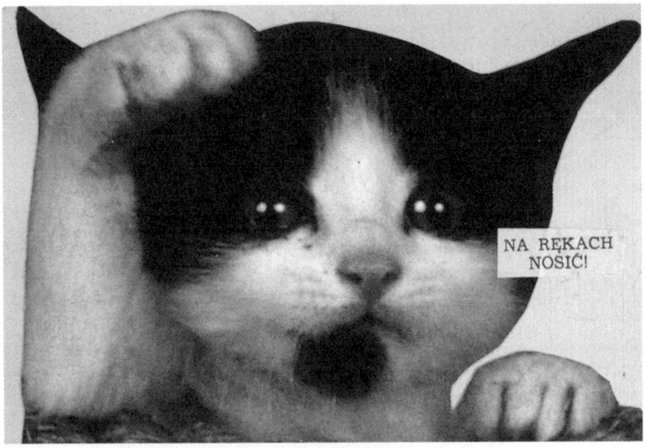

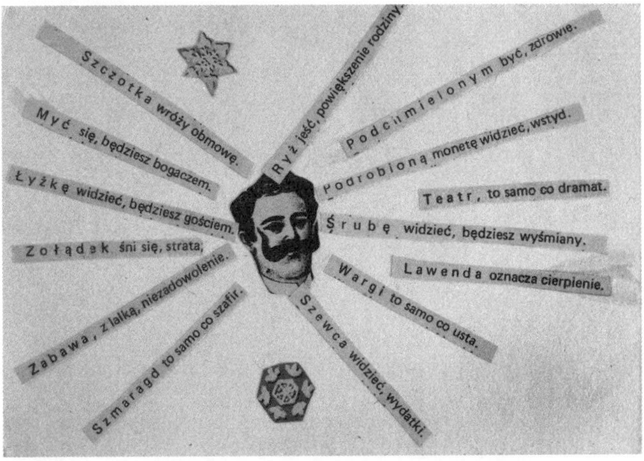

上｜給波古斯娃・拉特維茨和
愛德華・巴策蘭的明信片。
中｜給理查・馬圖謝夫斯基的明信片。
1993年12月20日。
下｜寄給伊蓮娜・希曼絲卡（Irena Szymańska）和理查・馬圖謝夫斯基（Ryszard Matuszewsi）的明信片。
1987年12月14日。

但是不。辛波絲卡說，小希特勒的照片她是在戰前出版的一本德國相簿中看到的，元首初期的人生階段就這麼在相片中被永恆化了。

詩人耶日・費曹斯基(Jerzy Ficowski)說，他自己也會蒐集各式各樣古怪的東西，其中包括明信片。他透過明信片和辛波絲卡保持聯絡。有一次他寄了科羅亞(Kolomyja/Коломия)的明信片給她，那是一張從空中鳥瞰科羅亞的超現實圖片。房子看起來是長方形的，而空中一艘齊柏林飛船飛過，輪子上卡著一個人。

辛波絲卡只有在得到諾貝爾文學獎後的一段時間沒做拼貼明信片，因為太忙了，但是她很快就重拾這個嗜好。

波蘭電影導演安傑・華依達(Andrzej Wajda)告訴我們，他讀了辛波絲卡為藝文出版社出版的《崔斯坦和伊索德的故事》寫的序，驚為天人。辛波絲卡在序中寫道，崔斯坦和伊索德對彼此的愛是平等的，沒有人愛另一個人比較多，兩人都對對方有同樣的渴求，彷彿他們你一匙、我一匙地共飲這愛情的魔藥。而之後的愛情文學則在描述「搖擺不定的愛情、會消逝的愛情、不對等的愛或是單方面的愛」。讀了這篇序後，華依達寫了信給辛波絲卡，說他正在構思一部電影，像是《飄》那樣的史詩，時間從一九三九開始到一九四五結束，但他只缺乏把這一切串起來的愛情元素。或許崔斯坦和伊索德的故事可以填補這個空缺？

「我請她給我建議，因為她自己也知道某個時代消逝了，而她又有著詩人對文學的靈敏，有著非凡的想像力，知道怎麼讓所有的一切活生生重現。我收到了回信，好像是寫在某個老水管公司的表格上，上面有一些水管，而在背面則是一個故事，關於這表格是怎麼來的。然後她說，當我們見面，我們可以好好談談。」（從這段話我們可以看出，華依達似乎不是很欣賞辛波絲卡的拼貼明信片。）

耶日・皮赫也對諾貝爾文學獎得主不正經的創作沒啥好感。「拜託，別把她寫成一個了不起的拼貼藝術家和五行打油詩詩人。她喜歡媚俗的玩意兒，所以大家都把這些垃圾帶到她家。或許她已經受夠了呢？她喜歡拼貼，於是所有人又把老舊雜誌拿去給她。也許她也受夠了？對於好心人士帶給她的這堆廢紙，我不是很確定她是否感到開心。那是他們把她那些艱澀的詩沖淡的一種方式。」

不過，辛波絲卡本人倒是總是很開心人們把拼貼的素材帶給她。每年新年，她都要製作幾十張這樣的明信片。這些明信片中最常出現的主題是一長串奇怪的人物（雖然不一定得是人物，也有動物），背面則是新年祝賀。

在卡特琳娜・卡蘭達－札列絲卡的紀錄片中，米豪・魯辛涅克就代表辛波絲卡，送了一張明信片（雖然規格比一般的明信片大很多）給伍迪・艾倫。伍迪・艾倫收下禮物後說，這比得到奧斯卡還令他高興。

二〇一二年——這是五十年來第一次，辛波絲卡的朋友們沒有在新年收到她的拼貼明信片。

辛波絲卡一旦和人建立友誼，就會和那人當一輩子的朋友。她細心呵護舊雨新知。特別是在得了諾貝爾文學獎後，她小心翼翼地照顧朋友們的感受，不讓任何一人覺得受冷落。

友情對辛波絲卡來說是什麼？我們先來看看《非指定閱讀》怎麼說。在評論瓦夫津涅茨・祖瓦

＊ 本詩有收錄在林蔚昀翻譯的《黑色的歌》（聯合文學，二〇一六）中，頁四三－四四。

夫斯基（Wawrzyniec Żuławski）的《來自岩壁的訊息》時，她說，有些人喜歡登山，並且喜歡在深淵旁邊命懸一線的感覺，她並不覺得奇怪。為什麼？「我們這些普通人要深入了解另一個人，有兩種方式，兩種都不是很健康。要不就是要認識他很久，要不就是當同事。在此同時，登山者只要和人在死亡岩*一起吊在同一根繩子上幾個小時，就對彼此瞭若指掌了。」[17]

芭芭拉．查欽絲卡告訴我們，辛波絲卡是個非常忠實的朋友：「大部分人接受另一個人，是因為他身上的某些特質符合他們的喜好。之後他們會翻臉如翻書，和原本的朋友形同陌路。但是維斯瓦娃不一樣。她和你成為朋友，就會一輩子當你的朋友。我會說，這是一種很有智慧的友誼。」[18]

「我在一九四七年認識維斯瓦娃。」查欽絲卡說：「我們真心彼此喜愛，但是很快地我們就斷了聯繫，因為我害怕穀物街的那群人。一九五六年，我在街上遇到她。雖然我們的人生經歷很不同：我知道的比較多，我有親戚在坐牢，我父親在英國，而她曾信仰共產主義，史達林是個強盜這件事對她來說依然令她感到震驚。然而，當我們相遇，我們重拾了友誼，彷彿我們只是延續多年前被打斷的談話。」

當她從她對史達林的盲目信仰中覺醒，她也對朋友展現了忠誠，在十月解凍時她寫了一篇文章，捍衛在一九五三年被關閉的狂想曲劇院（Teatr Rapsody）——她的中學同學丹奴塔．米豪沃芙絲卡在那裡演戲[19]。也出於同樣的忠誠，她在一九八〇年投書《政治》雜誌，捍衛她因為參與團結工聯運動，而被解雇的老劇院院長揚．帕威爾．加夫里克（辛波絲卡和加夫里克都有和我們說這件事）。

「我最珍視的就是友情。」她告訴我們：「這是世上最強烈、最美麗的感情之一。當然，有人會說：『那愛情呢？』愛情也很美麗強烈，但友情有某種額外的特質。它不像愛情那樣會受時間的影響。愛情的魅力也多多少少包含著威脅，而友情或許比愛情有更多安全感。」[20]

除了朋友，另一個辛波絲卡認為應該要在一本好的傳記裡出現的元素，是夢。

「我記得許多好夢、快樂的夢。」她告訴我們。「有時候我醒來的時候都在笑。」

「呵護那些正向的夢。」辛波絲卡在一張寫給艾娃．莉普絲卡的明信片上寫道，莉普絲卡稱這些卡片為「人生使用指南」。辛波絲卡還在卡片上寫了其他建議：「小心你和誰說話，小心你在想什麼，穿低調的衣服，只養警犬，日行一善。」[21]

「我也有過很美麗和很可怕的夢，但我不會把這些夢告訴別人。」辛波絲卡繼續說：「我也有很多夢只有話語沒有圖像，之後我會記得某些句子。這樣的夢並不是很常出現。有時候我醒來會記得某個句子，在夢中我覺得這句子棒透了，但其實它很蠢。我還記得一個夢，有一個霧氣繚繞的小舞台，兩個老奶奶坐在長椅上，一個老奶奶對另一個老奶奶說：『您能想像嗎？一起生活三百年後，他為了某個七十歲的女人拋下她！』那些我夢見的事，我都寫在關於榮格的專欄裡了。」

我們在那篇文章中讀到，辛波絲卡認為夢的解讀，主要是翻譯的問題。如果世上最優秀的翻譯在把一篇文章翻譯成另一個語言時，都會遇上困難，更不用說要把夢的語言翻譯成清醒的語言了。「我們想像一下，一個中國人、阿拉伯人和巴布亞人夢到了相同的夢，但是當他們醒來，他們做出的解讀一定會有三個版本。」[22]

辛波絲卡從她的第一本詩集到最後一本詩集都在寫夢，而且她從來沒有試圖解讀它們。

＊ 譯註：Zamarla Turnia，波蘭南部山峰，十分陡峭。

在夢中
我畫得像維梅爾一樣好。
我能說流利的希臘語，
而且不只和生者交談。
我會駕車，
而且車子對我服服貼貼。
我很有天分，
創作偉大的詩作。
（……）
我沒什麼好抱怨的：
我成功找到了亞特蘭提斯。
我很高興，在死亡來臨之前
我總是能及時醒來。

在戰爭爆發之時
我可以即時翻身，轉向安全的那一側。
（〈對夢的讚禮〉，《萬一》，一九七二）

辛波絲卡多次提到她對維梅爾畫作的崇拜。她曾在評論一本關於他的書（有附畫作複製品）時說：「用文字描述維梅爾的畫是徒勞的。」雖然她做出如此的開場白，但她還是描述了〈站立在大鍵琴前的年輕女子〉，而這麼做是為了防止批評者說這幅畫「缺乏靈感」及「僵硬、冷漠、充滿冰冷算計」。「我看著這幅畫，它一點都不符合那些批評。我看到奇蹟般的日常光線落在各種材質之上：在人類的皮膚，在絲綢的長衫，在椅墊，在蒼白的牆壁——這是維梅爾不斷重複描繪的奇蹟，但是每一次都有不同的變奏，每一次都有新鮮的靈感。（……）女子把手放在大鍵琴上，彷彿想要彈奏一個段落，為了好玩，為了提醒。她的頭轉向我們，不是很漂亮的臉上有著美麗的淺笑。在這笑容中有著沉思，以及母愛的低語。她就這麼看著我們，看了三百年，包括那些批評她的人。」[23]

我們寄了一篇勞倫斯．韋斯勒發表在《紐約客》的文章給辛波絲卡，韋斯勒在文中主張，辛波絲卡詩作〈也許這一切〉的女主角不是別人，正是維梅爾畫中的《編織的女孩》。

也許我們是實驗品那一代？
從一個容器被灑進另一個容器，

在燒瓶裡被搖來搖去，
不只被眼睛還被儀器觀察，
最後每個人
都會分別被一個小鑷子夾起來？
（……）
或者是完全相反的情況：
也許他們喜愛平凡無奇的片段？
看，大銀幕上出現了一個小女孩
正在把鈕扣縫到袖子上去。
感應器開始嗶嗶叫，
員工們都跑了過來。
噢真是可愛的小東西，
在她體內跳著一顆小心臟！
她真是專心一志地
在穿針啊！
有人興奮地喊：
快把老闆叫來
他得親自看看！

(〈也許這一切〉,《結束與開始》,一九九三)

雖然辛波絲卡喜歡這篇文章,不過她說,這首詩中的女孩並非來自維梅爾的畫。即使如此,辛波絲卡的詩和維梅爾的畫之間的關聯依然吸引著評論家。安傑・奧森卡(Andrzej Osęka)認為辛波絲卡的詩〈清晨的時光〉充滿了維梅爾的氛圍,因為「光線在物體表面安頓的方式」頗為神似,他也注意到兩者都把「最平凡無奇的事物描繪得出神入化」[24],即使只是清晨的甦醒:

我還在睡夢中,
同一時間各種事實陸續發生。
窗戶變白了,
黑暗蒙上灰暗的色彩,
房間從不明空間走出,
踉蹌,蒼白的光線在房裡尋找依靠。

一個接一個,不疾不徐地
因為這是一種儀式,
天花板和牆壁的平面浮現,
本來重疊在一起的形狀分開,

（……）

事物之間的距離發出微光，
第一道晨曦啁啾鳴叫，
在玻璃杯，在門把上。
昨天那些被移動，
掉落在地，
嵌在畫框之中的，
終於不再只是臆測，
而是真實地存在。
只有細節
還沒有進入視線範圍。

（〈清晨的時光〉，《瞬間》，二〇〇二）

辛波絲卡關於夢的詩通常都是對作夢的讚頌，但有時候夢會成為冰冷的現實，沒有醒來的可能。

現實不會像夢一樣
溜走。

（……）
在夢中
我們不久前死去的親友還活著，
甚至身體健康，
重獲青春。
現實把他們的屍體
放在我們面前。
現實一步都不會退。

（〈現實〉，《結束與開始》，一九九三）

沒有一本辛波絲卡的詩集是沒有夢的（至少會有一首是關於夢）。有時候這會是關於作夢的理論，有時候則是描述某場夢。我們很難判斷這些夢的定位：她真的作了這些夢嗎？還是這是一個文學上的手法？

我夢到我醒來，
因為我聽到電話鈴聲。

我夢到我很確定，
是死人打電話給我。

我夢到我伸出手
去拿話筒。

只是話筒
和以前不一樣，
變得很沉重，
好像黏到什麼東西，
長到什麼東西裡頭去，
用根部纏繞住那玩意。
我必須用力把它
連同整個地球一起拔起來。

（〈話筒〉，《瞬間》，二〇〇二）

「這首詩沒有任何虛構的成分。」辛波絲卡告訴我們：「我真的作了這樣的夢，而且我知道是誰打來的。」

在辛波絲卡生前最後出版的兩本詩集中，夢也占了一席之地。

想想看，我夢到了什麼。
表面上那裡一切都和這裡一樣。
（……）
然而，他們所說的話和地球上的不太一樣。

在他們的句型中沒有假設句。
名詞和事物緊緊相連。
一切都非常精確，什麼都不用加減，改變，置換。
（……）
世界在那裡是明亮的，
即使在最深沉的黑暗中。

（〈詩人的噩夢〉，《冒號》，二〇〇五）

而我們——這是魔術師、魔法師、奇蹟製造者、催眠大師都沒有辦法做到的——
我們這些沒有羽毛的人會飛，
在黑暗的隧道裡我們用眼睛當頭燈，
流暢地用陌生的語言交談，
而且不是和隨便任何人，而是和死人。

（〈夢〉，《這裡》，二〇〇七）

沒錯，在夢中我們可以帶著距離（甚至嘲諷）談論現實，夢可以是一項祝福。在夢中詩人是否和死者說過話？這一點，詩人沒有向我們透露。在一場關於菲力普維奇的研討會上，辛波絲卡說：「隨著時間流逝，夢在菲力普維奇的創作占有越來越重要的位置。因為康奈爾認為夢是我們帶著的第二段人生。在此之前只有現實。」[25]

左起：莉普絲卡、辛波絲卡、菲力普維奇、沃德克。「70年代，我們創了一個團體叫BIPROSTAL。」芭芭拉・查欽絲卡（Barbara Czałczyńska）告訴我們。「成員只能是那些住在BIPROSTAL大樓附近的人。亞當・沃德克不住在那附近，他只是因為靠關係所以才在這張照片上。後來有人搬走了，有人離開了，這個團體就沒有留下任何痕跡。」而辛波絲卡則說：「有一段時間，我們的團體引起了國安局的注意。」

16

八〇年代以及偷偷讚賞陰謀

辛波絲卡沒有加入團結工聯（Solidarność）*。為什麼她不想和千萬波蘭人站在同一陣線？「我沒什麼集體意識。」她和我們解釋：「從來沒有人在某個集體行動中看過我。或許我之前的慘痛教訓，讓我後來無法再屬於某個團體？我只能對這些團體抱有好感。對作家來說，屬於某個組織是種干擾，作家應該有自己的信念，並且秉持這些信念而行動。」

「我害怕群眾，我想維斯瓦娃也一樣。」艾娃．莉普絲卡說：「如果有個人曾經熱情地投入某個組織，之後發現自己錯得離譜，就會變得小心且敏感，害怕再次隨波逐流。雖然維斯瓦娃支持團結工聯運動，但她對此有點保持距離。」

在團結工聯依然合法運作時，辛波絲卡的名字還可以在《文學生活》中看到，但她和這本週刊的連結越來越淡薄了。（一九八一年，《非指定閱讀》的專欄只被刊出四次）

* 譯註：團結工聯（Niezależny Samorządny Związek Zawodowy „Solidarność"）是一九八〇年代在波蘭出現的獨立工會組織，以非暴力方式進行民主抗爭，雖然多次遭受波蘭統一工人黨的打壓，但參與的人越來越多也越來越多樣（包括教會、自由主義者、右翼人士），最後終於迫使波蘭統一工人黨和其進行談判（也就是著名的圓桌會議），讓波蘭人在一九八九年六月四日舉行選舉，終結了共產體制。

克拉科夫的作家們多年來一直想要擁有獨立於官方的文學刊物，但一直要到較為自由開放的時代——這要感謝八月罷工和獨立工會的成立——作家們才有可能這麼做。辛波絲卡和那時候成立的新月刊《書寫》有著特別密切的連結，這八成是因為，當時的副主編是康奈爾·菲力普維奇，而編輯團隊裡面則有許多辛波絲卡的朋友如艾娃·莉普絲卡、瑪爾塔·維卡、耶日·克瓦特科夫斯基和塔德烏什·尼采克。

辛波絲卡不只轉而在《書寫》發表詩作，她也同意在雜誌的最後一頁寫專欄。專欄的題目「棄文集」(Z tekstów odrzuconych）向我們暗示，這專欄不一定會寫當下或最重要的事件。每一篇專欄都有一段編輯的話（我們不排除，這是辛波絲卡自己寫的），解釋為何這篇文章會刊登在這不引人注意的地方。

一九八一年五月出刊的第一期，有很大一部分都在講米沃什。在波蘭文學中缺席多年後，感謝諾貝爾文學獎和團結工聯，米沃什又能再次被刊登在波蘭的雜誌上。

在專欄中，辛波絲卡寫了自己版本的序文，說明為何這篇文章會在雜誌最後一頁：「我們認為，在如此重要的一刻，這篇文章沒有它該有的肅穆。」

她繼續寫道：「親愛的讀者，這是《書寫》的第一期。必須馬上說，這名稱很糟糕。但是第一期有種幸運的特質：它不會比上一期差，因為沒有可以比較的對象。」

「在三十年的期待，以及九年的堅持努力後」，《書寫》終於出刊，而且它的出現「不是因為某個雜誌倒了，或某兩個雜誌被合併為一個（也就是倒了兩個雜誌）」——這邊辛波絲卡指的是在波蘭人民共和國時期很常見的現象。《書寫》是一本全新的刊物，「它的搖籃並不是用其他刊物的棺材

板改裝的」[1]。（雜誌總編輯揚·皮耶西恰赫維奇告訴我們，這最後一句話，後來成了編輯團隊的座右銘）

在下一期月刊中，辛波絲卡在她的專欄中發表了另一篇文章，編輯的話如此評論這篇文章：「充滿了悲觀主義的味道，對編輯部的品味來說，有點太過頭了。」[2]

「關於高盧無名氏（Gall Anonim），我們幾乎一無所知，但這一定是因為他從來沒去排過隊。卡德盧貝克（Kadłubek）、德烏戈什（Długosz）、芮伊（Rej）、科哈諾夫斯基（Kochanowski）也沒排過隊。佛利區·莫德爵夫斯基（Frycz Modrzewski）、山普·沙津斯基（Sęp Szarzyński）、克洛諾維奇（Klonowic）、西蒙諾維奇（Szymonowic）、克羅默（Kromer）和斯卡格（Skarga）也都沒排過隊。我們沒有理由懷疑莫西提家族（Morsztyn）的人或科霍夫斯基（Kochowski）排過隊。特瓦多斯基（Twardowski）和波多茨基（Potocki）也一定沒有。帕賽克（Pasek）的記性這麼好，如果他有排過隊一定會寫下來，但就是沒有，表示他沒排過隊*。」[3]

這段文字，是辛波絲卡唯一一次在公開的書寫中評論波蘭人民共和國時期的全民運動（排隊買物資）。不過，她其實私下還有對伊蓮娜·希曼絲卡和理察·馬圖謝夫斯基提過這件事。在送《非指定閱讀》給他們時，她在獻詞中寫道：「我寄了這本可悲的小書給你們，雖然我知道，這時候你們更需要燈泡、火柴、火腿、溫暖的內衣、美極鮮味露†、檸檬和乳酪。」

辛波絲卡很擔心「排隊時代」的文學。因為「很少有人能在排隊時沉思」，而且「站在隊伍中也

* 譯註：除了以拉丁文寫下《波蘭王族編年史》的高盧無名氏身分不明，其他的都是波蘭作家。

† 譯註：maggi，一種醬汁，味道類似醬油。

不代表你有時間做別的事」。「你可以在窗前、花園的樹下、森林中或清澈的大瀑布下沉思，但不是在一串人龍中。」在隊伍中，你必須為了達成暫時的目標而保持清醒，並且具備原始狩獵的本能。你的思緒必須專注在狹隘的問題上：貨品足夠嗎？排在我們前面的那個女人到底有沒有插隊？排完這裡的隊，我們還來不來得及去郵局和藥局排隊？更糟的是，回到家後，因為排隊而浪費的時間無法再補回來，我們有著某種憂愁的情緒和憂傷的勝利，因為我們成功排隊買到了一點東西。」

隊伍越來越長，在此同時，政府和團結工聯之間的衝突加劇。官媒《文學生活》的總編輯瓦迪斯瓦夫・馬黑耶克在一九八一年十二月發文說「反革命運動正在高漲，透過工人保衛委員會的亞采克・庫倫的嘴」，他也譴責在團結工聯運動核心

左起：《書寫》的副總編輯耶日・克瓦特科夫斯基、《書寫》的支持者約瑟夫・什切潘斯基、辛波絲卡、《書寫》的副總編輯菲力普維奇、《書寫》的總編輯揚・皮耶西恰赫維奇、瑪爾塔・維卡、《書寫》的秘書塔德烏什・尼采克、《書寫》的美編布朗尼斯瓦夫・庫傑爾（Bronislaw Kurdziel）和尤里安・孔浩瑟（Julian Kornhauser）。在另一個版本中，團隊成員背對相機，舉起雙手。克拉科夫，1982年2月。

的「法西斯特色」。在下一期的週刊中（於十二月十三日出刊），出現了一份投書，署名者是十一名週刊的員工和週刊合作的作家，他們表明和總編輯切割，說馬黑耶克的文章「在社會內部煽動手足相殘的憎恨」。但是在這十一人當中，只有辛波絲卡和耶日・蘇迪科夫斯基（Jerzy Surdykowski）的名字從此從雜誌中消失。於是就這樣，在波蘭戒嚴的前夕，辛波絲卡完全結束了她和《文學生活》三十年的合作關係。

一九八一年十二月十三日早上，街道看起來和平常很不同。一小群一小群的人們聚集在街上。但是維斯瓦娃・辛波絲卡什麼都沒注意到，她也沒有停下來，只是匆忙走過，因為她很擔心。「畢竟愛——」她告訴我們：「就是擔心那個你愛的人。」多年來，她每天早上都會打電話給康奈爾・菲力普維奇，但那天電話那頭只傳來沉默。從辛波絲卡居住的一月十八日街（現在的國王街）（紅軍解放克拉科夫）到菲力普維奇住的捷爾任斯基街（現在的尤里須・李亞街約有一百公尺的距離。在那間塞滿了家具的大公寓裡有菲力普維奇，有躺在文件堆中的貓咪奇嘉。「你的電話也壞了嗎？」她問。「八成是。」他回答。過了一會兒他們打開收音機，聽到：「國務委員會（Rada Państwa）在今日凌晨決定全國戒嚴……」

在一張一九八二年的紀念照片中，《書寫》的編輯團隊站在一面牆前，雙手舉高。直到一年半後，這份月刊才被允許再次繼續出刊。辛波絲卡加入了編輯團隊，她的名字被寫在編輯欄中，而她也把自己的專欄《非指定閱讀》移到了這裡發表。

好景不常，在出了幾次刊後，政府要求總編輯揚・皮耶西恰赫維奇從編輯部中移除幾個人，當他拒絕，政府就開除了他。這時，編輯團隊也退出了。新的總編輯很快就接收了《書寫》，這一次，

給伊蓮娜·希曼絲卡和理查·馬圖謝夫斯基的明信片。

他們則是把搖籃改成了棺木。

在戒嚴時代，辛波絲卡不再在官媒上發表，如果我們去看當時她的發表紀錄會發現，她只有在一九八二年翻譯法國巴洛克詩人泰奧多爾－阿格里帕·多比涅（Théodore-Agrippa d'Aubigné）的作品。

「那時候我朋友耶日·利索夫斯基（Jerzy Lisowski）來到了克拉科夫，他勸我給他編輯的《創作》* 一些稿子。我一開始拒絕，但後來我想，我可以給他們泰奧多爾－阿格里帕·多比涅的詩作〈悲劇〉的其中一段，關於聖巴托羅繆之夜（Massacre de la Saint-Barthélemy）†。當然，一九八一年十二月十三日發生的事，無法和那場大屠殺相比，但不管是在那裡還是在這裡，人們都完全嚇到了，在睡夢中，他們沒有預期到巨變即將發生。我問利索夫斯基，他是否能保證審查機關不會把這一段刪掉。」

利索夫斯基說，泰奧多爾－阿格里帕・多比涅的詩作通過了審查。於是，戒嚴時期的《創作》月刊就刊登了這樣一首詩：

突然，在寂靜的夜晚，出其不意地，
當整個城市還在睡夢中深沉呼吸，
人們腳下的地面彷彿裂成兩半，現出地獄，
地獄的火舌吞沒了罪人！
（……）
這是沒有對手的戰爭；他們身上沒有武器，
在刀劍之前赤身裸體，要不就是穿著單薄的睡衣，
他們沒有拿出劍，只有無力的嗚咽，
還有承受致命一擊的胸口。

「目前我無法承諾給你們我自己的詩作（雖然我很想要）。」辛波絲卡在給《創作》月刊總編輯簡莫維特・費德茨基的明信片中如此寫道。她請費德茨基寄一份《創作》月刊（有刊登〈阿格里帕〉

* 譯註：*Twórczość*，華沙的文學雜誌。
† 譯註：這是一場發生在一五七二年宗教戰爭期間，天主教徒針對新教徒的大清洗，估計有數萬人喪生，電影《瑪歌皇后》有演到這個事件。

那首詩的）給她，因為在克拉科夫買不到。「沒辦法，我依然在搬家和整理，各式各樣的木工、裝修工人、電工從我身上吸走創作的能量。」[4]

一九八三年，辛波絲卡寄了〈悲劇〉的另一段給烏舒拉・柯齊奧編輯的《歐德拉河》。一九六九年，她們曾一起參觀布魯日的一間小博物館。柯齊奧說：「有一張畫吸引了我們的目光，遠看像是林布蘭的《尼古拉斯・杜爾博士的解剖學課》，但近看我們才發現，那是十五、十六世紀畫家佛拉蒙畫家傑拉爾德・大衛（Gerard David）的作品，圖中畫的也不是解剖，而是一個人躺在板子上，活生生被剝皮，旁邊站著一群當地的仕紳、紫衣主教和達官貴人。他們高高在上、愉快地看著這個異教徒受難。我想起維斯瓦娃翻譯過泰奧多爾－阿格里帕・多比涅的作品，他來自信奉新教的家庭，一向不遺餘力揭露當時宗教鬥爭的醜惡。」烏舒拉・柯齊奧請辛波絲卡寄泰奧多爾－阿格里帕・多比涅的詩作新譯給她編輯的《歐德拉河》，辛波絲卡沒有拒絕，也真的寄了，只不過是在十四年後。[5]

烏舒拉・柯齊奧提起一個當時文學圈的優良傳統：人們不會住旅館，而是住在作家朋友家裡。當柯齊奧來克拉科夫，總是會住在辛波絲卡在赫青斯卡街的公寓。

辛波絲卡在一九八二年搬到這間公寓，它有著七〇年代的建築風格，屬於當時大量興建、長相一模一樣的罐頭公寓。她的公寓在五樓，沒有電梯，一房一廳，附廚房。客廳裡有沙發床和電視、有玻璃墊的桌子、組合櫃、還有史蒂芬・巴普為她製作、讓人無法久坐的椅子（在上一間公寓就有了）。從這裡到菲力普維奇家，就像從一月十八日街的公寓一樣近。

「戒嚴時代我整個人很崩潰，感謝維斯瓦娃小姐和菲力普維奇，我才沒有垮下來。」辛波絲卡和菲力普維奇在波茲南的好友列赫・休達說，他們總是會在夏天去找他度假。「我常會和我女兒瑪莉亞去克拉科夫找他們，他們的幽默感是如此療癒人心，會讓你暫時不去擔心波蘭將再次被瓜分。」

一九八三年，波蘭作家聯盟被解散，政府用同一個名字組了一個新的作家聯盟。由於這彷彿政變的操作，反對派的作家們全都被移出了「體制內」的文學生活，因為他們當然不想加入新的聯盟。「新成立」的波蘭作家聯盟在解散原本的組織後，立刻占據了札科帕內的阿斯托利亞文學之家，因此一直到一九八九年，包含辛波絲卡和菲力普維奇在內的反對派作家都抵制這間旅店。當他們到札科帕內，他們會住在屬於波蘭作者協會（Stowarzyszenie Autorów ZAiKS）的哈拉馬（Halama）民宿。

菲力普維奇十分熱衷於打橋牌，總是會用橋牌賭錢。

「我有時候也會打撲克牌，為了能真正投入遊戲，我也會賭錢，而不是賭豆子或火柴。」辛波絲卡告訴我們：「但是我從來都沒學會打橋牌，打橋牌時，你很需要仰賴你的隊友。」

然而，在哈拉馬民宿，大家最常玩的是更精緻的拉米牌（Remik），也就是「尾巴」（Ogony）。當電視日報（Dziennik Telewizyjny）的晚間新聞開始，作家們就開始玩牌，那時候他們會到另一個房間。在克拉科夫波蘭科學院古波蘭語研究室（Pracownia Języka Staropolskiego PAN）工作的瓦茨瓦夫・特瓦吉克（Wacław Twardzik）記得這個有意識的儀式（他是在辛波絲卡要求之下在某一晚加入這個遊戲的），後來他把這項傳統帶到了波蘭語言中心（Instytut Filologii Polskiej），那裡的員工也開始玩「尾巴」，有些人甚至會玩整個通宵。

塔德烏什・赫讓諾夫斯基認為，喜歡玩牌的菲力普維奇發明了那個「世界上最愚蠢的遊戲，也就是『尾巴』。」艾娃・莉普絲卡記得，新年他們都會玩「尾巴」，通常是菲力普維奇贏。有一次他們在莉普絲卡家玩牌，剛好有人打電話來，辛波絲卡接了電話說：「主人不在家，我們和馬伕在一起。」

以下就是「尾巴」的玩法。

「尾巴」是拉米牌的一種，是給三人到七人玩的遊戲，需要用到兩副牌，要有鬼牌，集到最多點數的人贏。

每個人都會得到十三張牌，其他的就背面朝下放在桌上。如果莊家右手邊的玩家翻出鬼牌，可以把它留下，這時候莊家就會少發一張牌給他。

玩家要蒐集同花色的牌組，至少要有四張牌，他們會把牌組放在身前的桌上（但非強制）。A只能在國王後面，不能拿來當作「一」（這個規則是辛波絲卡發明的），但是可以蒐集不同花色的A。除了A，玩家不會蒐集其他同樣點數的牌組。鬼牌可以用來代替任何一張牌。

莊家左手邊的玩家先開始。每個玩家會輪流從桌上的牌堆拿一張牌，然後丟出一張牌。被丟出的牌會一張一張按順序放好，但是要放得讓每個人都看得見，如此就創造出一條「尾巴」。你可以從「尾巴」中取牌，而不是從牌堆取牌。你要取幾張都可以，只是要從「尾巴」的末端取牌。取了牌後，你必須至少用「尾巴」中的一張牌湊出一個牌組。

湊出一個牌組後，你就可以獲得點數。所有的「人頭牌組」都有十點，「A牌組」有一百點，完全用鬼牌湊出的牌不會有點數。

你也可以把自己的牌組加入對手放在桌上的牌組（但前提是你要先湊出自己的牌組放在桌上），那時你的點數就用每張卡的價值來計算。如果有人的牌組中有鬼牌，而你手上有那張鬼牌所替代的牌，你可以把這張牌打出去，換回鬼牌。

當某個玩家完全丟出手上的牌，遊戲就會結束。這時候其他的玩家就要算自己手上剩下的牌有多少點數，然後把這些點數從累積的點數中扣除。

當有人集滿五百點，就會重新開始發牌。

艾娃・莉普絲卡說：「所有我們的遊戲，不管是團體遊戲還是作五行打油詩，都是一種面對周遭現實的自我防衛，是我們用來反抗荒謬日常、審查制度、無聊和墮落的『電視日報』的手段。我們做這些，並不是出於好玩和愚蠢。」

每個星期三，那些沒有加入新的作家聯盟的作家們，會成群結隊到被新的作家聯盟占領的法政牧師街。耶日・蘇迪科夫斯基回憶，他們會一起坐在咖啡廳的桌前，為了讓那些聯盟裡的成員們意識到他們的存在，另一方面也是惹那些人生氣。他們也透過這樣的社交會面，繼續原本聯盟的組織。這些地下活動的首領之一是菲力普維奇（因為他，辛波絲卡也參與了活動），他密謀了各種地下反抗運動，其中之一就是成立獎助金委員會，把從巴黎《文化》雜誌耶日・吉德羅耶茨和筆會那裡得來的錢分給作家，補貼他們的生活。他也協助《小波蘭月刊》（*Miesięcznik Małopolski*）的出版，還試圖運作地下的《詩歌單張紙》（*Arkusz Poetycki*）。

沃基米日・馬強哥回憶：「自然而然地，所有反對政府（於是成了共產黨眼中人民公敵）的作家都聚集在了康奈爾身邊。作家向來以自我中心聞名，康奈爾是如何在這樣的圈子成了不可動搖的權威，這是個謎。（……）康奈爾接受了這非正式的榮譽，但也對此保持適當的距離。他完全沒有想要獨攬大權、領導眾人，或許這是為什麼我們如此信任他，我們在那個時代不會像信任他一樣信任其他人。半數（或甚至以上）我們的密謀會議都在康奈爾家舉辦。（……）康奈爾這樣覺得，康奈爾如此建議——這會是我們決定事情的關鍵。說實話，我活了這麼多年，我從來沒有像想念康奈爾一樣想念任何人。他如此受朋友的尊敬及愛戴，而他甚至沒有刻意要去爭取這些。」[6]

布朗尼斯瓦夫・梅伊說：「我們當時在思考，能夠如何從事合法運動。我們的前輩——維斯瓦娃、康奈爾、耶日・克瓦特科夫斯基、沃基米日・馬強哥告訴我們，在德軍占領時期，人們用口語雜誌來進行反抗活動。於是，《發聲》（*NaGłos*）這份雜誌就誕生了。我們的跨世代友誼就是在那時候誕生的。菲力普維奇就像是我們的柯里昂。如果某個年輕作家／詩人有疑慮，或是害怕什麼事，就會去找他。他那時候出於對監聽的擔憂，會用枕頭把電話蓋起來，然後聆聽我們傾訴。」

第一份口語雜誌《發聲》於一九八三年二月十四日，在位於乾草街（ul. Sienna）的克拉科夫天主教知識分子俱樂部（Klub Inteligencji Katolickiej）「出刊」。辛波絲卡用一首低調讚揚陰謀的詩做為開場：

再也沒有比思想更淫蕩的事了。
在被指定種植雛菊的花圃中，
這嬉戲的行為像是風媒傳粉的野草一樣狂長。
（……）
真可怕，到底是用什麼樣的姿勢，
心靈如此輕易地（輕易到不道德的程度）
讓另一個心靈受孕！
甚至連《慾經》都沒見過這樣的姿勢。

在幽會期間，人們純泡茶不泡別的。
他們坐在椅子上，只動嘴。
（……）
有時某個人會站起來，
站到窗前，
透過窗簾縫隙
偷窺街上的動靜。

（〈對色情文學的看法〉，《橋上的人們》，一九八六）

這些口語雜誌的聚會總共進行了二十五次。主辦者說，只要辛波絲卡人在克拉科夫，就一定會到場。有時候她會讀一首詩，但多半時刻她就這麼靜靜地坐在房間裡。通常，聚會會在天主教知識分子俱樂部的畫像室舉行，但有一次剛出獄的亞當・米赫尼克（Adam Michnik）參加了聚會，現場擠得水泄不通，聚會必須改到附近道明修道院舉行。

和《普世週刊》合作的文學評論家瑪莉亞・史達拉（Maria Stala）說：「對辛波絲卡來說，天主教知識分子俱樂部和《普世週刊》是一個新的、陌生的圈子。不只如此，那時候她甚至會參加教會舉辦的活動，比如說，她就在克拉科夫加爾默羅會修道院（Klasztor Karmelitów w Krakowie "Na Piasku"）讀了自己的詩。」

《普世週刊》的編輯耶日．圖若維奇說：「在戒嚴時代，《普世週刊》成了某種民主反抗的機構，就連許多原本和天主教扯不上邊的作家都在上面發表文章，而辛波絲卡當然不用說。我並不會稱她為無神論者，頂多不可知論者。」

辛波絲卡在戒嚴時代寫的第一首詩，於一九八三年發表在《普世週刊》：

我們的二十世紀本來應該比以前更好，
現在它已經來不及證明這一點了，
它的年事已高，
步履蹣跚，
呼吸急促。
（……）
無助之人的無助
還有信任之類的東西，
本來應該受到尊重。

誰想要享受這個世界，
他面臨的就是一個
不可能的任務。

（〈在世紀的尾聲〉，《橋上的人們》，一九八六）

「不，我並不在乎千禧年要到了。」辛波絲卡在一九九七年對我們說：「其實，這些世紀開始和結束的時刻，並非是從某某〇〇年到某某九九年。十九世紀一直到第一次世界大戰爆發才結束。有些人認為，二十世紀隨著共產主義垮台而劃下句點，雖然我認為，現在所發生的一切，依然屬於共產主義，而且共產主義還會在下一個世紀維持個十幾年。這個世紀最重要的事件，我認為是登陸月球。現在我聽人們說複製羊是最重要的，但我還沒時間好好思考它。」

辛波絲卡如此評論團結工聯的地下活動：「那時候人們經常在忙東忙西。這裡要連署，那裡要

給波古斯娃・拉特維茨和愛德華・巴策蘭的明信片。1994年12月17日。

募款，這讓人一直處在緊張狀態。我並不是一個社會運動者，但是我清楚表明了，我站在哪一邊。」

耶日．圖若維奇的女兒瑪格妲蓮娜．斯莫琴絲卡（Magdalena Smoczyńska）告訴我們，有一次她走私了一首辛波絲卡的詩到巴黎。她抵達巴黎後，立刻打電話給《文化》的編輯耶日．吉德羅耶茨，而他已經知道她要來，並且在等她。他沒有和她約在他的住所邁松拉菲特，而是約在巴黎的一家印刷廠，這首詩八成是立刻就在當期雜誌印出了。

這首詩以筆名「斯坦奇克之女」（Stańczykówna）*發表。後來，辛波絲卡在克拉科夫的地下刊物《方舟》發表這首詩：

如果你說「好」
那出版社就不敢說
「不」
如果你說「不」
那你難道沒聽過
我們有紙張的問題
印刷廠的問題發行的問題
紗線的問題汽油的問題
工人的問題肉品的問題
燈泡的問題雷根的問題糧草的問題和氣候的問題†

（〈辯證法和藝術〉，《文化》，一九八五年第五期）

辛波絲卡後來沒有把這首詩收入任何一本詩集中。她認為，這首詩太政治了。「這首詩是獻給當時的人們、時間和情境。」她告訴我們。確實，在她的詩中，我們沒辦法找到很多戒嚴時代的痕跡。

他還會在信中告解，
沒有想過，信件會在途中被打開。
他也會誠實仔細地寫日記，
不怕在沒收行動中失去它。

（〈偉人之家〉，《橋上的人們》，一九八六）

* 譯註：斯坦奇克（1480－1560）是一名波蘭宮廷的弄臣，據說他常用諷刺幽默的手法，透過玩笑針砭時事，提醒、警告人們。波蘭亡國後，斯坦奇克成了愛國的象徵之一，也常常出現在藝術和文學作品中。

† 譯註：這邊辛波絲卡在講的是，如果你同意黨（說好），出版社就不敢不印你的作品，如果你不同意黨（說不），出版社還是會有一堆理由，你要等很久才能看到你的作品付印。（不過，在波蘭人民共和國時代，缺紙是真的，因為大部分的紙都被拿去印政治宣傳品了）

辛波絲卡在自家書桌前，1984年。

《橋上的人們》獲得了文化部頒的獎，但是辛波絲卡拒絕接受。「《歐德拉河》每年給我的獎就足夠了。」[7]她在《普世週刊》捍衛自己的決定。不過，她倒是和其他作家以及瓦德米爾・費德里赫「少校」（Waldemar "Major" Fydrych）——社會運動團體「橘色另類」（Pomarańczowa Alternatywa）的創辦人*——一起去領了團結工聯運動頒發的文化獎項。

烏舒拉・柯齊奧說，有一次在提涅茨的本篤會修道院（Opactwo Benedyktynów w Tyńcu）舉辦了一場祕密的讀詩活動，辛波絲卡受邀參加，但是她說：「不，我不去提涅茨，他們對待女人的方式很奇怪。塔德烏什・赫讓諾夫斯基則說：「辛波絲卡提出異議，說她是無神論者，在這樣的情況下她是否能參加？」

「我那時候沒去，是因為我得了流感。」辛波絲卡告訴我們：「我留在家裡很緊張，想著大家是不是會平安回來。我只有去過提涅茨一次，那是參加漢娜・馬列芙絲卡的葬禮。」

辛波絲卡雖然對公開的活動和運動不感興趣，但她卻是個忠實奉獻的朋友。當她的前夫亞當・沃德克生病，辛波絲卡照顧他，去醫院探望他，而當他回家，她幫他買東西、送湯。在他們的婚姻期間，以及後來多年的友誼中，他一直是她的第一個讀者，在他沒讀過、認可之前，她不會讓任何

* 譯註：「橘色另類」是發源自波蘭弗羅茨瓦夫（Wrocław）的一個社會運動，運動的參與者一開始會在牆上畫小矮人，蓋住政府的宣傳口號，之後也在波蘭許多城市舉辦一連串偶發藝術（Happening），比如戴著矮人帽上街遊行，用溫和的手法反抗體制。後來，小矮人成了弗羅茨瓦夫的象徵，不過在波蘭民主化後漸漸被人遺忘，直到二〇〇五年市政府邀請藝術家湯瑪斯・莫奇克（Tomasz Moczek）打造小矮人的雕像，放在城市各個角落，小矮人才又被想起來。不過，也有人批評市政府淡化小矮人雕像和民主運動的關係，只是借用這個象徵來宣傳弗羅茨瓦夫。

一首詩送印。

有一次，她收到一份來自他的禮物，那是她在一九四四年到一九四八年寫的所有詩作，包括那些在刊物上發表過的，還有編修過好幾次、但從未發表過的詩集《縫旗幟》*。他小心翼翼地把打字稿整理、裝訂好，每首詩都仔細地附上編輯附註（第一次在哪裡發表、再次發表、標題的改變、版本等）。在目錄下有這樣的一句話：「做為珍本的打字稿，一式兩份，給作者和編輯。」對於想要研究辛波絲卡早期作品的研究者來說，這真的是無價之寶。

亞當・沃德克在一九八六年一月十九日過世，辛波絲卡邀請前來弔唁的人到自己家參加喪宴。她建議每個人說說自己是在什麼時候、什麼情況下認識亞當。之後二十五年，在每個亞當的忌日，朋友們都會在辛波絲卡家聚會，一起懷念亞當。

辛波絲卡整理了亞當遺留下來的藏書，捐給雅捷隆大學。也是辛波絲卡發起關於亞當・沃德克的回憶錄《給亞當的時刻》（*Godzina dla Adama*）。雖然她在他過世五十年前就和他離婚，但她從來沒有放棄夫姓，她下葬時的姓名是維斯瓦娃・辛波絲卡－沃德克†。得到諾貝爾文學獎後，辛波絲卡會用沃德克的姓氏做為掩護，比如拿衣服去洗衣店洗或是訂披薩時，她會用維斯瓦娃・沃德克（Wislawa Wlodek）這個名字。

亞當・沃德克是個不錯的譯者，朋友們說，他也是個很好的詩人（不過被低估）。辛波絲卡親自選了一些他的詩收入《給亞當的時刻》，並且滿懷柔情地懷念他，說他家的大門總是為他人敞開，他總是為別人著想，而不是為自己。「但是當客人離開，主人孤獨一人留在家裡，和自己的思緒作伴，又是什麼光景？我知道，那些思緒並不愉快，畢竟我很了解他。人生的時光消逝得越來越快，而他還沒有寫出自己最好的詩作。那些詩依然在他眼前，像是消失地平線盡頭的微光。但是所有的作家都會受這樣的思緒折磨，害怕自己來不及寫下那個他認為最重要的、最好的作品。在還活著的時候，我們大概都會有這樣的感覺。因為後來我們會發現，人在死前已經把自己最好的作品寫下了。」[8]

康奈爾．菲力普維奇也會認真照顧後進、支持他們。在他生活多年的克拉科夫，他很有名，對年輕作家來說他也是權威。

「他是我的照顧者、好友和大師。」比菲力普維奇小兩輪的耶日．皮赫說：「當我還是個三十出頭的年輕作家，我把我寫的東西拿去給他看——只有給他看。『你拿了什麼來？』他點了一根菸，問。『短篇小說。』我說。『有幾頁？』『十二頁。』康奈爾的精神來了，他明亮的眼睛變得更為明亮，深吸了一口氣然後說：『很美的篇幅。』（……）他很高瘦，一頭銀髮，是個天生的小說家。他眼鏡後的眼睛總是流露出智慧、理解的光芒，但有時候也會充滿惡毒的諷刺。」[9]

一九八九年一月，就在圓桌會議之前，反抗政府的作家們成立了一個和官方的波蘭作家聯盟分庭抗禮的組織，波蘭作家協會（Stowarzyszenie Pisarzy Polskich），辛波絲卡和菲力普維奇是這個組織的創辦人之一。根據泰瑞莎．華樂絲和布朗尼斯瓦夫．梅伊的說法，在協會還未正式登記之前，邀請新成員加入的儀式在辛波絲卡家舉行。

「入會儀式長怎樣？就像所有的聚會一樣，沒有什麼高尚的儀式，只有喝一杯『康奈爾酒』，然

* 譯註：後來的《黑色的歌》。

† 譯註：辛波絲卡冠的是複姓，Wisława Szymborska-Włodek。

後有著一張高地人或印地安人面孔的揚．約瑟夫．什切潘斯基會宣布：『你是協會的一員了。』」

當菲力普維奇被選為波蘭作家協會克拉科夫分會的會長，他和塔德烏什．赫讓諾夫斯基一起到舊貨市場和家具店，買有歷史感又便宜的家具，好來裝潢他們在法政牧師街的辦公室。

耶日．皮赫記得，一九八九年，在菲力普維奇的公寓（精確來說是他的書房，他在那裡會客）出現了一台小小的黑白電視機。和客人見面時，菲力普維奇三不五時會看看電視。「康奈爾積極關注在波蘭發生的一切，他的積極就像他的懷疑一樣多。他在六〇年代獲贈一瓶干邑白蘭地，他曾說，他要在波蘭獨立後才會開來喝。這瓶白蘭地依然未曾開封。」[10]

「康奈爾一直覺得自己是個社會主義者，當然是老派的定義，他從未加入共產黨。」辛波絲卡告訴我們：「當他的健康惡化，日子所剩不多，揚．約瑟夫．利普斯基來找他，給了他波蘭社會黨的黨證，上面只有個位數。那是他生前最後的喜悅。」*

艾娃．莉普絲卡說，辛波絲卡和菲力普維奇在一九八九年的新年一起到她家玩Scribble拼字遊戲。

「康奈爾就像平常一樣，很健康。他的病進展的速度很快，一九九〇年二月二十八日他就走了。」

菲力普維奇過世後，辛波絲卡就再也沒有玩過「尾巴」。她寫了〈空屋裡的貓〉，但她從來沒有公開朗讀這首詩。她也寫了幾首悼念詩，這些詩一如她一貫的風格，絕望被隱藏在低調、自制下。

我明白——
彷彿你還活著——

某座湖的岸邊
依然像從前一樣美麗。

我不生風景的氣，
我不怪它
給我波光粼粼的河灣。

我甚至可以想像，
某些不是我們的人
在這一刻坐在
倒下的樺木樹幹上。

（……）

只有一件事我不同意。
我不會讓自己回到那裡。
我放棄——

＊譯註：菲力普維奇在戰前屬於波蘭社會黨，戰後波蘭社會黨和波蘭工人黨合併為波蘭統一工人黨，但菲力普維奇沒有加入這個黨。一九八七年揚．約瑟夫．利普斯基復立波蘭社會黨，他拿只有個位數的黨證給菲力普維奇，目的是表示菲力普維奇的元老地位。

在場的特權。

我點到為止地
做你的未亡人，
這樣才能從遠處遙想。

（〈向風景道別〉，《結束與開始》，一九九三）*

當辛波絲卡開始用這些憂鬱、哀悼的詩作組成一本詩集，她向波古絲娃．拉特維茨承認，這本詩集太憂鬱了，但她不喜歡陰暗，因此為了平衡，她正在寫一些樂觀正向的詩[11]。雖然結果似乎不是很成功，但我們可以看見她至少努力過。

這個可怕的世界不是沒有吸引人的事物，
也有讓人覺得
起床真值得的早晨。

（〈現實要求〉，《結束與開始》，一九九三）

多年前，辛波絲卡曾在德國電視台拍攝的紀錄片中如此評論菲力普維奇：「他是個很棒的人，很傑出的作家。我們在一起二十三年，並沒有住在一起，這是為了不要彼此打擾。如果住在一起會很好笑，一個人用一台打字機寫作，另一個人用另一台……我們就像馬匹，並肩全速奔跑。有時候我們接連三天都沒見面。」[12]

在辛波絲卡位於霍京街的公寓外，曾有一棵枝葉扶疏的榆樹。烏舒拉．柯齊奧認為，這棵高達五樓陽台、用濃密的綠色簾幕將詩人與世隔絕的樹，是辛波絲卡選擇此處做為居所的原因之一。

「那大概是一九九一年。」柯齊奧說：「我從弗羅茨瓦夫的花園帶了一棵樹苗來，要和維斯瓦娃一起把它種在康奈爾的墓上。我們一起去墓園，而當我們回來的時候，我們發現窗前的榆樹被砍掉了，窗戶變得赤裸裸的。一定是因為有人不滿意這棵樹，之前政府應該也有發過公文，但是維斯瓦娃沒注意到。突然，她必須和這醜陋、粗製濫造的一切面對面。當維斯瓦娃看到，在原本榆樹矗立的地方，只剩下可悲的樹墩，她放聲大哭。我想，有些事你不能對詩人做。這就像是砍掉揚．科哈諾夫斯基的椴樹。」

＊ 譯註：本詩有收錄在林蔚昀翻譯的《黑色的歌》（聯合文學，二〇一六）中，頁一六五－一六七。

17

關於譯者及翻譯，也就是每首詩都是問題

《呼喚雪人》出版時，在羅茲出生、戰前在那裡唸完中學的德國譯者卡爾・迪德西烏斯注意到了辛波絲卡的詩作。為了讓她同意授權他翻譯她的詩作，他試圖打電話給她。「她一開始很冷漠，後來才慢慢信任我。」他回憶[1]。

他在六〇年代初開始翻譯她的詩作。感謝迪德西烏斯（他後來也成了最優秀的波蘭文學德語譯者之一），辛波絲卡的詩作能在德國刊物上發表，甚至進入德國學校的教科書。

「我用德文發表了一百六十六首她的詩，而她詩作的總數也才兩百多首。」迪德西烏斯在信中告訴我們[2]，在辛波絲卡獲得諾貝爾文學獎之前，她的詩作在德國翻譯的狀況如何。「每首詩都是問題，而且是不一樣的問題。但是挑戰不會把我嚇跑，反而會吸引我。很多時候，當詩歌翻譯成一種新的語言，你必須加註釋，但我不喜歡給詩加註釋，因此我會採取在地化的策略，比如我離經叛道地將〈作者見面會〉中的『艱澀的挪威德』改成『艱澀的畢希納』。」*

* 譯註：原文中辛波絲卡用波蘭詩人齊比安・卡明・挪威德（Cyprian Kamil Norwid, 1821 – 1883）做為艱澀冷門的象徵，德國譯者將其替換為德國作家畢希納（Karl Georg Büchner, 1813 – 1837）。華語世界如果要找到類似的對應，大概會是周夢蝶或洛夫，但我的翻譯策略會避免太過在地化，因此選擇意譯。

不當個拳擊手，當個詩人
注定從此要艱澀冷門，
由於缺乏肌肉，只能向世界展示
未來的學校教材——如果運氣好的話。
喔謬思，喔佩加索斯，
具有飛馬身軀的天使。

（〈作者見面會〉，《鹽》，一九六二）

辛波絲卡後來獲得了兩項重要的德語文學獎，毫無疑問，這要歸功於迪德西烏斯讓辛波絲卡的詩作在德語界變得普及。

佛洛依德、赫曼・赫賽（Hermann Hesse）、卡爾・雅斯佩斯（Karl Jaspers）、湯瑪斯・曼、阿爾伯特・史懷哲（Albert Schweitzer）都得過歌德獎（Goethepreis der Stadt Frankfurt am Main）。「當我看到前任獎主的名單——」辛波絲卡於一九九九年在法蘭克福的頒獎典禮上說：「我感到無所適從。我只希望這些偉大的心靈會對此懷抱理解，以幽默的方式看待我得獎這件事。」[3]

卡爾・迪德西烏斯則在頒獎典禮上如此稱讚辛波絲卡：「在辛波絲卡的詩中沒有永恆騷亂不安的漩渦，沒有可疑的深淵誘惑著我們，我們也不會不安地在其中搖擺。她的島嶼從遠處看似謎樣未知，但近看我們會發現它給人帶來愉悅與幸福。這島嶼有著豐富的生態，不受污染（不管是從物質性，還是語言、氛圍上來說都是）。它靈魂的的群落生境很適合我們的健康。辛波絲卡的詩就像是清澈的明鏡，而且不像今日許多流行的鏡子那樣是歪斜的鏡子。」[4]

迪德西烏斯提到，辛波絲卡的詩〈眾聲喧嘩〉被發表在一本教授古語的刊物上：

瑪爾庫斯．埃米里烏斯，你還沒往外走幾步，
就不知道從哪裡跑出一群原住民。
（……）
德西烏斯，這些小民族
真是多到令人想吐。
（……）
塞克斯圖斯．歐普烏什，
塔克芬人來自這裡，伊特拉斯坎人也是。
沃辛奇克人更不用說。還有魏言人，
奧萊克人，薩朋人。
這已經超越了人類的耐心極限。*

* 譯註：瑪爾庫斯．埃米里烏斯（Marcus Aemilius Lepidus），古羅馬政治家，德西烏斯（Decius），羅馬帝國皇帝。詩中提到的塔克芬人、伊特拉斯坎人（Etruscan）、奧萊克人（Aulerci）、沃辛奇克人……等，都是曾住在羅馬帝國疆域中的民族。

他又說，〈與死者共謀〉這首詩被刊登在老年醫學雜誌，之後編輯部收到了許多來自醫生和醫院的感謝函。

你在什麼情況下夢見死者？
你常常在睡前想到他們嗎？
（……）
他們用什麼和你拉關係？
老交情？親戚？祖國？
他們有沒有說他們從哪裡來？
誰是他們的後台？
除了你還有誰夢見他們？

（〈與死者共謀〉，《橋上的人們》，一九八六）

這很有趣，辛波絲卡的詩經常在環境科學和硬科學的領域引起專業人士的共鳴。《數學愛好者雜誌》做了一次關於辛波絲卡詩作〈Pi〉的專題。編輯部問讀者：「這是一個深奧的數學假設，用詩的方式表達出來。你們知道是什麼嗎？」獎品則是有辛波絲卡簽名的詩集。

令人敬佩的Pi，
三點一四一。
所有剩下的數字也都只是開始，
五九二，因為這數字永遠不會結束。
（……）
即使是世界上最長的、十幾公尺的蛇看到它也會自歎不如。
神話裡的蛇也會這麼做，雖然比較慢。
圓周率數字圍成的圓圈舞
不會停留在紙張邊緣，
它會一直延續到桌上，穿過空氣、
牆壁、葉片、鳥窩、雲朵、直衝天際。

（〈Pi〉，《巨大的數目》，一九七六）

圓周率在十七世紀就被發現，那時候人們算出了小數後的三十五位*。但是這些數字的出現是否有什麼法則？所有數字會出現得一樣頻繁，還是所有的數字都會無限出現？許多關於圓周率的疑

* 譯註：但其實公元五世紀就被中國和印度數學家算出，只是沒有這麼多位數字。

問今日依然無解。《數學愛好者雜誌》認為辛波絲卡的詩對此也提出了看法，因為裡面包含著一項假設，認為在小數點第十位後，所有的數字都會自然而然出現。雜誌還根據這個假設，提供了讀者許多習題，比如：「如果我們稱辛波絲卡數字為0.123456789101112131415……，當我們把這些小數點後面的數字加起來，總和是否都會一樣？」[5]

另一方面，波蘭科學院化石生物學研究中心的卡爾·沙巴赫（Karol Sabach）教授用辛波絲卡的詩做為考題。在化石生物學的課堂上，他要求學生閱讀一段辛波絲卡的詩〈失物招領處的一段演說〉，然後「補足詩中主角記憶的空白之處」。

之後，沙巴赫寫信給辛波絲卡，說：「我把一些最荒謬和錯誤的答案寄給您。」以下是一些例子：

「我看見島嶼沉入海中，一座，兩座……」
問：是什麼過程讓島嶼和人類用來四處遷移的陸橋沉入海中？答：遺傳漂變。
「我甚至不確定，我把爪子遺留在哪裡。」
問：我們是在哪裡、在何時留下爪子的？答：爬蟲類在變成哺乳類時捨棄了爪子。
「誰穿著我的皮毛，誰在我的甲殼裡居住。」
問：誰穿著我們的皮毛？答：直立人（Homo erectus）。
「當我從海裡爬上陸地，我的手足都滅絕了。」
問：作者所想的，當脊椎動物在爬上陸地時，牠死去的手足可能會是什麼？答：恐龍。
「只有某塊小骨頭會在我之中慶祝週年。」

問：上陸的脊椎動物的哪一塊聽骨可以慶祝週年，還有是幾週年？（請精確指出，可以允許五億年的誤差）答：耳膜，五週年。[6]

辛波絲卡的保加利亞文翻譯布拉嘉．狄米羅特娃在一九九六年春天完成《結束與開始》的翻譯。她告訴我們，幸好她來得及在一九八九年前翻完《我想像世界》這本詩集，因為後來她就當上副總統，因為公務而忙昏了。她說，翻譯辛波絲卡最困難之處，在於辛波絲卡那些簡短、沒說完的句子，而且一句話還會拆成好幾行。

「你很難在翻譯她時不把句子弄長。幸好，保加利亞文是個豐富的語言，而我很有野心，喜歡挑戰，所以我沒有放棄任何一首詩。」

捷克譯者弗拉絲塔．德佛拉克娃（Vlasta Dvořáčková）先是翻譯了《鹽》，然後來到波蘭認識了辛波絲卡。一九六八年，德佛拉克娃和許多作家一樣無法接受政府對布拉格之春的鎮壓，於是她的名字被登錄在部分的黑名單上。她的翻譯可以發表，但她的詩作不被允許發表、出版。不過，感謝亞當．沃德克的努力奔走和翻譯，她的詩作倒是有在波蘭出版（她透過辛波絲卡認識了沃德克）。

德佛拉克娃說：「翻譯辛波絲卡最困難的部分是，要保留她的韻律和語氣。如果你沒把這處理好，那詩作就有風險變成『不是詩』，而是某種接近散文的東西。有些段落需要長時間的努力與推敲。比如我在翻譯〈流浪漢〉這首詩時費了許多工夫，辛波絲卡在詩中發明了許多用來稱呼喀邁拉的用詞（會飛的、低矮的、像猴子的、像灰蛾的），而我必須用捷克文創造出對應的名詞。」

在南斯拉夫，辛波絲卡的譯者是佩塔爾．武基奇，後來比爾賽卡．萊伊奇（Biserka Rajčić）也加入。辛波絲卡在南斯拉夫的出版社是貝爾格勒著名的獨立電台B92，她的詩本來要在她得諾貝爾文學獎之前出版的，但那時電台正經歷一段艱辛的時光，總統米洛塞維奇（Слободан Милошевић／Slobodan Milošević）打算關閉電台，因此出版延遲了。

辛波絲卡的俄文翻譯阿薩爾・埃佩爾（Аса́р Э́ппель／Asar Eppel）告訴我們：「在每個國家的文學瑰寶中都有著某些缺憾。我們有俄羅斯版的史達夫（Staff）、吐溫、布朗尼斯基、挪威德、萊什曼、高青斯基。但是我們沒有像白沃謝夫斯基或辛波絲卡那樣的詩人。我翻譯辛波絲卡的詩作，就是為了補足這個缺憾。但是翻譯了不一定代表能發表。那時候有一種人叫『我們的朋友』，也就是會去華沙蘇聯大使館的宴席的波蘭人，他們會告訴蘇聯，哪些人的作品可以出版。辛波絲卡的名字不在『我們的朋友』的名單上。當我結識辛波絲卡，我立刻就迷上了她。在俄國文學有一個傳統，就是女詩人必須是被詛咒的、不幸的、靈性過剩——而這是因為她有一群配不上她天分的愛人們。和她們相反，辛波絲卡則是個偉大的女詩人，卻又如此正常。」

辛波絲卡如此評論埃佩爾的翻譯：「他的翻譯完美在俄文中重現了我的詩。在俄羅斯無韻詩的傳統不是很強盛，但我不用向他解釋，他也可以領會即使在無韻詩中，你也必須留意到某些祕密、安靜的規則。」

「辛波絲卡是個樂觀的詩人，有著樂觀的想法。」埃佩爾說：「她說：『我在想像中規畫世界，第二版的』。她寫詩時會從現成的隱喻開始，對許多詩人來說那是一首詩的目的地。或許德語譯者迪德西烏斯出於德國人的嚴謹，會去計算一行中有幾個音節，還有譯文的格律是否符合原文，但我不分析，我只聆聽、享受原文的音韻。要翻譯辛波絲卡的詩，你必須首先讀懂它，然後找到某個美麗的對應，但不要太美麗，這樣詩才會聽起來很日常。」

在埃佩爾之前，安娜・阿赫瑪托娃也翻譯過辛波絲卡的詩。以翻譯維生的阿赫瑪托娃在六〇年代初期收到三首詩要翻譯：〈亞斯沃的飢餓集中營〉、〈民謠〉和〈酒席間〉，這三首詩後來於一九六四年發表在《波蘭》（*Polsza*）雜誌的五月號。三首詩阿赫瑪托娃都有署名，雖然她只有翻譯最後一首。前面兩首真正的譯者是安納多利・奈曼（Анатолий Найман／Anatolij Najman），他在信中告訴我們：「當時我是個年輕詩人，唯一賺錢的方式就是翻譯。但是因為我很年輕，又有當時人們口中的『反社會觀點』，所以要獲得翻譯工作對我來說很困難。」[7]於是，偉大的俄羅斯女詩人就分工作給我，用這種方式和列寧格勒的年輕詩人分享她微薄的薪水（在這之中，也包括未來的諾貝爾文學獎主約瑟夫・布羅茨基）。」

埃佩爾記得，布羅茨基經常重複，他認為辛波絲卡應該要得到諾貝爾文學獎。他本來要在紐約舉辦作者見面會，談論她的詩歌，但還來不及實現他就過世了。

音樂學者皮約特・卡明斯基（Piotr Kamiński）告訴我們，他是如何當上辛波絲卡的法文譯者。事情是這樣的：他的好友陷在一段苦戀中，而他翻譯了辛波絲卡的詩，好讓他開心：

那些我不愛的人
給了我很多。
（……）
我和他們和平共處，
感到自由自在。

愛無法給我這個，
也無法拿取。

（〈感謝〉，《巨大的數目》，一九七八）

由於好友很喜歡這首詩，也感到安慰，於是卡明斯基又出於對辛波絲卡詩作的喜愛翻譯了下一首，他的翻譯直到辛波絲卡得到諾貝爾文學獎後才出版。

辛波絲卡有兩位希伯來文譯者——拉菲．魏切特（Rafi Weichert）和大衛．溫費德（David Weinfeld）。拉菲．魏切特早在辛波絲卡獲得諾貝爾文學獎之前就翻譯辛波絲卡的詩，出了兩本她的詩集，第一本是自費出版，因為找不到任何補助。他們都說，希伯來文很能表達辛波絲卡詩歌的精髓。文學評論家們說：「辛波絲卡詩歌的本質是建立在懷疑上的樂觀主義，我們在以色列很需要這種精神。」

拉菲．魏切特的父母在一九五六年從波蘭來到以色列，他是在以色列出生的。關於翻譯，他說：「當你抓住了辛波絲卡的語氣和她溫暖的嘲諷，詩的音樂性就會自然而然湧現。我們的知識分子閱讀辛波絲卡的詩，她的詩進入了我們的血肉。辛波絲卡在諾貝爾頒獎典禮的演講上提到聖經、引用《傳道書》，這對我們猶太人來說很動人。而她的詩〈恐怖分子，他在看〉則被收入了大學教材。」

十三點十七分四十秒。
那個頭髮綁綠色蝴蝶結的女孩正在走著。

只是公車突然把她擋住了。

十三點十八分。
女孩已不在。
她真的那麼笨走了進去，還是沒有？
等他們把人抬出來的時候就知道了。

（〈恐怖分子，他在看〉，《巨大的數目》，一九七六）*

辛波絲卡在二〇〇四年受邀到以色列參加克拉科夫猶太區成立七百年的紀念會。和讀者的見面會在特拉維夫市（Tel Aviv）的拜特・阿里拉圖書館（Beit Ariela Shaar Zion Library）舉行。辛波絲卡朗讀了自己的詩，而拉菲・魏切特讀了希伯來文版的翻譯。魏切特在見面會上說，他前後翻了二十八個〈尚且〉的版本，才真正找到讓他滿意的版本[8]。

雅妮娜・卡茲（Janina Katz），辛波絲卡詩作的丹麥文譯者在一九六九年離開波蘭移民到丹麥，她還住在波蘭時就認識辛波絲卡了。她翻譯的第一本辛波絲卡詩集在一九八二年出版，書名叫《羅德的妻子和其他女人》。她說，她「後來覺得有點噁心，因為她給了這本詩集如此商業導向的書名。」

* 譯註：本詩有收錄在林蔚昀翻譯的《黑色的歌》（聯合文學，二〇一六）中，頁四〇－四二。

第二本詩集《空屋裡的貓》（她說：「辛波絲卡同意取這樣的書名。」）剛好就在諾貝爾文學獎委員會宣布辛波絲卡得獎當天出版。

雅妮娜・卡茲告訴我們：「我在翻譯上遇到最大的問題是〈尚且〉這首詩。我對自己和丹麥文感到生氣，我們無法解決這個挑戰。我很希望在丹麥文中有這首關於猶太人大屠殺的詩，但是我沒有成功翻譯。」

「詩作本身越完美，你就越難找到那扇進入它的門。她的詩就像封閉的石頭，不需要旋律。」詩人／歌手格里戈日・圖瑙（Grzegorz Turnau）向我們解釋，為何辛波絲卡的詩那麼少被人譜成曲演唱*。不過圖瑙倒是有演唱一首辛波絲卡的詩〈亞特蘭提斯〉。她允許他演唱她的詩，因為她和他的爺爺、父親和阿姨都有交情（她會在去盧波米日時探望她們）。

或許，圖瑙所說的也可用來解釋為何辛波絲卡的詩如此難以翻譯。如果辛波絲卡的詩真像第一眼看起來那麼簡單，外國的譯者就不會有這麼多問題了。

談到翻譯辛波絲卡詩作的困難時，許多譯者都提到了〈花腔〉這首詩：

她愛，並且一直會愛
大寫的人，
為了他，她喉嚨裡有小鏡子，
三倍的詞彙量和四分音符的啁啾，
金銀花絲做的愛開玩笑的人

加了一點麵包丁到鮮奶油裡，
用杯子餵小羊喝水。

（〈花腔〉，《鹽》，一九六二）

一九九六年十一月，在格但斯克舉辦了一場以辛波絲卡為主題的波羅的海翻譯研討會（Sesja Tłumaczy Literatury Nadbałtyckiej）。辛波絲卡的俄文譯者李奧尼德．茨萬（Leonid Cywian）說：「在〈花腔〉這首詩中，『大寫的人』中的『高C』指的是C大調（譯註：Człowiek przez wysokie C，字面上的意思是「高C的人」），但也是連結到高爾基在〈大寫的人〉這篇文章中提到的『大寫的人』（譯註：意思是有理想人格的人）。翻譯是失去和改變的藝術，在這邊我必須選擇失去。」

辛波絲卡的英文譯者史坦尼斯瓦夫．巴蘭恰克在給我們的信中也談到了這首詩：「對我和我的合譯者克萊爾．卡瓦納（Clare Cavanagh）來說，那些發明新字、顛覆片語、有音韻遊戲的詩作，在翻譯中帶給我們最大的問題和最大的喜悅。一個巧妙利用音韻的例子就是〈花腔〉。這首詩是關於藝術本質、美和傳統關係的深入思索，但另一方面這又是一首好玩的詩，有如煙火。它書寫的方式彷彿它原本是用義大利文寫的，甚至，彷彿是為了歌劇而從義大利文被翻譯到波蘭文。在譯者真正能說他把〈花腔〉這首詩翻好之前，他要扎實地經歷過十幾次偏頭痛。」[9]

* 譯註：波蘭有演唱詩歌的傳統。

巴蘭恰克順便提到，辛波絲卡在年輕時曾在音樂出版社工作。當時她工作的內容之一是要謄寫、編修古老、被翻成波蘭文的歌劇歌詞。辛波絲卡告訴巴蘭恰克，她曾遇過這樣令人驚喜的歌詞：「路燈排成長長一道／無論晴雨都會閃耀。」

辛波絲卡後來和我們談了她五〇年代在波蘭音樂出版社（Polskie Wydawnictwo Muzyczne）的工作。「我的工作是用普通、平易近人的語言改寫這些美妙的匠氣句子。」她在那裡還編修了波蘭政治家／浪漫主義音樂作曲家米豪・克勒奧法斯・奧根斯基（Michał Kleofas Ogiński）的鋼琴情歌[10]。「但後來我發現這不是我想做的，於是我辭了工作。我在某一刻告訴自己：『我不會去挖出這些珍珠。』」

瑞典譯者安德斯・波格達告訴我們，他在《非指定閱讀》中讀到辛波絲卡對於亞當・瓦齊克新譯的賀拉斯（Horatius）詩集的評論，令他印象十分深刻。

「為何賀拉斯的詩讓我們感覺很現代？因為譯者尊重他的古典性。（……）譯者沒有要賀拉斯押尾韻，因為賀拉斯的時代寫詩沒有要押韻。譯者沒有給賀拉斯的詩加句號和逗點，保留字與字之間的流動性，這是無斷句詩作的特色，因為賀拉斯的詩也沒有斷句。（……）他沒有用三拍子的節奏，這是為什麼譯文中的正旋舞歌（Strophe）念起來很悅耳。如果譯者要在波蘭文中模仿賀拉斯惡魔般的複雜句型，那就得來硬的，但強行這麼做會讓句子看起來不像詩，而像益智遊戲。幸好，譯者只將這複雜性點到為止，讓波蘭文有屬於自己的句型。」[11]

波格達說：「當我讀到這段，我發現辛波絲卡對翻譯的問題瞭若指掌。我開始感到遺憾，我沒有多和她討論我翻譯她詩作時遇到的問題。」

辛波絲卡從七〇年代開始也做了一點翻譯，多半從法文翻譯，包括巴洛克詩人，但也有波特萊爾和繆塞（Alfred de Musset）。她也曾和耶日・利索夫斯基合作編譯《當代法國詩選》。

「我會建議她翻譯哪些詩，我不記得她拒絕過我。」利索夫斯基說：「我會選艱深的詩給她，因為維斯瓦娃是個傑出的譯者。」

辛波絲卡也翻譯了猶太詩人伊茲克・曼格（Icik Manger）的詩作，他早在戰前就離開波蘭，移民到國外。有著辛波絲卡譯作的《猶太詩選》原本已經要付印了，但一九六八年波蘭發生反猶浪潮，政府下令銷毀已經排好的版。然而在團結工聯運動時人們發現，當時一名印刷廠的員工把印刷排版（也就是在自動鑄造排字機上排好的版）偷藏在地下室，於是，在過了十幾年後，這本詩集終於在一九八三年出版。

羅伯特・史迪樂（Robert Stiller）說：「眾多譯者之中，除了我和阿諾・斯伍茨基（Arnold Slucki），其他人都不懂意第緒語，所以他們只做字面上的翻譯。即使如此，你依然可以在辛波絲卡的譯文中看出她寫詩的功力。」

在辛波絲卡的譯筆之下，曼格的詩讀起來輕盈、優美：「女孩拿著水壺／敲我的窗／她們的笑聲彷彿紫丁香的枝椏／搖晃空氣。」（〈阿那克里翁的春之歌〉）[12]

安德斯・波格達在一九八三年認識辛波絲卡，他當時是雅捷隆大學的瑞典語講師，也在學校的唱詩班「奧爾加農」（Organum）中。他會從瑞典帶信件包裹給地下的團結工聯運動，而收件人正是菲力普維奇——這就是他和辛波絲卡友誼的起點。很快地，他開始翻譯辛波絲卡的詩作。就像很多外國人一樣，波格達也被團結工聯革命的浪漫激發了參與的熱情。由於他想向自己的國人介紹團結工聯是個什麼樣的運動，他決定將約瑟夫・提施納（Józef Tischner）神父的著作《團結的道德》（*Etyk solidarności*）翻譯成瑞典文。回到瑞典後，他和人一起創辦了一本關於波蘭文學和政治的雜誌《老鷹下的旅館》（*Hotel pod Orlem*），他就在那裡發表了第一批他翻譯的辛波絲卡詩作。

波格達告訴我們：「我特別喜歡一首叫做〈烏托邦〉的詩，於是我也把她在瑞典出版的其中一本詩集命名為《烏托邦》。就像她一樣，我也曾經相信烏托邦，不過是在另一個時空。那是一九六八年的法國，從那裡回到瑞典時，我是個極左派。這首詩中充滿了由政治標語組成的風景，這一方面是對烏托邦的戲仿和嘲諷，但另一方面它也讓我們看到，這誘惑有多麼真實。」

一座島嶼，在這裡，一切豁然開朗。
在這裡，你可以站在證據堅實的地面上。
除了通往終點的路，沒有其他道路。
灌木上垂滿了解答，甚至都被它們的重量壓彎了。
（……）
越往森林深處走去，「理所當然的山谷」

就變得更加遼闊。

如果有一絲懷疑，風很快會將它吹走。

（〈烏托邦〉，《巨大的數目》，一九七六）

史坦尼斯瓦夫・巴卜斯曾寫過：「安德斯有一次對波蘭朋友們抱怨瑞典文的不足。他說，『瑞典文中，在烏托邦（Utopia）你不能淹死（utopić）』。而我們要記得，這個雙關語就是辛波絲卡這首詩的主要概念。」[13]

波格達記得：「我有一次要朗讀這首反烏托邦，但又像烏托邦一樣美麗的詩。我問辛波絲卡：『妳希望我如何朗讀它？』她回答：『你知道，安德斯，我的詩是自然的呼吸。』這句話在我翻譯她的詩時，幫了我很多。」[14]

「死亡、恨、現實——」波格達繼續說：「這些可怕的字在波蘭文中都是陰性*，都是『她』。瑞典文中沒有性別，只有日耳曼文化的聯想，而在這聯想中，死亡是陽性的。恨也是一樣，在〈恨〉這首詩中，我把恨變成是男性的，因為這個字在瑞典文中聽起來很陽剛。在波蘭文學中，『倖存』（ocalenie）是個很重要的主題，但在瑞典文中，這個字沒有同等的重量。當我開始翻譯辛波絲卡的一

* 譯註：波蘭名詞都有性別，分為陽性、陰性、中性。

首詩〈繁〉（*W zatrzęsieniu*），她寄了一張明信片給我，為了這個題目向我道歉。確實，這題目不好翻，因為這個字一方面代表『失衡』，一方面又有『大量』的意思。最後我想出了方法解決。」

當波格達無法翻譯一首詩的題目，他就會放棄翻譯整首詩。這就是為什麼他沒有翻譯〈開心果〉和〈巨大的數目〉，雖然辛波絲卡把這些詩當作詩集的題目。「數目」在瑞典文中是「tal」，但因為瑞典文中有同音字，「tal」會讓讀者想到語言，然後就會往別的方向去想，因此他決定不翻譯這首詩。他也放棄了翻譯〈花腔〉。

波格達說：「一九九三年春天，維斯瓦娃在泰瑞莎．華樂絲的陪伴下來到瑞典，在稠李和丁香的花季之間。她們住在作家之家，那裡有個花木扶疏的漂亮中庭。那年稠李和丁香同時盛開，中庭瀰漫著花香。在國王劇院，我第一次聽到辛波絲卡讀詩。她讀起詩來就像是個偉大的女演員。那是我生命中最美麗的時刻，觀眾席中一小時都沒有人咳嗽。但錄音機沒開，所以什麼都沒錄下來。或許這樣比較好，比較接近辛波絲卡的精神。」

詩歌朗讀那天晚上，《選舉報》駐瑞典的記者記下了波格達說的話：「如果要我簡短描述辛波絲卡的詩，我會說她詩作的精神是：魔術、片語、嘲諷。就像米沃什所說的，她是個魔術師，在她的每一首詩中，都有出其不意出現的事物，像是從帽子裡拿出兔子。辛波絲卡的魔術是，她會把許多事物從尾部提起，在手心上轉一轉，晃一下（輕輕地、輕輕地），然後再把它放回原處，但事物的本質已經永恆地改變了。」[15]

在獲得諾貝爾文學獎後的第一場記者會上，辛波絲卡說：「波格達是個很棒的譯者，我們今天會坐在這裡談論我得獎，這都要感謝他。如果不是他，我只會繼續在波蘭寫我那些小詩。」她在瑞典的頒獎演說上也重複了這件事，說如果波格達的天分差一點，她八成永遠不會得獎。

但波格達本人對此保持低調。他說諾貝爾文學獎委員會的委員主要是讀迪德西烏斯翻譯的德語譯本和巴蘭恰克的英語譯本。

確實，巴蘭恰克和卡瓦納把辛波絲卡在得到諾貝爾文學獎前的兩本詩集《橋上的人們》和《結束與開始》翻成了英文。他們的翻譯如此自然流暢，美國的評論對他們做出如此的讚賞：「在讀這些詩時我們必須不斷提醒自己，這些詩並不是用英文寫成的。」[16]

巴蘭恰克在一篇論文〈美國化的維斯瓦娃，或我如何和一名年輕美國女性翻譯〈關於色情〉〉中，詳細又逐步地描述了他們在翻譯這首詩——不只是翻譯成另一個語言，也是翻譯到另一個文化——時遇到的問題和困難。第一個令他們頭痛不已的問題是英文中和性有關的詞彙太多（尤其是和波蘭文比起來）。第二個是美國的政治氛圍和波蘭的完全不同，人們無法想像思想竟然是非法的。第三個則是這首詩中有特別多（對辛波絲卡來說，都算是多的）雙關的文字遊戲。

> There's nothing more debauched than thinking.
> This sort of wantonness runs wild like a wind-born weed
> on a plot laid out for daisies.
>
> Nothing's sacred for those who think.
> Calling things brazenly by name,

risqué analyses, salacious syntheses,
frenzied, rakish chases after the bare facts,
the filthy fingering of touchy subjects,
discussion in heat – it's music to their ears.
(...)
During these trysts of theirs, the only thing that's steamy is the tea.
People sit on their chairs and move their lips.
(...)
Only now and then does somebody get up,
Go to the window,
and through a crack in the curtains
take a peep our at the street.

再也沒有比思想更淫蕩的事了。
在被指定種植雛菊的花圃中，
這嬉戲的行為像是風媒傳粉的野草一樣狂長。
（……）
對會思考的人來說，沒有什麼是神聖的。

他們目中無人地對事物直呼其名，
敗德的分析，墮落的合題，
狂野放浪地追逐赤裸裸的事實，
淫穢地愛撫敏感的主題，
觀念的交尾——他們就愛這一味。
（……）
在幽會期間，人們純泡茶不泡別的。
他們坐在椅子上，只動嘴。
（……）
某個人有時候會站起來，
站到窗前，
透過窗簾縫隙
偷看街上的動靜。

（〈關於色情〉，《橋上的人們》，一九八六）

巴蘭恰克寫道，「令人驚訝地」，在英文中「偷看街上的動靜」也和波蘭文一樣一語雙關。他也哀嘆，他們很久都想不出要如何解決「在幽會期間，人們純泡茶不泡別的」（W czasie tych schadzek parzy się ledwie herbata）這一句。在原文中，「泡茶」的「泡」（parzyć się）有「泡茶」及「交配」的意思，巴蘭恰克和卡瓦納找了很久，想找到和「茶」及「性」有關的雙關語，後來他們想到了形容詞「蒸氣」（steamy）。在英文口語中這個字也有性暗示，這就是為什麼有性愛場面的電影會被稱為「蒸氣電影」（steamy movie）。於是，他們把這一句翻成了：During these trysts of theirs, the only thing that's steamy is the tea（「在幽會期間，會發出蒸氣的只有茶」）*。

巴蘭恰克在文中也提到翻譯辛波絲卡詩作的艱辛：「如果說，在翻譯辛波絲卡的詩時，在任何一處——從最小的文字風格到整首詩的內容到註解——破壞了詩理想的平衡（創新和陳腔濫調之間的平衡、日常和不凡的平衡、口語和詩意的平衡），那整首詩可能因此毀滅。」但他也詩意地評論了完成譯作的喜悅：「偉大的詩就像是叢林，會吸引譯者進入，讓他無法抗拒。這吸引力會讓譯者不辭辛勞，像是穿過倒下的樹幹般跨越文化、傳統、社會經驗和語言的差異，為的就是在路途盡頭，有時候得說：『我完全迷路了。』而有時可以說：『這趟旅程是有意義的。』」[17]

厚厚的辛波絲卡詩選在義大利出版後，譯者彼得羅．馬切薩尼（Pietro Marchesani）在給《選舉報》的訪談中說：「這是份辛苦的工作。比如，這首〈出生〉，我翻譯了整整五個月！我記得出版社抱怨：『只差這一首詩了！其他的詩都準備好了，整件事卻停擺！』類似的情況還有〈森林的道德劇〉，因為辛波絲卡小姐本人就警告我兩次：『這首詩無法翻譯。』辛波絲卡喜歡和譯者保持聯繫，和他們討論詩選的內容和題目。當詩作翻譯成英文、德文、瑞典文時，你還可以聽出來，譯文到底好不好。但現在她的詩也開始被翻譯成韓文和日文了，在這部分她就是完全無助的了。」[18]

確實，即使聽不懂義大利文，我們也聽得出來義大利文和波蘭文原文聽起來有相似性：

Tanto mondo d'un tratto da tutto il mondo:
Morene, murene e mimosa,
(...)
Lapilli, mirtilli, berilli e zampilli –
Grazie, ma ce ne'e fin sopra I capelli.

Tyle naraz świata ze wszystkich stron świata:
moreny, mureny i morza, i zorza,
(...)
Motyle, goryle, beryle i trele –
Dziękuję, to chyba o wiele za wiele.

有這麼多世界在同一瞬間從世界的每一個角落到來：
這麼多冰磧、油鯙、海洋、霞光，
（……）

＊ 譯註：我把這句翻成「在幽會期間，人們純泡茶不泡別的。」因為「泡」在中文裡本身就有雙關的意義，可以讓人聯想到泡妞或泡仔，也可聯想到泡湯（鴛鴦浴），所以我想這樣處理應該足夠。另外，對英文讀者來說，「思想是犯罪」可能是陌生的概念，但對經歷過白色恐怖或對白色恐怖多少有點了解的台灣人來說，我想這首詩描述的情境應該似曾相識。

蝴蝶、金剛、綠柱石、鳥語——
謝謝，這或許太多了。

（〈生日〉，《萬一》，一九七二）

這本二〇〇八年出版的選集包含了兩百二十三首詩（出自十一本詩集）。在辛波絲卡之前撒手人寰的馬切薩尼，還來得及翻譯了辛波絲卡最後一本詩集《這裡》。

辛波絲卡的詩進入了義大利語的血肉中，成為日常文化的一部分。同樣的情況也發生在荷蘭，辛波絲卡的詩在報章雜誌上被引用，可以在政治人物的演說中被找到，甚至在訃聞中也可看到。我們一名荷蘭友人在某家牛奶公司的圍欄上看到一幅標語：「乳牛是真正的奇蹟。——辛波絲卡。」這也是要感謝譯者。一個我們認識的荷蘭記者沙夏・瑪爾可（Sasza Malko）說，辛波絲卡身上有某種荷蘭特質。「她就像荷蘭畫家，喜歡從各種角度、在各種光線下看事情。」在西班牙，她的詩作躍上暢銷排行榜，而在二〇〇九年，巴斯克自治區的總理在就職宣誓時朗讀了辛波絲卡的詩（譯者為耶日・沃伊采赫・斯沃米斯基〔erzy Wojciech Słomirski〕和安娜・瑪莉亞・莫伊克斯〔Anna Maria Moix〕）：

Ningún Día Se Repite,
ni dos noches son iguales,
ni dos besos parecidos,

ni dos citas similares.

沒有一個白日會重複，
也沒有兩個一模一樣的夜晚，
或是兩個同樣的吻，
兩道相同的凝視。

（〈僅只一次〉，《呼喚雪人》，一九五七）

18

諾貝爾文學獎前的最後時光

九〇年代，辛波絲卡屢獲大獎及殊榮，包括齊格蒙・卡倫巴獎（Nagroda im. Zygmunta Kallenbacha）、歌德獎、赫爾德獎、榮譽博士。而在獲頒諾貝爾文學獎的前幾天，波蘭筆會才剛頒發給她終身成就獎。

在去法蘭克福領取歌德獎之前，辛波絲卡就抱怨說她壓力山大：「他們要求我做二十分鐘的演講，我從來沒做過這種事。他們也要我上電視，這件事我從以前到現在一直逃避。他們還要訪問我，我原則上不接受訪問的。」她引用了阿道夫・魯德尼茨基（Adolf Rudnicki）的話：「你不那麼想要的東西，就會降臨到你身上。」[1]

正是在法蘭克福，辛波絲卡試圖比較今日的自己和在共產時代投入政治的自己。「年輕時，當我認為自己理解一切、知道一切——」她說：「我比今天更無助，我的內在也更不安。而今天我敢肯定的事，一隻手就可以數出來。」她還說，作家「應該自己去認識世界。這不代表，作家不能有理想——但是這理想最好不要變成某個密不透風、外在聲音無法進入的系統，這樣對他的創作會比較好。」她還提醒聽眾，「人類的悲劇從來都不在某個超越時空的虛空裡發生，而是在一個擺了一些家具的場景上，而舞台上的道具都是有意義的。」[2]

自從十月解凍，辛波絲卡就再也沒有參加任何政治活動了。雖然她深深意識到，自己活在什麼樣的時空。

我們是時代的孩子，
這個時代是一個政治的時代。

所有你的，我們的，你們的
日常和夜間事務，
都是政治的事務。
（……）
活著或是死亡，這是個問題。
什麼樣的問題，回答吧親愛的。
那是個政治的問題。

（〈時代的孩子〉，《橋上的人們》，一九八六）*

本以為，這個時代結束後，情況會改變。但這只是幻覺。
下面這首辛波絲卡的詩，就這樣突然在某一刻，被拉到了政治秀的舞台。

你們看看，
在我們的世紀
恨依然身手矯健，
年輕貌美。
它是如此輕盈地對付高難度的障礙。
而跳起來把人捉住——對它只是雕蟲小技。
（……）
宗教或不是宗教——
只要能讓它在起跑點上就位就好。
祖國或不是祖國——
只要能讓它有衝出去的動力就好。
正義也可以是一個好的開始。
之後恨就可以靠自己往前奔馳。
恨。恨。
它因為愛情的狂喜，而面目猙獰。

＊譯註：本詩有收錄在林蔚昀翻譯的《黑色的歌》（聯合文學，二〇一六）中，頁一八〇－一八二。

啊，那些別的感覺——
它們都太弱了而且慢半拍。
從什麼時候開始
博愛可以仰賴群眾？
同理心曾經第一個
跑到終點過嗎？
懷疑抓住了幾個對它感興趣的人？
只有恨會把人抓住，它不知道什麼是猶疑。
（……）
我們也別騙自己了：
恨知道如何創造美景。
它那些黑夜中的火光燦爛。
而玫瑰清晨的蕈狀雲無比壯觀。

（〈恨〉，《結束與開始》，一九九三）*

〈恨〉在一九九二年六月五日刊登在《選舉報》的頭版，旁邊還有總編輯亞當・米赫尼克的評語：「有時候政治語言太乾澀、太平板。這時候文學就派上用場。偉大的波蘭女詩人維斯瓦娃・辛波絲卡寄了她的新詩給我們。就讓這首詩在與墮落及恨的交戰中，代表我們的聲音。」

那是揚・歐謝夫斯基（Jan Olszewski）內閣下野的隔天。米赫尼克評論的事件是內政部長安東尼・馬切列維奇（Antoni Macierewicz）所列出的、疑似國安局線人的名單†。

辛波絲卡在一九九七年告訴我們：「寫這首詩時我在想的是，人類有多麼容易被恨意沖昏頭，現在與永遠，此處與各地。這首詩我是在發表十天前寄給《選舉報》的，我本來已經準備好接受《選舉報》不會刊登它，這也很能理解，畢竟他們平常不會刊登詩作。」

和辛波絲卡認識多年（從五〇年代就開始）的沃基米日・馬強哥告訴我們：「她一直是個誠實率真的人，當她投入共產理念時，以及離開時都是如此。」

「我那時剛從烏拉圭回來。」米赫尼克說：「然後在我的信箱找到了維斯瓦娃小姐這首未發表過的詩。她希望這首詩能夠廣為人知。那天深夜，我在電視上看到馬切列維奇名單引起的恐怖景況。我讀了這首詩，然後決定發表，我完全沒想到發表它會有任何不適當之處。」

很快地，安傑・別爾納茨基（Andrzej Biernacki）在巴黎的《文化》雜誌發表了一篇文章，控訴辛波

* 譯註：本詩有收錄在林蔚昀翻譯的《黑色的歌》（聯合文學，二〇一六）中，頁五〇－五二。

† 譯註：一九九二年，除垢法通過，要求內政部提供在共產時代曾和情治單位合作、現在擔任特定公職（包括國會議員和政府高階官員）的協力者名單，當時的內政部長安東尼・馬切列維奇於是提供了兩份名單，其中也包括總統華勒沙。這份名單引起軒然大波，導致內閣下台。然而，這名單也有其爭議性，因為名單上的人名並未經過查證，這些人有可能真的有和情治單位合作，但也有可能沒有。

絲卡自己就曾經散播恨，而且是針對在韓國戰鬥的美國上校，而不是國安局的盧詹斯基（Różański）*上校。他也說，《選舉報》把這首詩和波蘭國徽及揚·歐謝夫斯基的照片一起刊出，是「卑劣的惡行」。「當然，辛波絲卡的詩並不是在寫揚·歐謝夫斯基。」米赫尼克說：「但當時檔案、特務滿天飛的政治氛圍，一定對她的創作有所影響。」

辛波絲卡在《非指定閱讀》中再次回到了「恨」的主題，描述被恨擄獲的人：「如果只在個人身上出現，中度危險，但這情況不會持續很久，因為恨深具傳染性。（……）他完全沒有幽默感，但當他開起玩笑，那可是會令人毛骨悚然。（……）他沒有內建的懷疑，也不容許別人有懷疑。他的專長是分化，但他很樂意加入國族主義、反猶主義、基本教義派、階級或世代鬥爭以及各種私人恐懼的陣營，公然表態。他的頭骨中雖然也有大腦，但這大腦不會妨礙他做出仇恨的行為。」[3]

雖然辛波絲卡意外來到政治糾紛的風口浪尖，但她還是一如往常，不評論，不解釋。再說，她一直認為，解釋了也沒用。多年前，當她評論貝紐夫斯基的回憶錄，就寫下了這樣的句子：「謊言的腿一點都不短，它跑得就像瞪羚一樣快。反而是真相在它後面像龜速前行，背上駝著所有的文件、辯白和精確的解釋。」[4]

在自由波蘭，辛波絲卡還是和以前一樣，逃避媒體和公開場合的活動。

波古斯娃·拉特維茨曾寫過，要說服辛波絲卡到波茲南舉辦作者見面會有多麼困難。「交涉會持續很久，中途還會換好幾個不同的人去遊說。冬天她說，她春天會來，因為那時候比較溫暖，而路途遙遠。四月她寫信來說：『秋天我再來找你們。因為現在我家有個木匠。除此之外我必須努力工作，因為時間不多了。』這就像在她自己的詩中所寫到的：『我的缺席／準時抵達N市的車站。』」[5]

最後，辛波絲卡在一九九二年九月十日來到了波茲南，出席了在札文斯基宮（Pałac Działyńskich w Poznaniu）舉辦的文學星期四（Czwartek Literacki）講座。講座結束後，她向波古斯娃・拉特維茨及她丈夫愛德華・巴策蘭解釋，她不喜歡文學講座的原因不是她輕視讀者，而是因為她無法接受在講座上的自己。

她後來告訴我們，在那樣的場合她無可避免地會變得算計，在乎效果。「我不喜歡那樣的自己。再說，那時候你不可能自然，你總是在扮演某個角色。這是一種保護機制，這樣就不會揭露過多的自我。」

「和詩人約訪很不容易。」一九九三年，一個克拉科夫《選舉報》副刊的記者如此抱怨。「你要準備好等上半年，然後三不五時用隱密的電話提醒，你是那個死纏爛打的某某某……詩人會丟給你主題，開始談話，然後試圖把你的問題連到她早就準備好的答案上。」

「在我們的時代——」辛波絲卡告訴那名記者：「人們說得太多。出現了許多為此目的服務的大眾傳播工具：電台、電視、麥克風、錄音機，這樣的想法和發明，以前都是不存在的。還在不久之前，地球在宇宙中靜靜地漂浮。現在我們則彷彿在乙太上聆聽這整個噪音，這宇宙性的巨吼。（……）然而有些事是需要專注和安靜才能做到的。誤會就從這裡開始了，有些作家會在寫書前、寫書中、寫書後接受訪談。如果他們說的是重要的事，那還好，但是突然堵到嘴邊的麥克風，很少會挖出什麼重要的資訊。

* 譯註：約瑟夫・盧詹斯基（Józef Różański），共產時代的祕密警察，曾在蘇聯內務人民委員部和波蘭國安局服務，曾刑求、殺害多名異議者，也有被審判而坐牢。

「我躲避記者，因為他們提議要談的主題通常讓我不感興趣，我用沉默回答那些關於朋友、詩歌和『您現在在寫什麼』的問題。費里尼過世時，沒有人想到，或許我會想要說點什麼，雖然他對我來說很重要。人們問詩人關於詩的問題，至於關於費里尼的問題，他們會去找電影工作者。為什麼不是反過來？」

「那您為何接受我的採訪？」失去耐性的記者問。

「因為我會回答那些我想要回答的問題。如果我們的訪談會被刊登出來，那我就會把它影印一份，下一次有人要來訪談我，我就可以把這份訪談拿給他，謝謝您讓這件事變得可能。」[6]

雖然辛波絲卡對社會參與不感興趣，但她同意加入波蘭作家協會克拉科夫分會的同伴法庭*。人們八成是告訴她，她不用審理太多案件。確實，她在任的時候，波蘭作家協會克拉科夫分會沒有任何案件需要審理。

「那是她的圈子。」塔德烏什・尼采克說：「她從來沒有加入羊之下的地下室†或《普世週報》的圈子。當波蘭作家協會克拉科夫分會遇上財務困難，她用得來的獎金支持它。這種對於組織存亡的在乎，她是從康奈爾那裡繼承得來的——康奈爾是個徹頭徹尾的社會運動家。」

辛波絲卡也和口語雜誌《發聲》的圈子走得很近。這就是為什麼她接受了去波茲南的邀約，在一九九四年十月二十七日去了札文斯基宮，參加《發聲》雜誌為史坦尼斯瓦夫・巴蘭恰克舉辦的講座（那時候，巴蘭恰克從國外回來拜訪自己的故鄉）。除了傳統的詩歌朗讀，那天晚上還舉辦了著名的五行打油詩擂台賽。首先開始的是辛波絲卡：「有一個男的來自曼尼托巴（Manitoba）／是個各方面都平庸的奇葩。」但她承認，她不知道接下來要接什麼。巴蘭恰克馬上想出了對應的句子：「就算我們把兩顆頭算進去／他也平凡無奇／因為他就像別人一樣有兩顆。」克里寧茨基把這些句子抄了下來，然後發表在報上。

巴蘭恰克則用波茲南和鄰近地區的地名作五行打油詩，「不斷把五行打油詩像稻草堆一樣轟然丟到辛波絲卡腳邊」，比如這首：「布寧最著名的女文青／把葉爾欽罵到面色發青／當葉爾欽勸她：『來莫斯科當女皇！』／她回答：『葉爾欽你少猖狂／滾回莫斯科，和人民一起吃魚子醬和煎餅！』」

亞采克·巴魯赫說：「把辛波絲卡拉入五行打油詩人之列的好處是，傳統的五行打油詩都應該有點粗野，而辛波絲卡作的五行打油詩在粗野中，還有著文學的精緻和風格上的創新。」

她總是能輕而易舉、信手捻來寫下這些詩：

有一次莫札特來到布拉格，
渾身沾滿煙囪灰，
之後在半小時內
他弄髒了四位女伯爵，
寫傳記的人似乎沒注意到。

某個來自廣東的中國人，

* 譯註：某種解決內部糾紛的仲裁機構。

† 譯註：Piwnica pod Baranami，克拉科夫一個卡巴萊歌舞表演的場所。

夜晚以幽靈身分在妻子面前現身。
在妻子旁邊，
睡著一個戎客船的水手，
今夜人不多就只是三人行。

札文斯基宮的座談結束後，巴蘭恰克的姊姊瑪歌札塔・慕謝若維奇邀請了三十人，舉辦了一場盛宴。當大家都酒足飯飽，辛波絲卡拿出帽子，丟入寫著號碼的紙片，開始讓大家抽獎。獎品只有一個——是一個塑膠做的阿拉伯部落長老，來自迪士尼動畫《阿拉丁》。抽到獎的人剛好就是女主人——這八成不是意外。

這樣的「旅途中的摸彩」應該不常見，通常獎品會和賓客人數相當，每個人都會有獎品，不會空手而回。

瑪歌札塔・慕謝若維奇後悔得要命，那天的宴會沒有留下照片。「我必須偷偷摸摸，因為我知道維斯瓦娃不喜歡拍照。當我覺得時機成熟，我拿出相機……然而維斯瓦娃說：『不，不，拍照會把臉偷走。我明白那些不喜歡拍照的非洲民族的感覺。』」

我們在《非指定閱讀》中可以看到辛波絲卡痛罵攝影，說它「給人像畫判了死刑，在我們這個時代壟斷了市場，成了永久保存面容的唯一方式。」辛波絲卡在文中寫道，以前人們會為了肖像畫長時間擺姿勢，在此之前會穿上正式優雅的衣服，這不只是對自己的尊重，也是對後代子孫的尊重。在此同時，攝影相信「它在一瞬間就可以抓住人的神韻。你可以在對方完全不知道、也沒有同意的情況下，出其不意地拍下受害者。（……）人們很確信，我們不認識真正的莎斯姬亞．凡．優倫堡（譯註：Saskia van Uylenburgh，林布蘭之妻），因為他們相信，只有在閃光燈前的古怪表情能夠證明她的存在。」[7]

向我們描述當天宴會的賓客們不只驚異於美食，同時也對桌子的擺飾感到讚嘆不已。每個人面前都有一張粉紅色的、寫著名字的小卡，還有一片月桂葉，這是向在場的詩人們致敬——當天出席的詩人包括史坦尼斯瓦夫．巴蘭恰克、愛德華．巴策蘭、尤里安．孔浩瑟、理查．克里寧茨基、波古斯娃．拉特維茨、布朗尼斯瓦夫．梅伊、皮約特．桑默（Piotr Sommer）和維斯瓦娃．辛波絲卡。客人們也十分欣賞女主人自己做的費工美食，比如她自己烤的、有各種種籽口味的香料麵包，如葛縷子、黑種草籽、芥菜籽、百里香、洋蔥、大蒜。尤其，這所有的食物都要做三十份。

辛波絲卡的姊姊娜沃亞的鄰居愛哲別塔．平德和揚．平德說，辛波絲卡也很會煮飯，他們尤其欣賞她煮的波蘭酸湯配豆子、白煮蛋和香腸（豆子要分開煮），也欣賞她做的義大利青醬。揚．平德說：「她喜歡在廚房裡做實驗。」他是什麼意思？當他開始列舉她的「實驗」，謎底揭曉了：「她會自己準備番茄醬汁，淋到買來的水餃上。去『壽星』（Jubilat）百貨買牛肚湯，煮兩個小時，調味後才上桌。她也會把冰了一夜的燉牛肉澆到蕎麥飯上。」

雖然辛波絲卡熱愛娜沃亞煮的傳統波蘭美食，但她不排斥半成品。或許她只是不想浪費時間準備食物。某次芭芭拉．查欽絲卡到辛波絲卡家吃飯時大叫：「天啊，我撒了太多湯粉。」從此辛波絲卡家的晚餐就在朋友間成了傳奇。那段時間，辛波絲卡上癮般地吃奧地利湯包過活（最美味的是四季豆湯），當有客人來吃飯，她就會在桌上放一壺熱水，一盤湯包，讓客人自己挑。每個人都可以選自己喜愛的湯，自己倒熱水。他們會喝「康奈爾酒」（也就是菲力普維奇發明的檸檬伏特加，辛波絲卡也學會了）。喝咖啡吃甜點時，大家通常會摸彩。

耶日．皮赫說，他在八〇年代開始去辛波絲卡家參加摸彩：「她會擺一堆古怪的玩意兒在桌上，老實說，我不明白為何有人能在家擺一堆這種東西。之後每個人會摸出自己的獎品然後帶回家。有一次我摸到了彩色麵條。我記得這件事，因為當時的日子很灰暗無趣，彩色麵條讓人印象深刻。當然，我沒有吃它們，它們後來慢慢失去光澤，現在我不知道它們怎麼了。」[8]

速食湯包的時代過後，就是外送披薩的時代，然後是KFC分享盒的時代。不過，辛波絲卡應該沒有用KFC來宴客。米豪．魯辛涅克曾一臉驚恐地告訴我們，「我老闆會把KFC分享盒冷凍起來以備不時之需」。他還說，他兒子也喜歡KFC，有時候還會問：「我們可不可以再去維斯瓦娃小姐家吃分享盒？」

烏舒拉．柯齊奧說，她有一次去辛波絲卡家吃飯，客人們拿到了手寫的菜單，上面有一堆珍饈佳餚，但都被劃掉了，只留下非常普通、非常簡單的。

「她的詩揭露她完全不同的另一面。」瑪利安．史塔拉（Marian Stala）告訴我們：「如果有人和她有社交往來，就以為自己認識她，那他就陷入了幻覺。我會受邀參加摸彩，但我從來都沒有勇氣說自己是她的好友。辛波絲卡會創造出一個空間，一方面鼓勵你進入，另一方面又讓你意識到距離。現在我們有晚餐和摸彩活動，但她詩的調性——尤其是最近幾年——明顯地變得黑暗。」

在拉斯．海蘭德的紀錄片中，辛波絲卡說，當她還是個孩子，憂鬱離去的速度比較快，快樂的感覺也比擔憂強烈。之後人生進入下一個階段，這些情感變得旗鼓相當。「而今天，我擔憂的強度超過快樂，這是肯定的。但我依然會快樂。」

辛波絲卡曾告訴安娜．魯德尼茨卡（Anna Rudnicka）和塔德烏什．尼采克：「有時候我會因為世界上發生的事而感到非常、非常絕望。萊姆會在《普世週報》的專欄寫這些事，有時候我會有意識地避開它們，不去閱讀。因為我知道，如果我讀了，我就會同意他，然後接下來我就會生病。」[9]

她常訴說自己的恐懼，害怕二十一世紀會成為基本教義派的世紀，充滿大清算以及大戰。事實上，你無法避開壞消息。只要打開電視就會看到。

每場戰爭過後
必須有人打掃。
畢竟東西
不會自動歸位。
（……）
這不是很上相，
而且要花許多年。
所有的攝影機
都到別的戰場去了。

（〈結束與開始〉，《結束與開始》，一九九三）*

* 譯註：本詩有收錄在林蔚昀翻譯的《黑色的歌》（聯合文學，二〇一六）中，頁九〇－九二。

在〈天空〉這首詩中，詩人寫道：「我的特徵是／讚嘆與絕望。」*

一九九五年，辛波絲卡成為波蘭藝術與科學學院（Polska Akademia Umiejętności／Polish Academy of Arts and Sciences）的成員，其實她早在一年前就受邀加入，當時學院成立了一個關於藝術創作的新部門。不過在大會上，一名教授在投票前提醒大家留意辛波絲卡在史達林時期的創作，說「學院的成員應該要有更高的道德水準」，於是辛波絲卡就在投票中被刷掉了。不過，當她再次被提名，大部分的人都支持她入會。

辛波絲卡在一九九五年再次來到波茲南，這次是去亞當密茲凱大學領取榮譽博士的頭銜。其實，大學一年前就想要頒發這個獎給她，做為波蘭文學系成立七十週年的紀念，但詩人推辭了。「目前我感覺人們對我過度溺愛、過度盛讚、評價過高。這感覺讓

辛波絲卡獲頒榮譽博士的典禮。波茲南，1995年。

我很困擾。」她建議愛德華．巴策蘭，既然他們想要頒獎給她，那就只要會面、談話就好。她請求：「愛德華，拜託不要這樣對我，我沒預期在自己的履歷中看見這個。」最後她說：「不，我對自己的七十歲感到很累了。」

巴策蘭認為，辛波絲卡或許希望備受尊崇的教授們會覺得受辱，然後忘了榮譽博士這回事。但是系委會很樂意地接受了建議，把頒獎典禮延到一年後辦理。

在頒獎典禮上，辛波絲卡穿著學院服，說：「詩人——尤其是我這樣的詩人——有資格獲得這樣的榮耀嗎？幾乎每一首詩作——我的尤其如此——都是從不那麼晶瑩剔透的泉源擷取靈感。它們是從人生中的錯誤、懷疑、各式各樣的愚蠢、混亂無法整理的知識中誕生的。」[10]

瓦茨瓦夫．特瓦吉克向辛波絲卡如此祝賀：「河堤應該依照湖的大小調整／下一步就是諾貝爾文學獎了／希望你獲得這項殊榮／特瓦吉克和妻子。」[11]†

或許大家都有感受到一些什麼了，因為阿圖爾．緬濟哲茨基在頒發波蘭筆會的終身成就獎給她時，也有提到諾貝爾文學獎（三天後，辛波絲卡就獲頒諾貝爾文學獎了）。不過另一方面，如果她沒得到諾貝爾文學獎，人們就會忘記這些徵兆和預測。

超過半世紀以來，辛波絲卡總是在札科帕內度過十月。或許，在離母親懷上她不遠的地方，得知自己獲得了這個作家生涯中的最高榮譽，是「機運表演的魔術」之一？

* 譯註：本詩有收錄在林蔚昀翻譯的《黑色的歌》（聯合文學，二〇一六）中，頁二六－二八。

† 譯註：「河堤應該依照湖的大小調整」的意思是，你已經這麼了不起，波蘭的獎項已經無法描述你的偉大，接下來只有諾貝爾文學獎才能配得上你。

在機運的指尖，
空間舒展又捲起，
擴張又收縮。
剛剛還是桌布，
現在不過手帕大小。
（……）
機運深深看進我們的眼睛。
（……）
我們想要大叫，
這世界真小，
好容易就可以
用雙臂將它擁入。
有一瞬間，它讓我們
渾身充滿明亮及虛幻的喜悅。
（〈降靈會〉，《結束與開始》，一九九三）

機運，這縮小版的奇蹟，常常出現在辛波絲卡的詩中。她也會在散文中寫到它。

比如，當辛波絲卡在一九八五年拿到再版的蒙田《隨筆集》（*Les Essais*），她驚恐地發現，這三本書原本有可能不存在。她頌讚了機運，感謝機運讓蒙田可以活得夠久，久到寫下自己的傑作：「只差一點點，那個受了洗、名為米凱爾的男嬰，就會在出生不久後死亡。當時新生兒的死亡率是如此之高，人們甚至不會去追究原因。（……）他可能會罹患致命的疾病（這些致命疾病可以列出一長串，長到可以寫好幾頁）。而不幸的意外呢？小蒙田可能會從樹上、馬背上、樓梯上摔下來，被熱水燙到，被魚刺噎死或在洗澡時在河裡淹死。（……）但是成人生活中有更多陷阱，比如決鬥、客棧中意外的群架、或是旅店中有人不小心引起火災。」然後她還提醒讀者，那是宗教戰爭的年代，蒙田自己也參加了幾次討伐新教徒的遠征，很有可能輕易死於非命。

這所有威脅她心愛作家的危險，辛波絲卡看得如此清楚，彷彿在大螢幕上觀看。

「現在是某個秋日的尾聲，太陽已經下山了。兩名騎士走森林小徑回家，旅人和他的僕人。我們無法看清楚他們的臉，霧氣瀰漫，而且接近黃昏。灌木叢中快速射出幾隻箭，我們聽到幾聲大吼，被嚇壞的馬兒長聲嘶鳴，樹枝啪嚓一聲折斷，犯人逃往森林。旅人坐在緊繃的馬上，雙手抱胸，頭無力地垂下。沒辦法，這是個愚蠢的錯誤，在這個時候要走過這條路的應該是別人，而不是誠實的蒙田。現在他的僕人害怕地搖晃他的身體，徒勞無功地想要挽救主人的生命。被害者今年三十幾歲，剛開始構思自己偉大的著作。」[12]辛波絲卡說，如果是那樣，某個別的作品就會取代蒙田《隨筆集》的地位，甚至沒有人會注意到這自動替補。

每個打開《非指定閱讀》的人，都可以在其中找到一些小故事、小小說、可能發生（但不一定真實發生過）的小歷史、某人可能的履歷、某個關於過去的軼聞瑣事，或是望向未來的一瞥。

卡特琳娜・卡蘭達－札列絲卡記得，她在阿姆斯特丹拍攝關於辛波絲卡的紀錄片時，他們坐了觀光郵輪。當導遊說，他們現在正經過貴族居住的區域，每一棟房子都屬於一個家庭，而僕人住在樓梯下的房間，辛波絲卡馬上就開始編故事，關於一個香料商人（或是布料商），他有一個聰明的僕人，還有兩個女兒，一個年輕又漂亮，一個又老又駝背。僕人向年輕漂亮的求婚，卻得到了又老又駝背的。「在我們的船來到港口前，辛波絲卡的故事已經來到了這裡：僕人把商人的家產揮霍殆盡，會在巴魯赫・史賓諾沙（Baruch de Spinoza）手下工作，會參加捍衛城市的保衛戰，最後愛上了駝背的妻子。我們下了船，東張西望尋找故事中的主角，很驚訝我們這麼快就回到了二十一世紀。」[13]

或許真的是這樣：如果在某個時機，人們讓她對寫詩產生厭惡，辛波絲卡可能會寫散文、小說或虛構故事。那時候另一個人就會自動遞補，得到諾貝爾文學獎。

我就是我。
一個無法理解的意外。
就像所有的意外。
（……）
截至目前為止
命運對我很仁慈。
我可能不會有，

辛波絲卡在獲知自己得到諾貝爾文學獎後。左邊第一個是泰瑞莎・華樂絲。阿斯托利亞文學之家，札科帕內，1996年10月3日。

美好的記憶。

我也有可能不被賦予
喜好比較的傾向。

我可能會是自己——但不會對事物感到驚訝，
這代表，
我完全會是另一個人。

（〈繁〉，《瞬間》，二〇〇二）

19

在斯德哥爾摩和國王抽菸

一九九六年十月三日，辛波絲卡在阿斯托利亞文學之家的房間裡寫詩，這時有人叫她去聽電話。瑞典學院的工作人員打電話來，正式通知她，她得到了諾貝爾文學獎。她回答，她不知道在這可怕的情況下要如何是好，「甚至不能逃到塔特拉山，因為外面很冷又下雨。」[1]門口立刻站了兩個從布拉提斯拉瓦（Bratislava）來到札科帕內的記者，帶著一大束紅玫瑰。

辛波絲卡想要先和姊姊分享這個新消息。

娜沃亞的鄰居愛哲別塔．平德告訴我們：「維斯瓦娃先打電話給我們，這樣才不會突然嚇到姊姊。她說：『艾拉，娜沃卡在睡嗎？那先不要吵她，我晚點再打。』然後，她一直到深夜才有辦法打電話給姊姊。」

而她當時在寫的詩，她一直要到三年後才有辦法回頭來完成。

阿斯托利亞文學之家立刻擠爆了一群記者。在這第一場訪談中，辛波絲卡告訴記者，她又驚又喜，一方面覺得這太棒了，一方面又很害怕、不知所措。

「我很害怕，我是否能面對這場儀式，我的個性和這種事完全不合拍，完全背道而馳。但畢竟，我不一定能拒絕每場邀約。我寧可有個替身。替身會比我年輕個二十歲，她會在鏡頭前擺姿勢，也會看起來比我上相。替身會代替我四處出席講座，接受訪談，而我可以在家寫作。」「諾貝爾文學獎的獎金很高，超過一百萬美金。您有沒有想過，有這麼多錢，就可以不用再寫作了？」

「再多的金錢，也無法取代寫作的魔力、折磨和喜悅。」辛波絲卡笑了笑說。[2]

阿斯托利亞文學之家經理的房間變成了臨時電台，在那裡，新科得主告訴電台的聽眾：「那些認識我的人會知道，我說的是真的：我沒料到會得諾貝爾文學獎。」

「切絲娃瓦（Czesława）小姐，得到這項大獎會對您的生活有什麼改變嗎？」記者緊張地問。

「維斯瓦娃，維斯瓦娃（Wisława）。」辛波絲卡糾正記者：「我必須習慣一下這個想法。目前我只來得及吃顆鎮靜劑，喝一口水。」[3]

在大廳匆促舉辦的記者會上，她說：「我希望，我不會得大頭症。」

「我天生是個懷疑論者，尤其是對自己。我試著不想太多關於自己的事，這完全不是在讀者面前過度自謙，或是要去討好他們。在眾多我感興趣的事物中，『我』真的不是我最關心的。世界如此有趣，人們如此有趣，所以我真的沒什麼理由對自己感興趣。」

她試著吃午餐，去了餐廳，給自己盛了蒔蘿湯，但是電話又響了。一九八〇年的諾貝爾文學獎得主切斯瓦夫．米沃什打電話來跟她道賀，然後說他很同情她，因為他知道她接下來要背起什麼樣的重擔。

一直到假期結束，待在文學之家時她總是被叫去接電話，從來沒有好好喝完一盤熱湯。

作家和詩人在阿斯托利亞文學之家的沙龍看電視，在半開放的露台上喝咖啡和茶，在餐廳吃飯

（四人一桌）。電話只有一個，在櫃檯，而大部分的人都在用餐時刻打電話來，因為知道那時候所有人都會在。多年來，辛波絲卡經常去阿斯托利亞文學之家度假。當她坐在餐桌前，她是否多次聽過有人被叫去聽電話？她有沒有把這些文人的名字列成一份「在場名單」？或者——更接近她典型的想法——「不在場名單」？無論如何，如果她沒去阿斯托利亞文學之家度假（在那裡文人詩人的存在稀鬆平常），她就不會寫出這樣一首關於早逝詩人克里斯多弗·卡明·巴青斯基*的詩：

他會定期到山上的旅館度假，
走到樓下的餐廳吃午餐，
從窗邊的座位看著那四棵雲杉
目光從一根樹枝游移到另一根樹枝，
不會抖落樹枝上的新雪。
（……）
關於那顆差點打中他耳朵軟骨的子彈
（他在最後一刻把頭低下）
他會這麼說：「我真是好狗運。」
（……）

* 譯註：克里斯多弗·卡明·巴青斯基（Krzysztof Kamil Baczyński, 1921－1944），波蘭詩人，也是波蘭家鄉軍的士兵，在華沙起義中喪生。

有時候會有人站到門前呼喚：
「巴青斯基先生，您的電話。」
這件事一點都不奇怪，
他會站起來理一理毛衣，
然後好整以暇地走向門。

眼前的這一幕不會在某個動作定格，
說出的話也不會突然中斷，
因為這就是尋常的一幕——但是可惜，可惜——
人們會把它當成尋常的一幕看待。

（〈光天化日〉，《橋上的人們》，一九八六）*

安傑．克羅明涅克在關於亞當．沃德克的回憶文章中，揭露了一個真實的小故事，這小故事後來成了這首詩的一部分。「亞當臉上有一道幾乎看不到的傷痕，那是被德軍的子彈擦傷留下的痕跡，之後那子彈平滑地穿過他的耳廓，留下一個腫起的疤痕。」[4]

辛波絲卡有一次這麼告訴亞歷山大．簡內：「我和我的朋友到哪裡都可以很輕易地融入背景，對我來說這再合適也不過了。如果閃光燈開始追著我們跑，那真的會很可怕……不，目前看來沒有任何徵兆會如此，感謝老天。那些帶著相機和閃光燈的追星族腦中想的是更重要的事、更重要的人。（……）我認為，詩和那些在市場（其實是小眾市場）上自我曝光、引起人們讚嘆和掌聲的名人已經無關。」她那時候沒想到，她錯得有多離譜。[5]

她的名字已經連續好幾年出現在諾貝爾文學獎的提名名單上。然而一九九五年，當愛爾蘭詩人謝默斯．悉尼獲得諾貝爾文學獎，辛波絲卡鬆了一口氣。

「她很高興，她躲過了。」揚．約瑟夫．什切潘斯基說：「除此之外，她覺得很安全。誰會想到，瑞典學會會連續兩年把獎項頒給歐洲作家？」

在瑞典學會公布辛波絲卡得獎的前一天，《選舉報》駐斯德哥爾摩的記者皮約特．策格斯基（Piotr Cegielski）寫道：「瑞典通訊社認為辛波絲卡今年很有可能會得獎。今年辛波絲卡得獎的機率變小了，因為去年的得主是悉尼。然而，連續兩年的得主都是男性，這讓她得獎的機率變大了一些。」[6]

那時候，大家都認為諾貝爾文學獎不可能連續兩年都頒給史坦尼斯拉夫．巴蘭恰克口中「來自天主教國家的作家，這兩個國家的人民都有著悲慘的歷史，而且吃很多馬鈴薯（以及馬鈴薯加工品）。」[7]

得獎的隔天，辛波絲卡已被紛至沓來的媒體弄得精疲力盡，她於是在十月五日寄了一封信給波蘭新聞社（Polska Agencja Prasowa）：「就像我所有傑出的前輩，我也沒有得諾貝爾文學獎的經驗，這就是為什麼當我獲得如此殊榮，在欣喜之外，我也覺得很尷尬。（……）我知道，還有兩位十分優秀的

* 譯註：本詩有收錄在林蔚昀翻譯的《黑色的歌》（聯合文學，二〇一六）中，頁三四－三五。

波蘭詩人應該得到這個獎。因此我寧可認為，這個獎不只是在肯定我的創作，也是在肯定波蘭的現代詩。我們看到，波蘭詩歌有重要的事要對全世界說。我決定寫這份公開信，是出於平凡無奇的理由。自從斯德哥爾摩的瑞典學院公布得獎者，我就做出了幾百個回答、聲明，接受了許多或長或短的訪談。因為我的聲帶不是生來為這種事服務的，於是我寫了這封信，希望我的喉嚨至少有一段時間可以休息。如果這封信可以大量傳播出去，我會很感激，希望這份聲明能暫時滿足各位的要求。謝謝大家。」

即使是在這樣普通的聲明中，我們也可看到辛波絲卡詩作的影子。「我也沒有得諾貝爾文學獎的經驗」看起來就和〈僅只一次〉中的句子「我們毫無經驗地出生」有異曲同工之妙。

兩天後，十月七日，辛波絲卡從札科帕內寄了一封信給亞采克．庫倫：「親愛的亞采克先生。抱歉我用如此親密的稱呼開場，但我總是如此想著您的。我很希望您能協助我一件事。您也知道，諾貝爾文學獎會有很多獎金，理所當然，我想要有智慧地運用它。我打算把一半（或是少於一半）做為私人用途，我會立下遺囑，清楚交代要用它來做什麼（我還不知道要做什麼）。但是另一半我打算在不久之後分給需要的人。（……）沒有人比您更清楚誰最需要錢，您也知道哪些機構會好好運用這筆錢。畢竟，我不希望我的捐款被人拿來買新地毯、聖像或永無止盡的酒精飲料。」

獲獎也意味著許多隨之而來的義務：詩人必須準備在頒獎典禮上的演講，並且提供一份她想要邀請參加頒獎典禮的賓客名單。詩人／文學月刊《單張紙》的總編輯波古斯娃．拉特維茨寫道：「辛波絲卡從評論家和詩人朋友之中挑出了十個人（她只能帶這麼多人去），整個過程很像名為『玫瑰』的遊戲：『玫瑰戴著紅帽子／在院子裡游走／玫瑰戴著紅帽子／她會向誰頷首。』」[8]*

為了保護她的私人生活，辛波絲卡很快聘請了秘書，米豪．魯辛涅克。幸運的是，他不只懂得如何應對進退，而且還意志堅定。辛波絲卡也決定，既然她多多少少必須拋頭露面，她就要向眾人展示她比較不嚴肅、不私人的一面。畢竟她知道，她居住的城市克拉科夫為她得獎一事感到與有榮焉，而且這裡的社交生活如此蓬勃，要完全避免公開活動是不可能的。這八成是為什麼，她接受了跡象出版社的老闆耶日．伊格的建議（他擅長舉辦好玩的文學活動），在十一月十八日出席了在老劇院的座談，當天出席的觀眾有數百人（那些無法入場的，可以在大廳看電視轉播）[9]。辛波絲卡在座談會上朗讀了六首

＊ 譯註：這兒歌是用來在遊戲中選擇一個人，唸的人會邊唸邊指，類似英文的「Eeny, meeny, miny, moe」，或中文的點兵點將。

在老劇院的座談會。1996年11月18日。

詩，然後足夠嚴肅地回答了泰瑞莎・華樂絲的幾個問題（我們得知，辛波絲卡從來沒有想要出名，因此無法把她塑造成一個重要人士）。在這場座談中，辛波絲卡清楚表明了，她準備好要讓公眾看到哪一部分的她。

之後就開始了遊戲。主持人耶日・伊格朗讀了一首獻給辛波絲卡的五行打油詩：「某個女詩人得了諾貝爾文學獎／但她把門鎖上／躲在波恩荷爾摩／沒去斯德哥爾摩／低聲說：『我不想就是不想。』」

辛波絲卡的朋友接二連三走上台，朗讀耶日・伊格為了這場活動特地請他們寫的五行打油詩。布朗尼斯瓦夫・梅伊：「著名的背包客維賽卡／畢生的夢想是去埃烏克玩耍／總算她收拾好了行囊，鎖上了門／這時狡猾的瑞典人把諾貝爾獎送上門／於是她必須去斯德哥爾摩，而埃烏克？埃烏克只能說『哭啊！』」*

亞釆克・沃吉尼亞科夫斯基：「克拉科夫有位美麗的莎芙†／不喜歡簽書／但有天幸運之神降臨／她了解了自己犯的錯／現在甚至允許別人給她拍照。」

辛波絲卡也讀了幾首自己寫的五行打油詩，其中一首是特別獻給伊格的。

耶日・伊格先生，跡象出版社的總編
工作時把自己掛在衣帽間。
而在桌子後放著皺巴巴的衣服，
這樣被嚇壞的作者就會臣服：

「我一年後會帶著手稿回來，你這小可憐。」

於是，詩人和朋友多年玩的小眾文學遊戲就這樣第一次攤在了公眾眼前。對這個在波蘭鮮為人知的詼諧、無厘頭詩歌來說，這次事件在不久的將來會帶給它重大的影響。

在此同時，辛波絲卡獲獎讓部分右派人士捲土重來，再次提起辛波絲卡在史達林時期寫的那幾首詩。《團結工聯週報》（*Tygodnik Solidarności*）刊登了一篇文章〈發人省思的文學獎〉，盧布林天主教大學（Katolicki Uniwersytet Lubelski）的克里斯多弗・迪布恰克（Krzysztof Dybciak）在文中主張，由於辛波絲卡寫了關於史達林和波蘭統一工人黨的詩，她不能做為道德的典範。至於她的詩本身，則「沒有在我們的文學中創造新潮流或新的美學傾向，也沒有激發任何知識性的討論。」

文學評論家亞采克・齊納德（Jacek Trznadel）則在〈國恥〉這篇文中說，如果瑞典學會把諾貝爾文學獎頒給寫得這麼爛的詩，那在主辦單位背後一定有著「某些遊說者」，在這些人之中一定有「某些有影響力的圈子」。「我們要如何看待辛波絲卡第一本詩集中關於史達林的詩？」他憂心忡忡地問：「而她在〈來自朝鮮〉這首詩中批評美國帝國主義者，歌頌怨恨，把美國上校寫成了一個拿錢要罪犯把朝鮮男孩的眼睛挖出來的可恥小丑。我記得，在這首詩發表後，人們馬上就開始嘲笑那『可恥的小丑』。」然而有趣的是，〈國恥〉的作者雖然在文中主張我們不能把過去一筆勾消，他卻不急著提醒讀者，他在一九五三到一九五四年寫了兩篇狂熱的文章讚美辛波絲卡的社會主義詩集，他還

* 譯註：埃烏克（Ełk），波蘭東北部的城鎮，位於湖區，是著名度假勝地。
† 譯註：Sappho，希臘女詩人，這邊是以她比喻辛波絲卡。

提到，辛波絲卡對美軍上校表現出的輕蔑令他特別感動。[10]

在辛波絲卡獲得諾貝爾文學獎後，類似的文章在波蘭報刊《我們的波蘭》（*Nasza Polska*）、《波蘭思潮》（*Myśl Polska*）上有如雨後春筍般冒出。只要光看題目就猜得出內容，如〈小一號的喜悅〉、〈假如赫伯特是女的……〉、〈諾貝爾獎的潛台詞〉、〈道德的典範？〉、〈諾貝爾文學獎得主的另一張面孔〉、〈諾貝爾文學獎是爛貨嗎？〉……諸如此類。

各路右派意見領袖都接受了同一套邏輯：如果波蘭詩人得到了諾貝爾文學獎，這表示，這個獎就是波蘭的。既然它屬於波蘭，那我們就該思考，到底誰應該得獎。其實也沒什麼好思考的，因為這整件事就是這麼地清楚明瞭：「這個獎是用來對付茲畢格涅夫．赫伯特的。」他們下了結論。

他們對讀者解釋，因為掌管諾貝爾文學獎的左翼知識分子無法克服心理障礙，把諾貝爾文學獎頒給一個在史達林時代毫無污點的人，他們於是把獎頒給了辛波絲卡。他們還說，辛波絲卡每個月會在《選舉報》發表一篇專欄，也會在《普世週報》、《歐德拉河》、《發聲》以及其他「欠缺愛國心」的媒體發表作品，這對瑞典學院來說就是最好的背書。

另一方面，《雙面辛波絲卡》這本奇葩之作（這本書根本歪曲了辛波絲卡的履歷，而這些都是公開的資訊）的作者們認為，辛波絲卡的詩作十分可疑，因為詩人「不是很喜歡神」，而且就算詩人會在自己的詩中提到《聖經》，那也是提到舊約。

〈恨〉這首詩又被冷飯回鍋。評論家們認定，這首詩是《選舉報》的總編輯亞當．米赫尼克付錢要辛波絲卡寫的，目的是反對除垢法。

「這項攻擊其實是隱藏的讚美。怎麼有人會覺得我這麼有天分，可以在幾小時內寫出這樣的詩，而且這首詩還挺長的呢。」辛波絲卡驚訝地說。在此同時，她和幾十名知識分子一起連署了一份公開信給政治人物，表明：「為了公眾的利益，我們要求你們在行動和言語上誠實。為公眾服務的理想不容毀滅。」

當我們在一九九六年訪談辛波絲卡的朋友，朋友們不斷提到對辛波絲卡的同情，他們都很心疼她因為這突如其來的盛名而受到媒體的關注和來自右派的攻擊。「可憐的維斯瓦娃。」朋友們用各種各樣的方式表達對她的同情，布朗尼斯瓦夫．梅伊甚至稱呼獲獎為「瑞典悲劇」。只有塔德烏什．赫讓諾夫斯基教授冷冰冰地說：「既然她詩寫得那麼好，就應該得諾貝爾文學獎，而獲獎本來就伴隨著許多義務。」

「悉尼寫信給我，告訴我得到諾貝爾文學獎後的人生長怎樣。會有一堆你幾乎記不得的朋友來訪，從來沒聽過的親戚也會來你家走動，有些人會出乎意料地成為你的敵人。會有很多勞心勞力的旅途和演講。最後他結論：『可憐的，可憐的維斯瓦娃。』」辛波絲卡如此告訴美國《新聞週刊》（*Newsweek*）的記者安卓．那格斯基（Andrew Nagorski）。「演講對我來說很累人，我寧可避免。這輩子我或許演講過三次，每次對我來說都是折磨。」[11]

而辛波絲卡則告訴波古斯娃．拉特維茨：「在克拉科夫我已經不會為任何人開門，我只透過對講機說：『妹妹不在家。』地板上躺了堆積如山的信，每封都是來要錢，雖然我根本還沒拿到錢。」[12]

從華沙機場飛去瑞典之前，一名記者問辛波絲卡，進入世界文學萬神殿的感覺如何？

「時間會告訴我們一切。一百年後我們再來談。」她和他約定。

辛波絲卡到了斯德哥爾摩後，媒體報導，她的禮服是特利馬時裝（Dom Mody Telimena）縫製的*。在她的行李箱中有四件套裝（灰色、千鳥格、勃根地酒紅）、兩件晚禮服、兩件大衣。頒獎時她穿的是用法國綢緞（有加一些萊卡布）做的菸草色長禮服，而在國王的晚宴上則是穿鈷藍色、鑲著老銀色蕾絲的禮服[13]。至於其他人——辛波絲卡和秘書及十名友人同行——則必須自己為服裝想辦法。塔德烏什・赫讓諾夫斯基教授告訴我們，他從斯沃瓦茨基劇院（Teatr im. Juliusza Slowackiego）借了一套晨禮服來（這曾是《葉甫蓋尼・奧涅金》這齣戲的戲服）。他必須匆促地將它修改成符合他的體形，並在胸前別了勳章，推說這是為了掩蓋子彈的痕跡。

在飛機上，辛波絲卡的朋友們發現北歐航空出版的雜誌上有許多猴子的繽紛照片。辛波絲卡很喜歡猴子，他們於是把照片從雜誌上撕下來，這樣她就有了拼貼的素材。（確實，回到克拉科夫後，辛波絲卡的秘書魯辛涅克從他老闆那裡獲得了一張明信片，上面寫著：「十二隻猴子已抵達克拉科夫。」）

辛波絲卡受邀參觀機長座艙（她和泰瑞莎・華樂絲一起去）。在路上，她想著是否要叫飛機往南飛，在里維拉（Riviera）等待頒獎典禮過去。

還在華沙時，就有記者問辛波絲卡最怕的是什麼？她回答：「記者。」到了斯德哥爾摩的機場，大批記者和攝影記者已在等她。然後就開始了一連串的問題：

「您覺得教宗的詩怎樣？」

「教宗只有在信仰方面才是無誤的。」

但她也試著簡短回答問題。

「我並不會逃避人，我很喜歡和人們見面，但不超過十二個。超過十二個，對我來說就是人群。

這兩個月來，我一直被人群、人群、人群包圍。和那些喜歡被喧嘩混亂包圍的人比起來，這對我來說很沉重，我不是很喜歡這樣。」

「您寫了史上最短的諾貝爾演講，這是真的嗎？」

「我對此感到擔憂。我喜歡格言和短句，這大概無可救藥了。我不會寫演講稿，我完全沒有這方面的天分。我寫講稿的方式是這樣的：我在小卡片上寫我的演講稿，邊寫邊刪，我根本不知道我寫了多少。之後好幾天我一直害怕把它寫到打字機上，因為我是用手寫的，而不是一開始就打在電腦上。謄寫過後，我發現我寫了六頁半，一句都不多。如果主辦單位允許，我會朗讀三首和講稿內容相關的詩。」[14]

「艾娃·莉普絲卡忘了帶長裙，愛德華弄丟了漂亮的鈕扣，赫讓諾夫斯基教授弄丟了他用來裝飾西裝的白鷹勳章，有人在筆會的宴會的衣帽間拿走理查·克里寧茨基的黑大衣，留給他一件破爛的外套。桑默的蝴蝶結在去音樂廳前十分鐘掉了下來。而辛波絲卡在最後一刻不想穿漂亮的禮服，而是換上了菸草色的長禮服。這件禮服在女裝票選中得到了第二名，得到第一名是瑞典女王的禮服。」波古斯娃·拉特維茨細數他們瑞典之旅的小悲劇。[15]

諾貝爾文學獎的官方行程共有二十二項。辛波絲卡通常會用好幾個月的時間（甚至是一生）才完成這麼多行程，現在它們卻被塞進了短短幾天。

十二月六日：和其他諾貝爾文學獎得主及他們的家人進行私人會面，地點在辛波絲卡一行人下

＊譯註：一家成立於一九五八年的波蘭公司，專長是宴會服裝、制服、軍服、法袍。

榻的斯德哥爾摩大酒店（Grand Hotel）。

十二月七日：在瑞典學院演講，也就是除了在音樂廳的頒獎典禮之外，最重要的節目。之後瑞典學院會舉辦晚宴，給得主接風。

「在演講中，第一個句子似乎是最難的。所以我已經過了這一關。」她開始說：「我高度讚賞這兩個小字：『我不知道。』＊它們很小，但有翅膀，可以擴大我們的生活空間，涵蓋我們的內心世界，也包含我們渺小地球所在的宇宙。如果牛頓沒告訴自己『我不知道』，花園裡的蘋果可以像冰雹那

辛波絲卡的諾貝爾得獎演說，斯德哥爾摩，1996年12月7日。

樣落下，而他頂多只會彎下腰將它們撿起，津津有味地吃。如果我的同胞瑪莉亞・斯克沃多夫斯卡－居禮（Maria Sklodowska-Curie）沒有對自己說：『我不知道。』她八成會當上一個中學化學老師（這本身是很令人信賴尊敬的工作），教導有錢人家的小姐，然後做著這份教職度過一生。（……）」

「比如，我會出於狂妄自大，想像自己有機會和《傳道書》（譯註：*Ecclesiastes*，舊約的一部分，對西方文學影響至深）的作者交談，他在這本書中令人動容地哀嘆，人類所有的作為都是虛空。我會在他面前深深鞠躬，表示尊敬，因為他是最重要的詩人之一（至少對我來說）。但之後我會握住他的手說：『傳道者，你說太陽底下沒有新鮮事。但你自己就是在太陽底下出生的新鮮人啊。而你寫下的詩在太陽底下也是新的，因為在你之前沒有人寫過。所有你在太陽底下的讀者也是新的（……）除此之外我想問你，傳道者，你想在太陽底下創作什麼新作？（……）你應該不會說『我想寫的已經寫完了，我沒有什麼想添加的』吧？世界上沒有一個詩人會說這種話。」

「無論我們對這個世界有什麼看法，它都令人驚奇。（……）但在『驚奇』一字中有著邏輯的陷阱。只有那些遠離已知、廣泛被人認為是正常、理所當然的事物，才會令人驚奇。然而這樣理所當然的世界根本不存在。我們驚奇，這是我們自身的觀感，而不是來自於任何的比較。」

辛波絲卡寫了許多詩關於「不確定」和「驚奇」，但是她之前從來沒寫過和《傳道書》作者的對話。我們後來問她，她是不是在演講中用了一首她沒完成的詩？她點了點頭。

瑞典學院的秘書史都・艾倫（Sture Allen）說，辛波絲卡的演講是他聽過最長的詩。演講結束後，

* 譯註：原文確實為兩個字「nie wiem」，波蘭文的動詞會隨著主詞變化，因此可以省略主詞「我」。

辛波絲卡還朗讀了三首詩：〈讚美詩〉（*Psalm*）、〈某些人〉（*Jacyś ludzie*）和〈事件的版本〉（*Wersja wydarzeń*）她用波蘭語朗讀，然後安德斯．波格達朗讀瑞典語譯本。

如果我們有選擇，
我們大概會想很久。

我們的身體並不舒適，
而且會崩壞、變醜。
（……）
我們同意死去，
但不是每一種死法。

我們受愛情吸引，
沒錯，但只有那種
信守承諾的愛情。
（……）
每個人都希望自己的國家
沒有鄰居，而且能在戰爭的

中場休息度完一生。

我們之中沒人想掌權
或聽政府發號施令，
沒人想成為
自己或他人幻覺的犧牲品，
沒人想參加
遊行、或在旁邊搖旗吶喊，
更不用說成為消失族裔的一員，
雖然在可預見的未來中，
沒有這些事件
歷史是無法進行的。

（〈事件的版本〉，《結束與開始》，一九九三）

十二月八日：在波蘭大使館午餐。和十五年前得過諾貝爾文學獎的詩人湯瑪斯・特朗斯特羅默（Tomas Tranströmer）見面。

十二月九日：早上簽書會，之後和瑞典和國際文化的代表吃午餐，然後參加諾貝爾基金會給十位諾貝爾得主舉辦的宴會，然後晚上——作者見面會。

波古斯娃・拉特維茨寫道：「每隔幾個小時，她的臉和手和整個人都會暴露在全世界電視台的燈光中。這一切要持續多久？我有天吃早餐時邊想，邊看著她垮下來的臉，有一瞬間，她以為沒有人在看她。『我根本睡不著，即使吃安眠藥。』她像個疲累的小孩輕聲向我抱怨，然後瞇著眼，貪婪地吸在短時間抽的第三根菸。」

諾貝爾獎頒獎典禮的前一天，辛波絲卡辛辛苦苦築起的裝飾開始動搖。在裝著花的藍色圓形花瓶、在豪華轎車、閃光燈、鏡頭後方，大家開始看到辛波絲卡露出疲態。人們沒有預料到這一點。新科得主應該要真誠地散發出喜悅的光芒啊。

「直到現在我才理解奧菲斯的神話，他被愛上他旋律的酒神女信徒撕成碎片。」辛波絲卡邊說，邊用手按摩臉，彷彿希望可以把這張呆板、厚重的面具摘下來。「我發現，那根本不是隱喻。（……）我必須好幾個小時不看任何人，不對任何人說話，不聽任何人的聲音，不然我明天會搞砸一切。」[16]

辛波絲卡取消了十二月九日的行程。她沒去斯德哥爾摩最大的書店簽書，那裡擠滿了市民。大多數人對她的缺席表示理解，但也有人很失望。《選舉報》的駐外記者就聽到某個女人抱怨：「我們應該可以期待諾貝爾獎得主來這裡簽書吧。這樣我們要怎麼教小孩！」而書店店員則告訴記者：「從來沒有一個諾貝爾文學獎得主不來簽書的。去年悉尼也來簽書了，雖然他發高燒。」[17]

她也沒去吃午餐。她出席了向她致敬的宴會，在瑞典學院的大廳待了幾十秒，和其他得主一起拍了照。她也沒去晚上的作者見面會。

「醫生給她做了檢查。」波古斯娃・拉特維茨說：「他說這不是什麼大問題，只是『諾貝爾症』，他們在瑞典就是這樣稱呼它的。每隔幾年就會有人得病，這時最好的治療是絕對的安靜。」

隔天早上辛波絲卡去吃早餐，氣色已經比原先好很多。「今天國王會和我求婚，因為我已經有嫁妝了。」[18]她說，然後回到了繁忙的行程中。

上午，是頒獎典禮的預演。「這是一個觀看諾貝爾獎得主們臣服於皇家閱兵的機會。」「十位諾貝爾獎得主，三張鍍金、有著天藍色椅墊的扶手椅，八千顆有著不同深淺色澤的金色和橘色鈕扣，一千兩百朵百合，一千朵唐菖蒲，兩百朵非洲菊——光是花香就可以讓你頭暈，即使在預演時花朵還包在塑膠套中。」[19]《選舉報》的駐外記者如此寫道。

預演時，諾貝爾基金會的會長扮演國王的角色，這樣每位得主都可以練習，要如何用左手接過證書，用右手和國王握手。他們同時也要練習敬禮的順序：先向國王敬禮，再向瑞典學院敬禮，最後向觀眾。耶日．伊格描述，代理國王在從一個得主移動到下一個得主那裡時，會把得主手中的證書和獎牌收走，因為只有一份[20]。（下午，辛波絲卡笨拙的舉動——她先向觀眾敬禮——以及不知道怎麼隱藏這失禮行為的尷尬，讓所有人都覺得很有趣、很感動。）國王卡爾十六世．古斯塔夫在下午四點開始頒獎，然後七點則是在市政府的宴會。

一千兩百五十名賓客，六百五十張桌子，三百零五名侍者。前菜：龍蝦凍佐花椰菜白醬、魚子醬、名為「諾貝爾」的四種種籽麵包。主菜：有葉菜裝飾的珠雞肉，佐拉普蘭區的馬鈴薯及淋有檸檬醬汁的田園蔬菜。《選舉報》駐瑞典的記者寫道：「食物是公認的難吃，雖然名字聽起來很好聽。咖啡沒有配干邑白蘭地，這也令人驚訝。然後還有一場偽東方風情的表演。」[21]

晚宴上，辛波絲卡坐在貴賓席，在國王卡爾十六世．古斯塔夫的右手邊。她後來告訴瑞典電視台，說這一切對她來說都很不凡，她從來沒有坐在一位國王旁邊過。

辛波絲卡是個老菸槍，因此多年來她一直避免參加不能抽菸的正式場合。不過，她在晚宴上倒是成功地溜出去，還和國王一起抽到了菸。在一張諾貝爾晚宴的照片上——這張照片的攝影者是尤安娜，海蘭德（Joanna Helander）——我們可以看到她愉快地往天空噴煙圈，不過照片有柔焦處理，因為照片上也有國王，他不應該給人民留下負面印象。反對吸菸的人抗議瑞典圖書館把辛波絲卡抽菸的照片印成海報，放在圖書館。

也去了瑞典的愛德華．巴策蘭教授告訴我們，詩人有一次問他：「您想要戒菸嗎？啊，這表示，您不想死？」

辛波絲卡曾寫過：「《神曲》在咖啡之海航行。《匹克威克外傳》則在茶之湖漂浮。《塔杜施先生》、《黑暗之心》和《魔山》都是從懸浮在空中的香菸煙霧中誕生的……」[22]她在拉斯．海蘭德的紀錄片中，也同樣強烈重申：「當諾貝爾文學獎從天而降，我意識到，我優秀前輩（湯瑪斯．曼或赫曼赫賽）的作品也是從一團煙霧中誕生的。我很懷疑，戒菸口香糖是否對文學也有同樣的效力。」

頒獎典禮過後，現在辛波絲卡的行程只剩下：在斯德哥爾摩大學的斯拉夫語學系舉辦講座，以及幾位皇家成員為諾貝爾得主在城堡舉行的宴會（十二月十一日）、參訪諾貝爾基金會和去哥特堡大學講座（十二月十二日）、參觀烏普薩拉大學（十二月十三日）、在瑞典學院和當地的波蘭社群見面，然後舉辦簽書會（十二月十四日）。

在和當地的波蘭社群見面時，斯德哥爾摩大學的斯拉夫語學者李歐納．紐格爾幫她開場，卻被辛波絲卡打斷：「李歐納，我沒有那麼戲劇化。米沃什就寫過，在我的世界可以活得下去。」[23]

在其中一場宴席上，辛波絲卡坐在免疫學家羅夫・辛克納吉（Rolf Zinkernagel）教授旁邊，他是當年諾貝爾生理及醫學獎的得主。辛波絲卡對他說，她寧可在他的領域得獎。「如果您這樣說，那您已經可以來我這邊工作了。」辛克納吉說。「那真好。那我想問：我可以做什麼？」她問。「一開始您會在我的實驗室洗玻璃器皿。」[24]

和辛波絲卡同行的友人勸她一定要去看她上次來就知道的瓦薩號（現在已經改建成博物館）。這艘十七世紀的軍艦原本要成為瑞典的驕傲，但在處女航四十分鐘後就沉船了，沒有抵達波蘭。波古斯娃・拉特維茨記下了辛波絲卡說的話：「如果在兩個國家之間曾經有戰爭，而現在只留下博物館展品，那是很美麗的事。」[25]

幾年後，當一本厚厚的辛波絲卡詩集（安德斯・波格達翻譯）在瑞典出版，辛波絲卡和秘書魯辛涅克去斯德哥爾摩參加作者見面會。「嚮導帶我們去一家餐廳，餐廳樓上是諾貝爾委員會辦公的地方。」魯辛涅克告訴我們：「她告訴餐廳侍者，我們沒有訂位，但這位女士得了諾貝爾獎。」「是哪一年的？」侍者問。「一九九六。」「獎項是？」「文學獎。」「那就麻煩坐窗邊的桌子。」

20

第一詩人和她的第一秘書

辛波絲卡家的電話幾乎響個不停，而詩人陷入越來越嚴重的恐慌。她害怕接電話，害怕要和人（多半是陌生人）說話。這些人從世界各地打來，用各種語言恭賀她得到了諾貝爾文學獎。他們想邀請她去參加作者見面會，舉辦一場盛宴慶祝她得獎，或是邀請她出國，拜託她接受訪談、簽名、或是同意他們翻譯她的詩。

辛波絲卡之前就想過要請秘書，長久以來，去政府機關處理公事、收信回信、去郵局、付帳單就讓她覺得很累。但是現在秘書的需求比以前更十萬火急。泰瑞莎·華樂絲推薦了自己的學生。辛波絲卡一見面就絕望地問他要拿響個不停的電話怎麼辦。

米豪·魯辛涅克彎下身檢查電話，然後表示沒辦法把它關掉，因為插頭在櫃子後方，而櫃子固定在牆上。他請辛波絲卡給他一把剪刀，剪斷了電話線。電話沉默了，辛波絲卡讚嘆不已，而魯辛涅克則跑去買答錄機。他裝上答錄機，錄了一段有嚇阻功能的留言，這段留言讓人們多年來都不敢和諾貝爾文學獎得主聯絡。有一段時間，這留言聽起來是這樣的：「這裡是電話號碼〇〇〇……請簡短留下您的訊息，或是聯絡醫師或藥師。」然而，這留言也引起了辛波絲卡朋友的不安，所以後來改成了溫和一點的版本。

泰瑞莎・華樂絲告訴我們，她一開始就知道，辛波絲卡的秘書必須是個年輕男子，因為「這會讓他和他的老闆之間有自然的距離。」她又說：「年輕男子，除此之外還要忠心、聰明、教養良好、懂多國語言……我認為，不久前在我們下通過口試的魯辛涅克再適合不過了。他的論文題目是《古代的解構》（*Deconstructio antiquitatis*），內容在探討馬切伊・卡基米日・薩比夫斯基（Maciej Kazimierz Sarbiewski）的《萬國之神》（*Dii gentium*）中的文本關係。」魯辛涅克通過了電話的試煉，就這樣成了辛波絲卡的秘書。

魯辛涅克倒是對此很低調，說他成為辛波絲卡的秘書是靠老師的關係，就像在波蘭的慣例。候選人有好幾個，剪斷電話線只是雕蟲小技，不足掛齒。不過可惜的是，在被錄取後，魯辛涅克幾乎是馬上就要動身去和新婚妻子度蜜月（這是老早前就計畫好的）。

「這件事我瞞著維斯瓦娃。因為如果她知道，他在風暴和壓力最大的時候不在場，她會陷入恐慌。」泰瑞莎・華樂絲告訴我們：「我讓她相信，他只是去一下子，很快就會回來，然後我幫他做他的工作。事實證明，我幫他保住飯碗是正確的決定。維斯瓦娃常對我說：『如果我有什麼是真的要感謝妳的，那就是米豪。』我了解她，我知道她不會想要有一個機構來管理她的事，因為這代表著一堆秘書、辦公室、公務員。而且，這名秘書應該要在諾貝爾獎的風暴過後，也對她有用處。米豪能滿足這些需要。他們兩人的關係中沒有任何虛假的友誼，維斯瓦娃很容易就可以從『您』過渡到『你』，但維斯瓦娃和米豪總是用『您』稱呼彼此。另外，他們兩人有共同的幽默感。」

所以，當魯辛涅克在對講機中告訴辛波絲卡，有一整個遊覽車的日本人來到她門前，請求她和他們在院子裡拍照，詩人沒有嚇得把自己鎖在屋裡，因為她知道他在開玩笑。但是其他人可能會被他騙過去。有一次，烏舒拉．柯齊奧要去領一個重要的獎，邀請辛波絲卡出席頒獎典禮，辛波絲卡住她家，而魯辛涅克則去住旅館。隔天魯辛涅克說，當他晚上回到旅館，發現房間裡不知為何有一個拿著皮鞭的年輕女子。「那家旅館叫什麼？」被嚇壞的烏舒拉．柯齊奧問。「阿芙蘿黛蒂（Aphrodite）。」（譯註：阿芙蘿黛蒂是希臘的愛情／性慾女神）魯辛涅克一本正經地回答。辛波絲卡一開始就知道這是假的，但烏舒拉．柯齊奧顯然很擔憂，因為她開始解釋，旅館不是她訂的，她只知道一間「便宜又正派的旅館」。

不過，有時候魯辛涅克也會成功騙倒辛波絲卡。有一次他在愚人節打給辛波絲卡，模仿瓦迪斯瓦夫．巴托舍夫斯基的聲音在答錄機上留言。辛波絲卡聽到留言後打給魯辛涅克，說巴托舍夫斯基有要事要找她，還問魯辛涅克知不知道怎麼找到巴托舍夫斯基（他沒說他在克拉科夫住在哪裡）。看到自己的惡作劇成功，魯辛涅克樂壞了。

從瑞典回來後，魯辛涅克就陪辛波絲卡去老劇院參加了第一場諾貝爾文學獎後的公開座談。他寫了一首五行打油詩向辛波絲卡致敬：「當克拉科夫的女詩人得了諾貝爾／半數波蘭人都開始讀詩／只有普沃茨克的居民認為／得諾貝爾的是維絲沃茨克（Wisłocka）／喔，這是典型的佛洛伊德式錯誤」。*

* 譯註：米哈琳娜．維絲沃茨克（Michalina Wisłocka）是波蘭作家，出了一本書叫《性生活指南》，所以魯辛涅克才會說，普沃茨克（Płock）的居民把維斯瓦娃．辛波絲卡（Wisława Szymborska）誤認為米哈琳娜．維絲沃茨克，是個典型的佛洛伊德式錯誤（佛洛伊德式錯誤是指，不經意的口誤、筆誤也是有意義的，流露出人們的潛意識）。

「您第一眼就知道他是您的秘書嗎？」幾年後，我們問辛波卡。

「喔，沒錯。他是泰瑞莎的學生，這表示，她看過他最糟的一面。既然她推薦他，那代表她知道自己在做什麼。多虧了米豪先生，得獎之後我才能繼續過我的生活。我知道他也有其他幾個工作機會。我觀察了他一陣子，三個月後，我打了電話給他母親，稱讚她把兒子教得很好。」

魯辛涅克則喜歡說笑話。他說，這些笑話是他聽來的，而不是自己想的。一則笑話是這樣的：有一次一個漁夫釣到了一條金色的魚，金色的魚說，如果漁夫把牠放走，就可以實現他的一個願望。漁夫說，我想要一個親切、謙虛、勤奮、有錢的女人。漁夫回到家，發現了辛波絲卡。

得獎後的一年，也就是從一九九六年十月到一九九七年十月，辛波絲卡接受了十幾場訪談（次數超過之前人生中訪談的總和），讓人們給她拍了幾張照片，在兩部紀錄片中露臉（給瑞典和德國的電視台），簽了幾十份簽名，回答來自智利、中國、韓國、埃及的翻譯授權請求，處理了給白血病童的捐款，和亞采克·庫倫見了好幾次面討論如何將獎金用作慈善目的，把諾貝爾文學獎獎牌捐給雅捷隆大學（她在斯德哥爾摩獲得了副本，這副本和正本是如此神似，出門去大學前，辛波絲卡無法決定到底要帶哪一個）。她也決定要搬家。她看了好幾間公寓，最後決定要搬進一間大一點的，在比較新的大樓裡，而不是在一棟沒有電梯的五樓公寓。然後，喬遷之旅就開始了。

愛哲別塔·札亨特說：「我很愛她在霍京街的公寓，但維斯瓦娃告訴我，她離開那裡一點都不會後悔。她在那裡接到了和她最親近之人的死訊：亞當、康奈爾、娜沃亞。」

「我們用我的小車飛雅特500在兩間公寓來來去去，因為維斯瓦娃小姐想要一次只搬一點點：這一趟載兩個花瓶，那一趟載四個碗……還有一次只拿一個地球儀，因為她說那很大。於是，我們就這樣搬了一個星期。」米豪・魯辛涅克在一九九七年十一月八日寫給尤安娜・什切斯納的電子郵件中如此寫道。

辛波絲卡的書也是魯辛涅克搬的，還有獲得他的大舅子的協助。

辛波絲卡的藏書並不會很多。她說：「米豪先生幫我整理書。他很清楚哪本書放在哪裡，馬上就可以找到我要的東西。有系統的圖書分類一點都不簡單。我曾和亨利克・馬可維奇討論這件事，我們一致認為，有些書不屬於任何類別，你不知道要把它們放在哪裡。而有些書屬於好幾個類別，你也不知道要把它們放在哪裡。」

魯辛涅克說：「有一次我問要把勒內・吉拉爾（René Girard）的《代罪羔羊》（法文：*Le Bouc émissaire*，波蘭文翻譯：*Kozioł ofiarny*）放在哪裡，維斯瓦娃小姐說：『放在烏舒拉・柯齊奧的書旁邊。』」（譯註：烏舒拉・柯齊奧的姓氏是Kozioł，是「羊」的意思）

雖然辛波絲卡請了室內設計師來做裝潢，不過她要求他，一切都要簡單、平凡。（「我告訴他，我一點都不想要住在舞台場景或裝飾品中。」）雖然設計師抗議，辛波絲卡還是在屋子內放了幾張堅硬的凳子。就像艾娃・莉普絲卡說的，辛波絲卡家裡的椅子不是用來讓客人久坐的。

辛波絲卡獲獎後，收到了許多荒謬的邀約和要求。其中最奇葩的，毫無疑問是茲濟斯瓦夫・波德康斯基（Zdzisław Podkański）的邀約。波德康斯基屬於波蘭人民黨（Polskie Stronnictwo Ludowe），當時擔任文化部長。他說，希望辛波絲卡可以到國會和議員們介紹「幾首自己的詩」。但是其他幾個要求離譜的程度也不遑多讓：維莉奇卡鹽礦（Kopalnia Soli „Wieliczka”）邀請辛波絲卡在「鹽巴節」（Święto Soli）那天參與論壇，如果不行的話，那至少讀一首出自《鹽》這本詩集的詩作。歌手艾迪塔・歌娳婭（Edyta

Górniak）和樂團「提詞人的盒子」（Budka Suflera）*都有邀請辛波絲卡為他們寫歌詞，還有一個泛舟團體請求辛波絲卡協助他們創立俱樂部。

風景攝影集的出版社三不五時會問辛波絲卡，她有沒有為哪座城市寫一首詩。當他們發現沒有，他們就問，那是不是可以請她寫一首。最後，某位在克拉科夫市政府工作、正在查禁色情書刊的小姐打了電話給魯辛涅克，說她知道辛波絲卡會針對這個議題發聲。我們問：「他們是要引用『再也沒有比思想更淫蕩的事了。／在被指定種植雛菊的花圃中，／這嬉戲的行為像是風媒傳粉的野草一樣狂長。』這一段嗎？」「老實說他們不知道自己要引用什麼。」魯辛涅克回答。「我建議他們去讀〈對色情文學的看法〉，看看這首詩是關於什麼。但是我聽到的回答是，他們手邊沒有這首詩。」

然後某一天，小波蘭省森濟舒夫鎮（Sędziszów）以辛波絲卡的名字命名了一條街。在這邊必須解釋一下，辛波絲卡本人認為，在作家生前不應該給他立任何雕像或以任何形式紀念。這事有點微妙，因為鎮上的人這麼做也是立意良善。魯辛涅克說，辛波絲卡也是教育改革的受害者之一。教育改革下，許多新的學校成立（多半是中學），其中很多學校都決定以她為名†。甚至還有一間學校來信詢問，能否請辛波絲卡擔任他們校旗的教母。有一次魯辛涅克忍不住在回其中一封信時說出了他一直想說的心內話，並在信末附上一首兩行詩：「與其要把學校叫辛波絲卡／不如落屎落到馬桶卡。」‡

辛波絲卡說：「必須小心處理，不要傷害小鎮邀約者的感情。你對他們說『不』，然後他們就會想，如果他們來自大城市，我就不會拒絕了。但是我也不去大城，比如紐約，我甚至不去伊斯坦堡那樣的古老城市，雖然我也有接到邀請。」

「確實，辛波絲卡小姐收到了來自土耳其出版社的邀請，他們保證她可以坐商務艙，還可以住高級旅館。我用禮貌的口吻回了信，但是我犯了一個錯誤，我應該寫『她未來三個月都不能去』（She will not be able to come to Istanbul for the next three months），但我寫成「她可以去三個月」（She will be able to come for the next three months）。他們也同樣禮貌地回了信，說他們很開心，只是在這種情況下，他們能不能訂價格稍微低一點的旅館。之後我受到的懲罰是：我必須幫辛波絲卡小姐開玻璃罐裝的食品。」魯辛涅克說：「每次都是如此，當我犯了錯，我就要開一些玻璃罐，因為辛波絲卡小姐並不是很會開這種東西。」

辛波絲卡告訴我們，她的秘書想出了一個很棒的拒絕藉口，只是她沒辦法使用，因為不知道對方是否也這麼有幽默感。這個藉口是這樣的：「如果我再年輕一點，我會很樂意接受您的邀請。」她一定常常思考如何不失禮貌地拒絕。當她在《非指定閱讀》中評論《愛因斯坦語錄》這本書時，她寫道，愛因斯坦會收到多如雪片的學術論文，每個人都請求他評論、支持。「如果他每一份都要看，就會沒時間做其他任何事。最後他失去耐性，告訴秘書如此回信：『關於您寄來的論文，愛因斯坦教授強烈要求，請您這一陣子就當他死了。』」[1]

* 譯註：艾迪塔．歌娳婭是波蘭知名女歌手，曾為迪士尼的《風中奇緣》及《花木蘭》擔任波蘭版的配唱。「提詞人的盒子」是波蘭知名樂團，台灣的動力火車有翻唱過他們的歌（波蘭文原版是〈這樣的探戈〉（*Takie Tango*），而在台灣是〈酒後的探戈〉）。

† 譯註：目前在波蘭還有許多其他城鎮的街道以辛波絲卡的名字命名（在波蘭很流行以名人的名字給街道命名），比如比亞維斯托克（Białystok）、什切青（Szczecin）、琴斯托霍瓦（Częstochowa）等地。另外，波蘭的很多學校也會以名人為名，這是為了致敬，把某某人當成他們學校的精神領袖。

‡ 譯註：原文是「與其要把辛波絲卡當精神領袖／不如得重度痢疾」（*Lepiej ostrą mieć czerwonkę/niż Szymborską za patronkę*），但為了押韻，所以翻成「與其要把學校叫辛波絲卡／不如落屎落到馬桶卡。」

「一直都有堆積如山的事要做。必須把一千件事納入考量，思考如何有禮貌又有技巧地拒絕，這樣才不會傷害到任何人的感情。可惜，人們常常因為各種事而想到我，但我在這些事中沒什麼好做的。有一次有人邀請我參加清潔波蘭的運動，這運動是關於清掃波蘭城市和鄉村中的垃圾。這點子很棒而且很高貴，只是我要做什麼？」

「我們本來打算回信說：『我有掃把，但我只用它來通勤。』」魯辛涅克說：「維斯瓦娃小姐也想出了這樣的信件結尾：『我會吻我的秘書的腳。』」*

「米豪只是您的打手，還是也是幕後黑手？」

「有些事他非得問我的意見不可，但有些事他不用問我就可以自己決定。這主要是關於榮譽掛名、參加委員會、剪綵那一類的事。米豪會幫我回答所有關於開會、擔任榮譽貴賓、簽名的事。再說，他的直覺很好，知道哪些事不用問我。」

魯辛涅克說：「這並不是說我越俎代庖幫她決定。那些我沒去煩她的事，是我們很久以前就決定『這一類要說不』的。我也知道，有些事我應該用『龜速』辦理，也就是慢慢等待。但是各種邀約，即使只是形式上，我也會問她……」

「如果每個邀請我都要接受，我就會不斷在路上。四天在玻利維亞，五天在日本，一個星期在澳洲……米豪先生，有人邀請我去澳洲嗎？」

「目前還沒有。」

一般來說，辛波絲卡透過米豪・魯辛涅克和世界互動（但這當然不包括好友）。他擔任守門員的工作，幫辛波絲卡擋下各種建議。「要不然——」米豪・魯辛涅克說：「維斯瓦娃小姐就要一直和某個神祕的、有著東方口音的作家糾纏不清，這人自稱是耶穌，還說：『您不知道我是誰！』」魯辛涅克又說：「很多時候，我就像處在鐵錘和鐵砧之間。這邊是一個人在哭訴，說他很需要辛波絲卡出席，而維斯瓦娃小姐堅持說不。我知道，如果辛波絲卡為了『大局』而在這裡或那裡出現，一切都會很棒，但是我要怎麼和人們解釋，辛波絲卡小姐其實沒辦法為公眾服務。我想，許多人會因為我的存在而生我的氣。以前他們和辛波絲卡的關係超好的，而現在則有一個人老是在限制、在礙手礙腳。但是沒辦法，我想我的工作內容之一也是扮黑臉，這樣維斯瓦娃小姐就可以扮白臉。我先說『不』，然後維斯瓦娃小姐之後會說：『嗯，是應該說不，但是這件事我們可以破例……』」

人們會寄各種請願書、聯署信、抗議信請辛波絲卡支持、簽名。魯辛涅克說，他沒有做過任何篩選。辛波絲卡總共簽了幾十份連署。我們把可辨識的筆跡消去後，請政治學家亞歷山大·斯莫拉爾（Aleksander Smolar）分析連署者的政治觀點。他說：「非常自由主義的觀點。不是經濟或政治的自由主義——從這些連署中看不出對於經濟或政治的觀點——而是道德上和文化上的自由主義。對十年前已死的自由聯盟†和第三共和很忠誠。不喜歡宗教和政治上的極端主義。避免做出清楚明瞭的聲明。我會說，這是一個典型支持自由聯盟的知識分子，會在關於人權的外國事務上發聲。我想，她從來都不是發起者，但是會在有高貴動機的連署下簽名，或是會連署那些她信任的人請她連署的東西。」

確實是這樣沒錯。但是辛波絲卡會小心遴選她要連署的文件，然而有時候她也會被他人說服。

* 譯註：老一輩的波蘭人在寫信時，可能會用「吻你的手」來做結尾（這來自波蘭人有親吻女士的手表示尊敬的習慣，現在已經很少看到，但比較年長的波蘭人還有可能這麼做），辛波絲卡在這邊對這個句子做了一個玩笑性的顛覆。

† 譯註：Unia Wolności，波蘭一個自由民主主義政黨，現已停止運作。

尤安娜・什切斯納說：「辛波絲卡和馬瑞克・埃德曼醫師*談話時，我就在埃德曼旁邊。他打電話給她，是想要獲得她的連署簽名，支持他以前在自由聯盟的朋友進入國會。我聆聽埃德曼熱情的演說，聽他說話，你會覺得波蘭民主的命運就握在辛波絲卡手中。辛波絲卡似乎在抗拒。然後埃德曼突然大叫：『您深愛的湯瑪斯・曼就是個不食人間煙火的人，他得到諾貝爾文學獎後就去了瑞士，把德國人留給了希特勒。您不能就這樣拋棄我們。』埃德曼把聽筒給我，我先是聽到了一段長長的沉默，然後我聽到了辛波絲卡的聲音：『嗯，我們沒辦法拒絕埃德曼醫師。您覺得要把我的簽名放在哪裡，就放在哪裡吧。』」

辛波絲卡在連署時，秉持的是她這輩子一貫的理念：對朋友的忠誠、對政治抹黑的厭惡以及自己深沉的信念。「關於墮胎議題，我毫無疑問認為我必須發聲。」她告訴我們：「墮胎是個糟糕的解決方式，但是把嬰兒丟到垃圾桶上、埋在森林、塞到木桶裡——這些事的糟糕程度遠超過墮胎。」於是，她就這麼簽了三份關於墮胎的連署。

她對除垢法（Lustracja）的立場也同樣堅定。她從來沒有去看過自己在國家記憶研究院的監控檔案，即使是把檔案帶到她家。「不就是不。就讓那些人都離開這世界，然後過一段時間後，歷史學家可以去研究這些。即使是最糟糕的謀殺者、恐怖分子或強暴犯，都不會被公開示眾，他們的身分，我們所知的只有姓氏和名字的字首。另一方面，被除垢的人則沒辦法享受這樣的待遇。三不五時電視會讓我們看到某個國家記憶研究院的走廊，塞滿了國安局人員的業績——檔案、盒子、袋子。我想像，把任何東西從任何一個架子上拿下來，都會激起一陣煙塵，然後整個社會必須呼吸這些煙塵。這要持續多久，還有為了什麼？有些人在控告、審判他人時會感到一種特別的愉悅，我認為這些人深具威脅性。他們的眼神發亮、嘴角帶著勝利的微笑，搓著他們永遠是乾淨的手……在某本印度古籍裡有這樣的句子（或者說是句子的一部分）：『法官不該在審判時感到愉快。』沒錯，不管是職業法官或是自稱法官的人，都應該感到憂鬱。在這樣的狀態，比較容易公平待人。」

辛波絲卡辦公室的官方地址是法政牧師街的波蘭作家聯盟，但事實上她的辦公室是魯辛涅克的電腦、手機和傳真機。每天早上十點，他們會通電話，討論今天發生的事，有哪些事需要處理。他們通常會一週見兩次面，辛波絲卡稱他們的會面為「瀏覽紙張」。

魯辛涅克告訴我們：「我的工作隨著科技日新月異而進化。十五年前，我花很多時間在郵局，也買了很多傳真紙。對維斯瓦娃小姐來說，傳真是一個完全陌生的生物。她覺得機器會把信件一封又一封吐出來很好玩，它吐出來的東西就像中世紀的卷軸。」

辛波絲卡說，她的秘書一直勸她使用新科技，這樣會讓她的生活更便利，但是她很抗拒。最後她被說服了，決定開始使用手機，雖然她花了很長一段時間才適應。當她第一次打給魯辛涅克，魯辛涅克接起電話說：「早安，維斯瓦娃小姐。」辛波絲卡很驚訝地問：「您怎麼知道是我？」魯辛涅克說，他看得到（譯註：來電顯示）。而辛波絲卡驚恐地說：「喔天哪，我還沒穿好衣服。」

雖然辛波絲卡竭盡所能讓人心生退卻，不要和她聯絡，但電話就是響個不停，信件、電報、傳真也不斷如雪片般飛來。某個實事求是的德國人甚至寄來了一疊空白卡片，請求辛波絲卡簽名。「我很好奇，我要簽多少名，才能得到安傑・戈沃塔（Andrzej Golota）的一份簽名？」辛波絲卡問魯辛涅克。

* 譯註：馬瑞克・埃德曼（Marek Edelman）是波蘭猶太人，心臟科醫師和社會運動者，曾參加華沙起義，在共產時代參加反抗政府的運動，曾和工人保衛委員會合作，也有參與圓桌會議。

不久後，在一九九七年三月，辛波絲卡就和波蘭舉重冠軍一同在大眾雜誌《機器》（*Machina*）上出現了。他們都獲得了雜誌頒發的獎，雜誌說他們都「憑藉自己的成就征服了波蘭人的心」。

人們在信中稱呼辛波絲卡為「維斯瓦娃．辛波絲卡教授」、「波蘭作家聯盟會長」、「波蘭詩歌女王」、「波蘭媽媽」。信件如此之多，米豪．魯辛涅克必須放棄以辛波絲卡之名回覆每一封信的野心。他拿給辛波絲卡看的信件是粗略篩選過的（為了讓自己的工作變得容易，不至於被雪崩般的信件掩埋，他把信件分成五大類：一、祝賀。二、祝賀和邀約。三、出版邀約。四、其他。五、瘋子），然後他們會討論要回誰的信。

大部分的信他們會用制式內容回覆，但有些信必須想一下才能回。波蘭議會的議長馬瑞克．布羅夫斯基（Marek Borowski）曾寫信來祝辛波絲卡生日快樂，辛波絲卡回信說，她贊成名人的生活應該開誠布公，除了女人的出生年月日。

「我和米豪先生一起完成的是十分辛苦的工作。」辛波絲卡說：「每次我們道別，我們都會說：『嗯，我們一起做了一件對別人沒有任何用處的好事。』」

得到諾貝爾文學獎的頭三年，辛波絲卡沒有寫任何一首詩。當她終於把〈舞會〉和〈關於靈魂的二三事〉拿給魯辛涅克，後者如此興奮，於是在辛波絲卡面前開始閱讀。然後他聽到辛波絲卡說：「米豪先生，請您不要在我旁邊讀。如果你之後讀了它們，請不要做出任何評論。如果您稱讚我寫得好，我不會相信，如果您批評我寫得不好，我會難過。」有一次他忘了這件事，在她面前讚賞她的詩，她提醒他：「我們有合約，您要遵守。」

「什麼合約？」

「合約很簡單，關於她嚴肅的詩作，我不能說一個字。唯一我能說的，是羞澀地建議她，可以在哪裡放逗點。她多半會聽我的建議。在她的新詩集中，有一半的逗點是我建議的。我打算有一天出一本《逗點選集》，來記錄我對波蘭文學的貢獻。」

可惜，在辛波絲卡沒寫詩時，有人幫她寫了。〈我感覺如何〉（*Jak ja się czuję*）在國內外廣為流傳，這首詩是關於如何有尊嚴地老去，不要太在乎病痛（「人們說老年是黃金年代／當我躺下準備入睡，我總是想著這件事……」）。這首詩第一次出現是在某個波蘭家鄉軍的小報。辛波絲卡在《選舉報》絕望地澄清：「讀者真心相信這是我的作品，這讓我很痛苦。畢竟，我應該不會寫出這麼愚蠢又拙劣的詩吧？」她引用了其中一句：「氣喘、心臟病讓我難受，我說話帶喘。」然後說：「這根本不符合事實，我目前還沒這麼病入膏肓。」[2]

然而，這首贗品卻活力驚人。我們知道它有被翻譯成法文，然後又有人把它從法文翻譯成希伯來文，我們試圖在最後一刻阻止這首詩付印，但沒成功。而在巴黎的《歷史筆記》雜誌中，一名年長的物理學家／科普作家在訪談中被問到他最近感覺如何？他引用了這首詩，以為自己在引用辛波絲卡。

魯辛涅克說：「我們不斷聽到，這首詩被貼在某個診所或醫院老年醫學部的牆上。這整件事讓維斯瓦娃小姐如此擔憂，所以我甚至沒告訴她，有人想請她授權把這首詩翻譯成葡萄牙文或日文。」

直到二〇一一年，克里斯汀娜・克里寧茨卡都還在布斯克療養院的復健室看到這首詩。她試圖告訴療養院的管理階層，這首詩是贗品，卻徒勞無功。

當下一位諾貝爾文學獎得主出現，辛波絲卡鬆了一口氣。波蘭作家古斯塔夫・赫林－格魯津斯基（Gustaw Herling-Grudziński）很生氣這麼嚴肅的文學獎竟然頒給了他眼中一點都不嚴肅的達利歐・弗（Dario Fo），而且他又是個反教會的左派煽動者，在義大利城市的街上演自己的鬧劇。他於是寫信給辛波絲卡和米沃什，要他們退回諾貝爾文學獎，以示抗議。但是達利歐・弗得獎完全不會讓辛波絲卡覺得受辱。她說，她從來沒讀過他的作品，但根據慣例，她寫了信給新科得主道賀，然後向他預告，接下來的一年他會過得很辛苦。之後她常說，她很嫉妒他的姓氏很短，因為她的姓太長，在簽書會經常簽到手抽筋。弗在短短幾分鐘，就可以簽完她在一小時才能簽完的書。

雖然辛波絲卡對她在得了諾貝爾文學獎後的義務有所抱怨（之後很長一段時間，她還會收到幾十本書、詩集和厚厚的打字稿，央求她閱讀、回信評論，她大概讀了其中的一%），但得獎這件事並沒有改變她的習慣太多。她繼續讀朋友的詩，除此之外，就像以前一樣，她讀那些不那麼理所當然的文學作品，像是《軟體動物在演化上的正道和歧途》。她從書中得知「軟體動物已經參與這可怕又令人讚嘆的演化連續劇五億年」，而波提切利（Botticelli）在畫《維納斯的誕生》中的貝類時，並沒有誇張，因為還有比這更大的玩意兒。[3]

我們在《非指定閱讀》中可以看到辛波絲卡閱讀的軌跡——這個專欄在她得獎後重啟，然後一直連載到二〇〇二年。

當時在《選舉報》工作的編輯揚・茨文斯基（Jan Cywiński）說：「那應該是一九九九或二〇〇〇年。就像每個月一樣，我們在週日副刊的編輯部等待維斯瓦娃・辛波絲卡小姐寄她的《非指定閱讀》來。我要打電話給辛波絲卡的秘書米豪・魯辛涅克，請他向她催稿。派給我這個工作的主編斬釘截鐵地說：『你只能打電話給魯辛涅克，這是他的電話。你千萬不能打給辛波絲卡，你不能拿這種事去煩她。』我打了電話，有人接起了電話，然後我聽到辛波絲卡的聲音。『喂？』既然我只能打給魯辛涅克，那就只能和魯辛涅克講話。我於是自我介紹：『我是《選舉報》的某某某，我想要和米豪・魯辛涅克先生說話。』然後電話那頭的那個聲音說話了：『我就是。』她停頓了一下繼續說：『我能為您服務嗎？』我說：『麻煩轉告辛波絲卡小姐，我們在等她的專欄。』電話那頭的聲音說：『當然，我會轉告辛波絲卡小姐。』兩天後，我們就收到了她的文章。」[4]

魯辛涅克告訴我們，辛波絲卡一般來說不會讀暢銷書，如果她想讀小說，就會讀湯瑪斯・曼或普魯斯特。雜誌她定期會看《歐德拉河》、《藝術季刊》(*Kwartalnik Artystyczny*)、《世界文學》(*Literatura na Świecie*)、《文學筆記》(*Zeszyty Literackie*)、《國家地理雜誌》、《政治》。而在星期四、星期五、星期六她會看《選舉報》。除此之外她也看電視。她喜歡探索頻道和真人實境節目，也會在Mezzo TV（譯註：法國古典音樂頻道）上看歌劇。她會在一週的電視節目表上圈出她想要看的節目，比如改編自阿嘉莎・克莉絲蒂小說的犯罪老片，或是關於夏洛克・福爾摩斯的。

當我們問，辛波絲卡是否喜歡看某部連續劇，就像她以前喜歡看《女奴》那樣？魯辛涅克說，雖然辛波絲卡經常表明自己對連續劇的熱愛，但他覺得這只是一種玩笑和障眼法。就像雖然她表面上表示她熱愛安傑・戈沃塔，但拳擊只是詩中的引喻。

喔謬思，不當一個拳擊手，就是根本不存在。
妳吝於施捨我們一群叫囂的群眾。
十二個人在房間裡，

該是開始的時候了，
其中一半的人進來，因為外面在下雨，
剩下的是親戚。喔謬思。

（〈作者見面會〉，《鹽》，一九六二）

她出席的新書發表會及作者見面會沒有增加，只是被她拒絕的邀請變多了。平均來說，她一年會有一場座談，她不知道怎麼拒絕自己的出版社（她的詩集輪流在a5出版社和跡象出版社出版），因此她會出席新書發表會，不只是自己的詩集，還包括選集、合集、《非指定閱讀》、《文學信箱，也就是如何當上（或不當上）作家》還有自己爺爺的回憶錄《風暴命運的峰迴路轉》。

「有一次在克拉科夫的曼加博物館（Manggha Museum）有一場座談，辛波絲卡在座談上朗讀她的詩（這樣的座談並不常見）。我們就像平常一樣在最後一刻抵達，經過一大群往同一個方向移動的群眾，維斯瓦娃小姐說：『喔，附近八成有足球賽。』她說這話不是因為謙虛，而是她真的不相信自己會吸引這麼多人。再說，她有近視，所以有時候她也看不清楚座談會上到底有多少人。」[5]

魯辛涅克還說：「有時候她會答應某場邀約，因為希望可以見到朋友。但是之後她會抱怨，每場座談結束都會變成簽書會，等她簽完，朋友早就回家了。除了在作家見面會公開露面，她也會出席波蘭作家聯盟朋友的小眾座談，她絕對偏好出席別人的座談，而不是自己當座談的主角。」

在得了諾貝爾文學獎的那年，辛波絲卡參加了幾場克拉科夫的文學活動（通常都是在友人的拜託之下），比如五行打油詩之夜——這場活動是為了《五行打油詩集》（*Liber limericorum*）的出版而舉辦，出版者是克拉科夫的祕密結社「五行打油詩包廂」（Loża Limeryczna），辛波絲卡也屬於這個社團。辛波絲卡得諾貝爾文學獎的幾個月前，米豪．魯辛涅克就是在「五行打油詩包廂」的活動上認識她的。「我記得她來的時候，我剛好新婚不久。我那時候就想，我也可以和她這樣的人結婚。後來我們的關係也有點像那樣。」魯辛涅克說[6]。

辛波絲卡也去參加了艾娃．莉普絲卡的喬遷轟趴。她從維也納回來後換了新公寓，但是公寓太小，擠不下所有朋友，於是藝文出版社就出借了他們大樓裡的曼霍夫房間（Sala Mehofferowska）給莉普絲卡。她也出席了《發聲》雜誌之夜，她從這份雜誌誕生一開始就和它緊密連結。她還去了我們這本傳記在克拉科夫的新書發表會。「我是以原料的身分在此出現。」辛波絲卡說：「因為這本書幾個月前就出版了，我甚至可以說我是以再生原料的身分出現。」

我們和魯辛涅克第一次接觸，也是為了寫這本書。辛波絲卡答應要閱讀它，補充細節，同時也為自己所說的話授權。出版社不停在追殺我們，要我們快點完成作品，所以我們用快遞一部分一部分地把書寄給她。拿取這些章節的人是魯辛涅克，他會拿給他老闆看，然後把辛波絲卡修改過的版本寄回來給我們。有一次貪圖方便，我們把某個章節用電子郵件寄給他。他如此回信給我們：「信收到了。（停頓）附件中少了波蘭文符號。（停頓）我自己把它手動加上去了。（停頓）靠北。（stop）你們非常附加符號*的M.R.。」

* 譯註：znaki diakrytyczny，這邊是指波蘭文的特殊符號。

自從一九九七年作者之一（尤安娜）和米豪．魯辛涅克開始通信，交換的信件已超過上千封。這些信中三不五時會提到魯辛涅克的「老闆」，感謝此事，我們也能掌握辛波絲卡在國內外的行程，以及辛波絲卡生活和創作的細節。

「老闆要我告訴妳們，她人生中的夢想實現了，她拜訪了尼安德塔，還在路標下拍照。她說，這放在妳們的書的結尾，還滿不錯的。」（一九九七年四月三十日）

「我和芭夏送給維斯瓦娃小姐的耶誕節禮物是一隻假手，看起來就像活生生的（嗯，也沒有那麼活啦，畢竟是被砍下來的）。她很開心，然後開始想可以怎麼用它。後來她發現，它在家庭生活中不可或缺。我們很高興可以給她一個有用的禮物。」（一九九七年十二月二十三日）

「這首五行打油詩是維斯瓦娃小姐今天特地為妳們作的：『當詩人W．辛波絲卡／航行到了馬格尼托哥爾斯克／所有的魚看到她／都開始轉彎／彷彿得了海洋的疾病。』（一九九八年十一月三十日）

而這邊是一段去普欽和盧波米日出任務的記述：「老闆打電話來，說：『米豪先生，我們要去普欽。』原來那邊有一家賣花園裝飾品的商店，老闆在那裡看到一個真人大小的服務生雕像（石膏製），他的鄰居奇區夫婦很喜歡。所以我們就動身去買——不只如此，我們還要偷偷把它放到奇區家的花園。很遺憾，這個服務生雕像出了意外，手斷掉了。真的很可惜，這雕像很漂亮，他的臉看起來就像是個拿錢辦事的罪犯，禿頂是禿的，而後面的頭髮油油的，穿著太緊又太短的西裝，手上拿著托盤和抹布。這是最後一個了，因為太貴（五百波蘭幣）沒有人要買，所以就停產了。還好，老闆看上了一隻眼神憂鬱的羊（也是真羊大小，一百一十四波蘭幣）。我們買下了它，然後把它載到盧波米日。在車上時，老闆準備好隨時躲到椅子底下，而我則戴上了太陽眼睛。我越過圍欄，然後把羊放進花園。之後我聽說，這隻羊讓奇區夫婦印象十分深刻。」（二〇〇〇年八月十七日）

「我老闆發明了一種新的五行打油詩，叫作墓園五行打油詩。一般的五行打油詩都要以地名做為韻腳，而墓園五行打油詩則以在墓碑上找到的姓氏為韻腳。比如：『在此安息的是西蒙・皮吉夫夏／而在皮吉夫夏旁邊的是早他一步來的太太／比較過世日期我們就可看到／他們天人永隔了好幾年／太太活得比較長。』（二〇〇一年九月二日）

「維斯瓦娃小姐在盧波米日，她想出了好幾個呼應『採到松乳菇總比沒採到菇好』的句子*：『嫁給瘋子總比嫁給普羅大眾好』、『被骨頭噎死總比有個陽痿的情夫好』。」（二〇〇二年七月十三日）

有一次，《選舉報》的宣傳部忘了詢問辛波絲卡的同意，就在報紙的電台廣告中引用了她的詩。我們寫信給魯辛涅克，請辛波絲卡補簽署同意書。魯辛涅克寫信這麼安慰我們：「我不認為辛波絲卡小姐會把你們告上法庭，她頂多會叫自己的秘書去牆上寫：『要和米赫尼克共事／不如用剪刀自我了斷』。（譯註：米赫尼克是《選舉報》的總編輯）（二〇〇三年五月十四日）

「今天在札科帕內一首新的五行打油詩誕生了，完全和塔特拉山無關。『某個來自克爾科諾謝山的病理學家／十分反對胸罩／這就是為何他躲在門後／狂熱地把胸罩從每個淑女身上扯下來／除非有人把他趕走』。」（二〇〇三年十月七日）

「尤安娜，維斯瓦娃小姐叫我寄這個給妳。既然她叫我這麼做，我就寄了。『夜晚在梅斯的廣場

* 譯註：這句是波蘭諺語，意思類似「無魚蝦也好」。

／很多阻街女郎都有宿醉／她們必須上工／就像卡基米日・庫茨說的／她們會哼歌並說：『傻子，玩得高興。』」（二〇〇五年十一月十四日）

「我告訴維斯瓦娃小姐，她和麥可・傑克森有什麼共同點：她和他都喜歡肯德基的辣雞翅。她如此回答：『您瞧，每個人都有一些優點。』」（二〇〇九年八月二十六日）

「我不想用『友情』二字形容我和老闆的關係，我寧可用『友誼的連結』。」魯辛涅克說：「我想，辛波絲卡小姐對我越來越信任，她知道我會保護她，不會讓她處在不愉快的處境。好幾次，她為了友情以私人身分同意去某個地方，結果到場後卻發現，那裡人們期待她完成很多完全不是私人的義務，她必須在某處公開露面、當榮譽貴賓。這真的很耗費心神。之後她會把自己關起來與世隔絕一星期，才能恢復常態。和維斯瓦娃・辛波絲卡在一起，我總是在詩歌和無厘頭笑話之間彼此切換。有一次我去她家，發現她剛吸完地。我問我是否需要脫鞋，還是可以飛進房間，這樣才不會踩髒地板。她說：『飛您就留到上天堂時再說吧。』」

我們問魯辛涅克，他在工作上得到最奇怪的指令是什麼。

「維斯瓦娃小姐叫我去買鞋，她給了我一根棍子代表她腳的長度，還說鞋子要舒適。」

「有比較有內容的任務嗎？」

「請記得，我不是文學秘書。我沒有跑遍各大圖書館蒐集資料，再說，小說家比較需要這樣的協助。我做過的和內容相關的任務，可以用一隻手數出來。比如我為了一首詩查某個希臘字。有一次，維斯瓦娃小姐打電話來問，汽車有幾檔。我覺得有點奇怪，但後來我讀了她的詩〈不讀〉，就明白了：『而我們活得就像用五檔全速前進，／並且——老天保佑——很健康。』」

對辛波絲卡來說這件事很重要：米豪．魯辛涅克不該只是她的秘書，也應該有自己的生活和事業。

「每個人都想要米豪當自己的秘書。」她說，一邊驕傲地強調，雖然他在她手下工作，但是也唸完了博士，還把論文《在修辭學和修辭性之間》（*Między retoryką a retorycznością*）發表成書。這表示，她沒有占據他太多時間。

由於得到諾貝爾文學獎的混亂，辛波絲卡好一陣子無法進行嚴肅的創作，因此她對插科打諢的創作更感興趣。多年來，對她和她身邊的朋友來說，文學遊戲都是在家裡、在小眾之間玩的，然而現在它被拉到光天化日之下，規模也變大了。老實說，我們對此也有貢獻，因為我們在《選舉報》的雜誌上發表了幾首她的五行打油詩。

有一次，在我們和辛波絲卡會面時，她從一個文件夾中拿出一些泛黃的小卡片，那是根據哥穆爾卡執政早期的某個廣告口號「吃水煮麵／省下太太的時間」改編而成的句子，非常有趣、好玩。

「這個遊戲可以無止盡地玩下去。」她說，然後讀了十幾個句子給我們聽。她解釋，重點不是廣告本身，而是喚起我們沉睡的利他主義。

用骯髒的杯子喝茶／不要給情人找碴。
與其偷走牛的牛奶／吸取和你親近的人。
吃掉牆角的滅鼠藥／讓老鼠長命百歲活跳跳。
不要讓醫師和藥師操煩／自己找到去墳墓的路。

有一次，我們在《選舉報》上提起辛波絲卡和朋友們會玩的文學遊戲。十九世紀詩人萊諾德．舒賀德斯基（Rajnold Suchodolski）曾寫過一首四行詩：「要是有誰說莫斯科佬／是我們萊基特人（譯註：Lechita，波蘭人祖先）的兄弟／我就會在加爾默羅會的教堂前／給他一槍。」在四〇和五〇年代的交界，住在穀物街上的克拉科夫詩人們改編這首詩，改變國家、教堂和處罰的方式，玩得不亦樂乎，但是當時的詩沒有一首留下來。（譯註：萊諾德．舒賀德斯基是個極端的愛國者，之後穀物街上的克拉科夫詩人們根據他的詩作了戲仿）曾經參與這些文學遊戲的辛波絲卡說：「可惜，我們沒有把這些詩寫下來。我們當時以為，生命是永恆的，而我們還有很多時間。現在沒有人記得這些了，可惜，那時候沒人想到要用錄音機。」

我們的文章刊出後，辛波絲卡很快就寄了一首詩給我們，叫作〈一首押韻詩，關於薩爾馬提亞主義者認為自己比其他國族高人一等，還有如果遇上不同意他的人，要如何處罰〉（*Rymowana rozprawa o wyższości Sarmatów nad innymi nacjami tudzież o słusznej karze na zatwardziałych, którzy tego poglądu nie podzielają*）。她還說，這首詩只給我們看就好，因為她不想惹人生氣。（不過我們後來說服她發表這首詩，她自己也在跡象出版社的週年紀念上讀了幾段）

如果有人說，日本人
會在喝茶時交談，
我會在什切布熱申的學院教堂

把他的手腳砍斷。

如果有人說，中國人
也經歷了演化，
就讓他被送進
聖露西亞的精神病院。

如果有人說，義大利人
是勤奮的民族，
那他就是找死，
想在聖齊達禮拜堂前被打到出血。

在這首詩的最後一段（第十七段），辛波絲卡寫道：「結束了。不過這只是因為我找不到更多韻腳，畢竟我不是巴蘭恰克……」我們把這首詩傳真給巴蘭恰克，他收到挑戰後就寄了接下來的十幾段回來。其中一段是這樣的：「如果有人說：『嗨！中國人／你打蒼蠅打得多麼好！』／就讓他在托馬斯・肯皮斯的教堂前／被捅一刀。」

這場四行詩對決發表後，引起了真正的狂熱。每天都有幾十首「莫斯科詩」（Moskalik，這個名詞在魯辛涅克和我們通信時出現，指的是好笑的四行詩，名稱來自舒賀德斯基那首詩）透過傳真或電子郵件的方式來到《選舉報》的編輯部。之前我們在雜誌上提到克拉科夫詩人們對五行打油詩的熱愛時，也有類似的效應。本書作者之一尤安娜・什切斯納喜歡收納，有一次她告訴辛波絲卡，她應該買一個特別的、有抽屜的家具來收納讀者寫的五行打油詩和四行詩。

「喔，我看得出來您也欣賞抽屜。」詩人高興地說：「對我來說這是人類最偉大的發明之一。我們應該給那個發明抽屜的無名氏立一個雕像。我家現在有五十六個抽屜，你們可以去算（作者註：真的有五十六個）。請你們把這件事寫出來：我要求為發明抽屜的人立一個雕像。至少，在政權轉換後，沒有人會對它們潑漆或是換掉它們的頭。」

過了一會兒，她說還要給貴賓狗發明獅子造形的人立雕像。

剛得了諾貝爾文學獎的頭幾年，辛波絲卡把好笑的詩作當嚴肅詩作的代替品。但後來當她回去寫嚴肅的詩作，她並沒有放棄這愉快的活動。有一次我們和她在談《瞬間》這本詩集，隨口問起，她還有沒有寫好笑的詩。她於是拉開某個抽屜，拿出一疊卡片。

「喔，我有寫。比如我有寫一系列飲酒詩，改編自『伏特加一飲，理智歸零』這句話。比如說：『私釀伏特加一沾，平衡感完蛋。』、『威士忌一乾，智商減半』、『喝下苦艾酒，靈感飄走。』……」辛波絲卡翻看這些卡片，然後說：「我必須捨棄一些句子，改得精簡一點。我有一個朋友很有幽默感，但很少笑。我要把這些句子讀給他聽，如果他不笑，那就刪掉。這些卡片就是我的酸鹼試劑，它們在完成前還要通過笑聲的考驗。」

二〇〇九年，在《上癮：成因、治療和康復》（*Uzależnienia. Geneza, terapia, powrót do zdrowia*）這本書中收錄了辛波絲卡的飲酒詩（我們後來發現，一本女性雜誌也有收錄這首詩，做為酒精對女性有害的證明），看來，這些句子通過了笑聲的考驗。

帕林卡讓你胡作非為。
馬拉斯加櫻桃酒讓你家庭崩潰。
李子酒讓你在地下室嘔吐。
調酒給你黑暗的時刻。
雪莉酒讓你四腳朝天。

「有一首詩是我和朋友在克拉科夫郊外的餐廳吃飯時得到靈感的。」她告訴我們：「我在看菜單時發現，在牛肚湯旁邊有人用顫抖的手寫下：『難吃斃了。』我於是決定要給顧客一些警告，而要達到這個目的，朗朗上口的短詩是最好不過的。」

與其要吃這家的水餃，／不如跌斷雙腳。
與其要吃這裡的鱒魚／不如被打一棒。
與其要吃冰櫃裡的油醃鯡魚／不如被抓起來關。

辛波絲卡後來決定把自己的五行打油詩、莫斯科詩、餃子詩（lepieje）、飲酒詩（odwódki）、利他主義詩（altruitki）、道聽塗說詩（poslucańce）收入《給大小孩的兒歌》（*Rymowanki dla dużych dzieci*）。在新書發表會上，魯辛涅克準備了一場名為「冒號」的演講，用辛波絲卡的詩作來證明「把她嚴肅的詩作和好玩的詩作視為對立，是錯誤的」。然後他呼籲讀者，要同時閱讀她這兩種詩作（他建議出版社用雙冊的方式出版），這樣就可以看到這兩種創作內在的共同點。最後他下了結論：「與其只知道《給大小孩的兒歌》，/不如去吃烤焦的麵包。」然後又加了一句：「與其一直不知道《給大小孩的兒歌》，/不如吞一顆氰化物。」

「維斯瓦娃小姐允許我批評她好笑的詩作。」魯辛涅克說：「比如說我不喜歡她的五行打油詩中最後一句比其他句子短（這不符合五行打油詩的規定）。我和她說了這件事，然後她回答，她就是想要這樣。」

秘書盡責地陪老闆玩文學遊戲（話說回來，「餃子詩」和「飲酒詩」這些名字也是他想的），他們甚至還會一起寫五行打油詩。

當辛波絲卡邀請克萊爾．卡瓦納（她和巴蘭恰克一起把辛波絲卡的詩翻成英文）來晚餐時，剛好柯林頓和李文斯基的新聞轟動了大西洋彼端的媒體界。這是五行打油詩夢寐以求的素材，辛波絲卡馬上作了一首詩，令卡瓦納讚嘆不已。除了魯辛涅克，當時在場的瑪爾塔．維卡教授和尤里安．孔浩瑟教授也有參與創作。

某個來自華盛頓的莫尼卡，
不知道什麼是教養。
這就是為何在橢圓形辦公室，

在唱片機的陪伴下，
她做了一些口腔運動。

辛波絲卡不只支持秘書的創作，還會推廣它們。有一次在她的作者見面會上，她讀了三首自己的五行打油詩，一首魯辛涅克的：「某個伯羅奔尼撒的希臘人／如果他開始喝酒，就會有多少喝多少／海拉德的古典希臘歌手／為他做了兩首民謠／就像斜眼一樣南轅北轍。」

然而魯辛涅克在韻詩方面最精采的成就，是他靠一首詩奪下了英國石油公司（British Petroleum）競賽中的大獎（一台西歐的汽車）。競賽規則是這樣的：必須以「我的新車……」為開頭，寫一篇文。魯辛涅克寫道：「我的新車，／如果我們要趕上西方，／我要求擁有（在今年夏天）／一輛配得上北約成員國國民的車。／波蘭人身為歐洲人／想要過高水準的生活，／而這高水準，讓我們老實說，／波蘭人值得擁有。／現在波蘭人在苦難中受苦，／因為他又坐上了美人魚……／治療這苦難的妙方／就在英國石油手上／如果它給我們每個人一輛車，／我們就能忘了在雅爾達的背叛。」*

如果我們算算看魯辛涅克寫一行賺多少錢，我們會發現，他的創作比辛波絲卡得諾貝爾文學獎報酬率還高。然而魯辛涅克卻同意伍迪．艾倫所說的：世上唯一有投資報酬率的文學，是要求贖金的勒索信。

各式各樣的文學遊戲——包括那些行之有年和辛波絲卡新發明的——成了跡象出版社老闆耶

* 譯註：美人魚是波蘭人民共和國時代的車，雅爾達指的是雅爾達會議，邱吉爾、羅斯福和史達林在這場會議上，同意讓蘇聯獲得波蘭東部的領土，做為補償，波蘭將從德國那邊獲得西部領土，波蘭人認為這是對他們的背叛。

日・伊格在辦活動時的固定節目——這些活動包括卡巴萊表演、新書發表會、作者見面會和週年紀念。另一個舉辦文學遊戲的場地是位於巴茨卡街四號（ul. Bracka 4）的新地咖啡店（Nowa Prowincja）。咖啡店的老闆之一瑪莉娜・圖瑙（Maryna Turnau）會在這裡舉辦歡樂的詩歌活動，而三本她以這些活動為基礎而出版的小書今日是難得一見的珍本。

雖然辛波絲卡經常用各種理由拒絕參與嚴肅的文學活動，她倒是很樂意參加文學遊戲。在新地舉辦的諸靈節（譯註：十一月二日）活動上，她聆聽格里戈日・圖瑙（新地老闆之一）朗讀她的訃聞詩，哈哈大笑。這首詩是這樣的：「這裡躺的是維斯瓦娃・辛波絲卡／喪禮很小眾而且沒有淚／正如Z電台所說，／墓碑上只有一根菸屁股／而根據《選舉報》報導——／兩根菸屁股。」而當人們批評當時波蘭國家銀行總裁萊謝克・巴策羅維奇（Leszek Balcerowicz）的經濟改革政策，新地舉辦了一場支持巴策羅維奇的活動叫「巴策羅維奇讚美大賽」，巴策羅維奇本人也有出席。辛波絲卡以「巴策羅維奇恐懼症」為主題，寫了幾首兩行詩：「以前在臥室有床，現在只有床墊。／是誰的錯？巴策羅維奇的錯。」「如果你陽台上的屋頂漏水，／那是因為國家銀行總裁的腦袋進水。」「為何Pewex和Bon PeKaO支票消失了？／這是萊謝克（和他太太）的錯。」*

米豪・魯辛涅克告訴《選舉報》的運動記者拉德斯瓦夫・藍尼爾斯基（Radoslaw Leniarski）：「如果這會令您不快我先道歉。我們這些和新地有關的作家們想要為辛波絲卡慶祝八十歲生日。她雖然會慶生，但卻對此保持距離，所以這不能是什麼隆重的儀式。我們想出了一個障眼法，謊稱我們找到了安傑・戈沃塔的書，剛好在這段期間，他在擂台上也經歷或大或小的失敗。布朗尼斯瓦夫・梅伊開始在克拉科夫散播關於這本書的消息，說讀了這本書，就會知道為何戈沃塔先生最近老是打輸比賽。原因如下：戈沃塔其實是個敏感的詩人，而不是個沒有靈魂的拳擊手。有幾個人還真的相信了。我們寫了這本小書《給我和我的瘀青》（*Sobie a guzom*），少量發行，還舉辦了新書發表會。沃伊采赫・馬萊卡（Wojciech Malajka）朗讀，梅伊作引言，我則分析了本書的歷史及語言背景。只是我們改了他的姓氏——把Gołota改成Gołłota。我們還諮詢了律師，問我們這樣做有沒有可能觸法。從法律上的觀點來看，拳王無法對我們做什麼，但總是可以狠狠揍我們一拳。」

這二十幾首收在《給我和我的瘀青》的詩（風格模仿國家圖書館書系的書），是完美的拼貼和戲仿。辛波絲卡到了新地，才第一次聽到這些詩，她時而微笑，時而小聲地笑、大笑、笑到抱住頭……

她覺得最有趣的是布朗尼斯瓦夫・梅伊出自「盧波米日灌木」系列的這首詩：

> 我會放棄舞曲、運動褲和祖國／為了這一分鐘／如果我可以從你身上剝下溫暖的內衣／帽子和鞋子！
>
> （……）我會為你放棄生命和拳王的名聲／榮耀和貧窮／所有的一切都會給你，親愛的維斯瓦娃／除了錢。

* 譯註：Pewex是波蘭在共產時代的特許貿易商店，可以用美金買外國商品。Bon PeKaO支票是波蘭銀行在一九六〇年代開始發行的，由於政府需要強勢貨幣，所以要求人們把外幣換成Bon PeKaO支票，然後人民可以用Bon PeKaO支票在Pewex商店買管制的外國貨品。

尤安娜·什切斯納說：「二〇〇九年夏天，《選舉報》的編輯部送我去盧波米日，辛波絲卡每年過暑假的地方。她的詩集《這裡》被提名尼刻獎（NIKE），《選舉報》認為我可以成功訪到她。辛波絲卡拒絕了我，然後這麼解釋原因：『我想每個人獲得榮耀和獎項的次數是有限的，而我的額度已經用完了。很可惜，我和其他十九人一起被提名尼刻獎，我占了某個人的位置，那個人可能比我適合得獎。我希望，評審團和我所見略同，不會讓我進入複審。』」

沒辦法寫訪談，我只好描寫我在此的旅程。

我和米豪·魯辛涅克一起來到盧波米日。和辛波絲卡關係良好的鄰居愛哲別塔·圖瑙（Elżbieta Turnau）、她姊姊瑪莉亞（又叫奇尼亞）和姊夫維斯瓦夫·奇區（Wiesław Czyż）一起為我們準備了午餐。從精心準備的菜單，我們可以隱約看出辛波絲卡在這裡玩什麼樣的遊戲。菜名是如此精緻，大部分的名字我甚至沒聽說過。不過還好這些名字都被劃掉了，只留下培根黃豌豆湯和烤牛肉佐麵疙瘩及甜菜（十分美味）。而甜點除了蛋糕和自己採的野草莓，辛波絲卡也說起，鄰近小鎮一個沒牙的停車場管理員愛上了兩姊妹的其中一人。那人紅著臉，從抽屜裡取出一封來自停車場管理員的信，然後開始讀。我從她身後看到信上是辛波絲卡的筆跡，於是開始笑。這時辛波絲卡狠狠提醒我收斂，並說：「單戀是真正的悲劇。」

之後她給我看一本叫作《在場人員》的筆記本，這是一本訪客簿，在盧波米日度假的客人都會在這裡寫下自己度假的感想。其中也有幾段是辛波絲卡寫的。

「有一名記者在電台上說，維斯瓦娃·辛波絲卡在鄉下過暑假，遠離人群（她八成認為這是大新聞）。我們從這則新聞得出的結論是：那些和我一起在盧波米日度假的人，都不是人。那麼他們是誰呢？他們之中包括：維斯瓦夫．奇區，調酒大師。他太太奇尼亞．奇區瓦，「勞動工作者」。她妹妹愛哲別塔．圖瑙，「思想工作者」。格里戈日．圖瑙，一直在唱歌。他太太，碧綠中的群青。他們的女兒安托莎，性別為女的女孩。耶日．伊格，他就像宙斯，但不想和我們說希臘語。他太太尤安娜，有耐心到像聖人的存在。克萊爾．卡瓦納，波蘭文－美語的翻譯。布朗尼斯瓦夫．梅伊，無所不能。他太太波古莎，也是超有耐心。克里斯汀娜．克里寧茨卡和理查．克里寧茨基，住在貓兒們的家。米豪．魯辛涅克，第一秘書。（……）我鄭重聲明，我和這些『人』相處愉快，一想到要離開這裡回克拉科夫，回到人群之中，我就覺得難過。維斯瓦娃．辛波絲卡。」

看來，辛波絲卡在盧波米日玩得很開心。不過魯辛涅克後來告訴我們，在最後幾年，在盧波米日度假的時光，是辛波絲卡創作最多產的時期（或許還有札科帕內）。二〇一一年她在那裡過暑假，而秋天，則向往常一樣去札科帕內。

當辛波絲卡在二〇一一年十一月生病，米豪．魯辛涅克是少數她允許去醫院探望她的人之一，後來回到家後也是如此。她也指定他為她的遺囑執行人。她的遺囑說要成立一個辛波絲卡基金會，並且任命米豪．魯辛涅克為基金會的委員及會長。

21

一個克拉科夫，兩個諾貝爾文學獎得主

一九九八年八月一日，辛波絲卡和米沃什包了一輛計程車，去華沙參加畢格涅夫・赫伯特的葬禮。途中，他們在凱爾采（Kielce）附近一座森林停下來休息。辛波絲卡稱讚那裡的松樹，說它們彎彎曲曲，卻緊抓地面。而米沃什則回：「松樹不是樹，橡樹或山毛櫸才是樹。」

米豪・魯辛涅克說：「旅途來回加起來十小時。辛波絲卡一路上都試著講一些輕盈、好笑的話題，米沃什則完全相反，不斷問她關於『波蘭和白羅斯的關係』、『白羅斯做為波蘭的愛爾蘭』這一類的議題。之後他說，他有一次去某家給『真正的波蘭人』的書店，買了幾本書，讀了後明白：『維斯瓦娃，我們沒救了。』」*

辛波絲卡第一次見到切斯瓦夫・米沃什是在一九四五年一月三十一日，在剛被解放的克拉科夫，詩人們舉辦了一場詩歌晨讀，藉此宣示波蘭文學的復興。辛波絲卡告訴我們：「米沃什令我印象最為深刻。大部分詩人都讀得很糟糕，會唸錯，不然就是口齒不清，那時候又沒有麥克風，很多人的聲音都聽不清楚。突然，米沃什上台了，他看起來就像個憤怒的智天使，聲音清亮。我記得我

* 譯註：「真正的波蘭人」指的是極右派，他們會如此自稱。

那時候這樣想：『真是個偉大的詩人。』當然，我沒有勇氣接近他。」

辛波絲卡後來在專欄文章〈膽怯〉(*Onieśmielenie*)中如此描述她和米沃什本人及其創作的第一次接觸：「我並不熟悉上台詩人的名字。我那時候小說讀得不少，但對詩的知識可說是零。但是我會觀察台上的詩人，也會聆聽他們的詩。並不是所有的朗讀都很成功，有些人讀起詩來悲壯不已，令人無法忍受。有些人的聲音和拿著紙張的手都在顫抖。突然，有人預告一個姓米沃什的要上台了。他完全沒有怯場，語氣也不會造作、誇張。他彷彿在大聲思考，而且邀請我們一起思考。『沒錯，』我這樣想：『這是真正的詩歌，這是一名真正的詩人。』我這樣說一定不是很公平，因為當天值得注意的詩人還有兩三位。但是米沃什是最特殊的。我有預感，他會是一位令人景仰的詩人。」[1]

米沃什當然也記得那天早上。我們問他，是否有意識到自己的特殊。「我當時完全沒在想我是否令人印象深刻。」他回答：「我們所有人都看起來像是從地洞裡爬出來的奇怪生物，穿著奇怪的衣服。」

米沃什並沒有在克拉科夫待很久，一九四五年十一月他就被派駐到紐約大使館工作了。不過辛波絲卡還遇到了米沃什一次，這次會面令她印象深刻，因為它挑戰了她對他的崇拜。那時，辛波絲卡第一次來到了一間真正的餐廳。她東張西望，然後她看到了什麼？

「在隔壁桌，米沃什和別人坐在一起。服務生給他拿來了炸豬排和包心菜，而他津津有味地切著豬排。一個深具靈性的詩人，智天使，嚼著豬排——我記得這一幕讓我深感恐懼。我知道詩人也需要吃東西，但是他竟然會吃這麼普通、這麼大眾的食物？我並不是馬上就能接受這件事。之後我開始大量閱讀詩歌，當我讀了他的〈倖存〉和其他刊登在報上的詩，我對他的崇敬又更加提升了。」

我們問米沃什，他是什麼時候得知辛波絲卡的存在？他說是一九四五年在穀物街。「有人給我看青年作家社團其中一個女詩人的作品，說她在社團的女詩人之中是寫得最好的，那大概就是她吧。」

但是這可能嗎？辛波絲卡那時雖然已在《波蘭日報》發表過作品，但在戰後新生代的詩人中，她並不起眼。

辛波絲卡從來都不敢評論米沃什的詩，也不敢公開談論它。而她只有一次在專欄中提到米沃什本人：「在《非指定閱讀》中談米沃什的詩？對於所有習慣思考的人來說，他的詩是指定閱讀啊，或者說，應該是指定閱讀。所以我不會在這裡談他的詩。我有更糟的主意：我會寫我自己，或更精確來說，我會寫我在面對米沃什本人和他的詩時，所感受到的羞怯。」

一九五七年秋天，當辛波絲卡來到巴黎，意外在一家咖啡廳遇見米沃什，她也沒有勇氣向他打招呼。「他在座位間遊走，應該是和人有約。我有機會可以走到他面前和他說——或許他那時會想要知道這件事——他的書在波蘭雖然被禁，但大家都在讀。我們從國外走私一本，然後大家就會自己抄寫副本。那些真的很想讀到書的人，早晚都會讀到的。」[2]但辛波絲卡最後還是沒有走過去找米沃什，雖然她那時已出了三本詩集，其中包括在解凍後出版的《呼喚雪人》。

一九八一年六月，米沃什獲得諾貝爾文學獎。他來到波蘭，拜訪克拉科夫，和波蘭作家聯盟的作家見了面，不過辛波絲卡這時候依然沒有機會接近他。「穀物街人山人海，大家都在等他。然後米沃什出現了，被攝影機的閃光燈和記者的麥克風包圍，我幾乎看不到他。當他終於從中突圍，脫困而出，一群想要簽名的獵人蜂擁到他身邊。我沒有勇氣在這一團人中打擾他、自我介紹，或是請他幫我簽名。」[3]

在另一個場合，辛波絲卡對米沃什表示同情，因為覺得他彷彿是戳到了虎頭蜂窩。

直到一九八九年，米沃什再訪波蘭，在雅捷隆大學領榮譽博士學位，辛波絲卡和米沃什才有機會認識彼此。他那時候接受《發聲》雜誌的訪談，說：「現在波蘭文學是世界文學。」然後一口氣提到了幾個詩人的名字，其中包括白沃謝夫斯基、赫伯特、魯熱維奇、瓦特、札蓋耶夫斯基和辛波絲卡。

辛波絲卡馬上把米沃什列入她的拼貼明信片的收件人之一。米沃什怎麼看待辛波絲卡的拼貼狂熱？這讓他覺得好玩、好笑、感動還是厭煩？我們不得而知，因為他不想對此做出評論。不過當我們問他，他們彼此的互動如何？他倒是告訴我們：「好幾年來，我會寄一些奇怪的小東西給維斯瓦娃，比如塑膠昆蟲，動物照片，但是我不知道她有沒有在拼貼上用上它們。」[4]

米沃什很晚才讀到辛波絲卡的詩，他不記得是哪本詩集引起了他的注意。但根據有留下的紀錄，他第一次對辛波絲卡感興趣是在一九六五年。在他編輯的《戰後波蘭詩歌》（*Postward Polish Poetry*）選集中，收錄了一首他翻譯的辛波絲卡的詩：

我太近了，以至於他夢不到我。
我沒有在他頭頂飛翔，也沒有
在樹根底下消失。我太近了。
（……）
我不會第二次像這樣輕盈死去，

如此脫離身體，如此無意識，
就像曾經在他的夢中。(……)

(〈無題〉，《鹽》，一九六二)

米沃什之前就在他在柏克萊加州大學開設的翻譯課上，和學生談論過這首不安、形而上的情色詩。

「我不能在這本選集中漏掉辛波絲卡。」他告訴我們：「因為我已經讀過幾本她的詩集，也知道她在波蘭詩壇的地位。但即使如此，這本奇怪的選集表現出了編者的性別主義。它裡面只收了兩首女詩人的作品：辛波絲卡的〈無題〉和烏舒拉．柯齊奧的〈警訊〉。我收到波蘭詩集的時間會比較晚，這或許可做為我為自己辯護的理由。」

他補充，他關於詩歌優劣順序的觀點隨著時間有所改變。這本合輯的第三版(一九八三年出版)就收錄了八首辛波絲卡的詩。「很簡單，我的想法改變了。我捨棄了可怕的男性觀點。我不知道，諾貝爾文學獎是否有對我的觀點產生影響，不過從選集的事就可以看出來，她在我心中的地位早在她得諾貝爾文學獎之前就提升了。」

我們知道，米沃什曾在各種詩歌發表會的場合朗讀辛波絲卡的詩作英譯。米沃什說：「辛波絲卡的詩在聰慧下藏著嚴肅的課題，我們的觀眾(多半是年輕人)能理解這一點，並且欣賞它。」在辛波絲卡得到諾貝爾文學獎的幾年前，米沃什曾在柏克萊的一場座談上讀辛波絲卡的詩。聽眾最喜歡〈讚美我姊姊〉這首詩，當他們聽到「我姊姊不寫詩／或許永遠不會開始寫」，所有人都哈哈大笑，這笑聲如此有感染性，米沃什也開始笑。「我懷疑，在場的人有一半都寫過詩，這就是為什麼他們覺得這句話這麼好笑。」[5]米沃什後來在《普世週報》上如此回憶。

米沃什說：「我如何看待辛波絲卡的詩，也可以從我把她的詩收入《發光事物錄：一本國際詩選》（*A Book Of Luminous Things: An International Anthology of Poetry*）看出來。」在這本米沃什編譯的詩選中，被收入的波蘭詩人除了辛波絲卡還有約瑟夫・切霍維奇、理查・克里寧茨基、茲畢涅夫・瑪黑、布朗尼斯瓦夫・梅伊、塔德烏什・魯熱維奇、安娜・斯沃爾希琴絲卡（Anna Świrszczyńska）、亞歷山大・瓦特和亞當・札蓋耶夫斯基。

一九九三年，米沃什獲得克拉科夫榮譽市民的頭銜，他開始在這裡度暑假，也會來辛波絲卡家吃晚餐或參加她舉辦的摸彩。有時候他會帶獎品來（比如有抽屜的迷你櫃子），有時候則會抽到獎品（比如灑聖水的工具）。

辛波絲卡得到諾貝爾文學獎時，米沃什還住在柏克萊（雖然克拉科夫人寧可相信，瑞典學會把諾貝爾文學獎頒給了兩位克拉科夫詩人，其實這樣講也沒錯）。他就是從柏克萊打電話到阿斯托利亞文學之家恭喜她得獎。

辛波絲卡記得，在一九九六年十月米沃什是最先打電話向她恭賀的人之一。「他在電話中笑得很開心。」她說：「然後說他很同情我，因為知道我之後要背起多麼沉重的負擔。」

耶日・伊格說：「米沃什覺得自己是波蘭詩歌的某種代言人和大家長，為了在美國宣傳辛波絲卡，他花費了許多心力。他自己在《發光事物錄：一本國際詩選》的前言也是這樣寫的：『我總覺得，我很主動參與波蘭詩歌的家族事務。』因此當辛波絲卡得到諾貝爾文學獎，他也以一個大家長的身分感到驕傲。」

這份驕傲，我們也可以從米沃什發表在《普世週報》的文章〈我不是老早就說過了嗎？〉中看出來。

「我說過，波蘭詩歌很強大，而且在世界文學中，也有一些特別出類拔萃的特質。這些特質可以在幾個最優秀的波蘭詩人身上找到，其中也包括維斯瓦娃·辛波絲卡。她的得獎不只是她個人詩歌成就的勝利，也是確立『波蘭學派』在世界詩壇的地位（……）。對我來說，辛波絲卡最主要是一個意識詩人。」[6]

我們問辛波絲卡，她覺得她和米沃什抵達諾貝爾文學獎的文學之路有何不同？她說：「米沃什的道路艱辛無比，而我的則是完全出乎意料。」[7]

一九九七年是波蘭的「詩歌之年」（Rok poezji），這是「克拉科夫2000」系列活動之一。米沃什從加州說服辛波絲卡和他一起擔任活動大使。我們從亞采克·沃吉尼亞科夫斯基那裡得知，一開始，辛波絲卡設下她參與的條件，說她想要有公證人開的證明書，證明她不需要投入活動的安排，也不需要代表任何人。當活動在一九九七年一月於德茨西宮（Willa Decjusza）開幕，她在開幕式上表明，她活動大使的身分只是象徵性的，她如此解釋：「兩個巨蟹座被選為活動的大使。我從來沒聽說過，巨蟹座在安排活動上有傑出的天分。」安傑·華依達說辛波絲卡的話讓他想到波蘭畫家／象徵主義之父亞采克·馬爾切夫斯基（Jacek Malczewski）對克拉科夫藝術學院（Akademia Sztuk Pięknych）的學生說的話：「或許這場演說會是我在這所學校所做的，唯一和教育相關的活動。」

這兩位諾貝爾文學獎得主在一九九七年五月九日，在華沙皇家城堡的金色房間（Zlota Sala）第一次同台。我們也參與了那場盛會，現場充滿了宮廷的浮誇氣氛，塞滿了攝影記者，還有合唱團在用拉丁文唱歌。辛波絲卡尷尬到快死掉，米沃什則很有尊嚴地感到驕傲。」湯瑪斯・雅思特隆（Tomasz Jastrun）如此寫道：「兩位諾貝爾文學獎得主要在那張歷史悠久的桌子旁邊坐下，他們無法決定誰要坐在哪一邊，於是出現了一個不像米沃什也不像辛波絲卡，但很像米容・白沃謝夫斯基詩中的場景：我坐這，你坐那，不是我坐那，你坐這。」[8]

事實是，現場的收音很差，米沃什被安排所坐的位置，又讓他聽不清楚（他被迫用聽力比較差的那隻耳朵聆聽），而辛波絲卡試圖解決這個問題。最後座談的主持人泰瑞莎・華樂絲和馬瑞克・札列斯基（Marek Zaleski）讓大家從尷尬中脫困，他們貼心地讓米沃什感到賓至如歸，並且會為他重複某些問題，他們也試著緩和座談的官方肅穆氣氛。

「我認為，詩人主要活在傳統和語言中。」米沃什說：「約瑟夫・布羅茨基曾說，他不是為未來的世代而寫，而是為我們的祖先，為了讓他們高興而寫。於是，波蘭詩人是為了讓克拉西茨基（Krasicki）、莊貝茨基（Trembecki）、米茲凱維奇高興而寫。」*

「我還為科哈諾夫斯基而寫。」辛波絲卡補充：「他在波蘭詩歌中創造了新語言，粗糙，但很流暢。」[9]

當詩人們要朗讀詩，辛波絲卡提議，朗讀的數量要和兩人的作品多寡成正比。米沃什很多產，而她的作品只有一點點，所以米沃什應該讀比較多。但米沃什斬釘截鐵地回絕說他朗讀的詩作會和辛波絲卡一樣，一首都不會多。

「維斯瓦娃和米沃什很自然地就成了朋友。不過開始這段關係的是米沃什，因為維斯瓦娃自己是從來不敢的。」泰瑞莎・華樂絲和我們解釋：「維斯瓦娃總是強調（這很符合她一直以來的個性），這段關係是不對等的，米沃什是個詩聖，而她只是個小小的女詩人。雖然諾貝爾文學獎看似彌補了這不對等，但那是虛假的。她對米沃什以『詩聖』（Wieszcz）†稱呼，雖然這是個玩笑用語，但她真心如此看待米沃什。她曾經寫過一系列關於克拉科夫詩人的二行詩，關於米沃什，她則如此寫道：『這是切斯瓦夫・米沃什——有著憂鬱的面孔／跪下吧，然後說〈主導文〉。』」

耶日・伊格說，當米沃什聽到這首詩，他一點都不認為這很好笑。

根據我們對辛波絲卡的了解，這場座談很有可能是辛波絲卡和米沃什第一次也是最後一次公開同台。但既然一個城市有兩個諾貝爾文學獎得主／詩人，各種文學活動的主辦單位一定會想要邀請他們，而公開信／抗議信／請願書的作者也會想到他們，不限於波蘭。

二〇〇四年五月四日，英國的歐洲事務大臣在西敏寺地鐵揭開了一張海報，海報上有著米沃什的詩〈但是書〉（*Ale książki*）的英譯〈And yet the books〉。四週後，米沃什的詩被換成了辛波絲卡的詩〈布魯各的兩隻猴子〉的英譯，不過卻不是被掛在車站，而是被印在地鐵的車廂上。這是地鐵詩

* 譯註：伊格納茨・克拉西茨基（Ignacy Krasicki）和史坦尼斯瓦夫斯基・莊貝茨基（Stanisław Trembecki）都是波蘭啟蒙時代詩人。

† 譯註：*Wieszcz*在波蘭文指的不只是偉大詩人，還是有看見國家民族未來能力的詩人（其實也不是真的看見，就是憂國憂民，關心國家未來，中文沒有對應的詞，我姑且翻為詩聖）。在波蘭的三大詩聖為前面文中提過的米茲凱維奇、斯沃瓦茨基，還有齊格蒙・克拉辛斯基（*Zygmunt Krasiński*），有時候也會有人說第四位是挪威德，或是維斯比揚斯基，他們的特色都是文學成就很高、憂國憂民，以國家興亡為己任（雖然那時候波蘭是處於亡國狀態，但波蘭人還是有國族的概念，也很想復國），或許這也是為何辛波絲卡會用詩聖來稱呼同樣憂國憂民、文學成就也很高的米沃什。

（Poems on the Underground）活動的一部分，目的是為了在英國推廣詩歌。

確實，辛波絲卡後來會參與各種事務，唯一的原因就是米沃什。她自己也承認，她無法拒絕米沃什。在他的請求下，她在一九九七年十月，在東西方詩人交流文學節上，在猶太聖殿會堂（Synagoga Tempel w Krakowie）朗讀了詩作——這個活動也是「克拉科夫2000」的一部分。

魯辛涅克說：「當她在諾沃羅斯基咖啡廳（Kawiarnia Noworolski）和米沃什及札蓋耶夫斯基舉辦簽書會，現場大約有兩千人排隊。主辦單位請了保全，這些人頂著光頭，戴著耳機。當辛波絲卡已經受夠了，他們很專業地把她從要求簽名、愛好詩歌的人群中帶出來，送她上計程車，之後他們自己也拿出詩集請她簽名。」

一九九四年六月十五日，在獵宮（Dwór Lowczego）——跡象出版社的辦公室——辛波絲卡參與了《發光事物錄：一本國際詩選》的發表會，朗讀了〈讚揚自我否定〉，米沃什有把這首詩收入這本選集。

歐亞鵟問心無愧。
黑豹不會良心不安。
食人魚不覺得牠有做錯。
響尾蛇毫無保留肯定自我。

（〈讚揚自我否定〉，《巨大的數目》，一九七六）

這本詩選中也收錄了辛波絲卡的〈俯視〉，米沃什寫下自己的評論：「維斯瓦娃・辛波絲卡的這首詩以諷刺的手法評論我們對身邊小動物死亡的態度，這些生物與我們共享地球空間，但我們對牠們的死無動於衷。（……）我們接受了某種把人類和其他生物分開的傳統，這樣我們就可以用這傳統當作盾牌保護自己。」[10]

鄉間小路上躺著一隻死去的金龜子。
牠的三對腳好好地平放在腹部。
乾淨整齊，死得一點都不凌亂。
此情此景的恐怖恰到好處，
範圍只限於當地，從偃麥草到薄荷。
這一幕不會令人憂鬱。
天空湛藍。

為了讓我們心情平靜，這死亡似乎比較淺薄。
人類死去，而動物只是嗝屁。

（〈俯視〉，《巨大的數目》，一九七六）

編劇克莉絲汀娜．札哈瓦特維奇－華依達（Krystyna Zachwatowicz-Wajda）回憶：「這場座談結束後，我去找辛波絲卡，告訴她：『最近我們的狗離我們而去了。』她說：『喔，您這樣說真好。在波蘭文中，我們說動物嗝屁，而在其他的語言中，牠們就像人類一樣死亡。』她懂動物，這一點很特殊。她寫的〈空屋裡的貓〉，每一次讀我都覺得很感動。我們養了很多貓，而就我所知，辛波絲卡從沒養過貓，但了解貓的一切。當你結束旅程回家，貓不會像狗一樣快樂地對你搖尾巴。貓很生氣，而且深深受到傷害，因為你拋下了牠。」

愛哲別塔．札亨特說，在獵宮的這場座談會結束後，米沃什和辛波絲卡就喝了結盟酒，開始用「你」稱呼彼此。

泰瑞莎．華樂絲說：「米沃什喜歡談論嚴肅的話題，政治或是詩歌。而維斯瓦娃不只是不談自己的創作，甚至如果有人在她旁邊談她的詩，她也會很尷尬。我記得有一次我們去布昂斯基家吃晚餐，在上甜點前，米沃什拿出一本用黑色油布包著的小本子，開始讀詩，然後等待賓客評論。我無法想像維斯瓦娃會做這樣的事。對她來說，談論詩就像是在《匹克威克外傳》中所說的，是很私人的談話。雖然我記得，有一次在開往維也納的火車上，她發表了一段很棒的關於小說的評論。我很遺憾，我沒有把它記下來。但是另一方面，你怎麼能記下親密朋友間的對話？」

有一次，米沃什和他太太卡洛在辛波絲卡家吃晚餐，他們談到辛波絲卡最近才在《文學筆記》上發表的一首詩，關於一個小女孩透過拉扯桌布發現地心引力。

米沃什說，這首詩碰觸了很本質的問題，同樣的問題哲學家列夫．舍斯托夫（Лев Шестов／Lev Shestov）和杜斯妥也夫斯基也有處理過。辛波絲卡試圖反駁，說這首詩只是關於一個發現重力的小女孩。但米沃什只是揮了揮手（我們親眼看到），沒有被說服。之後，他把他的理論寫成一篇文章〈辛波絲卡和宗教裁判大審判官〉（*Szymborska i Wielki Inkwizytor*）發表在《文學十年》上，做為對辛波絲卡八十歲生日的致敬。他在文中主張，在小女孩的實驗中，藏著很本質的問題，關於主宰我們人生的必然性，以及神之意志的侷限。他還說，這首詩沒有像乍看之下那麼天真：「在天真的詩下，藏著可以無止盡掉落的無底深淵，某個黑暗的迷宮——不管你想不想要，我們在人生的盡頭都會走進。」[11]

在《發光事物錄：一本國際詩歌合輯》中，米沃什在談到辛波絲卡的詩時說：「我會說，二十世紀後半的詩和前半（比如萊什曼那個時代）的不同，在於後半的詩人們喜歡把詩當成哲學論文在寫。」但是辛波絲卡的詩則遵從著她在七〇年代告訴克里斯汀娜．納斯圖蘭卡的理念：「我不寫偉大的哲學，只寫微小的詩。」

理查．克里寧茨基也認為，辛波絲卡和米沃什都對形上和哲學的問題很敏銳，只是「米沃什會直接表現出來，而維斯瓦娃則會假裝她對此完全不在意。」

耶日．伊格稱米沃什為「本質獵人」，說他只進行有深度的嚴肅對話，輕盈和不重要的談話讓他感到無聊。「我們克拉科夫的文學圈喜歡舉辦輕鬆胡鬧的活動，以行為藝術代替新書發表會，或是進行卡巴萊表演，這讓他很驚訝，因為這對他來說是無法理解、浪費時間的活動。他是個十分嚴肅的人，喜歡思考終極的問題。而維斯瓦娃會用玩笑和不小心剛好提到的方式談論最嚴肅的事。」

克拉科夫的文人們喜歡寫五行打油詩、莫斯科詩、飲酒詩，但他們無法把米沃什拉進來，雖然他們試過。在《五行打油詩詩集》（*Liber Liericorum*）中——這本詩集中的詩是泰瑞莎．華樂絲朋友們寫的，或是寫來獻給她的——我們可以看到許多辛波絲卡的詩，米沃什也寫了一首詩，但他不同意發表。「米沃什的五行打油詩只存在於口語中。」華樂絲寫道：「我們不想要破壞這個狀態，把前荷馬時代以來僅存的一首口語詩傑作推入文字本體論的陷阱。」

「辛波絲卡那些好笑的小詩常常讓我很嫉妒。」米沃什親切地向我們解釋：「我就是不會寫這樣的詩，但這應該不代表我沒有幽默感。」

然後他補充，他和辛波絲卡關係中好玩有趣的部分，全都要感謝辛波絲悉心維持。

對米沃什來說，詩歌必須有拯救人心的作用，這一點是理所當然的。早在一九四五年出版的《倖存》中，他就有一首詩〈序言〉在講這個：

如果詩不能拯救國家或人民，
那它還會是什麼？
政府謊言的共犯，
醉漢的歌謠（不久就會有人割開這群人的喉嚨），
年輕女孩房裡的言情小說。

至於辛波絲卡，有一次有人問她，詩是否能拯救世界，她說她不知道，就讓其他人去回答這個問題吧。「詩是寫給特別的人看的。詩，是為了那些好心，還找得到時間、意願和一點點寧靜，來讀詩的讀者而寫。讀詩是私密的事。詩可以改善世界嗎？我不知道。」[12]*

另一次，她則說：「我不認為詩可以改變世界。當然，我們得竭盡所能朝這個目標前進，但是統御宇宙的法則和詩人的創作沒有任何關係。那些真正創造邪惡的人，現在和未來都會在地球上繼續存在，他們不會讀詩。」[13]

安娜・魯德尼茨和塔德烏什・尼采克問辛波絲卡：「妳會不會有小小的希望，即使我們的物質世界毀滅了，但文學可以保存下它的某些價值和意義？」

「要努力嘗試。我覺得，我拯救了世界的一個小碎片。但是還有別人。就讓每個人都拯救一個小碎片。」[14] †

魯辛涅克說：「有一次我陪維斯瓦娃小姐去米沃什家。米沃什拿出筆記本，裡面有他新寫的詩，他讀了幾首詩，然後問維斯瓦娃小姐怎麼想。米沃什需要朋友對他寫的東西做出評論。」

米沃什的秘書——也就是安格涅絲卡・柯辛絲卡（Agnieszka Kosińska）——和辛波絲卡的秘書米豪・魯辛涅克一直都有保持聯絡。不只一次，當有人想到要拍一部影片關於波蘭的兩位諾貝爾文學獎得主，就會打電話給魯辛涅克，說他已經獲得米沃什的同意。或是他們會打給柯辛絲卡，說已經獲得辛波絲卡的同意。

米沃什說：「如果是公開座談，通常是我的秘書聯絡辛波絲卡的秘書，談論維斯瓦娃想要怎麼做。通常我們預先就會知道，對方想要怎麼做。」

* 譯註：這段話在愛麗絲・米蘭尼《辛波絲卡・拼貼人生》（林蔚昀譯，大塊文化：二〇二一）有被引用，這段譯文就是引自本書，頁一〇三。

† 譯註：這段話在愛麗絲・米蘭尼《辛波絲卡・拼貼人生》（林蔚昀譯，大塊文化：二〇二一）有被引用，這段譯文就是引自本書，頁一〇四。

「對米沃什來說這件事是理所當然的：他是個偉大的詩人，別人也要很崇敬他。而辛波絲卡則完全相反，她會逃避這件事。但是如果談到對世界的好奇，他們的心靈很相似。再說，他們也沒有像乍看之下那麼不同，說到底，他們都是巨蟹座。」理查・克里寧茨基這麼說（他也是巨蟹座）。「很奇怪，詩歌的好惡常常和星座有關。米沃什高度讚賞米容・白沃謝夫斯基的詩，在他過世後寫了一篇很美的紀念文章。辛波絲卡也在很多場合提到過白沃謝夫斯基。而白沃謝夫斯基也是巨蟹座。」

辛波絲卡喜歡和米沃什站在同一陣線。米豪・魯辛涅克說：「他是少數會對辛波絲卡產生影響力的人。他說的話對她來說很有說服力，但這不代表這件事就這麼蓋棺論定了。某次總統選舉時，米沃什就像許多克拉科夫的知識分子一樣，支持安傑・歐列赫夫斯基（Andrzej Olechowski），但辛波絲卡就像往常一樣支持自由聯盟的候選人。」

辛波絲卡本來不想去維爾紐斯參加「未來與過去」的論壇，但當她在電話中聽到米沃什說：「維斯瓦娃，我想帶妳去看我的維爾紐斯。」她馬上就同意了。

「立陶宛想要安排一場座談，邀請三位諾貝爾文學獎得主出席，其中包括：君特・格拉斯（Günter Grass）、辛波絲卡和我。」米沃什說：「我的任務是確保辛波絲出席。我們住在同一間旅館，而我也確實帶她去文學街（Literatų gatvė／Literatų Street）旁邊那棟房子，我以前住過那裡。」

維斯瓦娃・辛波絲卡告訴我們：「這場諾貝爾文學獎座談是關於有多民族共存經驗的國家，米沃什、格拉斯和湯瑪斯・文克洛瓦（Tomas Venclova）都有談到這個，我沒有像他們這樣的經驗，所以我讀了我的詩〈恨〉。之後在某個實驗劇場，我看到我的詩在台上被搬演。穿著破爛衣服和雨鞋、拿著背包的演員走到台上，好像是在演出難民，然後他們用立陶宛語唱我的詩〈某些人〉。這真是太可怕了。」

某些人逃離另一些人。
在太陽及雲朵下的
某個國家。

他們把某些屬於自己的一切
留在身後，播了種的田野，某些雞和狗，
還有鏡子，以及鏡子裡映照出的火光。

他們背上背著水壺和包袱，
一開始的時候越空，之後每天就會越來越重。

在寂靜中某個人因為疲倦倒下，
在喧囂中某個人的麵包被奪走，
某個人試圖搖醒他死去的孩子。

（……）
某種隱形的能力可能會有用，

某種像是石頭的灰色，
或者更好的是某種不存在，
持續一段時間或者更久。

某件事還會發生，問題是在哪裡，還有發生什麼。
某個人會來到他們面前，問題是什麼時候，來的是誰，
有多少人，為了什麼目的。
如果那個人有選擇，
或許不會想要成為他們的敵人，
然後會留給他們某種人生。

（〈某些人〉，《瞬間》，二〇〇二）*

耶日．伊格如此形容這場在波胡蘭卡劇院（Teatr na Pohulance／Pohuliankos teatras）的表演：「演員用立陶宛語演出這齣獨幕劇。維斯瓦娃氣得要命，對我們低聲說：『我的詩不是拿來唱的，也不是拿來跳舞或演出獨幕劇的。我的詩是拿來聽、拿來想的。』之後她覺得很尷尬，因為她『必須去演員更衣室感謝他們今晚的演出』。我後來問她和他們說了什麼？她說：『我說，我從來沒想過，可以用我的詩來做像這樣的表演。』」[15]

「在立陶宛時，辛波絲卡有一次和米沃什獨自去散步。」魯辛涅克說：「沒有人有勇氣加入他們，即使是負責拍照的亞當・布雅克（Adam Bujak）。」

米沃什談了很多他童年及年輕時的魔幻所在。當有人說，從維爾紐斯到維凱爾（Verkiai）曾經有渡輪，一天兩班，米沃什說，他記得它們的名字是「信使」（Kurier）和「希米格維」（Śmigły）。辛波絲卡對事物的記憶則完全不同。她不記得史詩般壯闊、線性的東西，但會專注在細節上。

「他們是朋友，還是只是點頭之交？」艾娃・莉普絲卡思考著。「友情不是形容他倆關係最好的詞。但是點頭之交也不是，因為這太冰冷了。自從米沃什得到諾貝爾文學獎，他就成了一個會說話的、人們會去朝聖的偉人雕像。但維斯瓦娃不是雕像。」

泰瑞莎・華樂絲說：「我不知道他們是否會把他們之間的聯繫稱為友誼，但這一定是命運的可愛禮物，對他倆都有幫助。」

米沃什則告訴我們：「我們兩人的互動很友善，但我們私人的談話從來都沒有談到世界觀。我們在這方面都很低調，很尊重彼此。有時候我們會談一些詩作的品質，但這不常發生。」

米沃什在談到詩歌中的友誼時，告訴伊蓮娜・格魯津斯卡－格羅斯（Irena Grudzińska Gross），年輕的詩人比較需要可以互相打氣、砥礪的朋友，而他在維爾紐斯也有過這樣的友誼。「當詩人年紀較長，他就比較不需要這樣的友誼，因為他和朋友的詩路多半分歧了。年輕詩人的風格多半很相像，因為他們像山豬一樣集體行動。但是之後山豬會漸漸分散，每一隻都有自己的王國。」[16]

* 譯註：本詩有收錄在林蔚昀翻譯的《黑色的歌》（聯合文學，二〇一六）中，頁一七四－一七五。

當我們問辛波絲卡，她是否覺得自己是米沃什的朋友？她幾乎陷入恐慌。

「不，我無法這麼說。」她膽怯地說，彷彿害怕有人會認為她想要利用她認識名人這一點來自誇。「但是一般來說我們彼此喜歡。我的意思是，我希望他喜歡我。」

辛波絲卡如此定義她和米沃什十幾年來的關係：「（這些年來）許多事改變了，但是從某種程度上來說什麼都沒變。我有了許多和他交談的機會，在共同的朋友圈中和他見面，甚至和他一起參加各種活動，一起在官方典禮上勞心勞力，但是直到今天我依然不知道，要如何和這麼偉大的詩人相處。我在他面前感到羞怯，一如往常。雖然有時候我們會一起開玩笑，一起喝冰透的伏特加，甚至有時候在餐廳我們會點同樣的東西——豬排佐包心菜。」[17]

雖然兩人都說，他們多半時候不談詩，但有時候詩也會滲入他們的談話。有一次米沃什推心置腹地告訴辛波絲卡，他寫詩時總是從第一句開始寫，「之後就會一路寫下去了」。為了禮尚往來，辛波絲卡也告訴米沃什，有時候最先在腦中浮現的是詩的最後一句，「然後要很辛苦地爬回開頭」。

泰瑞莎·華樂絲說：「有一次我們去拜訪米沃什。他那時候剛發表了一首詩叫〈論神學〉。他說：『喔，維斯瓦娃，告訴我妳對這首詩的真正想法。』維斯瓦娃不習慣這樣的情境，她自己也從來沒問過這種問題。最後她深吸了一口氣，說：『你知道，切斯瓦夫，其實我認為，那最後一段關於聖母的，應該放在中間。那一段放在結尾，破壞了整首偉大的詩。』米沃什往椅子上一靠，想了一下然後說：『不。』我們出來後，關上門，維斯瓦娃對我說：『鈕扣！聖母的衣服上哪有鈕扣？』這是〈論神學〉的最後一段，寫到孩子眼中的聖母，她身上的衣服料子彷彿不屬於這個世界，他們只能認出她衣服上的鈕扣。我不知道維斯瓦娃是否了解神學，但她很了解鈕扣的歷史。」[18]

米豪．魯辛涅克說：「我有一次開了一個愚蠢的玩笑，說米沃什比較幸運，因為代蒙*會對他的耳朵低語詩歌，他根本不用努力就可以寫出傑作。維斯瓦娃小姐沒有笑，因為這笑話真的很蠢。她只說，她會作奇怪的夢，在夢中會聽到聲音，看到字句。」

當米沃什到辛波絲卡家作客，她會做豬肉捲蔬菜（zrazy）†佐蕎麥。一般來說她沒有做美食的野心，但為了米沃什，她說她會「努力當個好的女主人」。以前米沃什從加州來克拉科夫時，辛波絲卡會做波蘭菜給他吃，之後這就成了一項傳統。

辛波絲卡告訴記者皮約特．奈伊什多布（Piotr Najsztub）她最後一次見到米沃什的場景：「我們最後一次見面，他還是坐著的，還衣著整齊。之後，當他躺下沉睡，無法和任何人有深入的連結，我不想去探望他，因為我覺得他也不希望人們看到這樣的米沃什。所以，我最後一次看到他的時候他狀況很好，而我也記得那樣的他，那時候我們都沒想到道別的事。」[19]

在同一場訪談中，記者也問到辛波絲卡如何看待關於米沃什下葬地點的爭議事件‡。「我們都很震驚，人們竟然會說出這麼惡毒的話。這反猶主義、國族主義、教權主義的心態就像病毒在人們體內沉睡，現在它醒過來了。」

* 譯註：Daemon，希臘神話中一種較小的神或精靈。

† 譯註：這是一道波蘭名菜，也是立陶宛名菜，據說是在波蘭立陶宛聯邦時期發明的。

‡ 譯註：米沃什被葬在克拉科夫的聖彌額爾聖達尼老聖殿（Bazylika św. Michała Archanioła i św. Stanisława Biskupa），又被稱為岩石上的教堂（kościół Na Skalce），這是一座天主教教堂，裡面有一個國家先賢祠，埋葬波蘭傑出名人。但波蘭右翼人士認為，米沃什反波蘭（因為他在共產時代曾出任公職）、反教堂（他有批評過天主教），不能葬在這座教堂，因此發起抗議。不過，後來米沃什還是在這裡下葬了。

看到米沃什的葬禮引起的紛擾，辛波絲卡清楚明瞭地表示：她的葬禮不要有任何宗教色彩，遺體要火化，放在拉科維茨卡（Rakowicka）的家族墓地之中，和父母葬在一起。

她出席的最後一場公開活動是和米沃什相關的。耶日·伊格說服她參加第二屆米沃什文學節，說：「你不能拒絕他。」即使在米沃過世後，辛波絲卡依然無法拒絕米沃什。

於是，二〇一一年二月十四日，辛波絲卡就在基督聖體聖殿（Kościół Bożego Ciała）上朗讀了自己兩首還未發表的詩作，〈鏡子〉和〈手掌〉。

22

關於不誇張的死亡及未發表的詩作

辛波絲卡得獎後的十五年間，她出了三本詩集：《瞬間》、《冒號》和《這裡》，還來得及完成了第十三本詩集《夠了》（這本在她過世後才發表）。總共加起來，這三年她寫了七十二首詩，也就是一年六首，符合她過去創作的平均數，甚至還多了一些（我們必須記得，她在一九九六年到一九九九年這三年沒有寫任何詩作）。

我們在這些詩作中可以看到她在半世紀前就關注的主題、內容、問題和懷疑。在這些主題之中也有死亡，她並沒有特別嚴肅對待它，而是用一貫的克制手法來寫，也不是總是直呼其名。

與其在臨死前
讓回憶折返，
我寧願
讓所有的失物歸來。
穿過窗戶和門，

雨傘，皮箱，手套，大衣
紛紛到來，
這樣我就可以說：
我為什麼需要這些東西。
（……）
被風吹走的氣球，
這時也被找到了，
這樣我就可以說：
這裡沒有小孩。

（〈有氣球的靜物畫〉，〈呼喚雪人〉，一九五七）*

在她表面上雲淡風輕的詩下，總是有著絕望的伏流。她喜歡用諷刺、文學手法和風格化的手法來書寫陰暗冰冷的主題。她認為：「快樂總是和膽怯同行／而絕望底下也不會沒有寧靜的希望。」†辛波絲卡早在多年前就用玩笑的墓誌銘寫出自己人生的終點，她總是透過這個文類習慣死亡。

這裡躺著彷彿逗點一樣老派的
寫了幾首詩的女詩人。

願大地給予她安息，
雖然她不屬於任何文學團體。
但在這土塚上也沒什麼更好的東西
除了這首小詩，牛蒡和貓頭鷹。

（〈墓誌銘〉，一九六二）‡

在許多詩作中，她從不同角度觀看死亡，用各種不同方式重新訴說她最愛的賀拉斯的一句話：「Non omnis moriar（我不會完全死去）。」她曾寫道：「Non omnis moriar——過早的不安。」「我帶著翅膀死去，我會在實用的爪子中復活。／出自愛的Non omnis moriar。」「一邊是喉嚨，一邊是輕盈、／很快就沉默的笑聲。／這邊是沉重的心靈，那邊是non omnis moriar」[1]

沒有一本辛波絲卡詩集沒有碰觸到死亡的議題。如果不是在清醒時，那就在夢中。

我很高興，在死亡發生之前

* 譯註：本詩有收錄在林蔚昀翻譯的《黑色的歌》（聯合文學，二〇一六）中，頁一九六－一九七。在《黑色的歌》中，漏譯了一句「穿過窗戶和門」，在此更正。

† 譯註：這兩句話出自辛波絲卡的詩〈我們祖先短暫的一生〉，收錄在《橋上的人們》（一九八六）這本詩集中。

‡ 譯註：本詩有收錄在林蔚昀翻譯的《黑色的歌》（聯合文學，二〇一六）中，頁一二四。

我總是能夠及時醒來。

（〈對夢的讚禮〉，《萬一》，一九七二）

我的夢並沒有擠滿了人，不像它該有的樣子。
比起熙攘的群眾，裡面更多的是孤獨。
有時候會有死去多時的人來探望。
用一隻手開門。

（〈巨大的數目〉，《巨大的數目》，一九七六）

尤里安・孔浩瑟在評論《橋上的人們》這本詩集時提到：「辛波絲卡新詩集的主題是死亡。」[2]他一首一首列舉，首先是直接談論死亡的〈我們祖先短暫的一生〉、〈葬禮〉和〈與死者密謀〉還有最重要的〈關於死亡（沒有誇張）〉。附帶一提，辛波絲卡的詩在法國出版時——她的詩在法國出版是在得了諾貝爾文學獎之後——法雅（Fayard）出版社建議把厚厚的選集稱為《關於死亡（沒有誇張）》（*De la mort sans exagérer*）。辛波絲卡原本不願意，因為不想在書名中有死亡。但後來她同意了，說這書名完美呈現了她的創作，因為在她詩中的一切都沒有誇張。

它不知道什麼是玩笑，
對觀星和造橋一無所知，
不會編織，採礦，務農，
更不會造船或烘培蛋糕。

（……）

它甚至不會做
那些和它專業領域相關的工作：
挖墳墓，
釘棺材，
清除事發現場。

它太忙於殺戮，
於是幹得笨手笨腳，
一點系統和技巧都沒有。
彷彿我們每個人都是它第一個犧牲者。

（……）

如果有人說，死亡是全能的，
他自己就是一個活生生的例子，

證明死亡不是全能的。

沒有一個生命，
不能擁有永恆的生命，
即使只在一瞬間。

死亡
總是在那一瞬之後姍姍來遲。

它徒勞無功地扯著
那隱形之門的門把。
不管是誰，只要及時通過，
它就無法把他拉回去。

（〈關於死亡（沒有誇張）〉，《橋上的人們》，一九八六）

孔浩瑟繼續談論其他詩作，在其他詩作中，死亡退居二線，成為某個橋段、某個關於消逝的思考、生的另一面、無可名狀的恐懼、生物和歷史的理所當然事實。孔浩瑟還說，收錄於《橋上的人們》

的二十二首詩中，只有一首和死亡無關。那是一首「和人們對詩人的想像唱反調的可愛小詩」。人們總是認為詩人應該展露魔法、悲壯和預示未來的能力，然而辛波絲卡不管在現實人生或詩作中，都不想知道未來。

讓他的心足夠堅強，
而他的智慧時時保持警醒，具有遠見。

但是不要有遠見到，
能夠看到未來。
這個天賦，你們就跳過去，放過他吧，
喔，老天爺啊。

（〈故事開始〉，《橋上的人們》，一九八六）

當辛波絲卡告訴我們她家族的故事，她常提到在沙弗拉利當牧師的舅公莫里斯．羅特蒙德，說她常在他家過暑假。「一九三一年夏天，舅公發現自己得了癌症。告訴他這件事的是他神學院的同學，他們在年輕時約好，要告訴對方他們真正的健康狀況，這樣生病的人才能好好準備面對死亡。舅公讀到真相很崩潰，沒多久後就過世了。」

辛波絲卡希望舅公的故事有個不同的結局，而她也在詩中這樣寫了。

我比較喜歡和醫生談別的事。
（……）
我比較喜歡敲木頭。
我比較喜歡不問還有多久，以及什麼時候。

（〈許多可能〉，《橋上的人們》，一九八六）

自從《橋上的人們》開始，死亡就成了辛波絲卡詩中固定的主題。

有多少我曾經認識的
（如果說我真的曾經認識他們）
男人和女人
（如果說這個二分法依然有效）
跨過了那道門檻
（如果說那是門檻）
通過了那座橋

（如果那是一座橋）——
（……）
來到了彼岸
（如果真的有來到
如果彼岸存在）——
我不是很確定
他們之後的命運

（〈哀傷的演算〉，《結束與開始》，一九九三）

在《結束與開始》中，有好幾首詩是寫給康奈爾．菲力普維奇的悼念詩，比如〈空屋裡的貓〉和〈向風景道別〉。為了保持低調和守密，辛波絲卡沒有提到菲力普維奇的名字，但一直到最後一本詩集，他都會出現在她的作品中。

表面上一切都一樣。
頭形，五官，身高，輪廓。
但是實際上一點都不像。
也許不是這個姿勢？

或者要換個色調？
或許應該從側面描繪，
彷彿他在回頭看某個東西？
如果讓他手裡拿個東西呢？
自己的書？別人的？
地圖？望遠鏡？釣魚輪？
讓他穿件別的衣服會怎樣？
九月戰役的軍服？集中營的囚袍？

（〈憑記憶畫出的肖像〉，《這裡》，二〇〇九）

你很難想像維斯瓦娃．辛波絲卡會扮演絕望寡婦的角色，她不走這個路線（有一次她得到一個古老的印章，上面寫著「寡婦－孤兒」，她很高興地用它來當簽名，蓋在送給好友的詩集上）。菲力普維奇是她的靈魂伴侶，關於他的小說，她說：「他不喜歡在自己的作品中呼天搶地，或是以誇張手法表現悲憤，在表達情緒之前，他會審慎思考五次。（……）他是個堅強的人，又很有自制力。在經歷過德軍占領和集中營後，他就不再關注那些成功人士，反而開始關注那些失敗者，那些沒有通過人生考驗的人。在他的小說中常出現的主題是老去、病痛和死亡。」[3]

辛波絲卡編了兩本菲力普維奇的小說選，還為它們寫了序。在《稀有的蝴蝶》（*Rzadki motyl*）中，她寫道：「情節在此並不是很重要。隨著時間過去，作者越來越遠離『古典的』敘事，而比較願意直接表露自己的情感、沉思和靈魂上的追尋。」而在《影》（*Cienie*）這本書中，她寫道：「這本書的主角是猶太人——作者認識他們，和他們有多年的友誼，或是在自己或別人的記憶深處和他們有一瞬間的連結。他們所有人都老早處在陰影的國度，而能夠進入這個國度的只有文學。」

辛波絲卡常去菲力普維奇的故鄉切申。她在他九十歲冥誕時去那裡參加他紀念牌的揭牌儀式，在她過世前一年，她還去那裡看根據他的小說改編的電影。

在每一個沃德克或菲力普維奇過世的週年，辛波絲卡會安排朋友間的聚會，在聚會上讓大家回憶沃德克或菲力普維奇。就是在這些聚會上，大家想到要為他們寫紀念文集。辛波絲卡為《給亞當的時刻》寫了真心動人的回憶，還為這本書做了詩選。她也有參與編輯《我們在康奈爾家。關於康奈爾·菲力普維奇的二三事》，從他的日記中選出片段節錄還有詩，並且為大部分的照片寫了說明。這本書在菲力普維奇過世的二十週年出版。

一九九七年，當我們為了寫書（第一版）和辛波絲卡借家族相片，我們發現大部分的照片都沒有標註。二〇一二年寫第二版時，我們發現大部分的照片（尤其是父母收藏的）都有清楚、細心地寫上標示。

魯辛涅克說，他認識辛波絲卡時，辛波絲卡已經沒有家人（姊姊娜沃亞在她得到諾貝爾文學獎幾個月後就過世了），總是一個人過節。「這是她的選擇，一個人，但並不孤獨。」辛波絲卡不過命名日也不過生日*，不會打電話給朋友祝賀。「她自己是這樣說的，她用保持距離的方式為自己和親近的人慶祝命名和生日。我想，那些不需要週期的人大概就是這樣吧。」[4]

她曾在〈許多可能〉中寫道：「我比較喜歡沒有名目的節日，／可以每天慶祝，勝過於週年紀念日。」

魯辛涅克有點像是成了她的替代家人，但這並不是說他取代了某個人的角色。「有時候會有人說，『啊，辛波絲卡就像您母親。』但不是這樣的，或是有人說她像我奶奶（這在年齡上比母親符合）。但我永遠不會用這種方式定義我們的關係。有一次有人寫信給她說：『真希望我有像您這樣的奶奶。』她回信說：『不，你應該不會如此希望的。』」

當《瞬間》出版時，距離她的上一本詩集已經過了九年，而距離她得諾貝爾文學獎則過了六年。這本詩集中有一些令人驚嘆的詩作讓部分文學評論家想到亞當・米茲凱維奇的晚期詩作。我們不知道這些被稱為洛桑詩作（Liryki lozańskie）的詩是否完成，也不知道作者是否有打算發表（其實比洛桑詩作更適合它們的名稱應該是洛桑沉思，但人們不想接受這名字）。不過幸好，辛波絲卡認為「洛桑詩作」——尤其是〈當我的屍體在此〉——是一部傑作。

而在〈雲〉這首詩中，辛波絲卡則直接向米茲凱維奇詩作〈在遼闊而乾淨的水上〉（*Nad wodą wielką i czystą*）的最後一段致敬：「岩石必須矗立、威嚇，／雲必須承載雨，／雷電必須轟鳴、消失；／而我必須流動，流動，流動！……」

要描寫雲
必須動作快——
因為下一刻

它們就不是同一朵雲。
（……）
如果人們想要，就讓他們在那裡吧，
然後他們會一個個死去。
對雲來說
這一切
沒什麼稀奇。

雲在你整個人生，
還有我未完的人生之上
推擠著遊行而過，就像以前一樣。

它們沒有義務和我們一起滅亡，
它們流動，不需要被看到。

（〈雲〉，《瞬間》，二〇〇二）†

＊ 譯註：波蘭人的名字多半來自聖徒，每個聖徒都有一個紀念日，波蘭人會在這個紀念日慶祝，就像慶祝生日。

關於雲，辛波絲卡這麼說：「雲是奇蹟般的事物，美好的現象，應該要書寫它。它是永無止盡在天空中進行的行為藝術，是絕對的表演。它的形狀和靈感取之不盡用之不竭，是自然令人震驚的發明。」[5]她之前就在〈讚美詩〉中寫過雲（「多少雲朵不被懲罰地飄過」），而現在則把雲化為了沉默、冷漠地見證人類生命的證人。

米豪·格沃溫斯基（Michał Głowiński）也在一篇文章中提到辛波絲卡的另一首詩和洛桑詩作的相似性。在假期看似悠閒田園的畫面下，可以看到不斷緊繃的威脅。

我們天南地北，
突然大家安靜了下來。
陽台上走來一個女孩，
啊，真美麗，
對我們在此平靜的假期來說
太美麗了。
（……）
我則在想：要打個電話給你，
現在——我會這麼說——還不要過來，
天氣預報剛好說這幾天會下雨。

只有寡婦阿格內絲，
用微笑歡迎了那位美麗的女孩。

（〈一段回憶〉，《瞬間》，二〇〇二）

在精闢的分析中，格沃溫斯基證明，在這首看似單純的小詩中，那位打斷了假期悠閒田園氣氛的美女，其實是死亡。[6]

在《瞬間》和下一本詩集《冒號》出版之間，辛波絲卡立下了遺囑。自從她得到諾貝爾文學獎，她就知道這件事等著她去做，她必須決定自己財產的去處。雖然她一直暗地支持各種慈善和文化活動，但留下來的錢還是很多。得獎後她並沒有改變生活方式，還是活得很節省，不喜歡鋪張浮誇。

魯辛涅克說：「我想，這筆錢對她來說是天文數字，她從來沒想過這是給她的。她比較希望，可以用這筆錢來做一些好事。」

二〇〇四年，辛波絲卡去了以色列，那時正好是第二次巴勒斯坦大起義。這給了她去公證人那裡立遺囑的理由。

「雖然遺囑不是維斯瓦娃小姐最喜歡的文類，我卻找到了好幾份。」魯辛涅克說：「至少三份，是在不同時期寫下的。文字很優美，不過都作廢了，因為是用打字機寫的，不是手寫的。」

† 譯註：這首詩在愛麗絲．米蘭尼《辛波絲卡．拼貼人生》（林蔚昀譯，大塊文化：二〇一二）有被引用，「如果人們想要，就讓他們在那裡吧，／然後他們會一個個死去。」「雲在你整個人生，／還有我未完的人生之上」這幾句話就是引自本書，頁八一。

辛波絲卡向魯辛涅克道歉，說她覺得很蠢，必須和他討論遺囑的事，但是沒有別的辦法，只能這麼做。「這很重要，您知道，我是個波茲南人*。」她和律師一起準備了遺囑，還有基金會的法規。辛波絲卡從來都不喜歡去政府機關辦理任何公事，現在她擔心，她死後她的秘書也有一堆公事要辦。

魯辛涅克說：「當她開始生病住院，她還叫了公證人到醫院，去做一些細微的更動。她也想要在遺囑上加一條，要朋友在她死後舉辦摸彩，就讓命運決定誰會得到什麼樣的遺物當紀念。但是遺產法沒有預期到會有人想要舉辦摸彩，沒有條文可依循，所以最後我們沒在遺囑中寫這個。」

關於辛波絲卡的下一本詩集《冒號》，瑪歌札塔・芭蘭諾芙絲卡如此評論：「這本詩集裡的詩或遠或近，圍繞著死亡打轉。我們的或陌生人的，從來都沒有被命名。」[7]而塔德烏什・尼采克則注意到，許多詩作的主角是時間。「辛波絲卡輕柔地談論死亡，彷彿遠遠繞過，沒有正面對決，畢竟她知道，挑戰死亡沒什麼意義。她寧可專注在實際的、活生生的片刻，因為只有這些片刻才會給我們保證，S小姐沒有過來†。」[8]

如果談到詩，那辛波絲卡對死亡已經準備好了。她寫了很多關於死亡的詩。

早晨預計涼爽多霧。
雨雲
開始從西方向此移動。
能見度不佳。

道路濕滑。
（……）
隔天
天氣晴朗，
不過那些還活著的人
建議攜帶雨具。

（〈隔天——不包括我們〉，《冒號》，二〇〇五）‡

在《冒號》出版的三年後，《這裡》出版了，收錄了十九首詩。耶日．皮赫如此評論這本詩集：「辛波絲卡在自己的詩作中做出如此多的發現，我們不該要求她做出更多新發現。相反的——或者說更該如此——我們應該深入關注每一個重新思索這些發現的新版本、句子、段落甚至是註釋。當生命這個現象不再理所當然，當桌椅、杯子突然古怪得可怕（更不用說憂鬱和感情這種深淵），當

* 譯註：波茲南的居民十分實事求是，這大概是因為波茲南所在的波蘭西部曾被普魯士殖民，深受德國文化影響。直到今天，依然可以看出波蘭西部居民和其他波蘭人的不同之處。

† 譯註：波蘭文中的死亡是Śmierć，是一個陰性的詞。

‡ 譯註：這首詩在愛麗絲．米蘭尼《辛波絲卡．拼貼人生》（林蔚昀譯，大塊文化：二〇一二）有被引用，這段譯文就是引自本書，頁一〇五。

最簡單的事物從日常中脫軌，成為恐怖的象徵——人們會瘋掉。當這種瘋狂抓住了一個這麼有文字天分的人，一個可以用文字藝術訴說恐懼和混亂的人，在地球上就會出現一個可信的、關於存在的協議。」[9]

從收在詩集中的第一首詩〈這裡〉。(「在這裡，地球上，我們有許多不同的東西。／我們在這裡製造椅子和憂傷」) 到最後一首詩〈形上學〉(「曾經有過，然後結束。／曾經有過，所以結束。／順序總是如此，無法重來，／因為這就是那場失敗遊戲的規則。」)，我們確實可以看出我們在地球上存在的協議。辛波絲卡用這本詩集向我們道別，並且像心理分析所說的，完形。以下是詩集中的一些主題（雖然並不完整）：

- 對於大自然的關注以及對它最奇怪作品的讚嘆，如：「也許對這永無休止的工作感到厭倦，／於是重覆之前的靈感，／把那些已經被人使用過的臉孔／放到我們臉上來。」(出自〈在鬧街上想到的事〉) 或「悲傷的墳墓／永恆的安息／也就是／從海裡被撈起來時，令人讚嘆的／藍綠色大海的白色岩石」(〈有孔蟲〉)
- 一如往常，夢境。(「我們這些沒有羽毛的人會飛，／在黑暗的隧道裡我們用眼睛當頭燈，／流暢地用陌生的語言交談，／而且不是和隨便任何人，而是和死人。」，出自〈夢〉)
- 和過去的自己相遇。(「根本完全不相像」，〈缺席〉)
- 再次呈現恐怖主義有多麼日常普遍。(「他們一連好幾天都在想／殺人，要怎麼殺才算是殺得好」，〈恐怖分子〉)

- 像平常一樣，從出其不意的觀點看理所當然的事情，比如離婚。（「對家具來說是樓梯，乒乓響，卡車和搬運。／對牆來說是畫被取下後留下的淺色方塊。／對一樓的鄰居來說是打發無聊生活的話題」，〈離婚〉）
- 和沒被命名的老年生活共處。（「對自己的回憶來說我是個爛聽眾，／它希望我持續不斷聽它嘮叨」，〈和回憶很難相處〉）

幾乎一直到生命的最後，辛波絲卡都照自己的節奏而活：工作、和朋友見面、抽菸、喝伏特加。嗯，還有寫詩。

《這裡》出版後，辛波絲卡在訪談中說：「文學不是唯一會引起驚嘆的事物。畢竟，每天的日常生活都不停讓我們驚嘆。在科學和技術中，一直有新的、令人驚奇的新發現和新發明。這些事如此之多，我們根本來不及更新。我們對每個新發現感到驚奇的時間越來越短，沒有對它有應有的欣賞和珍惜。我認為，以前孟格菲兄弟（Frères Montgolfier／Montgolfier brothers）的熱氣球會比人類登上月球更令人讚嘆，人們記得它的時間也會更久。雖然我們的驚嘆維持的時間很短暫，我們的恐懼卻很長。」[10]

每個人總有一天會有親人死去，
在存在與不存在之間，
他必須選擇後者。

（……）
只有偶爾，
出於些微的好心——
自然會讓
我們親愛的死者入夢。*

（〈每個人總有一天〉，《夠了》，二〇一二）

辛波絲卡的姊姊娜沃亞的鄰居，愛哲別塔．平德和揚．平德說：「維斯瓦娃和娜沃亞都是教養良好的優雅女士。維斯瓦娃幾年前就知道她有主動脈瘤，但她不想開刀，她寧可讓它破掉，因為她說，這樣會死得比較快、比較容易。她希望導演自己的死亡，這樣就可以無痛又迅速。」

二〇一一年十月，辛波絲卡一如往常去札科帕內度假。克里斯汀娜．克里寧茨卡、理查．克里寧茨基和安德斯．波格達去探望她，他們一起去基里（Kiry），去靠近科西切利斯克山谷的餐館吃午餐。餐館主人認出了辛波絲卡，過來和她打招呼，說這塊地是他祖父從辛波絲卡的父親那裡買來的。

平德夫婦也來到了札科帕內，要載辛波絲卡回克拉科夫。他們常常當她的司機，而在娜沃亞過世後，他們也多少接手了娜沃亞的角色，至少一個月會煮一次家庭美食，裝在玻璃罐裡帶給她。她不在家時，他們會替她打掃房子，在她回來前，把冰箱塞滿食物。回家的路上，他們拜訪了辛波絲卡舅公莫里斯．羅特蒙德的墳墓。

二〇一一年十一月二十四日，波蘭電台的新聞說：「維斯瓦娃・辛波絲卡兩天前在克拉科夫一家醫院動了手術，在醫生的悉心照料下已康復。我們不知道，辛波絲卡是在哪一間醫院接受治療，又是接受了什麼樣的治療。諾貝爾文學獎得主的秘書米豪・魯辛涅克不願談論更多細節，他表示，這是辛波絲卡本人的請求。魯辛涅克只說，手術進行順利，辛波絲卡的健康情況有所改善。」

辛波絲卡不想談論自己的病況。魯辛涅克告訴我們：「她想出院回家整裡一些東西，這給了她動力。我本來害怕，她會想要把一些年輕時的畫作或詩作丟掉，但她想做的不是這些。『啊，我想整理的是一些以前的東西和信件。』但是最後她來不及做完這件事。」

她的最後一趟長途旅行是在二〇一一年九月去弗羅茨瓦夫。是波格旦・茲德羅耶夫斯基（Bogdan Zdrojewski）邀請她去的，那時候剛好是歐洲文化大會期間。米豪・魯辛涅克開車載她去。辛波絲卡首先去探望烏舒拉・柯齊奧，然後她們一起去柯齊奧丈夫菲力克斯・皮哲比拉克（Feliks Przybylak）的墓前上墳。吃完有美味波蘭酸湯和好酒的晚餐——同席的還有克莉絲汀娜・札哈瓦特維奇－華依達、安傑・華依達、齊格蒙・鮑曼（Zygmunt Bauman）——辛波絲卡和魯辛涅克在午夜回到克拉科夫。

她最後看的一場電影是伍迪・艾倫的《午夜巴黎》，陪她去看的人是泰瑞莎・華樂絲。

她最後一次寫她的詩歌筆記，是在二〇一一年秋天。她在筆記上寫：「當你死去／你就會相信死後的世界。」這是要寫進一首關於尼安德塔人的詩中。還有一段話是這樣的：「寫死亡比較容易。活著比較難寫。生命有較多細節。泛論不會引起興趣。」米豪・魯辛涅克在回憶辛波絲卡時說：「當

＊　譯註：這首在傳記中和詩集中的版本不同，我以詩集為準。

一張小卡片從筆記本中掉出來，上面有她手寫的句子（八成是從某個運動評論員那裡聽來的），『這人是那種球不會妨礙他比賽的足球員』，我差點放聲大哭。」[11]

她最後一次簽署文件是在二〇一一年十一月。她和馬利歐・巴爾加斯・尤薩（Mario Vargas Llosa）、小野洋子、史汀（Sting）、吉米・卡特（Jimmy Carter）和華勒沙一起連署，希望世界上關於毒品的政策可以改變。「現在該是除罪化、治療和預防的時代了。」

她寫的最後一篇短文是評論愛德華・高栗（Edward Gorey）的《可疑的客人》（*The Doubtful Guest*），這本陰鬱的小書是魯辛涅克翻譯成波蘭文的。她在書的折口寫道：「有些人對陰鬱上癮。感謝高栗，他們可以戒除這癮頭。」當然，她早在之前就讀過秘書的翻譯，還提供了幾個修改的建議。

她寫的最後一首好玩的四行詩，則是關於她的手術，她把這樣一份手稿交給了魯辛涅克：「荷蘭人是很聰明的民族／因為他們知道／當呼吸自然停止／該怎麼做。」*

她寫的最後一首詩寄給了《選舉報》。（這首詩在二〇一二年一月刊出）

在最好的狀況下，
你啊，我的詩，會被人小心讀著，
被人下評語，被人記得。

比較差的情況，
只被人讀一遍過去。

第三個可能——
寫是寫了出來，
但是過一會兒就被丟進垃圾桶。
你還有第四個出口可以利用——
你沒有被寫下就消失，
愉快地對自己呢喃著什麼。

（〈給我的詩〉，《夠了》，二〇一二）

二〇一二年二月一日，辛波絲卡在睡夢中於家中過世。葬禮在二月九日正午舉行。廣場上聖母聖殿的喇叭手通常會在每個整點吹號角，但這一次他吹奏了辛波絲卡最有名的一首詩，這首詩曾被譜成歌曲，歌手烏奇亞・普魯斯（Lucja Prus）和曼那樂團（Maanam）的科拉（Kora）都有唱過。於是，克拉科夫的行人抬起頭，望向教堂高塔，聆聽從那裡傳出來的〈僅只一次〉。

* 譯註：這邊是指荷蘭允許安樂死。

所有的事只會發生一次，
不管是現在或未來。正因如此
我們毫無經驗地出生，
沒有機會練習就死去。

（〈僅只一次〉，《呼喚雪人》，一九五七）

「我在想，您會對這一切說什麼。」在拉科維茨卡墓園，在辛波絲卡世俗的葬禮上，米豪・魯辛涅克對著裝著辛波絲卡骨灰的骨灰罈說：「您八成會覺得，在這裡的所有人都是因為意外才來到這裡，他們在去看足球賽時被某件事耽擱。」

擴音器播放著艾拉・珍・費茲潔拉（Ella Jane Fitzgerald）的歌〈黑咖啡〉（*Black Coffee*）。辛波絲卡很早以前就想為她寫詩，但一直到最後一本詩集才寫出來。

她向神祈禱，
熱切地祈禱，
請求神
讓她成為一個快樂的白嫩女孩。

（〈天堂中的艾拉〉，《夠了》，二〇一二）

辛波絲卡告訴我們：「美妙、無人能比的艾拉。如果她真的來到天堂，我猜想，天使的合唱團會試圖把她趕出去。」

她也在拉斯・海蘭德拍的紀錄片中提到她：「她的聲音是天籟。她唱歌的方式彷彿她只是在呼吸。不管唱什麼樣的歌，是憂鬱的也好，開心或是可怕的也罷，她總是保持一段距離，沒有把靈魂完全投入。我非常欣賞這一點。我不想高攀，把自己和這麼偉大的歌手相提並論，但我覺得我也是這樣。不管是什麼事，即使是很可怕的事，我都會試著稍微保持距離，然後從旁觀看。她唱歌時也是這樣。我想我從她身上學到了一些東西。」

「在您過世不久前，您說，您度過了很長、很好、很有趣的一生，也認識了許多好人和好朋友。」魯辛涅克在墓園說。這時，在所有人頭頂下起了雪。「您很感謝命運，也坦然接受接下來即將發生的事。我很好奇，您現在在做什麼？您認為，在悲觀的版本中，您必須要坐在某處的桌子前寫獻詞。而在樂觀的版本裡呢？嗯，您最喜愛的艾拉・費茲潔拉好像也在天堂，所以您應該在聽她唱歌、抽菸、喝咖啡吧。但是在此同時——對我們來說很幸運——您依然與我們同在。您留給我們許多作品，讓我們可以閱讀、思考。」

辛波絲卡年表

一九二三・七月二日，安娜・瑪莉亞・羅特蒙多芙娜和文森・辛波斯基的二女兒在庫尼克出生。

・九月二日，辛波斯基夫婦的次女被取名為瑪莉亞・維斯瓦娃・安娜・辛波絲卡。

一九二四・文森・辛波斯基卸下札摩伊斯基伯爵財產管理人的職務後，他和妻子、大女兒瑪莉亞・娜沃亞和小女兒瑪莉亞・維斯瓦娃一起搬到托倫。

一九二九・辛波絲卡一家在克拉科夫定居，住在拉齊維烏街上、辛波斯基買下的一棟房子裡。

一九三〇・小名伊赫娜的維斯瓦娃去城堡街約瑟法・約泰科小學讀書。

一九三五・辛波絲卡到老維斯瓦河街上的聖吳甦樂修會中學唸書。

一九三六・文森・辛波斯基過世，享年六十六歲。

一九四一・春天，辛波絲卡在地下學校通過高中畢業考。

一九四二・二月二十八日，辛波絲卡寫下〈溺死者〉（*Topielec*），這是她有留存下來的詩作中最早的一首。

一九四三・辛波絲卡在鐵路局當公務員，為的是避免被送到德國強制勞動。

一九四四・部分在這一年寫下的詩，辛波絲卡在戰後認為值得被印出。

一九四五・三月十四日，辛波絲卡的詩作初次發表在《波蘭日報》的副刊《戰鬥》上。編輯部認為〈我在尋找字〉這首詩太長，於是把它刪掉一半。

・秋天，去雅捷隆大學唸書，一開始唸波蘭文學，後來唸社會學，但都沒有唸完。

一九四七到一九四八・在雙週刊《克拉科夫俱樂部》擔任秘書，給書畫插畫。

一九四八・四月，和詩人／翻譯／評論家亞當・沃德克結婚，從拉齊維烏街上的家搬出去，搬到穀物街二十二號的文學之家，戰後，許多作家在那裡聚集。

一九五〇・加入波蘭統一工人黨。

一九五二・詩集《這就是我們為何活著》出版（讀者出版社出版，一千一百四十本），憑著這本詩集，辛波絲卡獲准進入波蘭作家聯盟。辛波絲卡沒有把這本詩集中的任何一首收入之後的詩選。這本詩集中的〈一名老女工在人民憲法的搖籃旁回憶過往〉在文化藝術部、波蘭作家聯盟和波蘭記者協會的競賽中都有得獎。

一九五三・一月，辛波絲卡當上《文學生活》的詩歌版主編。

・三月，史達林死了後，《文學生活》刊登了辛波絲卡所寫的〈這一天〉，多年後，她會因為寫了這首詩在自由民主的波蘭被嚴厲批評。她回想這首詩時說：「我寫的時候是真心真意，今天這樣的行為令人無法理解。」

一九五四・和亞當・沃德克離婚，但一直到他過世，兩人都維持友好關係。

・春天，辛波絲卡因為文化交流目的，生平首次出國，去了保加利亞。在兩週的旅途中，詩人／譯者布拉嘉・狄米羅特娃當她的嚮導，狄米羅特娃在九〇年代曾出任保加利亞副總統。

・第二本詩集《自問集》在藝文出版社出版，印量一千一百七十五本。《這就是我們為何活著》再版（讀者出版社，兩千〇一本）。這兩本詩集都獲得了克拉科夫市政府頒發的文學獎。

一九五五・《自問集》獲得國家獎的佳作。

・秋天，因為文化交流目的去了斯洛伐克，和那裡的作家們見面。因為文化和藝術的成就，獲得波蘭政府頒發的金十字獎（Zloty Krzyz Zaslugi）。

一九五七・秋天，獲得到巴黎的獎助金，第一次到西方。

・詩集《呼喚雪人》在藝文出版社出版，印量一千一百三十五本。

一九五八・一月十日，和揚·約瑟夫·什切潘斯基及斯瓦渥米爾·莫若熱克一起到巴黎郊外的邁松拉菲特，去見了巴黎雜誌《文化》的編輯耶日·吉德羅耶茨。

一九六〇・開始在《文學生活》（和沃基米日·馬強哥一起）開「文學信箱」專欄，回信給想要寫作而寄信到編輯部的年輕人。

・和一群波蘭作家一同去莫斯科、列寧格勒、蘇呼米出訪。辛波絲卡的母親安娜·瑪莉亞·辛波絲卡過世，享年七十一歲。

一九六二・詩集《鹽》在國家出版社出版，印量一千七百五十本。

一九六三・八月十四到十七日，到克羅格魯普（Krogerup）的民眾高等學校參加波蘭和丹麥作家的交流會。

・秋天，離開穀物街二十二號的文學集體農場，搬到一月十八日街（今日的國王街）和新村路轉角上的六樓單人公寓，由於公寓很狹小，辛波絲卡稱之為「抽屜」。

・十一月，和一群作家一起去南斯拉夫，參訪了達爾馬提亞、去了馬其頓，參觀了不久前被地震摧毀的史高比耶。

・《鹽》獲得了文化藝術部頒發的獎（第二名）。

一九六四・三十四名作家和學者寫了公開信，抗議政府限制印刷書籍的紙張以及加強言論審查，這被稱為「三四信件」。辛波絲卡和幾百名波蘭作家聯盟的成員一起簽署了反對「三四信件」的反連署，這是最後一次她和官方站在同一邊。

- 國家出版社出了辛波絲卡的《詩選》(*Wiersze wybrane*)，印量四千兩百九十本。

一九六五 • 在索波特的國際歌唱節，烏奇亞・普魯斯唱了〈僅只一次〉(歌詞來自辛波絲卡的詩〈僅只一次〉)，這是辛波絲卡第一次同意別人演唱她的詩，甚至同意歌手改動她的文字，原本的詩句是：「所有的事只會發生一次，／不管是現在或未來。正因如此」普魯斯改成：「所有的事只會發生一次，／一定是因爲如此」。

一九六六 • 為了支持被波蘭統一工人黨開除黨籍的萊謝克・科瓦科夫斯基，辛波絲卡退回了黨證，也因此失去了她在《文學生活》詩歌版面主編的位置。

一九六七 • 六月十一日，《非指定閱讀》系列專欄第一次在《文學生活》刊出，辛波絲卡會一直寫這個專欄直到二〇〇二年(會有或長或短的休息，頻率也不定)。這個專欄的特色是只有一個段落，長度為一頁打字稿。她在這個專欄中會評論非主流的書，通常是那些主流批評家跳過不評論的。

- 秋天，辛波絲卡去了巴黎和南法，以及西班牙。
- 詩集《開心果》(國家出版社)出版，印量三千兩百二十五本。
- 《詩選》(*Poezje wybrane*)由人民出版社出版，這是在「二十世紀詩人」這個書系中出的，印量一萬三千〇二十本，有附詩人的序，詩作也是辛波絲卡自選的。

一九六八 • 夏天和秋天，由於肺部的疾病，辛波絲卡在肺結核的療養院度過了幾個月的時光。

一九六九 • 在康奈爾・菲力普維奇的相簿中(他這輩子都把相片黏在相簿中)，辛波絲卡的照片在一九六九年出現。他們一直到一九九〇年菲力普維奇過世，都會在一起。

- 六月十二日，辛波絲卡在理查・克里寧茨基邀請下首次重返故鄉庫尼克(上次離開是在一九二四年)，當時後者在當地的圖書館工作。

一九七〇
- 到比利時克諾克－海斯特參加詩歌雙年展。
- 詩選《詩》（*Poezje*）在國家出版社出版（「詩人圖書館」書系），印量五千兩百六十本，有附耶日・克瓦特科夫斯基的序。
- 詩選在讀者出版社出版（「波蘭詩人」書系），印量一萬五千兩百九十本。

一九七二
- 詩集《萬一》在讀者出版社出版，印量八千兩百八十本。
- 和菲力普維奇一起去法蘭克福參加書展。

一九七三
- 四月，和菲力普維奇一起去德國和荷蘭的作者見面會。
- 五月十六日——這個日期在《結束與開始》的一首詩〈一九七三年五月十六日〉中出現，詩中有這樣的句子：「這是那些我已經沒有印象的，／日子之一。／我去了哪裡，／做了什麼——我不知道。」
- 專欄《非指定閱讀》首次集結出版，之後本書也會繼續增訂、出版。
- 國家出版社的《詩選》（*Wybór wierszy*）出版（國家出版社，三十年文學圖書館書系），印量兩萬〇兩百九十本。

一九七四
- 辛波絲卡獲頒波蘭復興勳章騎士十字級（Krzyż Kawalerski Orderu Odrodzenia Polski）。

一九七五
- 辛波絲卡簽署了給下議院的公開信「五九信件」，反對修憲。這份公開信的目的是反對波蘭國會把波蘭統一工人黨的領導地位及和蘇聯的同盟關係寫入憲法。
- 《萬一》再版，印量一萬〇兩百六十五本。

一九七六
- 為了打壓「五九信件」的連署者，國安局通知負責護照辦公室，必須「禁止偵查對象（辛波絲卡）去任何資本主義國家，這包括私人行程及官方訪問。」
- 詩集《巨大的數目》在讀者出版社出版，印量一萬〇兩百八十本。

- 專門給愛書人的小眾詩集《眼鏡猴》在國家出版辦事處（Krajowa Agencja Wydawnicza）出版，印量八百六十本。詩集中出現的動物有鴨嘴獸、金剛、蜂鳥、墨魚、螳螂、熊、章魚、蜈蚣、眼鏡猴、歐洲野牛、斑馬。

一九七七
- 《巨大的數目》再版，印量一萬〇兩百九十本。
- 國家出版社的詩選《詩》再版，印量一萬〇兩百九十本。

一九七八
- 辛波絲卡連署學術課程協會創立的宣言，學術課程協會舉辦關於歷史、文學和經濟的獨立講座，並和工人保衛委員會有合作。

一九七九
- 國家出版社的《詩選》（*Wybór wierszy*）再版，印量三萬〇三百一十五本。

一九八〇
- 辛波絲卡沒有加入團結工聯。她後來說：「我沒什麼集體意識。」
- 十一月，辛波絲卡簽署了給國務委員會的信，呼籲政府減輕理查・柯瓦齊克（Ryszard Kowalczyk）和耶日・柯瓦齊克（Jerzy Kowalczyk）的罪刑，這對兄弟因為炸掉奧波羅高等教育學院（Wyższej Szkoły Pedagogicznej w Opolu）的禮堂而被判處多年監禁。*

一九八一
- 和在克拉科夫新成立的文學月刊《書寫》合作，這本雜誌的副主編是菲力普維奇。
- 十二月，波蘭宣布戒嚴後，和《文學生活》解除合作，辛波絲卡的名字也自此消失在雜誌的版權頁。

一九八二
- 秋天，搬到霍京街上的兩房公寓（五樓，沒有電梯）。

一九八三
- 以〈在世紀的尾聲〉開始和《普世週報》的合作。

* 譯註：原本耶日・柯瓦齊克被判死刑，但後來改成二十五年徒刑。柯瓦齊克兄弟是這所學校的員工，他們於一九七一年十月五日到六日的凌晨炸掉禮堂，目的是為了抗議波蘭政府在一九七〇年十二月動用武力對抗議民眾進行血腥鎮壓，這場鎮壓造成四十名民眾喪生，千餘人受傷。

- 十二月四日，在克拉科夫天主教知識分子俱樂部，辛波絲卡朗讀〈對色情文學的看法〉，開啟了獨立於體制外的口語雜誌《發聲》之「創刊號」，她也會一直和這份雜誌合作。《發聲》關於辛波絲卡的紙本特刊在一九九三年（nr 12）和一九九六（nr 24）出刊。
- 人民出版社的《詩選》再版，印量一萬〇三百三十本。

一九八五
- 辛波絲卡以筆名「斯坦奇克之女」在巴黎的《文化》和克拉科夫的地下刊物《方舟》發表〈辯證法和藝術〉，之後這首詩沒有收入任何一本詩集。

一九八六
- 一月二十七日，辛波絲卡的前夫，也是她最親密的朋友之一，亞當．沃德克過世。
- 十年沉寂後，辛波絲卡的新詩集《橋上的人們》（讀者出版社）出版，印量兩萬〇三百二十本。這本詩集得到了地下運動團結工聯頒發的文化獎項以及《歐德拉河》月刊頒發的獎，詩人拒絕了文化部頒發的獎。

一九八七
- 國家出版社的詩選《詩》出了第三版。印量五萬〇兩百本。

一九八八
- 辛波絲卡成為波蘭作家協會的創始團員之一，這個協會是為了和官方的波蘭作家聯盟分庭抗禮而成立。
- 加入波蘭筆會。
- 《橋上的人們》再版，印量兩萬本。

一九八九
- 藝文出版社的波英詩選《詩》（*Poezje. Poems*）出版。

一九九〇
- 二月二十八日，菲力普維奇過世。
- 辛波絲卡以《橋上的人們》獲頒齊格蒙．卡倫巴獎，這本詩集被選為十年來最出色的波蘭詩集。

一九九一
- 八月二十八日，辛波絲卡在法蘭克福聖保羅教堂領取歌德文學獎，之前的得主包括佛洛依德、卡爾．雅斯佩斯、赫曼．赫塞、湯瑪斯．曼。

・辛波絲卡也去布拉格參加了波蘭駐捷克大使館和波蘭文化中心舉辦的作者見面會。她從克拉科夫坐車到布拉提斯拉瓦，再到布拉格，一路上，她和詩人／領事茲畢涅夫・瑪黑不停作打油詩，之後這趟旅程成了「傳奇的打油詩之旅」。

一九九二・九月十日到波茲南出席了在札文斯基宮舉辦的文學星期四講座，拜訪了故鄉庫尼克。
・十月二十一日出席了《發聲》在璞格宮（Palac Pugerów）向米沃什致敬的座談會。

一九九三・去斯德哥爾摩的瑞典皇家劇院參加作者見面會。
・十月二十七日，到波茲南參加《發聲》向史坦尼斯瓦夫・巴蘭恰克致敬的座談會。
・到倫敦參加波蘭文化中心舉辦的作者見面會。
・詩集《結束與開始》在a5出版社出版，裡面收錄了對菲力普維奇的悼念詩〈空屋裡的貓〉。

一九九五・五月，去波茲南的亞當密茲凱維奇大學領取榮譽博士。
・愛德華・巴策蘭教授在辛波絲卡頒獎典禮的演講上說：「辛波絲卡的詩是大哉問的詩。評論家在她的詩中找到哲學的靈感，但這並不是狹隘、受限的哲學，無法簡化為解釋或定義，她的詩擁抱形上學，並且和世界的存在進行辯證。」
・成為波蘭藝術與科學學院的成員（前一年她因為她的「史達林時期詩作」而被刷掉）。
・獲得赫爾德獎，哥廷根大學的教授萊因哈德・勞爾（Reinhard Lauer）在頒獎典禮的演講上說：「辛波絲卡的詩充滿張力，你永遠都會想要讀更多她的詩。在閱讀時，你的心靈會感到煥然一新、豁然開朗，你會發現，波蘭精神是很女性化的。」

一九九六・辛波絲卡所編的菲力普維奇小說選《稀有的蝴蝶》出版（也有收錄她的序）。
・九月三十日，辛波絲卡獲得波蘭筆會頒發的終身成就獎。
・辛波絲卡的自選集《有一粒沙的景色》在a5出版社出版。

- 十月三日，瑞典學會頒給辛波絲卡諾貝爾文學獎。在授獎詞中，他們寫道：「她的詩透過精確的反諷，在人類現實的片段中，揭示生物法則和歷史活動。」
- 十月十日，辛波絲卡在克拉科夫老劇院的大劇場參加a5出版社和跡象出版社的聯合新書發表會。a5出版的是辛波絲卡的詩選《有一粒沙的景色》，跡象出版社出版的是《閱讀辛波絲卡的喜悅。評論文選》。
- 十二月六日，辛波絲卡到斯德哥爾摩一週，參加諾貝爾文學獎的頒獎典禮（十二月十日），在頒獎典禮的演講上，她說：「我高度讚賞這兩個小字：『我不知道。』它們很小，但有翅膀」。

一九九七

- 四月，去達姆施塔特（Darmstadt）探望自己的德文譯者卡爾．迪德西烏斯。去法蘭克福和柏林參加作者見面會。
- 五月九日，和米沃什一起出席華沙文學日，兩位諾貝爾文學獎同台的對談在華沙皇家城堡舉辦。
- 六月十八日，辛波絲卡的姊姊娜沃亞過世。
- 十月四日到六日，和米沃什一起擔任克拉科夫東西方詩人交流文學節的活動大使。
- 十月五日，在猶太聖殿會堂擔任詩歌之夜的主持人，和來自世界各地的詩人一起朗讀詩作。在讀詩的中場休息時間，波蘭小號樂手托瑪士．斯坦科（Tomasz Stańko）進行即興演出，從此之後，辛波絲卡常會在自己的作者見面會上邀請斯坦科來演奏。
- 十月六日，在文學節於斯沃瓦茨基劇院的閉幕座談上，辛波絲卡朗讀了自己的打油詩。
- 十一月，搬到皮雅斯街上的新三房公寓。

一九九八

- 一月三十一日，寄了澄清信到《選舉報》，聲明在波蘭廣為流傳的〈我感覺如何〉並非她的詩作。
- 三月十一日，市議會在特別會上，決定頒發榮譽市民的頭銜給辛波絲卡，因為「辛波絲卡對發展波蘭文之美做出了貢獻，同時也讓波蘭及克拉科夫的文化聲名遠播。」
- 十月二十七日到二十九日，參加在克拉科夫教育大學舉辦的「康奈爾．菲力普維奇：人生及創作」研討會。

一九九九

- 十月二十二日，在猶太文化中心出席尤安娜・海蘭德（Joanna Helander）攝影集《如果在瑞典，一個波蘭女子》（*Gdyby ta Polka była w Szwecji*）的發表會，這本攝影集是辛波絲卡去瑞典領獎的照片紀錄。

二〇〇〇

- 五月，詩人的自選集《詩選》在a5出版社出版。之後許多年，這本詩集還會繼續增訂、出版。
- 和尤安娜・伊格、耶日・伊格及瑪莉亞・馬庫赫一起去威尼斯一星期。
- 十月，辛波絲卡爺爺的回憶錄《風暴命運的峰迴路轉——一八三一到一八八一年的回憶錄》在跡象出版社出版。辛波絲卡的爺爺安東尼・辛波斯基曾參加波茲南起義、之後在在匈牙利將軍約瑟夫・貝姆手下當上軍官，最後率領部隊參加了一月起義。在起義之間，他也曾浪跡歐洲，甚至還去了加州淘金。
- 十月三日，辛波絲卡參加了諾貝爾文學獎得主們在維爾紐斯的座談會。米沃什、君特・格拉斯和湯瑪斯・文克洛瓦在論壇上討論中歐和東歐的國族關係，而辛波絲卡朗讀了自己的詩〈恨〉。
- 十月十七日，和米沃什、當時的波蘭外交部長瓦迪斯瓦夫・巴托舍夫斯基、聯邦德國外交部長／聯邦德國副總理約瑟夫・菲舍爾（Joseph Fischer）一同出席了法蘭克福書展「波蘭年」的開幕典禮。
- 十月二十七日，在克拉科夫國家戲劇學院出席爺爺回憶錄的新書發表會，她在發表會上說：「我沒有機會認識爺爺，因為我在他過世四十年後才出生。」
- 十一月，《文學信箱，也就是如何當上（或不當上）作家》出版，這本選集的內容是泰瑞莎・華樂絲從辛波絲卡在《文學生活》寫了十年的專欄中篩選出來的。
- 十一月十日到十三日，辛波絲卡和米沃什擔任第二屆詩人大會「詩歌之間」的活動大使。
- 十一月十日，在聖卡特琳娜教堂（Kościół św. Katarzyny）的詩歌之夜朗讀自己的詩作。
- 十二月十日，在藝文出版社的曼霍夫房間出席《文學信箱，也就是如何當上（或不當上）作家》的新書發表會。
- 在辛波絲卡發起下，藝文出版社也出版了紀念亞當・沃德克的文集《給亞當的時刻：回憶、詩歌和翻譯》。除了撰文紀念他，辛波絲卡也選了沃德克的詩作，收錄在這本書中。

二〇〇一
- 辛波絲卡接受了美國藝術暨文學學會（American Academy of Arts and Letters）頒發的榮譽會員，在克拉科夫美國領事處的頒獎典禮上，辛波絲卡說：「我通常試圖避免一切榮譽頭銜，因為這會讓我很尷尬。但這一次，虛榮心戰勝了尷尬。」

二〇〇二
- 八月，詩集《瞬間》在跡象出版社出版，這是辛波絲卡自從獲得諾貝爾文學獎後，出版的第一本詩集。
- 九月十四日，辛波絲卡到華沙波蘭電台的安格涅絲卡·奧西茨卡音樂廳（Muzyczne Studio Polskiego Radia im. Agnieszki Osieckiej）出席《瞬間》的新書發表會。
- 九月，《新非指定閱讀》（這是這個系列的第六本）由藝文出版社出版。
- 九月十八日，在藝文出版社的曼霍夫房間出席《新非指定閱讀》的新書發表會，評論家也受邀出席評論辛波絲卡的專欄。
- 十月二十四日，在克拉科夫國家戲劇學院出席作者見面會，朗讀《瞬間》中的詩作。

二〇〇三
- 五月，去斯德哥爾摩參加安德斯·波格達翻譯的辛波絲卡詩集之新書發表會。
- 《瞬間》獲得尼刻獎提名，有進入最後「七人決選」的名單。
- 好笑詩作的詩選《給大小孩的兒歌》由a5出版社出版，裡面有收錄打油詩和墓誌銘這些比較傳統的類型，也有辛波絲卡自己發明的類型（莫斯科詩、餃子詩、飲酒詩、利他主義詩、道聽塗說詩）。
- 六月九日，辛波絲卡在克拉科夫的曼加博物館出席a5出版社出版的《給大小孩的兒歌》和《詩選》的發表會。
- 十月二十七日，去菲力普維奇的故鄉切申參加菲力普維奇紀念牌的揭牌儀式（這是為了慶祝他的九十歲冥誕）。
- 十一月七日，去義大利參加羅馬波蘭文化中心的負責人亞羅斯瓦夫·米科瓦耶夫斯基（Jaroslaw Mikolajewski）舉辦的作者見面會。
- 專門給愛書人的小眾詩集《植物標本室》在波西出版社（Wydawnictwo Bosz）出版，詩集收錄了辛波絲卡的詩作，和艾卡・霍沃文可－馬圖謝芙絲卡（Elka HołoweńkoMatuszewska）的插畫。

二〇〇四 ・十二月九日到十六日，受邀到以色列參加克拉科夫猶太區成立七百年的紀念會，在以色列待了一個星期。

二〇〇五 ・五月，到杜林（Torino）和熱拿亞出席作者見面會。

・九月十四日，在「總有詩歌」系列座談中，耶日・伊格在猶太聖殿會堂主持了一場詩歌之夜，出席的除了辛波絲卡，還有優素福・科蒙尼亞卡（Yusef Komunyakaa）、愛德華・赫希（Edward Hirsch）和理查・克里寧茨基。辛波絲卡朗讀了自己最新的詩作（之後會收錄到《冒號》這本詩集）。當晚演奏音樂的是雅努什・穆尼亞克四重奏（Janusz Muniak Quartet）。

・十月，辛波絲卡獲頒藝術榮耀文化功勛獎章（Medal „Zasłużony Kulturze Gloria Artis”）的金牌獎章。

・十一月，詩集《冒號》在a5出版社出版。

・十二月十七日，在克拉科夫的曼加博物館出席作者見面會，除了宣傳《冒號》，這場座談也是為了宣傳塔德烏什・尼采克的新書《同一時間這麼多世界，27×辛波絲卡》（a5出版社出版）。

二〇〇六 ・詩集《冒號》獲提名尼刻獎。

・九月，《冒號》獲得尼刻獎的讀者票選獎。

二〇〇七 ・五月，辛波絲卡去義大利參加作者見面會，她也參觀了托斯卡尼的西恩納和比薩，也去了羅馬。

・辛波絲卡編選的菲力普維奇小說選《影》出版（有附辛波絲卡的序）。

波蘭文——德文對照的詩選《百首詩選，百種喜悅》在藝文出版社出版。

二〇〇八 ・辛波絲卡的主題詩選《幸福的愛情和其他詩作》在a5出版社出版。

・二月十四日，辛波絲卡在曼加博物館出席了《幸福的愛情和其他詩作》的新書發表會，朗讀了詩作。

・四月，在羅馬波蘭文化中心的邀請下，辛波絲卡去西西里的巴勒莫（Palermo）和卡塔尼亞（Catania）參加作者見面會。

- 七月，拜訪了愛爾蘭的利默里克，還去了阿姆斯特丹和海牙（Den Haag），在那裡看了她深愛的維梅爾的畫作。卡特琳娜．卡蘭達－札列絲卡在她的紀錄片中把這些旅程都拍了下來。
- 十一月，理查．馬圖謝夫斯基出版了一本書《辛波絲卡給朋友的友情和玩笑禮物》，裡頭全是辛波絲卡寄給他們的拼貼明信片，這本書的印量是四千本。

二〇〇九

- 詩集《這裡》在跡象出版社出版。
- 一月二十七日，辛波絲卡出席在克拉科夫歌劇院舉辦的《這裡》的新書發表會，托瑪士．斯坦科也有在現場演奏。
- 三月／日月出席波隆那和烏迪內（Udine）的作者見面會，吸引了數千名讀者參加。
- 十月二十三日，辛波絲卡和謝默斯．悉尼、湯瑪斯．文克洛瓦一起出席了詩歌之夜，為第一屆米沃什文學節揭幕。

二〇一〇

- 五月，辛波絲卡參加布拉格書展。
- 五月四日，到切申看「邊界上的電影」系列放映，為的是看那些根據菲力普維奇小說改編的電影。詩集《這裡》被提名尼刻獎，辛波絲卡呼籲評審不要頒獎給她。
- 九月，論壇出版社（Wydawnictwie Agora）出版了附有四張CD的相簿，CD中有辛波絲卡讀詩的錄音（四十一首），也有九個歌手演唱她詩作的歌曲，還有卡特琳娜．卡蘭達－札列絲卡的紀錄片《有時人生可以忍受》。
- 十月二十七日，辛波絲卡在華沙波蘭電台的安格涅絲卡．奧西茨卡音樂廳舉辦作者見面會，這場見面會在波蘭電台第三頻道的節目上現場直播。
- 在辛波絲卡的發起下，《我們在康奈爾家。關於康奈爾．菲力普維奇的二三事》在藝文出版社出版，這本書中也收錄了辛波絲卡的詩作〈憑記憶畫出的肖像〉。

二〇一一 • 一月，辛波絲卡獲頒波蘭最高榮譽勳章：白鷹勳章（Order Orla Bialego）。

• 二月十四日，辛波絲卡最後一次出席公開場合，那是第二屆米沃什文學節，辛波絲卡在基督聖體聖殿朗讀詩作，同台的還有尤莉亞・哈特維格（Julia Hartwig）、拉斯・古斯塔弗森（Lars Gustafsson）和艾索克・瓦佩伊（Asók Wadźpeji）。

• 九月，辛波絲卡的主題詩選《植物的沉默》在跡象出版社出版，書中有附尤安娜・格羅麥克－伊格的攝影作品。

二〇一二 • 二月一日，辛波絲卡在自家公寓與世長辭。

• 四月，她的最後一本未完成的詩集《夠了》在a5出版社出版。

年表整理：尤安娜・什切斯納

謝辭

本書的完成要感謝許多人，包括辛波絲卡的朋友和熟人，我們和這些人交談，而他們也提供了我們許多他們收藏的照片和明信片，我們在此向這些人致上我們由衷的感謝：

史坦尼斯瓦夫・巴卜斯（Stanisław Balbus）、愛德華・巴策蘭（Edward Balcerzan）、亞采克・巴魯赫（Jacek Baluch）、瑪歌札塔・芭蘭諾芙絲卡（Małgorzata Baranowska）、史坦尼斯瓦夫・巴蘭恰克（Stanisław Barańczak）、亞采克・波亨斯基（Jacek Bocheński）、安德斯・波格達（Anders Bodegård）、塔瑪拉・費澤克－巴爾克維奇（Tamara Fizek-Borkowicz）、維克多・波里索夫（Wiktor Borisow）、塔德烏什・赫讓諾夫斯基（Tadeusz Chrzanowski）、米豪・奇賀（Michał Cichy）、芭芭拉・查欽絲卡（Barbara Czałczyńska）、卡爾・迪德西烏斯（Karl Dedecius）、弗拉絲塔・德佛拉克娃（Vlasta Dvořáčková）、布拉嘉・狄米羅特娃（Blaga Dimitrova）、阿薩爾・埃佩爾（Asar Eppel）、簡莫維特・費德茨基（Ziemowit Fedecki）、耶日・費曹斯基（Jerzy Ficowski）、瑪莉亞・菲力普維奇（Maria Filipowicz）、亞歷山大・菲力普維奇（Aleksander Filipowicz）、瑪莉亞・費澤克（Maria Fizek）、揚・帕威爾・加夫里克（Jan Paweł Gawlik）、耶日・吉德羅耶茨（Jerzy Giedroyc）、安娜・葛吉茨卡（Anna Godzicka）、齊格蒙・葛連（Zygmunt Greń）、伊蓮娜・格魯津斯卡－格羅斯（Irena

Grudzińska Gross）、尤莉亞・哈特維格（Julia Hartwig）、尤安娜・格羅麥克－伊格（Joanna Gromek-Illg）、耶日・伊格（Jerzy Illg）、尤安娜・海蘭德（Joanna Helander）、拉斯・海蘭德（Lars Helander）、湯瑪斯・雅思特隆（Tomasz Jastrun）、漢娜・葉德莉茨卡（Hanna Jedlicka）、瑪莉亞・卡洛塔－希曼絲卡（Maria Kalota-Szymańska）、皮約特・卡明斯基（Piotr Kamiński）、理查・卡普欽斯基（Ryszard Kapuściński）、雅妮娜・卡茲（Janina Katz）、萬妲・克羅明科娃（Wanda Klominkowa）、萊謝克・科瓦科夫斯基（Leszek Kołakowski）、泰瑞莎・柯札克（Teresa Korczak）、耶日・柯札克（Jerzy Korczak）、揚・柯辛斯基（Jan Kosiński）、安傑・柯西科（Andrzej Koszyk）、安妮娜・柯特（Aniela Kott）、烏舒拉・柯齊奧（Urszula Kozioł）、漢娜・克拉爾（Hanna Krall）、卡基米日・克拉瓦奇（Kazimierz Krawiarz）、克里斯汀娜・克里寧茨卡（Krystyna Krynicka）、理查・克里寧茨基（Ryszard Krynicki）、塔德烏什・克瓦特科夫斯基（Tadeusz Kwiatkowski）、波古斯娃・拉特維茨（Bogusława Latawiec）、史坦尼斯瓦夫・萊姆（Stanisław Lem）、艾娃・莉普絲卡（Ewa Lipska）、耶日・利索夫斯基（Jerzy Lisowski）、克里斯多弗・利索夫斯基（Krzysztof Lisowski）、沃基米日・馬強哥（Włodzimierz Maciąg）、布朗尼斯瓦夫・梅伊（Bronisław Maj）、湯瑪斯・麥耶蘭（Tomasz Majeran）、亨利克・馬可維奇（Henryk Markiewicz）、蓋博拉・瑪圖謝克（Gabriela Matuszek）、理查・馬圖謝夫斯基（Ryszard Matuszewski）、伊莎貝拉・米豪絲卡（Izabella Michalska）、丹奴塔・米豪沃芙絲卡（Danuta Michałowska）、亞當・米赫尼克（Adam Michnik）、阿圖・緬濟哲茨基（Artur Międzyrzecki）、泰瑞莎・梅塔－米科維耶維奇（Teresa Miętta-Mikołajewicz）、切斯瓦夫・米沃什（Czesław Miłosz）、克莉絲汀娜・莫奇絲卡（Krystyna Moczulska）、萊謝克・A・莫奇斯基（Leszek A. Moczulski）、瑪歌札塔・慕謝若維奇（Małgorzata Musierowicz）、安納多利・奈曼（Anatolij Najman）、李歐納・紐格爾（Leonard Neuger）、茲齊絲瓦芙・諾斯克瓦克（Zdisława Noskowiak）、耶

日・諾斯克瓦克（Jerzy Nowskowiak）、丹奴塔・諾瓦科芙絲卡－柯瓦（Danuta Nowakowska-Kowal）、格里高日・諾瑞克（Grzegorz Nurek）、塔德烏什・尼朵克（Tadeusz Nyczek）、安娜・歐特朗貝絲卡（Anna Otrębska）、安東尼・帕夫拉克（Antoni Pawlak）、揚・皮耶西恰赫維奇（Jan Pieszczachowicz）、耶日・皮赫（Jerzy Pilch）、愛哲別塔・平德（Elżbieta Pindel）、揚・平德（Jan Pindel）、安娜・波隆尼（Anna Polony）、伊蓮娜・皮塔克（Irena Ptak）、米豪・拉德古夫斯基（Michał Radgowski）、比賽卡・萊伊奇（Biserka Rajčić）、尤安娜・若妮可（Joanna Ronikier）、安傑・羅特蒙德（Andrzej Rottermund）、泰德烏什・羅特蒙德（Tadeusz Rottermund）、史坦尼斯瓦夫・魯熱維奇（Stanisław Różewicz）、安娜・魯德尼茨卡（Anna Rudnicka）、米豪・魯辛涅克（Michał Rusinek）、米豪・林姆夏（Michał Rymsza）、尤安娜・薩拉蒙（Joanna Salamon）、列赫・休達（Lech Siuda）、馬切伊・斯沃姆琴斯基（Maciej Słomczyński）、瑪格妲蓮娜・斯莫琴絲卡（Magdalena Smoczyńska）、瑪莉亞・史達拉（Maria Stala）、羅伯特・史迪樂（Robert Stiller）、耶日・蘇迪科夫斯基（Jerzy Surdykowski）、揚・約瑟夫・什切潘斯基（Jan Józef Szczepański）、瑪歌札塔・舍赫瓦（Małgorzata Szerchowa）、伊蓮娜・希曼絲卡（Irena Szymańska）、維多・圖札（Witold Turdza）、格里戈日・圖瑙（Grzegorz Turnau）、耶日・圖若維奇（Jerzy Turowicz）、瓦茨瓦夫・特瓦吉克（Wacław Twardzik）、安傑・華依達（Andrzej Wajda）、泰瑞莎・華樂絲（Teresa Walas）、拉菲・魏切特（Rafi Weichert）、大衛・溫費德（David Weinfeld）、雅尼娜・沃羅西絲卡（Janina Woroszylska）、亞朵克・沃吉尼亞科夫斯基（Jacek Woźniakowski）、瑪爾塔・維卡（Marta Wyka）、克莉絲汀娜・札哈瓦特維奇（Krystyna Zachwatowicz）、亞當・札蓋耶夫斯基（Adam Zagajewski）、愛哲別塔・札古斯基（Elżbieta Zagórska）、克莉絲汀娜・札列絲卡（Krystyna Zaleska）、愛哲別塔・札亨特（Elżbieta Zachenter）、亞歷山大・簡內（Aleksander Ziemny）、卡特琳娜・齊梅樂（Katarzyna Zimmerer）。

我們感謝我們的編輯尤安娜・格羅麥克－伊格，沒有她的幫助和付出，這本書無法這麼快出版。

我們也感謝安娜・舒琴絲卡（Anna Szulczyńska）、伊蓮娜・亞格西（Irena Jagosze）和阿圖・切薩克（Artur Czesak）的大力協助。

我們也謝謝本書第一版的編輯安娜・多吉克（Anna Dodziuk）和皮約特・碧孔特（Piotr Bikont）。

然後我們想再次感謝米豪・魯辛涅克（Michal Rusinek）所做的一切。

19 出自訪談〈文學節〉，請見：Piotr Najsztub, *Święto literatury*, "Przekrój", 5 September 2004.

chapter 22——關於不誇張的死亡及未發表的詩作

1 「Non omnis moriar——過早的不安。」出自辛波絲卡的詩〈巨大的數目〉，收錄在《巨大的數目》（1976）這本詩集中。「我帶著翅膀死去，我會在實用的爪子中復活。／出自愛的Non omnis moriar。」出自辛波絲卡的詩〈剩餘〉，收錄在《鹽》（1962）這本詩集中。「一邊是喉嚨，一邊是輕盈 ／很快就沉默的笑聲。／這邊是沉重的心靈，那邊是 non omnis moriar」出自辛波絲卡的詩〈自我分割〉，收錄在《萬一》（1972）這本詩集中。

2 出自尤里安・孔浩瑟的文章〈閱讀《橋上的人們》〉（*Notatki w czasie lektury Ludzie na Moście Wisławy Szymborskiej*）。請見：Julian Kornhauser, *Notatki w czasie lektury Ludzie na Moście Wisławy Szymborskiej*, "Odra", March 1989, nr 3.

3 辛波絲卡在1998年10月27－29日於克拉科夫教育大學舉辦的「康奈爾・菲力普維奇：人生及創作」研討會上提到這件事，她的話也可以在研討會論文集《康奈爾・菲力普維奇：肖像的素描》中讀到。

4 出自訪談〈我和辛波絲卡共度的人生〉。

5 出自訪談〈我會抵抗〉。

6 出自米豪・格沃溫斯基的文章〈假期一景的深刻意義〉（*Obrazek z wakacji i wielkie znaczenie. O poezji Wisławy Szymborskiej*）。請見：Michał Głowiński, *Obrazek z wakacji i wielkie znaczenie. O poezji Wisławy Szymborskiej*, in: *Monolog wewnętrzny Telimeny i inne szkice*, Warszawa 2007.

7 出自瑪歌札塔・芭蘭諾芙絲卡的文章〈冒號的祕密和本質〉（*Tajemnica i istota dwukropka*）。請見：Małgorzata Baranowska, *Tajemnica i istota dwukropka*, "Gazeta Wyborcza", 28 September 2006.

8 出自塔德烏什・尼采克的文章〈在世上走一遭的使用說明〉（*Instrukcja obsługi bycia sobie raz*）。請見：Tadeusz Nyczek, *Instrukcja obsługi bycia sobie raz*, "Przekrój", 24 November 2005.

9 出自耶日・皮赫的文章〈關於辛波絲卡的新詩集〉（*O nowym tomiku Szymborskiej*）。請見：Jerzy Pilch, *O nowym tomiku Szymborskiej*, "Dziennik", 6 February 2009.

10 出自訪談〈今天車子看到馬車會嚇壞〉（*Samochody płoszą się dziś na widok konia*）。請見：Joanna Szczęsna, *Samochody płoszą się dziś na widok konia*, "Gazeta Wyborcza", 27 January 2009.

11 出自米豪・魯辛涅克在辛波絲卡紀念會上的發言，這場會面於2012年2月9日於克拉科夫當代藝術博物館舉辦。

2 出自辛波絲卡寫給選舉報的澄清信（刊登在1998.01.31 – 02.01那一期的報紙）。辛波絲卡的信刊出後，這首詩真正的作者投書《選舉報》解釋，這首詩是一種文學上的挑釁，目的是為了「嘲笑缺乏批判思考的評論家和讀者，他們唯一評斷作品優劣的標準是詩人的知名度」。

3 出自《新非指定閱讀，1997 – 2002》（2002）中關於安傑・法紐夫斯基（Andrzej Falniowski）所著的《軟體動物在演化上的正道和歧途》（*Drogi I bezdroża ewolucji mięczaków*）之書評。

4 出自揚・茨文斯基的文章〈她自己就是秘書〉（*Sama sobie sekretarzem*）。請見：Jan Cywiński, *Sama sobie sekretarzem*, "Gazeta Wyborcza", 2 April 2012.

5 出自訪談〈你是個詩人，因為你有寫詩〉（*Poeta jest, bo są wiersze*）。請見：Małgorzata Niemczyńska, *Poeta jest, bo są wiersze*, "Gazeta Wyborcza", 3 February 2012.

6 出自訪談〈我和辛波絲卡共度的人生〉。

chapter 21 —— 一個克拉科夫，兩個諾貝爾文學獎得主

1 請見：Wisława Szymborska, *Onieśmielenie*, "Gazeta Wyborcza", 30 June – 1 July 2001. Reprint in: Wisława Szymborska, *Nowe lektury nadobowiązkowe 1997 – 2002.*

2 同上。

3 同上。

4 出自米沃什於1997年1月寫給本書作者的信。

5 出自米沃什的文章〈我不是老早就說過了嗎？〉（*A nie mówiłem?*）。請見：Czesław Miłosz, *A nie mówiłem?*, "Tygodnik Powszechny" 1996, nr 41.

6 同上。

7 出自泰瑞莎・華樂絲主持的波蘭電視台第一頻道的訪談〈對世界感到驚奇的一課〉。

8 出自湯瑪斯・雅思特隆的文章〈在諾貝爾的爪子中〉（*W szponach Nobla*），請見：Tomasz Jastrun, *W szponach Nobla*, "Twój Styl", 1997, nr 12.

9 出自馬青・皮亞瑟茨基（Marcin Piasecki）的文章〈王宮的座談〉（*Królewskie spotkanie*），請見：Marcin Piasecki, *Królewskie spotkanie*, "Gazeta Wyborcza", 10 – 11 May 1997.

10 出自米沃什所編的《發光事物錄：一本國際詩選》（1994）。

11 請見：Czesław Miłosz, *Szymborska i Wielki Inkwizytor*, "Dekada Literacka" 2003, nr 5 – 6.

12 出自訪談〈給詩的一點寧靜〉（*Trochę ciszy dla poezji*）。請見：Dariusz Wieromiejczyk, *Trochę ciszy dla poezji*, "Życie", 5 -6 October 1996.

13 出自訪談〈懷疑的詩人〉。

14 出自安娜・魯德尼茨卡和塔德烏什・尼采克訪談辛波絲卡所寫的文章〈我站在人們那一邊〉。

15 出自耶日・伊格所著的《我的跡象。關於諾貝爾文學獎得主、卡巴萊表演、朋友、書和女人》。

16 出自伊雷娜・格魯津斯卡—格羅斯的訪談文章〈詩人可以喜歡彼此嗎？〉（*Czy poeci mogą się lubić*）。請見：Irena Grudzińska Gross, *Czy poeci mogą się lubić*, "Gazeta Wyborcza", 5 September 1998.

17 出自辛波絲卡的專欄文章〈膽怯〉。

18 出自泰瑞莎・華樂絲在辛波絲卡紀念會上的發言，這場會面於2012年2月9日於克拉科夫當代藝術博物館舉辦。

8 出自波古斯娃・拉特維茨的文章〈玫瑰會吻誰〉（*Kogo róża pocałuje*）。請見：Bogusława Latawiec, *Kogo róża pocałuje*, “Odra” 1998, nr 4.

9 這場活動是a5出版社和跡象出版社的聯合新書發表會。a5出版的是辛波絲卡的詩選《有一粒沙的景色》（*Widok z ziarnkiem piasku*），跡象出版社出版的是《閱讀辛波絲卡的喜悅。評論文選》，裡面收錄了數十篇關於辛波絲卡詩作的評論。

10 請見：Jacek Trznadel, *Wisława Szymborska, “Dlatego żyjemy”*, “Twórczość”, March 1953; Jacek Trznadel, *Wisława Szymborska, “Pytanie zadawane sobie”*, “Twórczość”, December 1954.

11 請見：Andrew Nagorski, *A life “Upside-Down”*, “Newsweek”, 10 February 1997.

12 出自波古斯娃・拉特維茨的文章〈玫瑰會吻誰〉。

13 請見：Marzena Bomanowska, *Szymborska w kobaltowej etoli*, “Gazeta w Łodzi”, suplement to “Gazeta Wyborcza”, 3 December 1996; Zofia Kraszewska, *Ubierałam Wisława Szymborską*, talk with Anna Skórska, fashion designer, “Agora”, 15 December 1996.

14 請見：Piotr Cegielski, *Szymborska w Sztokholmie*, “Gazeta Wyborcza”, 7 December 1996; Elżbieta Sawacka, *Nie umiem pisać przemówień*, “Rzeczpospolita”, 7 – 8 December 1996; Ewa Johnson, *Wisława Szymborska już w Sztokholmie*, “Życie”, 4 – 8 December 1996.

15 出自波古斯娃・拉特維茨的文章〈玫瑰會吻誰〉。

16 出自波古斯娃・拉特維茨的文章〈玫瑰會吻誰〉。

17 出自皮約特・策格斯基的文章〈維斯瓦娃・辛波絲卡在瑞典人之間〉（*Wisława Szymborska wśród Szwedów*）。請見：Piotr Cegielski, *Wisława Szymborska wśród Szwedów*, “Gazeta Wyborcza”, 12 December 1996.

18 出自波古斯娃・拉特維茨的文章〈玫瑰會吻誰〉。

19 出自皮約特・策格斯基的文章〈諾貝爾文學獎的試煉〉（*Noblowska próba*）。請見：Piotr Cegielski, *Noblowska próba*, “Gazeta Wyborcza”, 11 December 1996.

20 出自耶日・伊格的文章〈奪下斯德哥爾摩〉（*Sztokholm wzięty*）。請見：Jerzy Illg, *Sztokholm wzięty*, “Tygodnik Powszechny”, 22 – 29 December 1996.

21 出自皮約特・策格斯基的文章〈維斯瓦娃・辛波絲卡在瑞典人之間〉。

22 出自辛波絲卡《非指定閱讀》（1996）關於瓦迪斯瓦夫・柯帕林斯基（Władysław Kopaliński）所著的《關於平凡事物的故事》（*Opowieści o rzeczach powszednich*）的評論。

23 出自李歐納・紐格爾的文章〈延遲的跡象〉（*Znaki odroczenia*）。請見：Leonard Neuger, *Znaki odroczenia*, “Tygodnik Powszechny”, 12 February 2012.

24 出自訪談〈我是一個微小的人〉（*Jestem osobą kameralną*）。請見：Marcin Baran, Albrecht Lempp, *Jestem osobą kameralną*, “Przekrój”, 29 October 2000.

25 出自波古斯娃・拉特維茨的文章〈她因勝利而疲累〉（*Zmęczona tryumfem*）。請見：Bogusława Latawiec, *Zmęczona tryumfem*, “Głos Wielkopolski”, 10 December 1996.

chapter 20 —— 第一詩人和她的第一秘書

1 出自《新非指定閱讀，1997 – 2002》（2002）中關於艾麗斯・卡拉普賴斯（Alice Calaprice）所編的《愛因斯坦語錄》之書評。

chapter 18 —— 諾貝爾文學獎前的最後時光

1 出自辛波絲卡1991年7月27日寫給伊蓮娜・希曼絲卡的明信片。

2 出自辛波絲卡在歌德文學獎頒獎典禮上的演說〈我珍惜懷疑〉。

3 出自辛波絲卡《非指定閱讀》(1996)中關於揚・貢多維奇(Jan Gondowicz)所著的《美妙的動物學之補充》(*Zoologia fantastyczna – uzupełnienie*)的書評。

4 出自辛波絲卡《非指定閱讀》(1973)中關於莫利斯・貝紐夫斯基(Maurycy Beniowski/Maurice Benyowsky)所著的《貝紐夫斯基回憶錄:巴爾同盟摘錄》(*Maurycy Beniowski, Pamiętniki. Fragment konfederacki*)的書評。

5 出自波古斯娃・拉特維茨的文章〈我在,我看見〉。

6 出自訪談〈麥克風會把我們吃掉〉(*Zjedzą nas mikrofony*)。請見:Ryszard F. Kozik, *Zjedzą nas mikrofony*, "Gazeta w Krakowie", suplement to "Gazeta Wyborcza", 30 November 1993.

7 出自辛波絲卡《非指定閱讀》(1973)中關於瓦迪斯瓦夫・度倫巴(Władysław Dulęba)和蘇菲亞・索科沃芙絲卡(Zofia Sokołowska)合著的《韓德爾》一書的書評。

8 出自耶日・皮赫告訴《選舉報》(2012.02.12)的話。

9 出自安娜・魯德尼茨卡和塔德烏什・尼采克訪談辛波絲卡所寫的文章〈我站在人們那一邊〉。

10 出自辛波絲卡領取榮譽博士時的演說,這段演說的文字紀錄可在《辛波絲卡周邊的事》(*Wokół Szymborskiej*)這本書中讀到。

11 這首四行詩的作者其實是維多・圖札(Witold Turdza),瓦茨瓦夫・特瓦吉克請他寫了這首詩。

12 出自辛波絲卡的專欄「非指定閱讀」。請見:Wisława Szymborska, *Lektury nadobowiązkowe*, "Odra", 11 November 1986.

13 出自卡特琳娜・卡蘭達—札列絲卡的文章〈和維斯瓦娃小姐同遊〉(*Podróże z Panią Wisławą*)。請見:Katarzyna Kolenda-Zaleska, *Podróże z Panią Wisławą*, "Gazeta Wyborcza", 4 February 2012.

chapter 19 —— 在斯德哥爾摩和國王抽菸

1 出自湯瑪斯・雅思特隆的文章〈在諾貝爾的爪子中〉(*W szponach Nobla*)。請見:Tomasz Jastrun, *W szponach Nobla*, "Twój Styl" 1997, nr 12.

2 出自米羅斯瓦夫・科吉明(Mirosław Koźmin)和馬瑞克・索提希克(Marek Sołtysik)的文章〈我寧可有個替身〉(*Wolałabym mieć sobowtóra*)。請見:Mirosław Koźmin, Marek Sołtysik, *Wolałabym mieć sobowtóra*, "Super Express", 5 – 6 October 1996.

3 出自訪談〈被包圍的情況〉。

4 出自安傑・克羅明涅克的文章〈關於亞當〉,收錄在收錄在《給亞當的時刻:回憶、詩歌和翻譯》一書中。

5 出自亞歷山大・簡內的文章〈詩歌和市場〉,收錄在《你和我》月刊中。

6 出自皮約特・策格斯基的文章〈明天1996年的諾貝爾文學獎得主即將揭曉〉(*Jutro literacki Nobel'96*)。請見:Piotr Cegielski, *Jutro literacki Nobel'96*, "Gazeta Wyborcza", 2 October 1996.

7 出自史坦尼斯拉夫・巴蘭恰克的文章〈周圍一切的音樂〉(*Muzyka tego, co się dzieje*)。請見:Stanisław Barańczak, *Wstęp. "Muzyka tego, co się dzieje"*, in: Seamus Heaney, *44 wiersze*, Kraków 1995.

tórzy lubią poezji – Wisława Szymborska）。

chapter 17 —— 關於譯者及翻譯，也就是每首詩都是問題

1 出自迪德西烏斯的《來自羅茲的歐洲人》。

2 出自迪德西烏斯於1997年4月24日寫給安娜・碧孔特的信。

3 出自辛波絲卡在歌德文學獎頒獎典禮上的演說〈我珍惜懷疑〉。

4 出自迪德西烏斯在歌德文學獎頒獎典禮上的演說〈思緒的詩意島嶼〉（*Poetycka wyspa myśli*），文字紀錄請見：Karl Dedecius, *Poetycka wyspa myśli. Laudacja ku czci Wisławy Szymborskiej wygłoszona we frankfurckim kościele św. Pawła*, "Tygodnik Powszechny", 15 September 1991.

5 出自〈讓我們為Pi乾一杯祝它長命百歲〉（*Wypijmy za zdrowie Pi*）。請見：*Wypijmy za zdrowie Pi*, "Magazyn Miłośników Matematyki" 2004, nr 2.

6 卡爾・沙巴赫透過我們把這封寫於1997年5月13日的信轉交給辛波絲卡。他在信中說：「您的許多詩中充滿珍貴、和自然有關的潛台詞，這讓我敬佩不已。我對詩沒有狂熱，但是您的詩真的很令我印象深刻。」

7 出自安納多利・奈曼於1997年1月寫給本書作者的信。

8 出自辛波絲卡的秘書米豪・魯辛涅克所著的〈辛波絲卡在以色列〉（*Szymborska w Izrealu*）一文。請見：Michał Rusinek, *Szymborska w Izrealu*, "Odra" 2005, nr 2.

9 出自史坦尼斯瓦夫・巴蘭恰克於1997年3月31日寫給尤安娜・什切斯納的信。

10 請見：Michał Kleofas Ogiński, Romanse, version of Polish works prepared Wisława Szymborska, Kraków 1962.

11 出自辛波絲卡《非指定閱讀》（1992）中關於亞當・瓦齊克翻譯的賀拉斯詩集《給琉科諾亞。二十二首奧德》的評論。

12 請見：Icik Manger, "Anakreonta pieśń wiosenna", translated by Wisława Szymborska, in: *Antologia poezji żydowskiej*, ed. Salomon Łastik, Warszawa 1983.

13 出自史坦尼斯瓦夫・巴卜斯收錄在《閱讀辛波絲卡的喜悅。評論文選》的序文〈這麼少詩作，這麼大的詩意〉（*Tak mało wierszy, tak wiele poezji*）。

14 出自安德斯・波格達在辛波絲卡紀念會上的發言，這場會面於2012年2月9日於克拉科夫當代藝術博物館舉辦。

15 出自皮約特・策格斯基（Piotr Cegielski）的文章〈安德斯・波格達，譯界的莫札特〉（*Anders Bodegård, Mozart przekładu*）。請見：Piotr Cegielski, *Anders Bodegård, Mozart przekładu*, "Szwecja", supplement to "Gazeta Wyborcza", 12 May 1997.

16 出自瑪格妲・海德（Magda Heydel）的文章〈跨越界線：辛波絲卡和米沃什做為美國詩人〉（*Przekraczanie granic. Szymborska i Miłosz jako poeci amerykańscy*）。請見：Magda Heydel, *Przekraczanie granic. Szymborska i Miłosz jako poeci amerykańscy*, "Tygodnik Powszechny", 25 February 2001.

17 出自史坦尼斯瓦夫・巴蘭恰克的文章〈美國化的維斯瓦娃，或我如何和一名年輕美國女性翻譯〈關於色情〉〉（*Amerykanizacja Wisławy, albo o tym, jak wraz z pewną młodą Kalifornijką tłumaczyłem „Głos w sprawie pornografii"*），收錄在《閱讀辛波絲卡的喜悅。評論文選》一書中。

18 出自訪談〈波蘭很多人有點瘋，但我喜歡這樣〉。

13 出自辛波絲卡的文章〈我一直很喜歡媚俗〉。

14 出自辛波絲卡《非指定閱讀第二部》(1981)中關於雅努什·杜寧(Janusz Dunin)所著的《紙上強盜》(*Papierowy bandyta*)的書評。

15 請見:Wisława Szymborska, *Poczta Literacka*, "Życie Literackie" 1963, nr 7.

16 出自辛波絲卡於1974年2月22日寄給簡莫維特·費德茨基的明信片。

17 出自辛波絲卡《非指定閱讀》關於瓦夫津涅茨·祖瓦夫斯基所著的《來自岩壁的訊息》(*Sygnały ze skalnych ścian*)的評論。請見:Wisława Szymborska, *Lektury nadobowiązkowe*, "Życie Literackie", 18 February 1968.

18 出自安娜·魯德尼茨卡所著的〈辛波絲卡——石膏。仁慈的命運稍微打擊了她,尤其是鼻子〉一文。

19 請見:Wisława Szymborska, *A co z Teatrem Rapsodycznym?*, "Przegląd Kulturalny", 13 – 19 December 1956.

20 出自泰瑞莎·華樂絲主持的波蘭電視台第一頻道的訪談〈對世界感到驚奇的一課〉。

21 出自辛波絲卡1971年3月11日寄給艾娃·莉普絲卡的明信片。

22 出自辛波絲卡《非指定閱讀》(1996)中關於榮格所著的《夢的本質》的書評。

23 出自辛波絲卡《非指定閱讀》(1992)中關於《維梅爾畫冊》的評論。

24 出自安傑·奧森卡的文章〈大師手筆的清晨〉(*Mistrzostwo poranka*)。請見:Andrzej Osęka, *Mistrzostwo poranka*, "Gazeta Wyborcza", 3 July 2002.

25 辛波絲卡在1998年10月27 – 29日於克拉科夫教育大學舉辦的「康奈爾·菲力普維奇:人生及創作」(Życie I twórczość Kornela Filipowicza)研討會上提到這件事,她的話也可以在研討會論文集《康奈爾·菲力普維奇:肖像的素描》中讀到。

chapter 16 —— 八〇年代以及偷偷讚賞陰謀

1 出自辛波絲卡的專欄「棄文集」。請見:Wisława Szymborska, *Z tekstów odrzuconych*, "Pismo" 1981, nr 1.

2 出自辛波絲卡的專欄「棄文集」。請見:Wisława Szymborska, *Z tekstów odrzuconych*, "Pismo" 1981, nr 4.

3 出自辛波絲卡的專欄「棄文集」。請見:Wisława Szymborska, *Z tekstów odrzuconych*, "Pismo" 1981, nr 4.

4 出自辛波絲卡寄給簡莫維特·費德茨基的明信片,這張明信片被收藏在華沙的文學博物館中。

5 出自烏舒拉·柯齊奧在辛波絲卡紀念會上的發言,這場會面於2012年2月9日於克拉科夫當代藝術博物館(Muzeum Sztuki Współczesnej w Krakowie)舉辦。

6 出自沃基米日·馬強哥的文章〈他是個人物〉(*Był postacią*),收錄在《我們在康奈爾家。關於康奈爾·菲力普維奇的二三事》中。

7 出自辛波絲卡的文章〈我不能接受這個獎〉(*Nie mogę przyjąć*)。請見:Wisława Szymborska, *Nie mogę przyjąć*, "Tygodnik Powszechny", 5 July 1987.

8 出自辛波絲卡所著的〈無題〉,收錄在《給亞當的時刻:回憶、詩歌和翻譯》一書中。

9 出自耶日·皮赫的文章〈康奈爾的歸來〉(*Powrót Kornela Filipowicz*)。請見:Jerzy Pilch, *Powrót Kornela Filipowicz*, "Dziennik", 28 August 2007.

10 出自耶日·皮赫的文章〈這很康奈爾〉(*Cały Kornel*),這篇文章收錄在《我們在康奈爾家。關於康奈爾·菲力普維奇的二三事》中。

11 出自波古斯娃·拉特維茨的文章〈我在,我看見〉。

12 出自德國導演安傑·柯西科(Andrzej Koszyk)1996年拍的紀錄片《辛波絲卡:有些人喜歡詩》(*Niek-*

15 出自烏舒拉・柯齊奧的文章〈維賽卡〉。請見：Urszula Kozioł, *Wisełka*, "Odra", November 1996.

16 出自國家記憶研究院（Instytut Pamięci Narodowej）收藏的「維斯瓦娃・辛波絲卡」檔案，檔案編號：IPN Kr 010/11977.

17 請見國家記憶研究院（Instytut Pamięci Narodowej）收藏的「康奈爾・菲力普維奇」檔案，檔案編號：IPN Kr 00100/60/Diazo.

18 出自揚・皮耶西恰赫維奇的文章〈最聰明的事就是活著〉（*Najmądrzej jest po prostu żyć*），請見：Jan Pieszczachowicz, *Najmądrzej jest po prostu żyć*, "Gazeta Wyborcza", 27 – 28 February 1999.

19 請見：Teresa Walas, "Dekada Literacka" 1996, nr 3.

20 出自烏舒拉・柯齊奧的文章〈戴著金冠的康奈爾〉。

21 引自亞當・羅林斯基（Adam Roliński）的著作《檔案中的小波蘭省反對人士：1976 – 1980》（*Opozycja małopolska w dokumentach 1976 – 1980*）。請見：Adam Roliński, *Opozycja małopolska w dokumentach 1976 – 1980*, Kraków 2003.

22 耶日・皮赫的這段話也可以在卡特琳娜・卡蘭達—札列絲卡（Katarzyna Kalenda-Zaleska）的紀錄片《有時人生可以忍受》中看到。

chapter 15 —— 有紀念性的破銅爛鐵，好友和夢

1 出自辛波絲卡《非指定閱讀》（1992）中關於揚・索科沃夫斯基（Jan Sokołowski）所著的《波蘭鳥類圖鑑》（*Ptaki Polski*）的評論。

2 出自辛波絲卡《非指定閱讀第二部》（1981）中關於彼得・泰赫曼（Peter Teichmann）所著的《當狗兒生病》的評論。

3 出自訪談〈我想要當克里斯汀娜・克里寧茨卡的貓〉（*Chciałabym być kotem Krysi Krynickiej*）。請見：Tadeusz Nyczek, *Chciałabym być kotem Krysi Krynickiej*, "Przekrój", 22 January 2009.

4 出自訪談〈懷疑的詩人〉。

5 出自辛波絲卡的文章〈我一直很喜歡媚俗〉（*Zawsze miałam serce do kiczu*）。請見：Wisława Szymborska, *Zawsze miałam serce do kiczu*, "Przekój", 11 April 1993.

6 請見："Informator Cieszyńskiego Klubu Hobbystów" 1974, nr 8, cited in "Głos Ziemi Cieszyńskiej", 1 November 1996.

7 出自安娜・卡明絲卡的文章〈您給我們寄來了鈕扣〉。請見：Anna Kamińska, *Guzik pan nam przysłał*, "Wysokie Obcasy", "Gazeta Wyborcza", 16 Jaunuary 2010.

8 出自辛波絲卡《新非指定閱讀，1997 – 2002》（2002）中關於茲畢格涅夫・科斯切瓦（Zbigniew Kostrzewa）所著的《文學中的鈕扣》（*Guzik w literaturze*）的書評。

9 出自辛波絲卡的文章〈我一直很喜歡媚俗〉。

10 出自辛波絲卡的文章〈我一直很喜歡媚俗〉。

11 出自瑪歌札塔・芭蘭諾芙絲卡的《不知道這件事是如此輕鬆……辛波絲卡和世界》，請見：Małgorzata Baranowska, *Tak lekko było nic o tym nie wiedzieć...Szymborska i świat*, Wrocław 1996.

12 出自辛波絲卡《非指定閱讀》（1996）中關於詹姆士・普特南（James Putnam）所著的《木乃伊》（*Mummy*）的評論。

32《文學筆記》的編輯芭芭拉・托倫契克（Barbara Toruńczyk）後來寫信給魯辛涅克，說：「如果以後您家孩子毀了什麼東西，而辛波絲卡為此寫詩並且在我們雜誌上發表，我會賠償您所有的損失。」

33 出自尤安娜・什切斯納所寫的辛波絲卡訪談〈爬上一首詩是很辛苦的〉。

34 同上。

35 出自亞羅斯瓦夫・米科沃耶夫斯基的文章〈在這簡單的一切之下〉（*Co jest pod tą prostotą*），請見：Jarosław Mikołajewski, *Co jest pod tą prostotą*, "Gazeta Wyborcza", 4 – 5 February 2012.

chapter 14 —— 和康奈爾・菲力普維奇一起釣魚、採蘑菇和生活

1 辛波絲卡在1998年10月27 – 29日於克拉科夫教育大學舉辦的「康奈爾・菲力普維奇：人生及創作」研討會上提到這件事，她的話也可以在研討會論文集《康奈爾・菲力普維奇：肖像的素描》（*Kornel Filipowicz. Szkice do poertretu*）中讀到。

2 出自亞當・沃德克的書《我們的戰利品》。

3 原文為*Chłodny umysł i nieskore odruchy geologa...*，請見卡基米日・維卡所著的《邊界上的小說》（*Pogranicze powieści*, Kraków 1974）。

4 出自卡爾・迪德西烏斯的《來自羅茲的歐洲人》。

5 出自烏舒拉・柯齊奧的文章〈戴著金冠的康奈爾〉（*Kornel w złotej koronie*），收錄在《我們在康奈爾家。關於康奈爾・菲力普維奇的二三事》（*Byliśmy u Kornela. Rzecz o Kornelu Filipowicz*）中。請見：Urszula Kozioł, *Kornel w złotej koronie*, in: *Byliśmy u Kornela. Rzecz o Kornelu Filipowicz*, ed. Krzysztof Lisowski, Kraków 2010.

6 出自史坦尼斯瓦夫・魯熱維奇在1997年1月寫給本書作者的信。

7 出自辛波絲卡《非指定閱讀第二部》（1981）中關於伊沃娜・亞欽娜（Iwona Jacyna）所著的《柏油大地》（*Ziemia w asfalcie*）的書評。

8 出自2011年1月21日辛波絲卡在藝文出版社的新書發表會上說的話。

9 出自揚・帕威爾・加夫里克在1997年9月15日寫給尤安娜・什切斯納的信，這個小故事也可以在揚・帕威爾・加夫里克所寫的文章〈玩笑和故事〉（*Żart I historia*）中看到（收錄在《我們在康奈爾家。關於康奈爾・菲力普維奇的二三事》一書）。

10 出自茲畢格涅夫・孟采的文章〈我，一條與眾不同的魚〉（*Ja, ryba odrębna*）。請見：Zbigniew Mentzel, *Ja, ryba odrębna*, "Tygodnik Powszechny", October 1997.

11 出自菲力普維奇在1977年6月25日寫給迪德西烏斯的信，這篇文章〈菲力普維奇寫給迪德西烏斯的信〉（*Lisy Kornela Filipowicza do Karla Dedeciusa*）被收錄在《我們在康奈爾家。關於康奈爾・菲力普維奇的二三事》一書中。

12 出自辛波絲卡《非指定閱讀》（1996）中關於漢娜・梅西科芙絲卡（Hanna Mieszkowska）和沃伊切赫・梅西科夫斯基（Wojciech Mieszkowski）所著的《如何DIY整修你家》（*Naprawy i przeróbki w moim mieszkaniu*）的書評。

13 請見："Dekada Literacka" 1996, nr 3. Reprint "NaGłos", October 1996, nr 24 (49).

14 出自辛波絲卡《新非指定閱讀，1997 – 2002》（2002）中關於耶日・圖巴薩（Jerzy Turbasa）所著的《男士優雅穿著入門》（*ABC męskiej elegancji*）的書評。

8 出自瑪莉亞・卡洛塔—希曼絲卡在1997年2月14日寫給安娜・碧孔特的信。

9 出自克里斯汀娜・納斯圖蘭卡（Krystyna Nastulanka）的文章〈回到根源。和辛波絲卡交談〉。

10 出自烏舒拉・柯齊奧的文章〈相似的例子〉（*Przekład podobieństwa*）。請見：Urszula Kozioł, *Przekład podobieństwa*, "Poezja", April 1968, nr 4.

11 出自揚・貢多維奇的文章〈用詩歌去習慣〉（*Oswajanie poezją*）。請見：Jan Godorowicz, *Oswajanie poezją*, "Kultura", 15 April 1973, nr 15.

12 出自安娜・魯德尼茨卡和塔德烏什・尼采克訪談辛波絲卡所寫的文章〈我站在人們那一邊〉（*Jestem po stronie ludzi*）。請見：Anna Rudnicka, Tadeusz Nyczek, *Jestem po stronie ludzi*, "Gazeta Wyborcza", 7 October 1996.

13 出自茲畢格涅夫・赫伯特的〈學校課本中的眾神〉（*Bogowie z zeszytów szkolnych*）。請見：Zbigniew Herbert, *Bogowie z zeszytów szkolnych*, "Rzreczpospolita" 19 – 20 July 1997.

14 出自〈布朗尼斯基、高青斯基和吐溫〉（*Broniewski – Gałczyński – Tuwin*），這場討論是關於學生和讀者對詩的解讀。討論會的其他與會者包括沃基米日・馬強哥、蘇菲亞・烏卡秋娃（Zofia Łukaczowa）和約瑟夫・馬西林斯基。請見：*Broniewski – Gałczyński – Tuwin*, "Życie Literackie" 1964, nr 2.

15 出自辛波絲卡《非指定閱讀》（1996）中關於瑟維林・波拉克（Seweryn Pollak）所編的《和約瑟夫・切霍維茨相遇》（*Spotkanie z Czechowiczem*）的書評。

16 請見阿圖爾・緬濟哲斯基的《詩集，1946 – 1996》（*Wiersze 1946 – 1996*, Kraków 2006）中辛波絲卡寫的序。

17 出自克里斯汀娜・納斯圖蘭卡的文章〈回到根源。和辛波絲卡交談〉。

18 出自〈和維斯瓦娃・辛波絲卡交談〉（*Rozmowa z Wisławą Szymborską*）。請見：Barbara Mróz, *Rozmowa z Wisławą Szymborską*, "Poglądy", 15 July 1963.

19 出自訪談〈被包圍的情況〉（*Stan oblężenia*）。請見：Tomasz Fiałkowski, *Stan oblężenia*, "Tygodnik Powszechny", 13 October 1996.

20 這堂課是雅捷隆大學波蘭文學院（Instytut Filologii Polskiej）的藝文講座（Studium Literacko-Artystyczne）的一部分，舉辦時間為1995年3月17日。

21 出自辛波絲卡1995年3月11日寫給沃羅西斯基的信。

22 出自諾瑞克於1997年1月寫給本書作者的信。

23 出自辛波絲卡1971年11月5日寫給馬圖謝夫斯基的信。

24 出自辛波絲卡1974年10月26日寫給馬圖謝夫斯基的信。

25 出自辛波絲卡寄給簡莫維特・費德茨基的明信片（日期不明），收藏在華沙的文學博物館中。

26 出自辛波絲卡《非指定閱讀》中關於雅努什・索文斯基（Janusz Sowiński）所著的《青年波蘭時期的印刷》（*Sztuka typograficzna Młodej Polski*）的書評。請見：Wisława Szymborska, *Lektury nadobowiązkowe*, "Odra", March 1985, nr 3.

27 出自辛波絲卡1994年5月31日寫給愛德華・巴策蘭的信。

28 出自耶日・皮赫關於《幸福的愛情和其他詩作》的書評，請見：Jerzy Pilch, recenzja tomiku *Miłość szczęśliwa I inne wiersze*, "Dziennik", 17 February 2008.

29 出自和沃伊切赫・李根札的對談〈羊的頻道容量〉。

30 出自泰瑞莎・華樂絲主持的波蘭電視台第一頻道的訪談〈對世界感到驚奇的一課〉。

31 出自尤安娜・什切斯納所寫的辛波絲卡訪談〈爬上一首詩是很辛苦的〉。

7 出自安娜・魯德尼茨卡所著的〈辛波絲卡——石膏。仁慈的命運稍微地打擊了她，尤其是鼻子〉（*Szymborska – gips. Łaskowy los obtłukł ją trochę, zwłaszcza nos*）一文。請見：Anna Rudnicka, *Szymborska – gips. Łaskowy los obtłukł ją trochę, zwłaszcza nos*, "Gazeta w Krakowie", addition to "Gazeta Wyborcza", 2 July 1993 (reprint 4 October 1996).

8 請見：Wisława Szymborska, *Poczta literacka*, "Życie Literackie" 1966, nr 36.

9 出自卡爾・迪德西烏斯在1997年3月24日寫給安娜・碧孔特的信。

10 出自辛波絲卡《非指定閱讀》（1973）中關於尤爾根・索瓦爾德（Jürgen Thorwald）所著的《百年來的偵探》的書評。

11 出自辛波絲卡《新非指定閱讀，1997 – 2002》（2002）中關於尤爾根・索瓦爾德米凱萊・B・斯隆（Michele B. Slung）所著的《在食人族之間。不可思議的女旅行家》（*Living With Cannibals And Other Women's Adventures*）的書評。

12 出自辛波絲卡《非指定閱讀》（1996）中關於馬塞利・科斯曼（Marceli Kosman）所著的《博娜女王》（*Królowa Bona*）的書評。

13 出自辛波絲卡《非指定閱讀》（1973）中關於海蓮娜・卡佩烏什（Helena Kapełuś）所編的《古波蘭民間故事》（*Bajka ludowa w dawnej Polsce*）的書評。

14 出自訪談〈我和辛波絲卡共度的人生〉（*Moje życie z Szymborską*）。請見：Jacek Nizinkiewicz, *Moje życie z Szymborską*, "Przegląd", 16 January 2011, nr 2.

15 出自訪談〈我和我自己很像〉（*Jestem do siebie podobna*）請見：Katarzyna Janowska, *Jestem do siebie podobna*, "Polityka", 22 – 29 December 2001.

16 出自耶日・伊格所著的《我的跡象。關於諾貝爾文學獎得主、卡巴萊表演、朋友、書和女人》（*Mój znak. O noblistach, kabaretach, przyjaźniach, książkach, kobietach*, Kraków 2009）。

17 出自訪談〈波蘭很多人有點瘋，但我喜歡這樣〉。請見：Małgorzata I. Niemczyńska, *W Polsce jest sporo trochę-wariatów, a mnie się to zawsze podobało*, "Gazeta Wyborcza", 19 June 2010.

18 請見馬里烏什・什奇吉爾（Mariusz Szczygieł）的書《真愛》（*Láska nebeská, Warszawa 2012*）。

chapter 13 —— 走出大教堂，也就是如何爬上一首詩的開端

1 出自辛波絲卡《非指定閱讀》（1992）中關於尤莉亞・札博茨卡（Julia Zabłocka）所著的《古遠東歷史》（*Historia Bliskiego Wschodu w starożytności*）的書評。

2 出自人民出版社（Ludowa Spółdzielnia Wydawnicza）於1997年出版的辛波絲卡《詩選》（*Poezja wybrane*）中的序。

3 同上。

4 出自訪談〈詩人給《共和國報》〉（*Poetka dla "Rzeczpospolita"*）。請見：Elżbieta Sawicka, *Poetka dla "Rzeczpospolita"*, "Rzeczposplita", 23 November 2005.

5 出自布拉嘉・狄米羅特娃的文章〈維斯瓦娃的祕密〉。

6 出自訪談〈「現代」的獨生女，維斯瓦娃・辛波絲卡〉（*"Jedynaczka "Współczesności" Wisława Szymborska*）。請見：Tadeusz Wantuła, *"Jedynaczka "Współczesności" Wisława Szymborska*, "Głos Ludu", 20 March 1975.

7 出自安娜・魯德尼茨卡所著的〈辛波絲卡——石膏。仁慈的命運稍微地打擊了她，尤其是鼻子〉一文。

18 出自辛波絲卡《非指定閱讀》(1973)中關於路德維克·札德勒(Ludwik Zajdler)所著的《亞特蘭提斯》(*Atlandyda*)的書評。

19 出自辛波絲卡《非指定閱讀》(1973)中關於史坦妮絲瓦芙·維索茨卡所著的《未來劇場》(*Teatr przyszłości*)的書評。

20 出自尤安娜·什切斯納所寫的辛波絲卡訪談〈爬上一首詩是很辛苦的〉。

21 出自辛波絲卡的文章〈出自被捨棄的文章〉(*Z tekstów odrzuconych*)。請見:Wisława Szymborska, *Z tekstów odrzuconych*, "Pismo" 1981, nr 5/6.

22 出自辛波絲卡《非指定閱讀》(1973)中關於普勞圖斯(Titus Maccius Plautus)所著的《吹牛軍人》的書評。

23 出自辛波絲卡《非指定閱讀第二部》(1981)中關於馬切伊·古托夫斯基(Maciej Gutowski)所著的《波蘭哥德藝術中的幽默》(*Komizm w polskiej sztuce gotyckiej*)的書評。

24 出自辛波絲卡《非指定閱讀》(1996)中關於丹尼斯·克科蘭(Dennis Kirkland)和希拉蕊·波奈爾(Hilary Bonner)所著的《班尼》(*Benny*)的書評。

25 出自辛波絲卡《非指定閱讀第二部》(1981)中關於《荒謬大全》(*Księga nonsensu*)的書評。

26 出自辛波絲卡《非指定閱讀第二部》(1981)中關於傑曼·德·斯戴爾(Germaine de Staël)所著的《十年流亡》(*Dix années d'exil*)的書評。

27 出自辛波絲卡《非指定閱讀第二部》(1981)中關於赫爾曼·凱斯騰(Herman Kesten)所著的《卡薩諾瓦》(*Casanova*)的書評。

28 出自辛波絲卡《非指定閱讀》(1992)中關於《沒有人生來就是女人》的書評。

29 出自辛波絲卡《非指定閱讀第二部》(1981)中關於史坦尼斯瓦夫·札科傑夫斯基(Stanisław Zakrzewski)所著的《如何變得強壯又靈活》(*Jak stać się silnym I sprawnym*)的書評。

30 請見:Wisława Szymborska, *Poczta literacka*, "Życie Literackie" 1965, nr 18.

31 出自安娜·魯德尼茨卡(Anna Rudnicka)所寫的辛波絲卡訪談文〈逃離吸血鬼〉。

chapter 12——詩人在旅行，也就是在薩莫科夫只有雨

1 出自布拉嘉·狄米羅特娃的文章〈維斯瓦娃的祕密〉。

2 史坦尼斯瓦夫·葛羅赫夫亞克如此描述布朗尼斯基的哭泣:「他背對我們站著，壯碩的身子一動也不動，雙手無力地垂放。兩三分鐘後他轉過身來，猛地把臉上的淚水擦掉。」出自瑪利烏希·烏邦涅克(Mariusz Urbanek)所著的《布朗尼斯基:愛，伏特加，政治》。請見:Mariusz Urbanek, *Broniewski. Miłosz, wódka, polityka*, Warszawa 2011.

3 出自卡特琳娜·卡蘭達—札列絲卡(Katarzyna Kalenda-Zaleska)的紀錄片《有時人生可以忍受》(*Chwilami życie bywa znośne*)。

4 出自希羅尼姆·葛拉拉於1996年12月寫給本書作者的信。

5 出自辛波絲卡《非指定閱讀第二部》(1981)中關於梅切斯瓦夫·柯諾波洛赫(Mieczyłsaw Knobloch)所著的《金工》(*Złotnictwo*)的書評。

6 出自辛波絲卡關於安東尼奧·馬查多詩選《心與石》的書評。請見:Wisława Szymborska, *Lektury nadobowiązkowe*, "Życie Literackie" 1967 nr 26.

9 出自辛波絲卡的文章〈三十八號劇院和世界末日〉(*Teatr 38 i koniec świata*)。請見：Wisława Szymborska, *Teatr 38 i koniec świata*, "Życie Literackie", 19 November 1957, nr 47.

10 請見：Wisława Szymborska, *Wypracowanie na temat morze*, in: Zbigniew Jankowski, Morze w poetów, Gdańsk 1977.

chapter 11 ——《非指定閱讀》，也就是潛入中生代

1 出自泰瑞莎・華樂絲主持的波蘭電視台第一頻道的訪談〈對世界感到驚奇的一課〉。

2 出自泰瑞莎・華樂絲的文章〈當詩人成為讀者〉(*Poetka jako czytelniczka*)。請見：Teresa Walas, *Poetka jako czytelniczka*, "Dekada Literacka", 15 July 1993. 本文亦可在《閱讀辛波絲卡的喜悅。評論文選》(*Radość czytania Szymborskiej. Wybór tekstów krytycznych*)中讀到。

3 同上。

4 出自辛波絲卡《非指定閱讀》(1992)的序。

5 出自辛波絲卡《非指定閱讀》(1973)中關於亞當・克斯登所著的《卡基米日大帝的華沙，1648到1668》(*Warszawa kazimierzowska* 1648 – 1668)的書評。

6 請見：Wisława Szymborska, *Poczta literacka*, "Życie Literackie" 1964, nr 35.

7 出自克里斯汀娜・納斯圖蘭卡(Krystyna Nastulanka)的文章〈回到根源。和辛波絲卡交談〉。

8 出自辛波絲卡《非指定閱讀》(1973)中關於萬妲・柯哲明絲卡(Wanda Krzemińska)所著的《意念和英雄》(*Idee I bohaterowie*)的書評。

9 請見1969年2月14日刊載在《文學生活》的雅努什・馬魯謝夫斯基(Janusz Maruszewski)的投書〈關於某本非指定閱讀〉，以及辛波絲卡的回覆〈手套一雙〉(*Rękawiczki do pary*)。

10 出自安娜・魯德尼茨卡(Anna Rudnicka)所寫的辛波絲卡訪談文〈逃離吸血鬼〉。

11 其中包括萬妲・克羅明科娃關於收養的書，亞歷山大・簡內的日記，塔德烏什・赫讓諾夫斯基的《古波蘭畫像》，安傑・克羅明涅克對《剖面週報》的回憶，耶日・費曹斯基(Jerzy Ficowski)關於維多・沃伊特克維奇(Witold Wojtkiewicz)的專著，瓦茨瓦夫・特瓦吉克(Wacław Twardzik)的《較為專注地閱讀古波蘭文本以及美麗又令人驚奇地分析這些東西有什麼用處》，塔德烏什・尼采克的《給門外漢和專業人士用的劇場辭典》。

12 出自辛波絲卡《新非指定閱讀，1997 – 2002》(2002)中關於木多魯(Mudrooroo)所著的《原住民神話》(*Mitologia Aborygenów*)的書評。

13 出自辛波絲卡《非指定閱讀》(1996)中關於湯瑪斯・曼的《日記》的評論。

14 出自辛波絲卡《非指定閱讀》(1996)關於芭芭拉・瓦赫維奇的書《他生命中的瑪莉亞》(*Marie jego życia*)的評論。

15 出自耶日・皮赫的文章〈辛波絲卡讀什麼〉(*Co czyta Wisława Szymborska*)。請見：Jerzy Pilch, *Co czyta Wisława Szymborska*, "Echo Krakowa", 16 December 1981.

16 出自辛波絲卡《非指定閱讀第二部》(1981)中關於丹尼爾・泰啁啁(Daniel Tałałaj)及史坦尼斯瓦夫・泰啁啁(Stanisław Tałałaj)所著的《植物的古怪世界》(*Dziwy świata roślin*)之評論。

17 出自耶日・克瓦特科夫斯基的文章〈指定閱讀專欄〉(*Felieton obowiązkowy*)。請見：Jerzy Kwiatkowski, *Felieton obowiązkowy*, "Pismo" 1983, nr 4.

chapter 9 —— 在《文學生活》的十五年

1 請見辛波絲卡1963年3月24日寫給皮日博希的信，收藏在華沙的文學博物館（Muzeum Literatury im. A. Mickiewicza）。

2 出自辛波絲卡《非指定閱讀》（1973）中關於安娜・巴德茨卡（Anna Bardecka）和伊蓮娜・圖瑙（Irena Turnau）所著的《啟蒙時代華沙的日常生活》（*Życie codzienne w Warszawie okresu Oświecenia*）的書評。

3 出自辛波絲卡《非指定閱讀》（1973）中關於1973年的月曆的評論。

4 《幽靈王》（*Król Ducha*）是波蘭三大詩人之一尤里烏什・斯沃瓦茨基（Juliusz Słowacki）的詩作。

5 這張明信片被收藏在華沙的文學博物館中。

6 出自耶日・皮赫的文章〈把麥子從馬強哥分開〉（*Oddzielić ziarno od Maciąga*），請見：Jerzy Pilch, *Oddzielić ziarno od Maciąga*, "Polityka", 25 November 2000.

7 出自理查・科濟克（Ryszard Kozik）所寫的當天活動的紀錄〈當個新手作家不容易〉（*Niełatwy żywot debiutanta*）。請見：Ryszard Kozik (RFK), *Niełatwy żywot debiutanta*, "Gazeta Wyborcza", dodatek w Krakowie, 11 December 2000.

8 出自史坦尼斯瓦夫・巴蘭恰克的〈馬黑耶克主義的根源〉（*U źródeł machejkizmu*），收錄在《最糟的書》（*Książki najgorsze i parę innych ekscesów krytycznoliterackich*）中，請見：Stanisław Barańczak, *U źródeł machejkizmu, in: Książki najgorsze i parę innych ekscesów krytycznoliterackich*, Poznań 1990. 巴蘭恰克如此評論馬黑耶克的文字：「研讀古埃及的莎草紙、錯綜複雜的《塔木德》和卡巴拉或是鑽研康德和海德格——這一切和閱讀馬黑耶克比起來，都沒什麼困難。」

chapter 10 —— 在抽屜，在波蘭人民共和國，在地球上

1 出自辛波絲卡《非指定閱讀第二部》（1981）中關於《巴黎過往》（*Z Paryża – w przeszłości*）的書評。

2 出自亞歷山大・簡內的文章〈詩歌和市場〉，收錄在《你和我》月刊中。

3 出自安娜・魯德尼茨卡（Anna Rudnicka）所寫的辛波絲卡訪談文〈逃離吸血鬼〉（*Ucieczka od wampira*）。請見：Anna Rudnicka, *Ucieczka od wampira*, "Gazeta Wyborcza", 10 March 1993.

4 出自辛波絲卡《非指定閱讀第二部》（1981）中關於塔德烏什・馬瑞克（Tadeusz Marek）所著的《舒伯特》（*Schubert*）的書評。

5 出自辛波絲卡《非指定閱讀》（1992）中關於拉斐爾・瑪沙維克（Rafał Marszałek）所著的《電影中的大眾歷史》（*Fimowa pop-historia*）的書評。

6 出自克里斯汀娜・納斯圖蘭卡（Krystyna Nastulanka）的文章〈回到根源。和辛波絲卡交談〉（*Powrót do źródeł. Rozmowa z Wisławą Szymborską*），本文於1973年2月3日刊登在《政治》週報，後來也有收入納斯圖蘭卡的著作《他們說他們自己》中。請見：Krystyna Nastulanka, *Sami o sobie*, Warszawa 1975.

7 出自辛波絲卡《非指定閱讀》（1973）中關於安傑・柯沃丁斯基（Andrzej Kolodyński）所著的《恐怖電影》（*Film grozy*）的書。

8 出自辛波絲卡所著的《新非指定閱讀，1997 – 2002》中關於塔德烏什・尼采克所著的《給業餘者和專業人士的劇場ABC》（*Alfabet teatru dla analfabetów i zaawansowanych*）的評論。請見：Wisława Szymborska, *Nowe lektury nadobowiązkowe, Kraków 1997 – 2002*, Kraków 2002.（譯註：塔德烏什・沃姆寧茨基是波蘭知名舞台劇及電影演員，也是劇場導演。）

31 出自亞當・札蓋耶夫斯基的文章〈兩座城市〉。請見：Adam Zagajewski, Dwa miasta, "Zeszyty Literackie" i "Oficyna Literacka", Paris-Kraków 1991.

chapter 8——解凍，也就是「把頭拿在自己手上」

1 出自辛波絲卡在歌德文學獎頒獎典禮上的演說〈我珍惜懷疑〉(*Cenię wątpliwość*)。請見：Wisława Szymborska, *Cenię wątpliwość*, "Dekada Literacka" 1991, nr 30.

2 出自和李根札的對談〈羊的頻道容量〉(*Przepustowość owiec*)。請見：Przepustowość owiec, z Wisławą Szymborską rozmawia Wojciech Ligęza, "Teksty Drugie" 1991, nr 4.

3 出自亞當・米亥沃夫的文章〈我曾經相信。和辛波絲卡對談〉(*Ja wierzyłam. Rozmowa z Wisławą Szymborską*)。請見：Adam Michajłów, *Ja wierzyłam. Rozmowa z Wisławą Szymborską*, "Tygodnik Literacki", 28 April 1991.

4 請見：Wisława Szymborska, *1* Maja, "Życie Literacki", 1 May 1955.

5 出自史坦尼斯瓦夫・巴卜斯所著的〈肖像的素描〉(*Szkic do portretu*)，請見：Stanisław Balbus, *Szkic do portretu*, "Dekada Literacka", 31 October 1996, nr 10.

6 揚・約瑟夫・什切潘斯基有在1958年1月12日的日記中寫到這次拜訪：「兩天前，我和這裡的克拉科夫作家們去了邁松拉菲特。我們談了國家，吉德羅耶茨和他的朋友有很多想法，他們很生氣，波蘭浪費了一個大好的機會，他們努力想著要怎麼辦。我們只能攤手表示無可奈何。我們離開時很憂鬱，為了讓自己開心點，我們去看了脫衣舞。」請見：Jan Józef Szczepański, *Dziennik*, t. 2, Kraków 2011.

7 出自耶日・吉德羅耶茨在1996年12月2日寫給本書作者的信。

8 出自安娜・碧孔特、尤安娜・什切斯納所著的《雪崩與石頭——作家前往和遠離共產主義之路》(*Lawina i kamienie. Pisarze w drodze do i od komunizmu*)。請見：Anna Bikont, Joanna Szczęsna, *Lawina i kamienie. Pisarze w drodze do i od komunizmu*, Warszawa 2006.(譯註：這本書2021年出了新版)

9 出自康拉德・羅奇茨基(Konrad Rokicki)所著的《作家們。作家和波蘭人民共和國在1956–1970年間的關係》(*Literaci. Relacja między literatami a władzami PRL w latach 1956 – 1970*)。請見：Konrad Rokicki, *Literaci. Relacja między literatami a władzami PRL w latach 1956 – 1970*, Warszawa 2001.

10 出自「新文書資料庫」(Archiwum Akt Nowych)，檔案編號AAN 237/XVIII – 260. 關於政治現況描述的資料請見1967年2月3日的POP OW ZLP檔案，而波蘭統一工人黨省黨部傳給中央黨部的電傳打字機文件，請見1967年2月7日及8日的檔案。(譯註：「新文書資料庫」位於華沙，是波蘭三大國家檔案資料庫之一，裡面統整蒐集了現代的公文書(古老的公文書另行收藏在「古文書資料庫」)。

11 出自萊謝克・A・莫奇斯基的文章〈亞當的禮物〉(*Prezenty Adama*)，收錄在《給亞當的時刻：回憶、詩歌和翻譯》一書中。

12 出自辛波絲卡所著的〈無題〉，收錄在《給亞當的時刻：回憶、詩歌和翻譯》一書中。

13 出自辛波絲卡所著的〈無題〉，收錄在《給亞當的時刻：回憶、詩歌和翻譯》一書中。

14 出自亞當・札蓋耶夫斯基的文章〈美妙的拿著羽毛筆的手〉(*Cudownie upierzona ręka*)。請見：Adam Zagajewski, *Cudownie upierzona ręka*, "Gazeta Wyborcza", 2 February 2012.

10 同上。

11 請見："Dekada Literacka", 1 April 1994, nr 10.

12 出自瑪爾塔・維卡所著的〈文學之家做為世界的意象・切斯瓦夫・米沃什的克拉科夫歲月〉(*Dom literacki jako imago mundi. Wokół krakowskiego epizodu Czesława Miłosza*)。請見：Marta Wyka, *Dom literacki jako imago mundi. Wokół krakowskiego epizodu Czesława Miłosza*, "Dekada Literacka" 2011, nr 1.

13 出自《米沃什全集》。請見：Czesław Miłosz, *Wiersze wszystkie*, Kraków 2011.

14 出自辛波絲卡所著的〈無題〉，收錄在《給亞當的時刻：回憶、詩歌和翻譯》一書中。

15 出自安傑・克羅明涅克的文章〈關於亞當〉，收錄在《給亞當的時刻：回憶、詩歌和翻譯》一書中。

16 請見安娜・札吉茨卡的書《辛波絲卡的革命：1945 – 1957。詩人早期呼應時代的詩作》。

17 請見波蘭作家聯盟在1950年8月25日做的問卷調查，這份調查收藏在位於華沙的波蘭作家聯盟圖書館，在「辛波絲卡檔案」中。

18 這段引文可在沃伊切赫・奇赫諾夫斯基(Wojciech Czuchnowski)所著的《傷痕。1953年的克拉科夫教廷審判》中讀到。請見：Wojciech Czuchnowski, *Blizna. Proces Kurii krakowskiej 1953*, Kraków 2003.

19 出自伊切赫・奇赫諾夫斯基的《傷痕。1953年的克拉科夫教廷審判》。

20 出自斯沃姆琴斯基的文章〈華盛頓—梵蒂岡—教廷〉(*Watykan – Waszynton – Kuria*)。請見：Maciej Słomczyński, *Watykan – Waszynton – Kuria*, "Życie Literackie", 1 February 1953, nr 5.

21 出自朵洛塔・斯戴茨—福斯(Dorota Stec-Fus)的文章〈國家記憶研究院檔案中的馬切伊・斯沃姆琴斯基，作家和國安局協力者〉(*Zasłużony współpracownik. Maciej Słomczyński, pisarz i agent UB, w świetle dokumentów IPN*)。請見：Dorota Stec-Fus, *Zasłużony współpracownik. Maciej Słomczyński, pisarz i agent UB, w świetle dokumentów IPN*, "Dziennik Polski", 13 April 2007.

22 這部紀錄片是波蘭電視台第一頻道拍攝的，是「傳記的補充」(Errata do biografii)這個系列的一部分，本片導演是安傑・葛萊葉夫斯基(Andrzej Grajewski)。

23 出自國家記憶研究院(Instytut Pamięci Narodowej)收藏的「馬切伊・斯沃姆琴斯基」檔案，檔案編號：IPN Kr 009/2318 t. 1.

24 出自瑪格札塔・斯沃姆琴絲卡—皮耶居哈絲卡的著作《我沒辦法是別的樣子。馬切伊・斯沃姆琴斯基之謎》(*Nie mogłem być inny. Zagadka Macieja Słomczyńskiego*)。請見：Małgorzata Słomczyńska-Pierzchalska, *Nie mogłem być inny. Zagadka Macieja Słomczyńskiego*, Kraków 2003.

25 出自斯沃姆琴斯基的《仙后座》，收錄在小說集《有著天蠍座的風景》(*Krajobraz ze skorpionem*)中。請見：Maciej Słomczyński, *Krajobraz ze skorpionem*, Kraków 2002.

26 出自迪德西烏斯的《來自羅茲的歐洲人》(*Europejczyk z Łodzi. Wspomnienie*)。請見：Karl Dedecius, *Europejczyk z Łodzi. Wspomnienie*. Kraków 2008.

27 出自亞采克・巴魯赫所著的〈亞當的小故事〉(*Anegdota o Adamie*)，收錄在《給亞當的時刻：回憶、詩歌和翻譯》一書中。

28 出自辛波絲卡所著的〈無題〉，收錄在《給亞當的時刻：回憶、詩歌和翻譯》一書中。

29 出自耶日・克拉西茨基(Jerzy Krasicki)所著的〈記憶與手勢〉(*Pamięć I gest*)，收錄在《給亞當的時刻：回憶、詩歌和翻譯》一書中。

30 出自「文學信箱」專欄。請見：*Poczta literacka*, "Życie Literackie" 1963, nr 11.

行動，和它一起夢想。」請見：Zdzisław Jastrzębski, *O Szymborskiej i nowej poetyce*, "Tygodnik Powszechny", 4 September 1955.

15 安娜・札吉茨卡很仔細地數了〈談論對祖國的愛〉有被印出來多少次，結果是將近五十次，而且這還沒有包括合輯和學校課本。請見：安娜・札吉茨卡的著作《辛波絲卡的革命：1945 – 1957。詩人早期呼應時代的詩作》。

16 出自路德維克・弗拉森（Ludwik Flaszen）的〈個人煽動的詩歌〉（*Poezja agitacji osobistej*）。請見：Ludwik Flaszen, *Poezja agitacji osobistej*, "Życie Literackie", 29 March 1953.

17 出自揚・布昂斯基的文章〈經驗之鹽〉（*Sól doświadczenia*）。請見：Jan Błoński, *Sól doświadczenia*, "Życie Literackie" 1962, nr 560.

18 出自阿圖爾・桑道爾的文章〈比如說辛波絲卡〉。

19 辛波絲卡在這篇文章中寫道：「我入黨時是兩手空空。我發表了十幾篇詩作，多半形式複雜。這些詩沒有一首有收進我的詩集《這就是我們為何活著》中——這些詩不只在內容上，也在形式上遠離我之後的詩作。這些詩沒有明確地為某個社會族群而寫。而沒有明確地為某個社會族群而寫、沒有真心擁抱這個社會族群，寫他們的事、為他們而寫——就沒有任何文學發展的可能。感謝黨，我完全了解了這個真相。」

chapter 7 —— 穀物街上，文學之家裡的婚姻

1 出自尤安娜・若妮可（Joanna Ronikier）的文章〈穀物街的房間〉（*Pokój na Krupniczej*）。請見：Joanna Ronikier, *Pokój na Krupniczej*, "Tygodnik Powszechny", 15 October 2006.

2 出自塔德烏什・魯熱維奇的小說〈新哲學派〉（*Nowa szkoła filozoficzna*），這段文字可以在尤安娜・若妮可的文章〈穀物街的房間〉中看到。

3 出自塔德烏什・克瓦特科夫斯基的《記憶不拘謹的魅力》，請見：Tadeusz Kwiatkowski, *Niedyskretny urok pamięci*, Kraków 1982.

4 出自史蒂芬・奇謝列夫斯基所著的《奇謝列夫斯基的ABC》。請見：Stefan Kisielewski, *Abecadło Kisiela*, Warszawa 1997.

5 出自布拉嘉・狄米羅特娃的文章〈維斯瓦娃的祕密〉。請見：Błaga Dimitrowa, *Tajemnice Wisławy*, "Gazeta Wyborcza", 5 – 6 August, 2000.

6 出自辛波絲卡所著的〈無題〉，收錄在《給亞當的時刻：回憶、詩歌和翻譯》一書中。在1951年亞當・沃德克寫給亨利克・弗里斯特的信中，有一段辛波絲卡寫的附加文字：「如果你很快回信，就會得到一本超棒的、我們鄰居的打油詩詩集。我們會幫你謄寫。快回信，值得！」

7 出自安傑・克羅明涅克的文章〈關於亞當〉，收錄在《給亞當的時刻：回憶、詩歌和翻譯》一書中。

8 斯沃姆琴斯基沒有完成這首詩，多年後斯拉夫學者／外交官亞采克・巴魯赫為辛波絲卡的出生地寫了一首詩：「她在庫尼克一個貧窮的馬廄出生，／不習慣當一個名人。／這世上曾有皮弓教授，／現在辛波絲卡也跟隨三大詩聖的腳步／成為雕像永垂不朽。」（譯註：皮弓指的是史坦尼斯瓦夫・皮弓（Stanisław Pigoń），是波蘭的文學史學家。）

9 出自斯沃姆琴斯基的文章〈五行打油詩——我不道德的愛〉。請見：Maciej Słomczyński, *Limeryk – moja miłośc plugawa*, "Studium. Pismo Literacko-Artystyczne", autumn 1995, nr 1.

人。我想要畫出整個世界——如果我有這個能力。」

2 出自維多・札亨特的著作《人生轉瞬即逝》(*Upływa szybko życie*),1975年於克拉科夫出版。

3 出自阿圖爾・桑道爾的文章〈比如說辛波絲卡〉(*Na przykład Szymborska*)。請見:Artur Sandauer, *Na przykład Szymborska*, "Miesięcznik Literacki", April 1968, nr 4.

4 出自塔德烏什・克瓦特科夫斯基在1996年12月寫給本書作者的信。

chapter 6 —— 關於戰後初試啼聲,以及發表詩作

1 這份刊物是亞當・沃德克和塔德烏什・彥查利克(Tadeusz Jęczalik)合編的。

2 出自亞當・沃德克的文章〈驚險的初試啼聲〉(Debiut z przygodami),收錄在《我們的戰利品》中(Kraków, 1970)。請見:Adam Włodek, *Debiut z przygodami*, in: Nasz łup wojenny, Kraków 1970.

3 出自辛波絲卡所寫的文章〈親愛的《波蘭日報》〉。請見:Wisława Szymborska, *Kochany "Dzienniku Polski"*, "Dziennik Polski" 1955, nr 20.

4 出自訪談〈我會抵抗〉。

5 出自辛波絲卡所寫的關於《無病呻吟》的劇評,本劇曾在斯沃瓦茨基劇院(Teatr im. Juliusza Słowackiego)演出。這篇劇評刊登在《克拉科夫俱樂部》(1947, nr 7)中,引文可以在安娜・札吉茨卡(Anna Zarzycka)的書《辛波絲卡的革命:1945 – 1957。詩人早期呼應時代的詩作》中讀到。請見:Anna Zarzycka, *Rewolucja Szymborskiej. 1945 – 1957. O wczesnej twórczości poetki na tle epoki*, Poznań 2010.

6 請見波蘭作家聯盟在1950年8月25日做的問卷調查,這份調查收藏在位於華沙的波蘭作家聯盟圖書館,在「辛波絲卡檔案」中。

7 〈學校的星期天〉(*Niedziela w szkole*)原本刊登於《文學報》(1948.10.17-23),亞當・沃德克的〈今天我們需要什麼樣的詩〉(*Jakie poezji dziś potrzeba*)也刊登於《文學報》(1948.11.28 – 12.4)

8 出自辛波絲卡所寫的文章〈親愛的《波蘭日報》〉。

9 請見波蘭作家聯盟在1950年8月25日做的問卷調查。1970年,亞當・沃德克把辛波絲卡這些年零星發表和未發表的詩聚集在一起,整理成一本一式兩份的詩集,把其中一本給了辛波絲卡。

10 出自阿瑟・庫斯勒的《全自傳》,請見:Arthur Koestler, *Oeuvres autobiographiques*, Paris 1994.

11 在我們之前引用過的〈夢〉這首詩中,可以找到更早的詩作的影子,如〈音樂家揚柯〉(「我會向世上所有的神明/祈禱你的歸來。」)、〈諸靈節〉(「我會讓冷杉和紫菀做成的花圈/擁抱醜陋的墳墓。」)、〈勝利〉(「貝殼裡的沙沙聲在懷念海洋」)、或最相似的〈遺憾的歸來〉(「我不認識那座森林,/別在天空中尋找徵兆。/天空和森林都被密集的死亡槍砲聲/縫起來了。/無人區:你的和我的。/流逝的雲朵。/我不知道的,最後的思緒。/沒有被聽到的槍砲聲。」)。(譯註:作者提到的這些詩作,除了〈勝利〉以外,都可以在《黑色的歌》這本詩集中讀到。)

12 出自亞當・沃德克的文章〈驚險的初試啼聲〉。

13 出自亞采克・烏卡謝維奇(Jacek Łukasiewicz)的文章〈報紙裡的詩〉(*Wiersz wewnątrz gazety*),請見:Jacek Łukasiewicz, *Wiersz wewnątrz gazety*, w: Edward Balcerzan et al., *Szymborska. Szkice*, Warszawa 1996.

14《普世週報》被政府掌控時,曾經刊出《自問集》的書評,說這本詩集「雖然不是很厲害,但很重要,因為它拋棄了懷疑主義者對事物的冷漠態度,擁抱了意識形態。」為了證明此事為真,作者濟斯瓦夫・亞斯占布斯基(Zdzisław Jastrzębski)引用了詩集中的詩句:「黨。要屬於它,/和它一起

4 出自辛波絲卡的文章〈兩個童話〉(*Dwie bajeczki*)，請見：Wisława Szymborska, *Dwie bajeczki,* "Dekada Literacka" 1992, nr 45.

5 出自辛波絲卡在《文學生活》專欄「文學信箱」(Poczta literacka)給讀者的回覆(這是一個匿名回覆的專欄)。請見：Wisława Szymborska, *Poczta Literacka,* "Życie Literackie" 1964, nr 25.

6 出自辛波絲卡《非指定閱讀第二部》(1981)中關於埃維哈德・約翰納斯・史利波(Everhard Johannes Slijper)所著的《動物界的巨人和侏儒》的書評。

7 出自卡特琳娜・齊梅樂刊登在《薩爾瓦多和世界》的文章〈這是童話，還是不是……〉(*Czy to bajka, cyz nie bajka...*)。請見：Katarzyna Zimmerer, *Czy to bajka, cyz nie bajka...,* "Salwator i Świat", the end of winter 1995, nr 15.

8 出自辛波絲卡《非指定閱讀》(1973)中關於娜迪亞・德魯茨卡(Nadzieja Drucka)所著的《南特巫師》(*Czarodziej z Nantes*)的書評。

9 出自辛波絲卡《非指定閱讀》中關於瑪莉亞・S・索婷絲卡(Maria S. Sołtyńska)所著的《動物的童年》(*Dzieciństwo zwierząt*)的書評，請見：Wisława Szymborska, *Lektury nadobowiązkowe,* Kraków 1996.

10 出自亞歷山大・簡內的文章〈詩歌和市場〉，收錄在《你和我》月刊中。

11 出自泰瑞莎・華樂絲主持的波蘭電視台(Telewizja Polska)第一頻道的訪談〈對世界感到驚奇的一課〉(Lekcja zdziwienia światem)，播出時間為1996年10月2日。這段話可在斯坦尼斯瓦夫・巴卜斯(Stanisław Balbus)和朵洛塔・沃伊達(Dorota Wojda)編輯的《閱讀辛波絲卡的喜悅。評論文選》(*Radość czytania Szymborskiej. Wybór tekstów krytycznych*)中讀到，請見：*Radość czytania Szymborskiej. Wybór tekstów krytycznych,* ed. Stanisław Balbus, Dorota Wojda, Kraków 1996.

12 出自辛波絲卡《非指定閱讀》中關於伊蓮娜・蘭道(Irena Landau)的《數據中的波蘭人》(*Polak statystyczny*)的書評，請見：Wisława Szymborska, *Lektury nadobowiązkowe,* Kraków 1992.

13 出自辛波絲卡《非指定閱讀》中關於羅曼・布蘭登史塔德(Roman Brandstaetter)的《我是《喜宴》中的猶太人》(*Ja jestem Żyd z " Wesela "*)的書評，請見：Wisława Szymborska, *Lektury nadobowiązkowe,* Kraków 1996.

14 出自辛波絲卡《非指定閱讀第二部》中關於安・拉德克利夫的《義大利人》(*The Italian*)的書評。請見：Wisława Szymborska, *Lektury nadobowiązkowe.* Część druga, Kraków 1981.

15 出自辛波絲卡《非指定閱讀》(1973)中關於切斯瓦夫・楊達拉西克(Czesław Jędraszko)所著的《每日拉丁文》(*Łacina na co dzień*)的書評。

16 出自愛德華・巴策蘭的文章〈在世界的學校〉(*W szkole świata*)。請見：Edward Balcerzan, *W szkole świata,* "Teksty Drugie" 1991, nr 4.

17 出自尤利安・皮日博希(Julian Przyboś)的文章〈辛波絲卡的詩〉(Poezja Szymborskiej)。請見：Julian Przyboś, *Poezja Szymborskiej,* "Nowe Książki" 1968, nr 5.

chapter 5 —— 關於戰時的克拉科夫和第一批詩作

1 在《文學週報》(*Tygodnik Literacki*)的訪談(1991, nr 17)中，辛波絲卡說：「其實我想當諷刺畫家，當然是優秀的那種，像是安傑・斯托普卡(Andrzej Stopka)或是卡基米日・西胡斯基(Kazimierz Sichulski)那樣。(……)我很嫉妒那些可以用最簡潔的線條抓住某人神韻，然後又稍微嘲弄一下的尼克圖書館，編號BK 07707。

7 辛波絲卡在1969年6月受當時在庫尼克圖書館工作的理查・克里寧茨基（Ryszard Krynicki）之邀，去城堡參加作家見面會。她也有參加另一場特別為庫尼克高中的學生舉辦的見面會。茲齊絲瓦芙・諾斯克瓦克（Zdisława Noskowiak）和她丈夫，數學家耶日・諾斯克瓦克（Jerzy Nowskowiak）對此很重視。他們覺得城堡的觀眾太被動了，所以他們在辛波絲卡和高中生見面那天，從一早就開始和學生討論、和他們一起準備要問詩人的問題。見面會結束後，辛波絲卡幫學生在日記、作業簿、筆記本上簽名，因為他們沒有她的詩集。耶日・諾斯克瓦克是庫尼克文化協會（Kórnickie Towarzystwo Kulturalne）的成員，他邀請辛波絲卡來參加他們舉辦的木蘭節（Święto Magnolii）好幾次，最後辛波絲卡在1980年接受邀請前來參加。諾斯克瓦克在活動開始之前，影印了多份辛波絲卡的詩集，這樣她就可以在詩集的影本上簽名。

8 出自文森・辛波斯基在1923年7月4日寫給波茲南森林管理委員會（Zarząd Lasów w Poznaniu）會長安東尼・帕欽斯基（Antoni Paczyński）的信，這封信收藏在庫尼克圖書館的手稿區。

9 出自辛波絲卡在波茲南的文學星期四（Czwartek Literacki）講座上講的話（講座舉辦時間是1992年10月10日）。這段話的文字紀錄可以在波古斯娃・拉特維茨（Bogusława Latawiec）的文章〈我在，我看見〉（*Jestem I patrzę*）中讀到。請見：Bogusława Latawiec, *Jestem I patrzę*, "Głos Wielkopolski", 22 October 1992.

10 出自辛波絲卡在亞當密茲凱大學領取名譽博士時的演講，這段演說的文字紀錄可在《辛波絲卡周邊的事》（*Wokół Szymborskiej*）這本書中讀到。

11 這段文字可在李歐納・紐格爾所著的〈頌讚辛波絲卡。談安德斯・波格達的瑞典文翻譯〉（*Wysławianie Szymborskiej. Na marginesie przekładów na język szwedzki Anders Bodegård*）一文中讀到。請見：Leonard Neuger, *Wysławianie Szymborskiej. Na marginesie przekładów na język szwedzki Anders Bodegård*, "Tekst Drugie" 1991 nr.4.

12 請見安東尼・辛波斯基，《風暴命運的峰迴路轉——1831到1881年的回憶錄》。

13 出自揚・柯辛斯基在1997年1月30日寫給辛波絲卡的信。

14 出自尤蘭塔・弗拉赫（Jolanta Flach）和馬瑞克・葛羅赫斯基（Marek Grocholski）所寫的訪談〈我深深讓我父親失望了〉（*Głęboko rozczarowałam mojego ojca*），請見：Jolanta Flach, Marek Grocholski, *Głęboko rozczarowałam mojego ojca*, "Tygodnik Podhalański" 1996, nr.41. 另外，雖然辛波絲卡這麼說，但柯辛斯基其實不是她的教父，也不是她姊姊娜沃亞的。根據辛波絲卡的受洗證明（受洗典禮在1923年9月2日於布寧舉行），辛波絲卡的教母是來自庫尼克的尤莉亞・札列絲卡（Julia Zaleska），而教父則是來自拉澤維茨（Radzewice）的法蘭切斯克・傑林斯基（Franciszek Zieliński）。

chapter 4——關於童年、小矮人和哥德小說

1 出自米羅斯瓦娃・庫里奇克維奇（Mirosława Kruczkiewicz）的文章〈這裡曾住著諾貝爾文學獎得主〉（*Tu mieszkała noblistka*）。請見：Mirosława Kruczkiewicz, *Tu mieszkała noblistka*, "Nowości", 17 May 1997.

2 出自和揚・平德（Jan Pindel）的訪談（2012年），他是辛波絲卡的姊姊娜沃亞的鄰居／朋友，他是從娜沃亞那裡聽說這件事的。

3 出自尤安娜・什切斯納所寫的辛波絲卡訪談〈爬上一首詩是很辛苦的〉（*Trudno jest wspinać się do wiersza*），請見：Joanna Szczęsna, *Trudno jest wspinać się do wiersza*, "Gazeta Wyborcza", 31 August – 1 September, 2002.

2 同前。

3 K·多布金斯基的文章於1889年5月9日發表在《字句》上，這段文字可在伊蓮娜·何莫拉（Irena Homola）的文章〈從鄉村到療養勝地〉中讀到，文章收錄在蕾內塔·杜德科瓦（Reneta Dutkowa）編輯的《札科帕內四百年史》（*Zakopane. 400 lat dziejów*）中，請見：Irena Homola, *Od wsi do uzdrowiska, w: Zakopane. 400 lat dziejów*, ed. Renata Dutkowa, Kraków 1991, t. 1.

4 出自瓦迪斯瓦夫·札摩伊斯基伯爵於1900年1月13日寫給史坦尼斯瓦夫·湯姆克維奇（Stanisław Tomkiewicz）的信，手稿收藏在克拉科夫的波蘭科學院（Polska Akademia Nauk）圖書館，編號1998。這段引文出自安傑·霍依諾夫斯基（Andrzej Chojnowski）在「札摩伊斯基伯爵研討會」上發表的論文〈札摩伊斯基伯爵和異教徒的關係〉（*Stosunek Wł. Zamoyskiego do innowierców*）。請見：Andrzej Chojnowski, "Stosunek Wł. Zamoyskiego do innowierców", referat na sesji „Władysław hr. Zamoyski", Zakopane, 10 November 2003.

5 辛波絲卡在獲得諾貝爾文學獎的前兩年，答應匈牙利出版社要寫這部分的回憶錄。1997年初，她發現只要寫完這部分，爺爺的回憶錄就算完成了。於是，她必須在得獎後的一團混亂中，尋找回憶錄。當她的秘書提醒她要履行對匈牙利出版社的承諾，她嘆口氣說：「我不知道匈牙利人的記性這麼好。」

6 請見：Antoni Szymborski, *Wspomnienia z 1863*, "Życie Literackie", 1963, nr 5.

7 出自辛波絲卡《非指定閱讀》中關於《上尉和兩位女士：十九世紀克拉科夫回憶錄》（*Kapitan i dwie panny : krakowskie pamiętniki z XIX wieku*）的評論，請見：Wisława Szymborska, *Lektury nadobowiązkowe*, Kraków 1992.

8 出自〈耶日·伊格和辛波絲卡談她祖父的回憶錄〉（*Z Wisławą Szymborską o "Pamiętniku" jej dziadka rozmawia Jerzy Illg*），收錄在《風暴命運的峰迴路轉——1831到1881年的回憶錄》一書中。

9 出自辛波絲卡《非指定閱讀》中關於魯道夫·德羅斯勒（Rudolf Drößler）所著的《冰河時期的維納斯》（*Die Venus der Eiszeit*）的書評，請見：Wisława Szymborska, *Lektury nadobowiązkowe*, "Odra", October 1984, nr 10.

chapter 3——辛波絲卡家三代，對札科帕內的愛，以及繼承天賦

1 傑若姆斯基的這段話引自約瑟夫·布什科（Józef Buszko）和安傑·皮赫（Andrzej Pilch）所著的〈札科帕內在1918到1939年的崛起〉（*Narodziny miasta Zakopane w latach 1918 – 1939*），收錄在《札科帕內四百年史》中。請見：Józef Buszko, Andrzej Pilch, *Narodziny miasta Zakopane w latach 1918 – 1939*, in: *Zakopane. 400 lat dziejów*, ed. Renata Dutkowa, Kraków 1991, t. 1.

2 出自文森·辛波斯基在1921年6月9日寫給札摩伊斯基伯爵的信，收藏在庫尼克圖書館，編號BK 07707。

3 同上。

4 請見安東尼·辛波斯基，《風暴命運的峰迴路轉——1831到1881年的回憶錄》。

5 出自文森·辛波斯基在1920年1月30日寫給齊格蒙·策里赫夫斯基的信，收藏在庫尼克圖書館，編號BK 03599。

6 出自文森·辛波斯基在1922年7月21日、8月11日和8月24日寫給札摩伊斯基伯爵的信，收藏在庫

註釋

chapter 1——內在肖像，對外形象

1 出自波蘭第三電台（Polskie Radio Program III）於2010年10月27日現場轉播的辛波絲卡作者見面會。

2 出自辛波絲卡所著的〈無題〉，收錄在《給亞當的時刻：回憶、詩歌和翻譯》（*Godzina dla Adama. Wspomnienia, wiersze, przekłady*）一書中。請見：Wisława Szymborska, ***, w: *Godzina dla Adama. Wspomnienia, wiersze, przekłady*, Kraków 2000.

3 出自亞歷山大．簡內的文章〈詩歌和市場〉，收錄在《你和我》月刊中。請見：Aleksander Ziemny, *Poezja i rynek*, "Ty i Ja", November, 1970.

4 出自蓋博拉．文茨卡（Gabriela Łęcka）所寫的辛波絲卡訪談錄〈我會抵抗〉（Będę się bronić）。請見：Gabriela Łęcka, *Będę się bronić*, "Potylika", October 12, 1996.

5 出自作者對辛波絲卡的訪談。大部分本書收錄的辛波絲卡訪談出自作者和她從1997年2月到5月間的談話。

6 出自作者1997年和巴策蘭的談話。

7 這段演說的文字紀錄可在《關於辛波絲卡》（*Wokół Szymborskiej*）這本書中讀到，請見：Edward Balcerzan, *Laudatio*, w: *Wokół Szymborskiej*, ed. Barbara Judkowiak, Elżbieta Nowicka, Barbara Sienkiewicz, Poznań 1996.

8 請見：Anna Bikont, Joanna Szczęsna, *Pamiętkowe rupiecie, przyjaciele i sny*, "Gazeta Wyborcza", 18 – 19 January 1997.

9 出自朱塞．科瑪斯（José Comas）所寫的辛波絲卡訪談錄〈懷疑的詩人〉（Poetka wątpliwości）。請見：José Comas, *Poetka wątpliwości*, "El País", 22 November 2004, 這段文字有被摘錄在《論壇》（*Forum*）雜誌中（3 – 9 January 2005）。

10 出自亞當．札蓋耶夫斯基的文章〈美妙地長著華特曼鋼筆的手〉（*Cudownie upierzona ręka*）。請見：Adam Zagajewski, *Cudownie upierzona ręka*, "Gazeta Wyborcza", 2 February 2012.

11 出自辛波絲卡《非指定閱讀》中關於卓別林所著的《我的自傳》（*My Autobiography*）的書評。請見：Wisława Szymborska, *Lektury nadobowiązkowe*, Kraków 1973.

12 出自辛波絲卡《非指定閱讀第二部》中關於《羅蘭夫人回憶錄》（*Mémoires de Madame Roland*）的書評，請見：Wisława Szymborska, *Lektury nadobowiązkowe. Część druga*, Kraków 1981.

13 出自辛波絲卡《非指定閱讀》中關於卡蒂亞．曼所著的《我未完成的自傳》（*Meine ungeschriebenen Memoiren*）的書評，出處同上。

chapter 2——關於父母，以及遠近祖先

1 出自文森．辛波斯基在1917年3月27日寫給齊格蒙．策利赫夫斯基（Zygmunt Celichowski）的信，收藏在庫尼克圖書館（Biblioteka Kórnicka），編號BK 03599。

內頁圖片版權

——內頁圖片版權——

——引用詩作版權標示——

臉譜書房 FS0160

辛波絲卡

詩、有紀念性的破銅爛鐵，以及好友和夢

Pamiątkowe rupiecie.
Biografia Wisławy Szymborskiej

辛波絲卡：詩、有紀念性的破銅爛鐵，
以及好友和夢／
安娜・碧孔特（Anna Bikont），
尤安娜・什切斯納（Joanna Szczęsna）著；
林蔚昀譯. －一版. －臺北市：臉譜出版，
城邦文化事業股份有限公司出版：
英屬蓋曼群島商家庭傳媒股份有限公司
城邦分公司發行，2023.02
面； 公分. －(臉譜書房；FS0160)
譯自：Pamiątkowe rupiecie.
Biografia Wisławy Szymborskiej.
ISBN 978-626-315-230-4(精裝)
1.CST: 辛波絲卡(Szymborska, Wisława)
2.CST: 傳記 3.CST: 波蘭
784.448 111018817

一版一刷 2023年2月

ISBN 978-626-315-230-4

Printed in Taiwan
定 價 新台幣630元
本書如有缺頁、破損、裝訂錯誤，
請寄回更換

BOOK INSTITUTE ©POLAND
本書獲波蘭圖書協會補助
This book has been published with the support of the ©POLAND Translation Program

作 者 安娜・碧孔特
尤安娜・什切斯納
譯 者 林蔚昀
責任編輯 陳雨柔
設計統籌 徐睿紳
行銷企畫 陳彩玉、林詩玟、陳紫晴

發 行 人 凃玉雲
總 經 理 陳逸瑛
編輯總監 劉麗真

出 版

臉譜出版
城邦文化事業股份有限公司
台北市民生東路二段141號5樓
電話：886-2-25007696 傳真：886-2-25001952

發 行

英屬蓋曼群島商家庭傳媒股份有限公司城邦分公司
10483台北市民生東路二段141號11樓
客服專線：02-25007718；25007719
24小時傳真專線：02-25001990；25001991
服務時間：週一至週五上午09:30-12:00；
下午13:30-17:00
劃撥帳號：19863813 戶名：書虫股份有限公司
讀者服務信箱：service@readingclub.com.tw
城邦網址：http://www.cite.com.tw

香港發行所

城邦(香港)出版集團有限公司
香港灣仔駱克道193號東超商業中心1樓
電話：852-25086231
傳真：852-25789337

馬新發行所

城邦(馬新)出版集團 Cite (M) Sdn Bhd.
41-3, Jalan Radin Anum, Bandar Baru Sri Petaling,
57000 Kuala Lumpur, Malaysia.
電話：+6(03) 90563833
傳真：+6(03) 90576622
讀者服務信箱：services@cite.my